# राजभाषा हिंदी
## विवेचन और प्रयुक्ति

डॉ. किशोर वासवानी

वाणी प्रकाशन

वाणी प्रकाशन
*4695, 21-ए, दरियागंज, नयी दिल्ली 110 002*

फ़ोन : +91 11 23273167 फ़ैक्स : +91 11 23275710

**शाखाएँ**
*अशोक राजपथ, पटना 800 004, बिहार*

*कॉफ़ी हाउस कैम्पस, महात्मा गांधी मार्ग, इलाहाबाद 211 001, उत्तर प्रदेश*

*महात्मा गांधी अन्तरराष्ट्रीय हिन्दी विश्वविद्यालय, वर्धा 442 001, महाराष्ट्र*

*सुल्तानिया रोड, नजदीक पानी टंकी, मोतिया पार्क, भोपाल 462 001, मध्य प्रदेश*

www.vaniprakashan.in
marketing@vaniprakashan.in
sales@vaniprakashan.in

RAJBHASHA HINDI : VIVECHAN AUR PRAYUKTI
*by* Dr. Kishor Vasvani

ISBN : 978-81-8143-093-9
Linguistics


संस्करण 2003, 2012
आवृत्ति 2019

मूल्य : ₹ 595



*सिटी प्रेस, दिल्ली-110 095 में मुद्रित*

*वाणी प्रकाशन का लोगो मक़बूल फ़िदा हुसेन की कूची से*

# प्राक्कथन

तीन दिन के गहन विचार-विमर्श के पश्चात् 14 सितंबर, 1949 को, स्वतंत्र भारत की संविधान बनाने वाली सभा ने, संघ की राजभाषा के रूप में, देवनागरी लिपि में लिखी जाने वाली, हिंदी को स्वीकार किया।

इस निर्णय के अनुसार भारत के संविधान के भाग 17 में, अनुच्छेद 343 (1) से लेकर अनुच्छेद 351 तक हिंदी के बारे में अनुदेश दिए गए।

आज हिंदी को राजभाषा बने कई वर्ष हो चुके हैं। प्रौढ़ावस्था में पदार्पण करने वाली राजभाषा हिंदी का वास्तविक रूप, स्थिति यहाँ तक कि उसका नाम तक पहचानने के प्रयत्न नहीं किए गए। परिणामस्वरूप राजभाषा हिंदी का विवेचनात्मक अध्ययन अछूता रहा।

अब राजभाषा हिंदी को लेकर राजनीतिक, भाषावैज्ञानिक तथा साहित्यिक स्तर पर विश्लेषणात्मक विचार-विमर्श चल पड़ा है, इस विचारमंथन को समग्र रूपक में बाँधकर उसके रचनात्मक निष्कर्षों तथा उसके स्पष्ट रूप को रेखांकित करना आवश्यक हो गया है। इसी आधार पर इस पुस्तक में राजभाषा हिंदी की अस्मिता को कई आयामों में रेखांकित किया गया है।

राजभाषा हिंदी से संबंधित समस्त निम्नलिखित पक्षों को आसानी से जानने की सुविधा को ध्यान में रखते हुए प्रस्तुत पुस्तक को अध्यायों में बाँटा गया है।

प्रथम अध्याय में भारतीय संदर्भ में राजभाषा के रूप को तथा राजभाषा शब्द की व्युत्पत्ति को लिया गया है। राजभाषा के समग्र व्यक्तित्व को बताते हुए उसके तथा राष्ट्रभाषा, राज्यभाषा, द्वितीय राजभाषा, सहराजभाषा, संपर्कभाषा आदि के बीच व्याप्त अंतर को स्पष्ट कर, राजभाषा की संपूर्ण अस्मिता को एक सटीक परिभाषा में बाँधा गया है।

द्वितीय अध्याय में स्वाधीनतापूर्व राजभाषा हिंदी की ऐतिहासिक तथा आज की सवैधानिक स्थिति का विश्लेषण तथा विवेचन प्रस्तुत किया गया है। संविधान की धाराओं में हिंदी के कितने रूपों (अलग अलग हिंदी) की चर्चा की गई है उसे अलग-अलग रखकर समझाया गया है।

तृतीय अध्याय में राजभाषा हिंदी के प्रयोग की तथ्यपरक जानकारी देते हुए राजभाषा

हिंदी को एक प्रयुक्ति के रूप में समझाया गया है और उसका भाषावैज्ञानिक विवेचन किया गया है। साथ ही प्रयुक्ति के रूप में राजभाषा की ठोस स्थापना को लेकर उसके साहित्य पर विस्तृत चर्चा कर उसका विश्लेषण किया गया है। इसके अंतर्गत भारत सरकार के विभिन्न मंत्रालयों/विभागों में राजभाषा हिंदी के कार्यान्वयन की वास्तविक स्थिति बताते हुए उसकी व्याख्यात्मक विवेचना प्रस्तुत की गई है। इसके साथ ही राजभाषा हिंदी के प्रचलित रूप को विवेचनात्मक ढंग से रेखांकित भी किया गया है।

चतुर्थ अध्याय में राजभाषा हिंदी को सार्वभौम एवं सक्षम बनाने की दिशाएँ निर्देशित की गई हैं। इस अध्याय में उन मुद्‌दों को उठाया गया है जिनके आधार पर हिंदी को सार्वभौम बनाने की संकल्पना का औचित्य है।

इसी अध्याय में राजभाषा प्रकार्यों से जुड़ी सरकारी तथा ग़ैर सरकारी संस्थाओं को अनुसूचित किया गया है। इसी संदर्भ में यह भी बताया गया है कि राजभाषा हिंदी के संदर्भों में किये जाने वाले शैक्षणिक कार्य में अभी काफी संभावनाए हैं।

इसी अध्याय के अंत में इस बात पर तर्क सम्मत ज़ोर दिया गया है कि राजभाषा हिंदी का एक प्रयुक्ति के रूप में समग्र तथा विस्तृत रूप में अध्यापन करवाया जाए। तद्नुसार 'राजभाषा हिंदी' (प्रयुक्ति) डिप्लोमा पाठ्यक्रम की रूपरेखा भी रखी गई है। इस प्रकार प्रयोजनमूलकता के आधार पर, हिंदी के अध्यापन पर ज़ोर दिया गया है।

उपर्युक्त विवेचन के आधार पर यह कहा जा सकता है कि राजभाषा हिंदी पर, पहली बार, इतनी विस्तृत, विवेचनात्मक एवं रचनात्मक निष्कर्षों के साथ तथ्यपरक जानकारी प्रस्तुत की जा रही है। आशा है इस तरह की सामग्री हिंदी की प्रयोजनमूलकता में उपयोगी सिद्ध होगी।

प्रस्तुत पुस्तक मेरे शोधकार्य पर आधारित है, जिसे पूर्ण करवाने में मुझे अपने गुरुवर (स्व.) डॉ. कृ. गं. दिवाकर जी की जो आत्मीयता मिली वह अतुलनीय है।

इस पुस्तक की कुछ सामग्री के लिए मुझे कई सरकारी तथा ग़ैर सरकारी संस्थाओं तथा अधिकारियों से तथ्यपरक सामग्री तथा पूर्ण सहयोग मिला। इस संदर्भ में, मैं डक्कन कॉलेज पुणे, महाराष्ट्र राष्ट्रभाषा सभा/समिति, पुणे प्रधान कार्यालय महाराष्ट्र बैंक (हिंदी एकक) पुणे, पश्चिम प्रादेशिक भाषा केंद्र पुणे, भारत सरकार, गृह मंत्रालय, राजभाषा विभाग, नई दिल्ली, रेल, विदेश शिक्षा तथा सूचना एवं प्रसारण मंत्रालय एवं हिंदी शिक्षण योजना के अधिकारियों का विशेष रूप से आभारी हूँ।

पुस्तक के टंकण का कार्य मेरी अर्धांगिनी श्रीमती लता वासवानी ने किया है। उन्होंने अपनी आत्मीयता तथा विशेष भावनापूर्ण लगन से इस कार्य को संपन्न किया। अतः उनके प्रति मेरा आत्मीयतापूर्ण आभार सदैव रहेगा। हिंदीतर पूरी सावधानी बरतने के उपरांत भी मानवीय क्षमता की सीमा के कारण कुछ त्रुटियाँ रह गई हों तो, उनके लिए मैं क्षमाप्रार्थी हूँ।

पुणे, **डॉ. किशोर वासवानी**

22 सितंबर, 1986

# अनुक्रमणिका

# राजभाषा हिंदी

## विवेचना और प्रयुक्ति

प्रथम अध्याय

# राजभाषा का स्वरूप : भारतीय संदर्भ में

समस्त प्राणियों में मानव अपनी भाषा के कारण भी प्रकृति की एक श्रेष्ठतम रचना है। जानवरों या मनुष्येतर प्राणियों के भी जीभ रहती है जिससे वे तरह-तरह की ध्वनियाँ निकाला करते हैं। मनुष्य की भाँति उनमें भी विभिन्न भावों का संचार होता है। परंतु उनके पास भाषा नहीं है, जिसके द्वारा वे अपने भावों को अभिव्यक्त कर सकें। मनुष्य के पास भाषा शक्ति है। इसके बल पर वह अपने अंदर के अमूर्त विचारों को एक मूर्त रूप देता है, जिसे सुनने वाला सुनता है और एक सही अर्थ में काम होता है।

## 1. राजभाषा एक प्रयुक्ति

अपने भावों को ज्यों का त्यों भाषा द्वारा अभिव्यक्त करना एक कठिन काम है। कई बार किसी विशेष क्रिया को अभिव्यक्त करने के लिए पर्याप्त व सशक्त शब्द नहीं मिलते और बात उसी रूप में नहीं रखी जाती जिस रूप में उसे सोचा गया था या महसूस किया गया था। कई बार यह भी होता है कि किसी विशेष व्यक्ति द्वारा किसी विशेष विषय पर एक खास किस्म की भाषा का ही प्रयोग करना होता है। एक साहित्यिक जिस तरह की भाषा का प्रयोग करेगा ठीक उसी प्रकार की भाषा का प्रयोग एक डॉक्टर, इंजीनियर या सरकारी अफ़सर नहीं करेगा, भले ही इन सब की मातृभाषा एक ही क्यों न हो। अर्थात् किसी विशेष प्रयोजन के लिए भाषा के विशेष रूप को ही लेना पड़ता है। इसी विशेष रूप को भाषा विज्ञान में 'प्रयुक्ति' (रजिस्टर) शब्द दिया गया है।

'प्रयुक्ति' अंग्रेज़ी शब्द रजिस्टर के विशिष्टार्थी पर्याय के रूप में ग्रहण किया गया है। हैलीडे (1965) ने 'रजिस्टर' शब्द के इस विशिष्ट अर्थ की व्याख्या यों की है : भाषा समुदाय में विभिन्न वर्ग विभिन्न बोलियाँ बोलते हैं। एक अन्य दिशा में भी भाषा के विविध रूपों की चर्चा की जा सकती है—प्रयोग भेद की दिशा में। भाषा में प्रयोजन

के अनुसार भेद होते हैं : विभिन्न स्थितियों में उसमें स्वतः भेद आ जाते हैं। प्रयोजन के आधार पर भाषा के स्वरूप-भेद को जो नाम दिया जाता है उसे हम 'रजिस्टर' (प्रयुक्ति) कहते हैं।[1]

इस आधार पर राजभाषा को भी एक प्रयुक्ति के रूप में लिया जा सकता है। इस संबंध में श्री ठाकुरदास का कथन इस प्रकार है—"प्रयुक्ति के आवश्यक तत्त्वों के रूप में हमने तकनीकी तथा वैज्ञानिक शब्दावली, विशिष्ट शाब्दिक अन्विति तथा भाषा-संरचना की बात कही है। इनके आधार पर यदि 'कार्यालय—हिंदी' की प्रकृति की जाँच करें तो हम पाते हैं कि 'कार्यालय—हिन्दी' का एक विशिष्ट रूप प्रयुक्ति के रूप में विकसित हो गया है।"[2]

## 1.1 राजभाषा शब्द का प्रयोग एवं उसका स्वरूप

यहाँ राजभाषा शब्द को 'कार्यालय—हिंदी' के रूप में लिया गया है। राजभाषा एक ऐसा पारिभाषिक शब्द है जो भारत के संविधान के भाग 17 में, प्रथम अध्याय के अनुच्छेद 343 (1) में अंग्रेज़ी पद बंध Official language के पर्याय के रूप में आया है। "संघ की राजभाषा हिंदी और लिपि देवनागरी होगी।"[3] इसी बात को अंग्रेज़ी में इस तरह कहा गया है। "The official language of the Union shall be Hindi in Devanagari script"[4] यहाँ अंग्रेज़ी में जो शब्द Official language के रूप में आये हैं वे ही हिंदी में राजभाषा के रूप में लिये गये हैं। राजभाषा शब्द को लेकर आज तक काफी भ्रम रहा है।

राजभाषा एक पारिभाषिक शब्द है, और इस शब्द का अर्थ भी अपने आप में काफी स्पष्ट है। परंतु इसी अर्थ को कई अन्य शब्दों जैसे सरकारी भाषा, कामकाज की भाषा, राष्ट्रभाषा, राज्यभाषा, राजनयिक, दफ़्तरी भाषा, प्रशासनिक-भाषा में भी ध्वनित किया जाता है। इनमें सरकारी भाषा-कामकाज की भाषा, दफ्तरी-भाषा तो फिर भी राजभाषा शब्द के पर्यायवाची हो सकते हैं, परन्तु राष्ट्रभाषा, राज्यभाषा, राजनयिक भाषा एवं प्रशासन की भाषा ऐसे शब्द हैं जिनके अपने अलग अलग अर्थ हैं। इन्हें किसी भी स्थिति में राजभाषा का पर्याय वाची नहीं माना जा सकता।

जब यह कहा जाए कि 'राष्ट्रभाषा', 'राज्यभाषा', 'राजनयिक भाषा' एवं 'प्रशासन की भाषा' जैसे शब्द या वाक्यांश 'राजभाषा' शब्द के पर्याय नहीं माने जा सकते तो इसका निश्चित अर्थ यह है कि इन सब शब्दों के अपने अलग-अलग अर्थ हैं। इन शब्दों के अर्थों को लेकर आगे चलकर विस्तार से चर्चा की जाएगी। स्थूल रूप में यहाँ कुछ बातों को ध्यान में रखा जा सकता है जिससे अंतर स्पष्ट हो जाएगा।

हमारे देश की स्थिति को देखते हुए इन शब्दों के कालगत अर्थ थे। परतंत्र भारत में राष्ट्र की मात्र कल्पना थी। उसी को लेकर अपनी भाषा, जो उस समय हिंदी के रूप में मानी गई इसको प्रतीक के रूप में स्वतंत्रता की लड़ाई लड़ने का मनोवैज्ञानिक

हथियार बनाया गया। पहले तो अपना स्वतंत्र राष्ट्र हो फिर उस राष्ट्र को चलाने के लिए प्रशासन की आवश्यकता होगी और एक भाषा की। अतः स्वतंत्र राष्ट्र की लड़ाई के लिए राष्ट्र शब्द आया उसी के साथ राष्ट्रभाषा शब्द भी आया।

स्वतंत्रता प्राप्ति के बाद हमारे देश में संघीय-संसदीय प्रणाली की सरकार की व्यवस्था की गई। देश की सम्पूर्ण प्रशासकीय व्यवस्था को स्थूल रूप से तीन रूप में बाँटा गया।

1. केंद्रीय सरकार 2. राज्य सरकार और 3. स्थानीय सरकार (अंतिम प्रकार की सरकार में पंचायत आदि ली जा सकती हैं)। मोटे रूप में पूरा देश एक राष्ट्र है एवं उसके कई राज्य हैं। अतः पूरे देश की भाषा राष्ट्रभाषा के रूप में ली गई।

जब देश का संविधान बना तो उसमें रखी गई आठवीं अनुसूची में (उस समय 14 भाषाएँ, अब 18 भाषाएँ) गिनाई गईं भाषाओं को भी राष्ट्रभाषाओं के रूप में लिया जाने लगा। जबकि संविधान में इन भाषाओं को केवल (भारत की) "भाषाएँ" माना गया है। संविधान में कहीं भी किसी भी भाषा को राष्ट्रभाषा या राज्यभाषा की संज्ञा नहीं दी गई है। हाँ, प्रादेशिक भाषाएँ शीर्षक से संविधान के भाग 17 के अध्याय 2 में (धारा–345-46-47) इसका उल्लेख है। यह शीर्षक राज्य की भाषा के अर्थ में ही आया है। परंतु राज्य की भाषा को प्रादेशिक भाषा कहना भी उचित नहीं है। क्योंकि राज्य तथा प्रदेश एक नहीं है। प्रदेश राज्य का हिस्सा है। राज्य स्थायी है। प्रदेश अस्थायी है। भारत के संविधान में भी इसकी इसी प्रकार की व्याख्या है अतः राज्यभाषा केवल राज्य की प्रचलित भाषा के अर्थ में है। परंतु उस राज्य के प्रशासन की भाषा राजभाषा ही कहलाएगी।

राजनयिक भाषा राजभाषा का ही एक हिस्सा हो सकती है। राजनय या कूटनीति (Diplomacy) दोनों ही शब्द प्रशासन के अंतर्गत आते हैं। ये दोनों शब्द अपने आप में संपूर्ण प्रशासन व्यवस्था नहीं हैं। और फिर राजकाज में राजनयिक भाषा तो इस प्रकार हो गई जैसे साहित्य क्षेत्र में व्यंग्यात्मक भाषा, शृंगारिक भाषा आदि। इस प्रकार स्पष्ट है कि राजनयिक भाषा राजभाषा का अंग मात्र है।

'प्रशासन की भाषा' या 'प्रशासनिक भाषा' एवं 'राजभाषा' शीर्षक आपस में काफी सूक्ष्म अंतर रखते हैं। अतः तीनों को एक समझने की ग़लतफ़हमी हो जाती है। दरअसल प्रशासन एक संपूर्ण राज-व्यवस्था का नाम नहीं है। राज-व्यवस्था में प्रशासन एक महत्त्वपूर्ण अंग रहता है यह प्रशासन-राजकाज के दूसरे अंगों को सुचारु रूप से चलाने का कार्य करता है। मसलन एक कार्यालय को चलाने के लिए एक प्रशासन अनुभाग की आवश्यकता होती है। परंतु एक कार्यालय में केवल प्रशासन अनुभाग ही नहीं होगा बल्कि वहाँ और भी कई अनुभाग होंगे उदाहरणार्थ लेखा अनुभाग-भंडार, क्रय-विक्रय विभाग आदि परंतु इन सबको जोड़, व्यवस्थित रूप से चलाने एवं एक वैधानिक व्यवस्था बनाए रखने, इनकी नियुक्ति, सेवा निवृत्ति, छुट्टी आदि की व्यवस्था करने के लिए प्रशासनिक अनुभाग काम

करता है। इस अनुभाग की भाषा तथा लेखा अनुभाग की भाषा में पर्याप्त अंतर रहता है।

गहराई से देखने पर प्रशासन अनुभाग की भाषा प्रशासनिक भाषा होगी और इन सभी अनुभागों का कार्य जिस भाषा में चल रहा है वह राजभाषा ही है।

चूँकि 'राजभाषा' एक विशिष्ट अर्थ में प्रयुक्त पारिभाषिक शब्द है अतः यह लाभकर होगा कि पारिभाषिक शब्दों में सर्वत्र एकता बनी रहे। एक अर्थ के लिए जो शब्द निर्धारित किया गया है उसे ही उपयोग में लाया जाए। "पारिभाषिक शब्द की अनेकता, अब वैज्ञानिक-अध्ययन के लिए लाभकर नहीं मानी जाती। यह उलझन तो पैदा करती ही है, साथ ही प्रत्यक्ष-बोध से प्राप्त आधार सामग्री का वहाँ भी सम्मिश्रण कर देती है जहाँ प्रत्येक इंद्रिय-प्रत्यक्ष के पृथक् विशेषाध्ययन की आवश्यकता आज की प्रधान पद्धति है और इसीलिए विभिन्न पक्षान्वेषी पृथक् विज्ञानों का जन्म हुआ है। हिंदी एक शब्द, एक संप्रत्यय सिद्धांत के अनुसार चलने का कठिन प्रयास कर रही है।"[5] डॉ. पी. गोपाल शर्मा का यह कथन इस बात की पुष्टि करता है। अतः अब दफ़्तर की भाषा से संबंधित अर्थ को अभिव्यक्त करना हो तो केवल 'राजभाषा' शब्द का ही प्रयोग करना चाहिए और सरकारी भाषा, कामकाज की भाषा-दफ़्तरी-भाषा आदि शब्दों के प्रयोग से बचना चाहिए।

## 2. राजभाषा शब्द की व्युत्पत्ति

### 2.1 अंग्रेज़ी शब्द Official Language का पर्याय-राजभाषा।

जिस राजभाषा शब्द को भारत के संविधान में स्थान दिया है, अगर उसकी व्युत्पत्ति खोजी जाए तो मालूम होगा कि यह शब्द अपने अर्थ सहित, अंग्रेज़ी शब्द 'Official Language' का ही पर्यायवाची या अनुवादित रूप बनकर आया है। वैसे देखा जाए तो अंग्रेज़ी या हिंदी दोनों भाषाओं में यह एक ही शब्द नहीं है। वरन् इसमें दो शब्दों का समावेश है अंग्रेज़ी में Official + Language और हिंदी में राज + भाषा। यहाँ ध्यान देने योग्य बात यह है कि दोनों भाषाओं में यह शब्द अपनी कार्य प्रकृति के आधार पर ही जुड़कर संधि रूप में आया है। क्योंकि अंग्रेज़ी के ऐतिहासिक सिद्धांतों के नए कोश में केवल Official शब्द तो मिलता है जिसके अर्थ हैं :[6]

1. One who is invested with an office
2. One who holds office in a house hold
3. One who is invested with an office of a public nature or has duties in connection with some public institution as a government, municipal or railway official 4/(1) Relating to duty.

अतः official के साथ Language जोड़ देने से उसका अर्थ, स्वतः ही ऑफिस से संबंधित भाषा, हो जाता है। परतंत्र भारत में यह शब्द न केवल अंग्रेज़ों द्वारा परंतु भारतीयों

द्वारा भी (अंग्रेज़ी में) Official Language के रूप में ही प्रयुक्त होता था। परंतु जब इस आशय को हिंदी में भारतीयों द्वारा ही व्यक्त किया जाता था तब वह राजभाषा न होकर भ्रम से प्रायः राष्ट्रभाषा के रूप में प्रयुक्त होता था।

श्री गो. प. नैने ने अपनी पुस्तक 'राष्ट्रभाषा आंदोलन' के परिशिष्ट में दक्षिण भारत हिंदी प्रचार सभा द्वारा प्रकाशित हिंदी-इंग्लिश सेल्फ इन्स्ट्रक्टर की प्रस्तावना को यहाँ ज्यों का त्यों दिया है, जिसमें सन् 1928 में राजाजी ने जो विचार प्रकट किए हैं उनमें ऑफिशियल लैंग्वैज़ का ज़िक्र आता है।

"When the *official language* is understood by the ruled, there will be real flow of blood in the political body from head to foot producing a healthy climate and atmosphere; otherwise political stagnation and disease will stalk the land."[7] इसी 'official language' शब्द को अंग्रेज़ी एवं हिंदी के संदर्भ में भी प्रयुक्त किया गया है :

"If English were to be the official language, all powers and supervision from beginning to end will be virtually in the hands of this minority."[8]

"of the languages in India, which is the common language suitable for official transaction ? There is no doubt that it is Hindi alone."[9]

इसी संदर्भ में यह जानना आवश्यक होगा कि इसी अवधि के दौरान राजभाषा को लेकर जिन व्याख्यानों का हिंदी अनुवाद उपलब्ध है, विशेषकर वे व्याख्यान जो 'स्व' सेठ गोविंददास द्वारा उस समय विधानमंडल में (कौंसिल ऑफ स्टेट) दिए गए, उनमें केवल राष्ट्रभाषा शब्द का ज़िक्र आता है। इस संबंध में 16 मार्च, 1927 को कौंसिल ऑफ स्टेट में सेठ गोविंददास द्वारा दिए गए भाषण के निम्नलिखित उद्धरण देखने से इस बात की पुष्टि हो जाएगी :

"किंतु हमारे मामले में स्टेंडिंग आर्डर नं. 27 में चुपचाप यह व्यवस्था दे दी गई है कि "इस विधान मंडल की कार्रवाई अंग्रेज़ी में चलेगी।" और फिर घाव पर नमक छिड़कने के लिए लैजिस्लेटिव असेंबली के भूतपूर्व अध्यक्ष सर फ्रेडरिक व्हाइट ने अपनी एक पुस्तक में कहा है—"किसी भी भारतीय भाषा में समस्त भारत की भाषा बनने की सामर्थ्य कदापि नहीं। अतः भविष्य में प्रांतीय स्तर की भाषा चाहे कोई भी हो, किंतु **संघीय भाषा** सदा अंग्रेज़ी ही रहेगी और भारतीय एकता का यही सबसे बड़ा उपकरण है।"[10] यहाँ राजभाषा को "संघीय भाषा" कहा गया है।

"अंत में मैं सरकार से एक अपील करना चाहूँगा। सरकार की यह घोषित नीति है कि अंततः वह एक भारतीय राष्ट्र को जन्म देकर उसे स्वराज्य प्रदान करना चाहती है। श्रीमान मुझे यह कहने की आज्ञा दीजिए कि "राष्ट्रभाषा" राष्ट्रीयता का सबसे बड़ा प्रतीक है। सौभाग्य से हमारे पास एक ऐसी भाषा है, जो हमारी राष्ट्रभाषा और जनभाषा

बन सकती है।''[11]

उपर्युक्त उद्धरण में राष्ट्रभाषा और जनभाषा दो शब्द आए हैं। राष्ट्रभाषा शब्द का तात्पर्य संघीय भाषा (राजभाषा) से है एवं जनभाषा शब्द का अर्थ बोलचाल की संपर्क भाषा से है जो आज के संदर्भ में राष्ट्रभाषा भी है। परंतु इसी भाषण में हिंदी को प्रशासनिक भाषा भी कहा गया है।

'हिंदी ने अपना स्थान बना लिया है, इसे 6 करोड़ लोग बोलते हैं और इसे उनकी **प्रशासनिक-भाषा** बनाने से अधिक देर तक रोका नहीं जा सकता।'[12] परंतु जिस पुस्तक में ये उद्धरण आए हैं उसके निवेदन में श्री लक्ष्मी चंद ने इसी भाषण का हवाला देकर यह स्पष्ट किया है कि यह भाषण हिंदी को राष्ट्रभाषा और राजभाषा बनाने में मील का पत्थर बना।

'सन् 1927 में उन्होंने (सेठ गोविंददास ने) कौंसिल ऑफ़ स्टेट में सर्वप्रथम हिंदी भाषा के प्रश्न को उठाया। उसके पहले केंद्रीय व्यवस्थापिका सभा अथवा प्रांतीय विधान सभाओं में यह प्रश्न उठा ही न था, अतः वे उसके आदि प्रवर्तक हैं। उसके बाद संविधान-सभा में भी उन्होंने अपना प्रमुख विषय हिंदी को राष्ट्रभाषा और राजभाषा पद पर प्रतिष्ठित करना, बताया। और सन् 1949 में जब वे हिंदी साहित्य सम्मेलन के अध्यक्ष थे, तब हिंदी **राजभाषा पद** पर प्रतिष्ठित हुई।'[13]

इस उद्धरण में राजभाषा शब्द एक स्पष्ट अर्थ में प्रयुक्त हुआ है। चूँकि संविधान बन जाने के बाद 'राजभाषा' शब्द अपने अस्तित्व में आ चुका था।[14] यहाँ यह बात भी ध्यान देने योग्य है कि संविधान पहले अंग्रेज़ी में लिखा गया। और अंग्रेज़ी में Official Language शब्द था अतः जब सर्वप्रथम संविधान का हिंदी अनुवाद किया गया तब हिंदी में इस शब्द का जन्म हुआ।

भारतीय संविधान का सर्वप्रथम हिंदी में, और तदुपरांत संविधान की अष्टम अनुसूची में दी गई भारतीय भाषाओं में अनुवाद किया गया। इस अनुवाद कार्य को आरंभ करने से पूर्व अष्टम सूची में दी गई भाषाओं के भाषा विशेषज्ञों का एक सम्मेलन मध्य प्रांतीय विधान सभा के अध्यक्ष श्री घनश्यामसिंह गुप्त की अध्यक्षता में बुलाया गया। इस सम्मेलन द्वारा संविधान में प्रयुक्त पारिभाषिक शब्दों का एक कोश तैयार किया गया। जिस अनुवाद समिति को संविधान के हिंदी रूपांतरण का कार्य सौंपा गया था उन्होंने संविधान का हिंदी अनुवाद तैयार करते समय केवल उन्हीं पारिभाषिक शब्दों का प्रयोग किया जो इस कोश में दिए गए थे।[15] आश्चर्य की बात यह है कि इस शब्दावली में भी, न तो, Official Language शब्द दिया गया है और न ही राजभाषा शब्द दिया गया है। ज्ञातव्य है, यह शब्दावली हिंदी से अंग्रेज़ी एवं अंग्रेज़ी से हिंदी में है।[16]

इस शब्द संग्रह में अंग्रेज़ी से हिंदी में Official शब्द का अर्थ राजकीय दिया है। साथ ही इसी शब्द के साथ दो शब्द और दिए गए हैं (संयुक्त-संज्ञा के रूप में) Official Gazette राजकीय सूचना पत्र तथा Official residence पदावास।[17] और

सिर्फ Language शब्द का अर्थ 'भाषा' दिया गया है।[18] साथ ही हिंदी से अंग्रेज़ी में :– राजकीय Official, राजकीय सूचना Official Gazette राजद्रोह Sedition, राजनैतिक Political, राजनैतिक पक्ष Political Parties एवं राजपथ Highway शब्द दिए गए हैं[19] साथ ही 'भाषा' शब्द का अर्थ Language दिया गया है।[20] पूरे शब्द संग्रह में राजभाषा, राष्ट्रभाषा तथा राज्यभाषा या Official Language, National Language एवं State Language जैसे शब्द नहीं दिए गए हैं।

इस प्रकार इन दोनों शब्दों के लिए दिया गया हिंदी अनुवाद रखा जाए तो राजकीय-भाषा ठहरता है। जब कि हिंदी विभाग में अलग से 'राज' शब्द नहीं दिया गया है। भाषा शब्द Language के अर्थ में अवश्य दिया गया है। अतः संयुक्त शब्द 'राजभाषा' बनाने का कोई प्रश्न ही नहीं उठ सका। अतः यह विचारणीय प्रश्न है कि अंग्रेज़ी के ऑफिशियल लैंग्वेज का सीधा अनुवाद राजभाषा किया गया परंतु कोश में उसका लिखित रूप से विवरण प्राप्त नहीं है। साथ ही उसी शब्दावली को लेकर तथा कुछ अन्य प्रशासनिक शब्दों को लेकर एक अन्य कोश इसी दौरान तैयार किया गया परंतु उसमें भी Official Language शब्द एक ही जगह पर संयुक्त रूप से उपलब्ध नहीं होता। जब कि इस कोश में भी Official शब्द है जिसका अर्थ अधिकारी, राजकीय एवं शासकीय दिया गया है। कुछ अन्य 'संयुक्त संज्ञाएँ' Official शब्द के साथ जोड़कर बनाई गई हैं परंतु इनमें भी Official Language शब्द नहीं है। इसी प्रकार सिर्फ Language शब्द अलग से भाषा के अर्थ में दिया गया है।[21] अगर दोनों शब्दों को जोड़ा जाए और इनके लिए दिए गए हिंदी शब्दार्थों को भी साथ रखा जाए तो Official Language का अनुवाद अधिकारी भाषा, राजकीय भाषा एवं शासकीय भाषा बनता है।

## 2.2 अंग्रेज़ी में राजभाषा शब्द का परंपरागत अर्थ।

भारतीय संविधान का मूल रूप अंग्रेज़ी में लिखकर 26 जनवरी 1949 तक तैयार कर लिया गया था उसका और हिंदी रूप 26 जनवरी 1950 तक डॉ. राजेन्द्र प्रसाद की अध्यक्षता में तैयार किया गया। उस समय Official Language शब्द का अनुवाद राजभाषा किया गया। परंतु अंग्रेज़ी भाषा में यह शब्द अपनी एक परंपरा लिए हुए है। समीचीन होगा इस शब्द की अंग्रेज़ी भाषा में दी गई व्याख्या को समझा जाए तथा उस व्याख्या की कसौटी पर राजभाषा शब्द को परखा जाए।

Official Language शब्द में Official एक विशेषण के रूप में आया है। ऑफिस का या ऑफिस से संबंधित के अर्थ में इसका उपयोग हुआ है। अतः जब ऑफिस शब्द अंग्रेज़ी में अस्तित्व में आया तभी उससे संबंधित अन्य संज्ञा पद या विशेषण अस्तित्व में आए। अतः Official शब्द भी ऑफिस के बाद ही या उसके साथ ही आया। अतः यहाँ ऑफिस शब्द की व्युत्पत्ति पर कुछ प्रकाश डालेंगे।

वैसे तो विभिन्न अंग्रेज़ी कोशों में इसकी व्याख्या मिलती है। परंतु हेनरी सेलिल

द्वारा संपादित 'दि युनिवर्सल डिक्शनरी ऑफ दि इंगलिश लैंग्युएज' में इस शब्द की व्युत्पत्ति बताते हुए विस्तृत व्याख्या की गई है। संक्षेप में अंग्रेज़ी भाषा में 'Office' शब्द, पुरानी फ्रैंच भाषा से लेटिन में Officium के रूप में रूपांतरित होता हुआ आया। ऑफिस शब्द का अर्थ किसी भी प्रकार की सेवा-कर्तव्य-व्यापार आदि से संबंधित बताया गया है।[22]

एक अन्य शब्द कोश 'An Etymological Dictionary of English Language' में अंग्रेज़ी भाषा में ऑफिस शब्द की व्युत्पत्ति का समय मिडिल-अंग्रेज़ी के समय में बताया गया है।

'Office'..."duty, employment, act of ***Meddle Eng.** / worship and (French-Latin) In early use **M.** E offiz, Office (or-thin offiz = in thy Official, position"[23]

ऑफिस शब्द की सही व्युत्पत्ति जानने के लिए मध्य अंग्रेज़ी के काल को भी जानना आवश्यक होगा। साथ ही यह बात भी ध्यान में रखनी होगी कि duty या Service से मतलब उस समय के अनुसार है—राजा के यहाँ काम करना भी ऑफिस में काम करने के अर्थ में था। मध्य अंग्रेज़ी का काल सन् 1100 से 1500 के बीच माना जाता है। अतः ऑफिस शब्द अपने विशेष अर्थ तथा वातावरण के साथ इसी समय की पृष्ठभूमि लेकर परिभाषित होता है। ऑफिस का पर्याय ब्यूरो भी है। यहाँ इस शब्द का भी इतिहास जानना आवश्यक है। क्योंकि इस शब्द के इतिहास में ही ऑफिस शब्द की परिभाषा तथा उसका चरित्र निहित है।

"The History of bureau is almost as involved. In the first place it meant a cloth (old French bure); then a table or desk the top of which was covered by such a cloth; then the room or office in which the desk was situated; then the people who occupied the office; and finally (a semi abstract use) a department, organisation or agency for the transaction of public business, as a travel bureau, labour bureau, appointment bureau, etc."[24]

यहाँ ऑफिस का एक विशेष ढाँचा या रेखाचित्र खींचा गया है जो धीरे-धीरे टेबुल-कुर्सी आदि की कार्यालयीन संस्कृति के रूप में उभर कर सामने आया।

उपर्युक्त विवेचनों से यह स्पष्ट हो चुका है कि ऑफिस की संस्कृति हमें अंग्रेज़ों ने ही दी। साथ ही स्वतंत्र भारत का संविधान मूलरूप में अंग्रेज़ी में ही लिखा गया था, और Official Language शब्द संविधान के 17 वें अध्याय में पहले पहल प्रयुक्त हुआ, अतः हिंदी में यह शब्द अंग्रेज़ी के माध्यम से ही हमें उपलब्ध हुआ। इस प्रकार अंग्रेज़ी का Official Language शब्द हिंदी में "राजभाषा" के अर्थ में आया।

## 3. भारतीय संदर्भ में राजभाषा शब्द की पृष्ठभूमि

आज हमारे देश में जिस प्रकार के कार्यालय या कार्यालय पद्धति पायी जाती है, वह अंग्रेजों द्वारा ही हमें उपलब्ध हुई है। परंतु इसका यह अर्थ नहीं कि हमारे यहाँ राजकार्य नहीं चलता था या उसकी कोई विशेष व्यवस्था नहीं थी। आज जब Official Language शब्द का हिंदी में राजभाषा शब्द के रूप में अनुवाद किया गया है तो निश्चित ही इस शब्द का अपना भारतीय संस्कृति के संदर्भ में एक विशेष अर्थ है। हिंदी में राजभाषा एक स्त्रीलिंग संज्ञा पद के रूप में है। अंग्रेज़ी की भाँति इसमें 'राज' जो official का ही अनुवाद है, शब्द सीधा विशेषण नहीं है। पर राज शब्द का अर्थ विशेषण के रूप में ही है 'राज की भाषा'। वह भाषा जो राज की हो या राज से संबंधित हो आदि अर्थों में है।

### 3.1 संस्कृत ग्रंथों में राजभाषा के संदर्भ

भारतीय संदर्भ में 'राज' शब्द की काफी प्राचीन परंपरा है। वैसे हिंदी में यह शब्द संस्कृत से ही आया है। अतः संस्कृत भाषा में ही इस शब्द का इतिहास खोजना एवं देखना होगा कि क्या 'राज' शब्द कहीं भी अंग्रेज़ी के उस ऑफिशियल शब्द से जुड़ता है जिसकी व्याख्या ऊपर दी जा चुकी है ?

प्राचीन संस्कृत ग्रंथों में अकेले 'राज' शब्द का प्रयोग आठवीं शताब्दी से मिलता है। परंतु वहाँ 'राज' शब्द अंग्रेज़ी के ऑफिशियल शब्द के पर्याय के रूप में नहीं है। वरन् नृप या राजा (King) के अर्थ में प्रयुक्त हुआ है।[25] परंतु नृप शब्द का अर्थ king के साथ-साथ Chief[26] तथा Sovereign[27] के अर्थ में भी है।

राज शब्द को लेकर कुछ निम्नलिखित संयुक्त संज्ञा रूपों का अध्ययन करने के बाद यह स्पष्ट हो जाएगा कि राज शब्द किस प्रकार से अंग्रेज़ी के Official शब्द के अर्थ एवं उसकी प्रवृत्ति को आत्मसात् किए हुए है।

राजकार्य शब्द का प्रयोग भारतीय साहित्य में सातवीं शताब्दी से मिलता है परंतु उसके प्रयोग की बहुलता बाहर वीं शताब्दी में विशेष रूप में देखी जा सकती है। राजकार्य शब्द के निम्नलिखित आशय के अर्थ मिलते हैं। The State Administration[28], Royal Duty[29], Related to Royal Duties[30], एवं Royal Affairs[31]. उपर्युक्त राजकार्य शब्द का अर्थ प्रसिद्ध संस्कृत-अंग्रेज़ी (मानक) कोशों में State Affairs[32] King's duty or business, State affairs Royal Command[33] के अर्थों में मिलता है। इन अर्थों को देखने पर यह तथ्य सामने आता है कि राज शब्द राजा, जो प्रशासन का प्रमुख है, के प्रशासन से ही जुड़ा हुआ है।

राजकार्य के ही समान शब्द 'राजकीय' है। इस शब्द के अर्थ भी राजा से संबंधित कार्यों से है। यह शब्द लगभग दासवीं शताब्दी से बराबर अनेक ग्रंथों में प्रयुक्त हुआ

है। साथ ही राजकीय शब्द सीधा राजा के प्रतिनिधित्व के साथ भी जुड़ता है।[34]

अब हमारे यहाँ राजसत्ता नहीं है, आज जिन अर्थों में सरकार के प्रतिनिधि के रूप में अधिकारी/कर्मचारी (Officials) का प्रयोग होता है ठीक उन्हीं अर्थों में 'राजकीय' शब्द का प्रयोग राजा द्वारा नियुक्त जन के रूप में होता आया है।

जहाँ राजकीय शब्द व्यापक अर्थों में मिलता है वहीं 'राजकर्मत्व' शब्द पर भी ध्यान जाता है। यह शब्द भी लगभग आठवीं शताब्दी से बराबर प्रयोग में आ रहा है। इसका अर्थ भी राजा के कार्यों से है।[35]

जैसे राजकीय शब्द के विभिन्न अर्थ अंततः जाकर एक अर्थ के साथ जुड़ते हैं ठीक उसी प्रकार राजकर्मत्व शब्द भी राजा के कर्म या कर्त्तव्य को स्पष्ट करता है।

अब तक हम 'राज' शब्द को 'राजा' राजा के कार्य या राजा के–विशेषणों के रूप में देखते आए हैं। परंतु 'राज' शब्द 'राजलेख' या 'राजलेख्य' के विशेषण रूप में भी मिलता है। इन दोनों शब्दों, 'राज' तथा 'लेख' या लेख्य का अर्थ, व्यापक रूप से विचार करने पर, एक विशेष या प्रतीकात्मक रूप में उभर कर सामने आता है।[36]

यहाँ राज शब्द का अर्थ निश्चित ही राजा के प्रशासन के रूप में ही प्रयुक्त हुआ है। फ़र्क सिर्फ इतना है कि यहाँ एक राजा के प्रशासन के रूप में यह शब्द प्रयोग में लाया गया है जब कि आज यही शब्द किसी सरकार के प्रशासन के रूप में प्रयोग में लाया जाता है।

### 3.2 आज के संदर्भ में प्रयुक्त राजभाषा शब्द

इस प्रकार संस्कृत वाङ्मय में 'राज' शब्द का अर्थ देखने के पश्चात् यह बात स्पष्ट हो जाती है कि इस शब्द का अर्थ किसी न किसी रूप में प्रशासन संबंधी अर्थ से जुड़ा हुआ है।

हमारे हिंदी संविधान संस्करण के निर्माताओं ने संविधान की प्रशासनिक शब्दावली के रचना काल में इन अर्थों एवं इस शब्द की सांस्कृतिक परंपरा को अपने चिंतन में स्थान दिया है। यही कारण है कि 'राज' शब्द विशेष अर्थों में हिंदी में, संविधान निर्माण काल में ही Official के अर्थ में उभर कर सामने आया।

अपने एक पत्र में केंद्रीय सचिवालय हिंदी परिषद्, नई दिल्ली के महामंत्री श्री जगन्नाथ ने भी इसी तथ्य को मानते हुए लिखा है कि "जहाँ तक मैंने खोज की है 'राजभाषा' शब्द का सबसे पहले प्रयोग स्वतंत्र भारत के संविधान में हुआ है।" * क्र. 8/20/99 दि. 2.6.77

इससे स्पष्ट होता है कि 'राजभाषा' शब्द का पहले पहल प्रयोग स्वतंत्र भारत के संविधान में ही हुआ है।

उपर्युक्त विवरण से यह निष्कर्ष निकाला जा सकता है कि अंग्रेज़ी में जो Official Language शब्द भारत के संविधान के भाग 17 में दिया गया है वही शब्द संविधान

के हिंदी संस्करण में 'राजभाषा' के रूप में अनुदित किया गया है। और यह अनुदित रूप अपने में भारतीय संस्कृति तथा देशी भाषिक प्रकृति को आत्मसात् किए हुए है।

## 4. राजभाषा की विभिन्न परिभाषाएँ एवं व्याख्याएँ

अब तक यह स्पष्ट हो चुका है कि हिंदी में प्रथम बार 'राजभाषा' शब्द भारत के संविधान में अंग्रेज़ी के शब्द 'Official Language' के पर्याय के रूप में आया है।

'Official Language' या 'राजभाषा' शब्द की विभिन्न परिभाषाएँ एवं व्याख्याएँ उपलब्ध होती हैं। चूँकि यह शब्द सर्वप्रथम भारत के संविधान में प्रयुक्त हुआ है, अतः इसकी सवैधानिक स्थिति को जानना अत्यावश्यक होगा।

### 4.1 संविधान के भाग 17 की रचना एवं राजभाषा शब्द

जब तक संविधान का निर्माण नहीं हुआ था तब तक हिंदी के लिए राजभाषा शब्द नहीं सोचा गया था। उसके लिए केवल राष्ट्रभाषा शब्द का ही प्रयोग किया जाता था। चाहे यह प्रयोग सरकारी कामकाज को लेकर या प्रशासन संबंधी संदर्भ में ही क्यों न आया हो। हाँ कभी-कभी 'संघीय भाषा' जैसा पारिभाषिक शब्द देखने को मिलता है।[37] परंतु जब भारत को स्वतंत्रता देने की बात उठी एवं स्वतंत्र भारत का संविधान रचने की बात हुई उस समय राजभाषा के पक्ष पर भी व्यापक रूप से विचार किया गया। उस समय, राजभाषा हिंदी को लेकर कई शब्द मिलते हैं। परंतु उस समय राजभाषा की व्याख्या जिन अंग्रेज़ी लेखकों ने की है, वे राजभाषा ऑफिशियल लैंग्वेज जैसे पारिभाषिक शब्द से भली-भांति परिचित थे।[38]

इस दिशा में विचार करते समय इस बात को ध्यान में रखना चाहिए कि हिंदी भाषा-भाषी केवल राष्ट्रभाषा जैसे शब्द को ही प्रत्येक संदर्भ में लेते थे। परंतु जब संविधान सभा ने नेशनल लैंग्वेज शब्द न लेकर ऑफ़िशियल लैंग्वेज शब्द लिया तब उन्होंने इन दोनों के बीच के अंतर को समझा। परंतु फिर भी वे ऑफ़िशियल लैंग्वेज के अनुवाद में भ्रम पैदा कर ही देते थे।[39] साथ ही अंग्रेज़ी लेखक (Branville) आस्टिन की दृष्टि को देखा जाए तो ज्ञात होगा कि उन्होंने कितनी आसानी से इस बात को पकड़ लिया कि जब हिंदी को राष्ट्रभाषा का शीर्षक दिए जाने पर कई प्रकार की कठिनाइयाँ उठ खड़ी हुईं तो संविधान सभा ने राष्ट्रभाषा शब्द पर बहस न करके उसे राजभाषा का नाम दिया।[40]

संविधान सभा ने जब स्पष्ट रूप से हिंदी को 'राजभाषा' मान लिया, फिर भी हिंदी के वरिष्ठ लेखक तथा संविधान सभा के सदस्य सेठ गोविंददास ने इसे 'राज्यभाषा' या 'राष्ट्रभाषा' के नाम से संबोधित किया।[41] जब कि संविधान में कहीं भी 'राष्ट्रभाषा' या 'राज्यभाषा' शब्द का प्रयोग नहीं आया है। बाद में उन्होंने राजभाषा (राज योजक एवं भाषा) शब्द का प्रयोग किया है। उनकी पुस्तक का नाम ही 'राज-भाषा हिंदी' है।

सेठ गोविंददास ने आगे इस बात को भी स्पष्ट किया है कि हिंदी को छोड़कर, शेष तेरह भाषाओं को, (अब हिंदी को छोड़कर 17 भाषाएँ) जो भारत के संविधान की अष्टम अनुसूची में हैं–('भारत का संविधान' द्वितीय संस्करण-1973, पृष्ठ 291) उन्हें भारत के संविधान में राष्ट्रभाषाएँ स्वीकार किया गया है।[44] इस तरह के वक्तव्य भ्रम उत्पन्न करते रहे हैं।

यहाँ भारत के संविधान में आए राजभाषा शब्द के संदर्भों को भली-भाँति देखा गया है। हिंदी में राजभाषा शब्द एक स्पष्ट अर्थ के साथ सर्वप्रथम भारत के संविधान में प्रयुक्त हुआ, फिर भी संविधान लिखे जाने के बाद, कई लेखकों तथा कोशकारों ने इसकी अपने-अपने ढंग से परिभाषा दी है। यहाँ यह बात स्मरणीय है कि भारत के संविधान में राजभाषा शब्द का उल्लेख एवं उसके प्रयोगों का वर्णन है जब कि इस शब्द की परिभाषा संविधान में नहीं दी गई है। हाँ, इस शब्द के भिन्न- भिन्न प्रयोगों को सामने रखकर इसकी व्याख्या की जा सकती है तथा एक सार्थक परिभाषा इसके आधार पर स्थापित की जा सकती है। आगे चलकर इस शब्द की, संविधान में निहित अर्थों/प्रयोगों को लेकर, व्याख्या की जाएगी।

## 4.2 कोशों में राजभाषा शब्द

राजभाषा शब्द को लेकर जो परिभाषाएँ मिलती हैं उनमें से अगर कोशकारों की परिभाषा पर ध्यान दिया जाए तो ज्ञात होगा कि विद्वान कोशकार तक इस शब्द को लेकर कितने भ्रमित तथा विमत रहे हैं।

कोशकार रामचंद्र वर्मा ने अपने 'प्रामाणिक हिंदी कोश' में राजभाषा शब्द की परिभाषा इस प्रकार की है, "किसी देश में प्रचलित वह भाषा जिसका उपयोग प्रायः सभी राजकीय कार्यों और न्यायालयों में होता हो।" (स्टेट लैंग्वेज)[43]

विद्वान कोशकार ने राजभाषा शब्द की जो व्याख्या की है वह इस शब्द के कार्यों को ध्वनित एवं रेखांकित करती है। परंतु व्याख्या करने के बाद अंत में कोष्ठक में जो (स्टेट लैंग्वेज) वाक्यांश दिया गया है वह वास्तव में राजभाषा शब्द का पर्याय नहीं है। स्टेट लैंग्वेज का अगर हिंदी में अनुवाद करें तो वह 'राज्यभाषा' होगा न कि राजभाषा। अगर राजभाषा शब्द का अंग्रेज़ी में अनुवाद किया जाए तो वह ऑफिशियल लैंग्वेज होगा न कि स्टेट लैंग्वेज। साथ ही राजभाषा तथा राज्यभाषा में, हमारे देश के वर्तमान परिवेश एवं शासन व्यवस्था के अनुसार मूल रूप से अलग अर्थ है। भारत के संविधान में भी सत्तरहवें अध्याय में, राजभाषा का अंग्रेज़ी अनुवाद ऑफ़िशियल लैंग्वेज है न कि 'स्टेट लैंग्वेज' है।

इस कोश में की गई राजभाषा शब्द की व्याख्या के अनुसार कहा जा सकता है कि राजभाषा वह भाषा है जिसका प्रयोग सभी राजकीय कार्यों एवं न्यायालयों आदि में होता है।

डॉ. श्यामसुंदर दास द्वारा संपादित कोश 'हिंदी शब्द सागर' में राजभाषा शब्द की व्याख्या इस प्रकार की गई है। "वह भाषा जो सरकारी कामकाज तथा न्यायालयों के लिए स्वीकृत हो। राष्ट्रभाषा।"[44]

संपादक ने राजभाषा शब्द के साथ ही कोष्ठक में (राज + भाषा) का संकेत दिया है : जो उचित है। इस शब्द की जो परिभाषा दी गई है वह स्थूल एवं सामान्य रूप से राजभाषा के कार्यों को स्पष्ट करती है। व्याख्या के अंत में जो 'राष्ट्रभाषा' शब्द पर्याय के रूप में दिया गया है वह यह भ्रम उत्पन्न कर देता है कि राजभाषा तथा राष्ट्रभाषा शब्द दोनों एक ही हैं। जब कि वस्तुस्थिति यह नहीं है। राष्ट्रभाषा के लिए अंग्रेज़ी में नेशनल लैंग्वेज शब्द दिया गया है। साथ ही राजभाषा के लिए ऑफिशियल लैंग्वेज शब्द है। यह आवश्यक नहीं है कि राजभाषा ही राष्ट्रभाषा है। हमारे देश में अंग्रेज़ी को सह राजभाषा के रूप में वैधानिक तौर पर मान्यता प्राप्त है। क्या यह कहा जा सकता है कि अंग्रेज़ी हमारे देश की राष्ट्रभाषा है ? एक देश की राष्ट्रभाषा, राजभाषा भी हो सकती है और नहीं भी। क्योंकि ये दोनों दो अलग-अलग नाम हैं जिनकी अपनी विभिन्न विशेषताएँ हैं एवं इनके भिन्न-भिन्न कार्य हैं।

विलक्षण बात यह है कि इसी कोश में आगे चलकर 'राजभाषा' शब्द भी लिया गया है और उसके अर्थ बताने की जगह निर्देश दिया है—देखें—राजभाषा/राष्ट्रभाषा।[45] इन शब्दों को देखकर स्पष्ट रूप से पता चलता है कि कोशकार की दृष्टि में राजभाषा, राज्यभाषा एवं राष्ट्रभाषा तीनों एक ही प्रकार की भाषा के पर्याय रूप हैं। जब कि यथार्थ यह है कि ये तीनों अलग-अलग हैं। इनकी परिभाषाएँ, इनके कार्य एवं अंग्रेज़ी में इनके शब्द भी अलग-अलग हैं।

राजभाषा तथा राज्यभाषा शब्द लेने के बाद कोशकार ने राष्ट्रभाषा शब्द भी लिया है। उसकी व्याख्या उन्होंने इस प्रकार की है। 'राष्ट्रभाषा' 1. वह भाषा जिससे राष्ट्र-काम किए जाएँ। राष्ट्र के कामधाम या सरकारी कामकाज के लिए स्वीकृत भाषा। 2. वह भाषा जिसे राष्ट्र के समग्र नागरिक अन्य भाषा-भाषी होते हुए भी जानते समझते हों और उसका व्यवहार करते हों। राष्ट्र द्वारा मान्यता प्राप्त भाषा।"[46]

राष्ट्रभाषा की इस परिभाषा को कोशकार ने दो व्याख्याएँ देकर स्पष्ट किया है। पहली व्याख्या राष्ट्रभाषा की न होकर राजभाषा की है जिस पर पहले चर्चा की गई है। दूसरी व्याख्या राष्ट्रभाषा की हो सकती थी अगर उसमें अंतिम वाक्य न होता। "राष्ट्र द्वारा मान्यता प्राप्त भाषा"।

भाषा को राष्ट्र का संविधान मान्यता देता है। उदाहरण के रूप में भारत के संविधान में हिंदी को केवल संघ की 'राजभाषा' के रूप में मान्यता प्राप्त है। राष्ट्रभाषा शीर्षक का कोई भी शब्द भारत के संविधान में नहीं है। फिर भी हिंदी हमारे देश की राष्ट्रभाषा है। साथ ही हमारा देश बहुभाषी है—अतः यहाँ के नागरिक इतर भाषा- भाषी हैं और सभी हिंदी नहीं जानते फिर भी हिंदी हमारी राष्ट्रभाषा है। अतः यहाँ इस परिभाषा का

दूसरा चरण भी सटीक नहीं उतरता। वस्तुस्थिति यह है कि हमारे देश के संविधान की अष्टम सूची में जो भाषाएँ गिनाई गई हैं। स्पष्ट है संविधान के भाग 17 के अनुच्छेद 345-46-47 में भारत की वे प्रादेशिक भाषाएँ हैं जिनके लिए भी 'राजभाषा' शब्द का प्रयोग हुआ है। ये ही प्रादेशिक भाषाएँ राज्यों की राज्यभाषाएँ भी हैं और सही दृष्टि से देखा जाए तो ये भाषाएँ पूरे देश की राष्ट्रभाषाएँ भी हैं। परंतु सुविधा की दृष्टि से, देश को एकता की कड़ी में बाँधने के लिए उस देश में सबसे ज्यादा समझी जाने वाली भाषा को, एवं जिस भाषा द्वारा बहुभाषा-भाषी एक दूसरे के संपर्क में आते हैं तथा उस भाषा में विचारों का आदान-प्रदान करते हैं वही भाषा राष्ट्र की भाषा या राष्ट्रभाषा कहलाती है।[47] अध्याय के अंत में राजभाषा, राष्ट्रभाषा एवं राज्यभाषा के अंतर को समझाते हुए इस विषय पर व्यापक रूप से बात की जाएगी।

भारत के सुप्रसिद्ध भाषा-वैज्ञानिक डॉ. भोलानाथ तिवारी ने अपने भाषा-विज्ञान कोश में राजभाषा शब्द की परिभाषा को कहीं भी स्पष्ट नहीं किया है। उन्होंने अपने कोश में राजनयिक भाषा राज्यभाषा तथा राष्ट्रभाषा शब्दों की व्याख्या की है।

इन शब्दों की व्याख्याओं पर दृष्टि डालने से स्पष्ट रूप से यह पता लगता है कि विद्वान लेखक राजभाषा जैसे शब्द से संभवतः पूर्ण रूप से परिचित नहीं है। साथ ही वे एक ग़लतफ़हमी के शिकार भी हैं। राज्यभाषा शब्द की परिभाषा देते समय उन्होंने इस शब्द के कोष्ठक में अंग्रेज़ी में ऑफ़िशियल लैंग्वेज शब्द दिया है। उससे पता चलता है कि कोशकार राज्यभाषा को ही राजभाषा मानता है।

इस कोश में दी गई राज्यभाषा शब्द की परिभाषा राजभाषा की परिभाषा ही है। कोशकार ने राज्यभाषा की परिभाषा इस प्रकार व्यक्त की है।–राज्यभाषा ऑफ़िशियल लैंग्वेज, (अंग्रेज़ी में) "ऐसी भाषा जिसका प्रयोग राज्य के कार्यों में होता है।"[48] जब कि भारत के संविधान में इसे ही 'राजभाषा' कहा गया है।[49] कोशकार ने एक और शब्द 'राजयनिक भाषा' लिया एवं उसकी परिभाषा इस प्रकार दी है। "वह भाषा जो एक देश से दूसरे देश के राजयनिक पत्र व्यवहार या बातचीत में होती हो। यह भाषा अत्यंत शिष्ट तथा औपचारिक होती है।"[50]

जहाँ तक दो भिन्न-भिन्न भाषा-भाषी देशों के आपसी व्यवहार में काम में आने वाली भाषा का प्रश्न है, वह उन देशों की अपनी-अपनी राजभाषाएँ भी हो सकती हैं। वैसे तो राजभाषा भी औपचारिक तथा विशिष्ट भाषा होती है। अतः यह परिभाषा केवल राजभाषा के अंग की भाषा जो राजनयिक भी हो सकती है उसे वर्णित करती है।

विद्वान कोशकार राजभाषा शब्द से किस कदर अपरिचित हैं इसका स्पष्ट उदाहरण इनके द्वारा गिनाए गए भाषा के रूपों में एवं 'राज्यभाषा' शब्द के रूप की परिभाषा को देखने से स्पष्ट हो जाता है। "राज्यभाषा जिसका प्रयोग राज्य के कामों में होता है। संविधान के अनुसार हिंदी भारत की राष्ट्रभाषा न होकर राज्यभाषा (Official Language) है, और वैधानिक दृष्टि से उसे राज्यभाषा कहना चाहिए न कि राष्ट्रभाषा"[51]

यह बात अब स्पष्ट हो चुकी है कि भारत के संविधान में हिंदी को कहीं भी (हिंदी अर्थ में) राज्यभाषा नहीं कहा गया है। हाँ, अंग्रेज़ी अर्थ में वह 'ऑफ़िशियल लैंग्वेज' अवश्य है, पर हिंदी अर्थ में वह केवल राजभाषा है। परंतु यहाँ कोशकार ने राज्यभाषा को ही ऑफ़िशियल लैंग्वेज माना है जो सर्वथा अनुचित है, क्योंकि राज्यभाषा एक अलग अर्थ में (स्टेट लैंग्वेज में) प्रयुक्त होती है। साथ ही खेद इस बात पर होता है कि हमारे विद्वान लेखक अंग्रेज़ी शब्द से तो भली-भाँति परिचित होते हैं परंतु हिंदी पर्याय में वे उदासीनता ही बरतते हैं।

संक्षेप में इस बात को ध्यान में रखा जा सकता है कि भारत के संविधान की रचना से पहले हिंदी को लेकर राष्ट्रभाषा वाली बात थी। संविधान ने राजभाषा शब्द दिया परंतु फिर भी कोशकारों ने उसे राष्ट्रभाषा, राज्यभाषा के रूप में ही देखा। वे इस शब्द से एवं इसके क्रियाकलापों से पूर्णरूपेण परिचित नहीं जान पड़े।

राजभाषा शब्द की सही-सही व्याख्या कम ही विद्वानों ने की है। यहाँ कोशकारों के अलावा उन लेखकों, रचनाकारों तथा बुद्धिजीवियों के दृष्टिकोण से इस शब्द की व्याख्या को समझा जाएगा जो किसी न किसी प्रकार हिंदी आंदोलन से जुड़े रहे अथवा प्रशासन का एक हिस्सा रहे।

### 4.3 हिंदी लेखकों द्वारा राजभाषा शब्द का प्रयोग

अंग्रेज़ी लेखकों ने हिंदी लेखकों की अपेक्षा राजभाषा (ऑफ़िशियल लैंग्वेज) की व्याख्या काफ़ी अच्छी तरह से की है। राजभाषा आयोग की रपट में राजभाषा को राष्ट्र की एकता के प्रतीक के रूप में भी लिया गया है।[52] साथ ही इस आयोग ने अपनी रपट में इस बात को भी स्पष्ट किया है कि संविधान में जिस हिंदी का उल्लेख आता है वह केवल राजभाषा के रूप में आता है। साथ ही हिंदी भारत की उन सभी भाषाओं (अब 18 भाषाएँ) की तरह एक राष्ट्रभाषा है जिनका उल्लेख संविधान की आठवीं अनुसूची में भारतीय भाषाओं के शीर्षक से किया गया है।[53]

आयोग की रपट में इस बात को भी स्पष्ट किया गया है कि कुछ हिंदी समर्थकों ने राजभाषा हिंदी को 'भारती' के नाम से संबोधित करते हुए इसे 'भारत की उत्कृष्ट सदृश भाषा' की संज्ञा से परिभाषित किया है। परंतु यह प्रयास चल नहीं पाया। इन्हीं हिंदी समर्थकों में से कुछ ने राजभाषा को, हिंद, हिंदु, तथा हिंदी के नारे से बाँधना चाहा परंतु यह प्रयत्न भी निष्फल रहा।[54]

भारत के संविधान निर्माण के बाद तो कम से कम यह बात स्पष्ट हो जानी चाहिए थी कि 'राजभाषा' का वास्तविक अर्थ क्या है ? और उसे किन संदर्भों में परिभाषित किया जा रहा है ? विशेषकर जब हिंदी को संविधान में स्पष्ट रूप से राजभाषा अथवा संघ की राजभाषा के रूप में स्पष्ट किया गया है। बावजूद इसके हिंदी के मूर्धन्य विद्वानों ने अपने लेखों, पुस्तकों आदि में राजभाषा हिंदी को 'राजभाषा' न कहकर उसे नाना

प्रकार के नामों से संबोधित किया जिससे राजभाषा का अर्थ कई आयामों में प्रसारित हुआ।

अब तक यहाँ केवल कोशकारों के संदर्भ में इसे देखा गया। अब कुछ उदाहरण विभिन्न पुस्तकों, लेखों आदि के देखे जा सकते हैं जिनमें राजभाषा के विभिन्न नामों को या पर्यायों को देखा जा सकता है। इनमें से कुछ पर्याय जहाँ राजभाषा शब्द की प्रकृति को स्पष्ट करते हैं वहाँ कुछ इसमें भ्रम भी उत्पन्न करते हैं।

डॉ. रामविलास शर्मा ने अपनी पुस्तक 'भाषा और समाज' में हिंदी को 'राजभाषा' और 'केंद्रीय भाषा' दोनों शीर्षकों से स्पष्ट किया है। किसी भाषा को राजभाषा बनने की शर्त को बताते हुए उन्होंने कहा है कि "राजभाषा बनने के लिए भाषा का अपना एक राज्य चाहिए।"[55]

इस आधार पर एक बात स्पष्ट हो जाती है कि भारत के संविधान की आठवीं अनुसूची में दर्ज पंद्रह भाषाएँ भारत की राजभाषाएँ नहीं हैं। इन पंद्रह में से केवल 12 राजभाषाएँ हैं। चूँकि उर्दू, संस्कृत और सिंधी भाषा का अपना कोई राज्य नहीं है। परंतु ये तीनों भाषाएँ राजभाषाएँ न होते हुए भी राष्ट्रभाषाएँ हैं। हाँ, अगर इन तीनों भाषाओं में से किसी भी भाषा में अगर किसी राज्य के ज़िले, नगरपालिका या तहसील में काम होता है तो वह भाषा उस ज़िले की 'राजभाषा' कहलाएगी।[56] यहाँ उर्दू की स्थिति भिन्न है। उर्दू जम्मू-कश्मीर राज्य की राजभाषा है।

इस आधार पर किसी राजभाषा के लिए राज्य का होना भी अनिवार्य शर्त नहीं है। अगर किसी स्थान की कुल आबादी की 15 से 20 प्रतिशत जनता किसी विशेष भाषा को अपनाती है तो वह भाषा वहाँ की राजभाषा बन सकती है। इस आधार पर कहा जा सकता है कि डॉ. रामविलास शर्मा द्वारा दी गई शर्त अब आवश्यक नहीं ठहरती है। और न ही संघ की राजभाषा हिंदी को 'केंद्रीय भाषा' कहने की आवश्यकता है।[57]

'केंद्रीय भाषा' का अंग्रेज़ी रूपांतर (सेंट्रल लैंग्वेज) होगा, अतः यहाँ फिर ऑफ़िशियल शब्द का भाव नहीं आता। 'केंद्रीय भाषा' का अर्थ कोई भी मुख्य भाषा भी हो सकती है। हाँ, जब तक यह न कहा जाए केंद्रीय सरकार की भाषा तब तक अर्थ स्पष्ट नहीं होता।

प्रसिद्ध हिंदी समर्थक एवं प्रचारक श्री रत्नाकर पांडेय ने राजभाषा हिंदी को 'कार्यकारी भाषा' और 'प्रशासन की भाषा' जैसे शब्दों से परिभाषित किया है।[58] वास्तव में कार्यकारी शब्द का अर्थ है, जब मूल की अनुपस्थिति में उसका विकल्प काम करे वह कार्यकारी होगा। जिसे अंग्रेज़ी में 'एक्टिंग' कहा जाएगा। अतः जब हिंदी को स्वयं ही, मूल रूप में ही राजभाषा स्वीकार किया गया है तब उसे कार्यकारी भाषा कहना कहाँ तक समीचीन है ? इसी प्रकार प्रशासन शब्द भी उपयुक्त नहीं ठहरता। किसी सरकारी कार्यालय में प्रशासन एक अनुभाग भी रहता है परंतु उस पूरे कार्यालय के विभिन्न अनुभागों में एवं प्रशासन अनुभाग में एक ही भाषा में काम होता है।

इस प्रकार यह नहीं कहा जा सकता कि अमुक भाषा प्रशासन की भाषा है। यह राजभाषा की एक इकाई के रूप में हमारे सामने आ सकती है। समग्र रूप में राजभाषा ही एक शब्द है।

हिंदी के वरिष्ठ साहित्यकार लक्ष्मीकांत वर्मा के संपादन में प्रकाशित लेख में डॉ. विनयमोहन शर्मा ने राजभाषा हिंदी को कुछ हद तक ठीक परिभाषित किया है एवं हिंदी के राष्ट्रभाषायी एवं राजभाषायी रूप को अलग-अलग अर्थ में देखने का प्रयास किया है।[59]

डॉ. बाबूराम सक्सेना ने राजभाषा हिंदी को 'संसद की भाषा' संबोधित करके इसके अर्थ को एक जगह बाँध दिया।[60] भाषा संसद, न्यायालयों एवं सरकार के अंगों की व्यवस्था में लगे अनेक कार्यालयों में प्रयुक्त होती है, अतः उसे केवल 'संसद की भाषा' कहना एक नया शब्द गढ़ने के अलावा और कुछ व्यक्त नहीं करता।

श्री जगवीरसिंह वर्मा ने भी हिंदी को राष्ट्रभाषा या राज्यभाषा की संज्ञा तों दी है परंतु राजभाषा शब्द का प्रयोग करने से वे शायद चूक गए। जब कि वे अपने निबंध 'अंग्रेज़ी वालों का झूठा प्रचार' में हिंदी के सभी पक्षों पर विचार करते दिखाई देते हैं। परंतु जैसा कि अक्सर होता आया है उसी प्रकार यहाँ भी राज्यभाषा एवं राजभाषा को एक ही रूप में लिया गया है।[61]

आश्चर्य की बात तो उस समय लगती है जब आद्योपांत हिंदी आंदोलन से जुड़े सेठ गोविंददास भी अपनी पुस्तक 'राज-भाषा हिंदी' में अनेक स्थलों पर राजभाषा के लिए केंद्रीय भाषा, राज्यभाषा एवं कई बार राष्ट्रभाषा शब्द का प्रयोग करते दिखाई देते हैं।[62]

भारत के संविधान की रचना के बाद जैसे-जैसे समय व्यतीत होता गया वैसे-वैसे हिंदी के लेखक एवं रचनाकार राजभाषा शब्द एवं उसकी परिभाषा से परिचित होते गए। परंतु यह परिचय भी समग्र रूप से न होकर एक पक्षीय रहा। उदाहरण के तौर पर श्री देवेन्द्रनाथ शर्मा ने अपनी पुस्तक 'राष्ट्रभाषा हिंदी-समस्याएँ और समाधान' में एक अध्याय राष्ट्रभाषा एवं राजभाषा के अंतर को स्पष्ट करते हुए ही लिखा है। इसी अध्याय में उन्होंने राजभाषा की परिभाषा इस प्रकार की है "राजभाषा अर्थात् राजा की भाषा, शासक की भाषा और शासक को स्वभावतः कुछ महत्त्व उपलब्ध हो जाता है, किंतु हम जानते हैं कि जनतांत्रिक शासन पद्धति में राजा शब्द का महत्त्व नहीं है। राजभवन के समान राजभाषा भी निरीह शब्द है, जिसका अर्थ केवल राजकीय भाषा अर्थात् राजकाज की भाषा है।"[63]

इस परिभाषा में राजभाषा को शासक की भाषा कहा गया है। जिससे राजभाषा की प्रकृति का परिचय प्राप्त होता है। परंतु दूसरी ओर उसे निरीह शब्द भी बताया गया है। शासक की वाणी या उसकी भाषा निरीह कैसे हो सकती है ? वह तो एक आदेश होती है। उसे न मानने पर कर्मचारी को नौकरी से या राजा के ज़माने में जान से भी

हाथ धोना पड़ता था। अतः हम उसे निरीह नहीं कह सकते। हाँ, अगर इस शब्द को हिंदी के संदर्भ में देखा जाए तो शायद राजभाषा शब्द की निरीहता को लक्ष्य किया जा सकता है। संविधान में हिंदी को राजभाषा घोषित करने के उपरांत भी उस पर कार्यान्वयन नहीं होता है उसे उपेक्षित-सा समझा जा रहा है। ऐसी स्थिति में हमारे यहाँ यह शब्द निरीह ही है। परंतु वास्तव में यह एक शक्तिशाली एवं आदेशात्मक शब्द ही है।

एक ओर तो लेखक 'राजभाषा' एवं 'राष्ट्रभाषा' में अंतर समझ रहा है तथा उसे ठीक परिभाषित भी कर रहा है। परंतु आगे चलकर लेखक ने राजभाषा एवं राज्यभाषा को मिला दिया है। साथ ही वह इनके अंतर को ठीक प्रकार से नहीं पकड़ पाया है। क्योंकि लेखक किसी राज्य में वहाँ की राज्यभाषा या प्रादेशिक भाषा द्वारा प्रदेश के राजकाज चलाए जाने पर उस भाषा को राज्यभाषा मानता है।[64] जब कि भारत के संविधान के भाग 17, अध्याय 2, धारा-345 के अनुसार वह राज्यभाषा भी उस समय राजभाषा ही होगी जब उससे उस राज्य का शासन कार्य चलाया जाएगा।

चूँकि लेखक स्वयं भी यह मानता है। राजभाषा के प्रयोग एवं उसकी स्पष्ट परिभाषा देते हुए लेखक मानता है कि "राजभाषा का प्रयोग मुख्यतः चार क्षेत्रों में अभिप्रेत है।—शासन, विधान, न्यायपालिका और कार्यपालिका। इन चारों में जिस भाषा का प्रयोग हो उसे राजभाषा कहेंगे। यह कार्य अब तक अंग्रेज़ी द्वारा होता रहा है और इसी का स्थान राजभाषा के रूप में हिंदी को देना है। राजभाषा का यही अभिप्राय और उपयोग है।"[65] राजभाषा की यह परिभाषा उसके प्रयोग को स्पष्ट करती है। परंतु अगर शासन, विधान सभा या कार्यपालिका अगर राज्य या ज़िला स्तर पर भी हो तो उसमें प्रयुक्त भाषा भी राजभाषा ही कहलाएगी।

अब यह समस्या उपस्थित हो सकती है कि इन राजभाषाओं में अंतर कैसे स्थापित किया जाए। इस समस्या की ओर और भी कई विद्वानों का ध्यान गया अतः उन्होंने भारत सरकार के प्रशासन में प्रयुक्त होने वाली भाषा को 'संघ की राजभाषा' कहा। साथ ही उन्होंने राजभाषा को संपर्क भाषा भी नहीं माना। इनमें से श्री. गो. प. नेने का नाम उल्लेखनीय है।[66] श्री नेने ने संघ को भी एक राज्य के रूप में लिया है। जो अस्पष्टता उत्पन्न करता है। संघ का पर्याय केंद्र हो सकता है। पर राज्य नहीं। अतः संघ की राजभाषा अर्थात् केंद्र सरकार की राजभाषा ही मानी जाएगी।

### 4.4 राजभाषा शब्द की शोध कार्य में परिभाषा

इस निष्कर्ष पर पहुँचा जा सकता है कि राजभाषा शब्द को लेकर आज तक काफ़ी भ्रम बना हुआ है। इसे ठीक ढंग से बहुत कम विद्वानों ने परिभाषित किया है। राजभाषा पर परोक्ष रूप से शोध कार्य भी हुआ डॉ. रामबाबू शर्मा द्वारा 'हिंदी भाषा का राजकाज में प्रयोग।' इस शोध ग्रंथ में डॉ. रामबाबू शर्मा ने राजभाषा की बड़ी व्यापक परिभाषा की है।

"राजभाषा वह व्यापक भाषा होती है जिसका प्रयोग केंद्र सरकार द्वारा समन्वय की दृष्टि से अंतर प्रांतीय स्तर पर होता है। यह भाषा इतनी समृद्ध, व्यापक, लोकप्रिय और समन्वयकारी होती है कि संपूर्ण देश तथा उसकी विभिन्न प्रांतीय भाषाओं को सांस्कृतिक, साहित्यिक, राजनीतिक, प्रशासनात्मक शब्दावली, वाक्य योजना एवं लिपि आदि की दृष्टि से एक सूत्र में आबद्ध कर राज्य एवं उसकी नीतियों के अनुसार उस देश को सुदृढ़ बनाती है। यह भाषा इतनी व्यापक होती है कि इसके माध्यम से देश के विभिन्न भाषा-भाषी लोगों में संपर्क स्थापित होता है इसलिए इसे संपर्क भाषा भी कहते हैं। अंग्रेज़ी में इसे लिंगुआ फ्रैंका, केंद्र, राज्य और देश के विभिन्न निकायों के संपर्क के माध्यम के कारण राजभाषा, एकतंत्रात्मक शासन में इसे राजा की भाषा, प्रजातंत्र प्रणाली में इसे राज्य की भाषा (राजभाषा) या संघभाषा भी कहते हैं।"

"भारत जैसे बड़े देशों में केंद्रीय स्तर पर प्रयुक्त होने वाली मुख्य राजभाषा के अंतर्गत विभिन्न राज्यों में प्रयुक्त होने वाली क्षेत्रीय भाषाओं को भी राजभाषा की संज्ञा के नाम से अभिहित करते हैं। वास्तव में क्षेत्रीय राजभाषाएँ केंद्रीय भाषा की पूरक होती हैं। इससे राजभाषा के विशाल रूप का उद्घाटन होता है।"[67]

राजभाषा की यह एक व्यापक परिभाषा है। इसकी व्यापकता के बावजूद भी यह कई बातों को स्पष्ट न करके उसे बुरी तरह गड्मगड् करके भ्रमित-सी हो गई है।

### 4.5 राजभाषा शब्द की परिभाषा में व्याप्त भ्रम

1. राजभाषा, संपर्क भाषा भी हो यह आवश्यक नहीं है। मसलन अरुणाचल के लोग आपस में अंग्रेज़ी में संपर्क स्थापित न करके अपनी भाषा में संपर्क स्थापित करते हैं। परंतु वहाँ की राजभाषा अंग्रेज़ी है। अहिंदी भाषी राज्यों में जब बाहर से कोई व्यक्ति आता है तो वह वहाँ के स्थानीय लोगों से संपर्क के रूप में या तो हिंदी या अंग्रेज़ी का सहारा लेता है। परंतु इन अहिंदी भाषी राज्यों की राजभाषा हिंदी या अंग्रेज़ी नहीं है।

2. जिस किसी भाषा में केंद्रीय सरकार का काम होता है वह केंद्र की राजभाषा है। जिस किसी भाषा में राज्य सरकार का काम होता है वह राज्य की राजभाषा है।

उपर्युक्त परिभाषा में केंद्र सरकार के कार्य की भाषा मूल या मुख्य मानी गई है और राज्य सरकार के कार्य की भाषा पूरक या गौण मानी गई है जब कि वस्तुस्थिति यह नहीं है। कोई भी भाषा मूल या मुख्य नहीं है। केवल दोनों स्तरों पर दोनों भाषाएँ 'राजभाषा' ही कहलाएँगी। भारत के संविधान के भाग 17 के अध्याय 2 में राज्य सरकार के कार्य की भाषा को भी राजभाषा ही कहा गया है।

3. राजभाषा संस्कृति से जुड़ी हुई ही हो ऐसी अनिवार्य शर्त से ही एक राजभाषा, राजभाषा नहीं बनती। हाँ, अगर वह उस देश की संस्कृति से जुड़ी है तो यह अच्छी बात है परंतु न भी जुड़ी हुई हो तो भी वह राजभाषा की भूमिका निभा सकती है। इसका उदाहरण भारत में अंग्रेज़ी भाषा का राजभाषा एवं सह-राजभाषा के रूप में चलन स्पष्ट

करता है।

15 मई, 1976 (शनिवार) को नई दिल्ली में हुए राजभाषा सम्मेलन के दौरान हुई प्रथम विचार संगोष्ठी में 'राजभाषा के रूप में हिंदी की वर्तमान स्थिति एवं समस्याएँ' विषय पर बोलते हुए प्रो. डॉ. हरवंशलाल शर्मा, (तत्कालीन निदेशक, केंद्रीय हिंदी निदेशालय तथा अध्यक्ष वैज्ञानिक एवं तकनीकी शब्दावली आयोग) ने राजभाषा की परिभाषा इस प्रकार की "संघ की राजभाषा से तात्पर्य विधानांग, कार्यांग और न्यायांग तीनों के कार्यकलापों से है।"[68]

यहाँ फ़िलहाल संघ शब्द को छोड़ भी दिया जाए तो एक बात स्पष्ट रूप से पता चल जाती है कि सरकार के तीन अंग-विधानांग, कार्यांग एवं न्यायांग में काम में आने वाली भाषा ही राजभाषा है यह चाहे संघ स्तर पर हो चाहे राज्य स्तर पर, इस पर आगे चलकर विचार होगा कि संघ की राजभाषा शब्द कहाँ तक समीचीन तथा सार्थक है ?

संविधान निर्माण समिति ने जब भारत संघ की राजभाषा को हिंदी के रूप में स्वीकार कर लिया तब उन्होंने संविधान में इस प्रकार का भी निदेश दिया कि इस भाषा (राजभाषा) का इस तरह से विकास किया जाए ताकि वह भारत की सामासिक संस्कृति की भाषा हो और उस संस्कृति का पूर्णरूपेण प्रतिनिधित्व कर सके। इसी आशय को ध्यान में रखते हुए भारत के संविधान के भाग 17 के अध्याय 4 की धारा 351 में इस प्रकार के निदेश हैं। इन निदेशों को ध्यान में रखते हुए राजभाषा की यह परिभाषा भी की गई कि वह किसी बहुसांस्कृतिक देश की सामासिक संस्कृति की प्रतिनिधि भाषा के रूप में सक्षम हो। और अगर यह सक्षमता उसमें नहीं है, साथ ही वह भाषा बहुसंख्यक द्वारा बोली जाती है तो यह सक्षमता उसमें लायी जाए।

### 4.6 राजभाषा शब्द की सार्थक परिभाषा की ओर अग्रसरता

राजभाषा शब्द की जो परिभाषाएँ ऊपर दर्शायी गयी हैं और उसकी जो व्याख्याएँ यहाँ प्रस्तुत की गई हैं उनमें कहीं न कहीं कुछ भ्रमात्मक बात आ गई है। राजभाषा शब्द की स्पष्ट एवं काफ़ी हद तक सटीक परिभाषा, भारत सरकार के गृहमंत्रालय के राजभाषा विभाग के तत्कालीन संयुक्त सचिव श्री सुधाकर द्विवेदी ने अपने एक लेख 'संघ की राजभाषा नीति' में दी है।

"यद्यपि 'राजभाषा' और राष्ट्रभाषा इन दोनों शब्दों के अर्थ बिल्कुल भिन्न हैं, फ़िर भी अक्सर 'राजभाषा' के लिए 'राष्ट्रभाषा' का प्रयोग किया जाता है। यूनेस्को के विशेषज्ञों की राय में उस भाषा को राजभाषा कहा जाता है, जो सरकारी कामकाज की भाषा के रूप में स्वीकार की गई हो और शासन तथा जनता के बीच आपसी संपर्क के काम भी आती हो। लेकिन राष्ट्रभाषा किसी देश की उस प्रमुख भाषा को कहते हैं, जो किसी बड़े भाषायी समुदाय द्वारा बोली जाती हो। आम तौर पर किसी देश की राष्ट्रभाषा ही वहाँ की राजभाषा होती है और यदि उस देश में एक से अधिक राष्ट्रभाषाएँ हों, तो उनमें से एक भाषा राजभाषा के रूप में चुन ली जाती है। लेकिन ऐसी भी मिसालें

मिलेंगी, जहाँ राजभाषा के रूप में इस्तेमाल के लिए एक बिल्कुल ही नई भाषा बनाई जाती है, जैसा कि इंडोनेशिया में हुआ, जहाँ 'बहासा इंडोनेशिया' बनाई गई। राजभाषा पर चर्चा के दौरान एक तीसरा शब्द भी कभी-कभी आता है और वह है 'लिंगुआ फ्रैंका'। 'लिंगुआ फ्रैंका' का अभिप्राय उस भाषा से है, जिसका विभिन्न क्षेत्रों में रहने वाले लोगों के बीच आपसी संपर्क के लिए उपयोग होता है। सामान्यतया किसी देश में वहाँ की राजभाषा ही 'लिंगुआ फ्रैंका' भी होगी, क्योंकि उसके सिवाय किसी दूसरी राष्ट्रभाषा के लिए 'लिंगुआ फ्रैंका' की भूमिका अदा करना मुश्किल होगा।''[69]

राजभाषा को लेकर यह व्यापक परिभाषा राजभाषा के सभी अंगों को परिभाषित करती है। परंतु इसमें भी वही बात दोहराई गयी है कि आम तौर पर किसी देश की राष्ट्रभाषा ही वहाँ की राजभाषा होती है या सामान्यतया किसी देश में वहाँ की राजभाषा ही लिंगुआ फ्रैंका भी होगी। ये दोनों बातें कई बार राजभाषा पर बिल्कुल लागू नहीं होती। लेखक ने स्वयं इंडोनेशिया का उदाहरण दिया है। साथ ही पिछले पृष्ठों पर इस संबंध में चर्चा की गई है।

साम्यवादी देश रूस के लेखक एम. आइ. इसायेव ने अपनी पुस्तक 'नेशनल लेंग्युएजेस इन दि. यू. एस. एस. आर. प्रॉब्लेम्स एंड सोल्यूशंस' में राजभाषा शब्द की परिभाषा अपने ढंग से की है।

''Official-Language—in capitalist countries the language whose use is compulsory in all the official business of a particular state."[70] इस छोटी-सी परिभाषा में राजभाषा शब्द की पूरी प्रकृति निहित है। केवल इसमें से 'केपिटलिस्ट' शब्द निकाल दिया जाए तो यह राजभाषा शब्द के अर्थ को पूरी तरह ध्वनित करती है।

उपरोक्त परिभाषाओं को देखने के बाद एक बात तो स्पष्ट हो जाती है कि भारत के हिंदी लेखक, राजनीतिज्ञ, भाषाविद् और बुद्धिजीवी एक ही शब्द को लेकर कितने भिन्न अर्थों के पर्याय उपस्थित करते हैं जब कि अंग्रेज़ी लेखक अपने मंतव्य में कितने स्पष्ट हैं।

## 4.7 उचित अर्थों में राजभाषा शब्द के प्रयोग में लापरवाही

राजभाषा शब्द को लेकर हमारा भ्रम अगर भारत के संविधान निर्माण से पहले या उसके आसपास के समय में रहा हो तो भ्रम होने का यह कारण समझा जा सकता है। परंतु संविधान निर्माण के इतने वर्षों के बाद भी अगर हमारा बुद्धिजीवी वर्ग इसे नहीं समझ पाया है तो यह उसकी अपनी भाषा के प्रति, उपेक्षणीय भाव का ही द्योतक है। यहाँ एक दो उदाहरण देने से बात स्पष्ट हो जाएगी।

पुणे में, सात, आठ, नौ, अक्तूबर, 1973, को हिंदी लेखक सम्मेलन का एक अधिवेशन हुआ। इस अधिवेशन में सम्मेलन के महासचिव ने एक प्रतिवेदन प्रस्तुत किया। इस

प्रतिवेदन के पृष्ठ 2 पर 'राजभाषा' शब्द को लेकर काफ़ी कुछ कहा गया है। परंतु अंत में निष्कर्ष पर आते-आते (पृष्ठ 3 पर) यही राजभाषा शब्द राष्ट्रभाषा में बदल गया।[71/1]

प्रतिवेदन पढ़ते समय यह साफ़ दिखता है कि बात राष्ट्रभाषा हिंदी के संबंध में कही जा रही है। क्योंकि जो भी बातें कही गई हैं वे राष्ट्रभाषा से ही संबंध रखती हैं न कि राजभाषा से। मसलन, साहित्यकारों का संबंध जितना राष्ट्रभाषा से रहता है उतना राजभाषा से नहीं। चूँकि, महासचिव राजभाषा शब्द के अर्थ से परिचित नहीं लगते हैं, अतः वे ऐसी भूल कर बैठे।[71/2]

इसी प्रकार सिंधी लेखक डॉ. दयाल आशा ने अपने शोध ग्रंथ 'सिंधी कवियों की हिंदी साधना' में राजभाषा की बात की है परंतु उन्होंने राजभाषा शब्द के स्थान पर 'राज्यभाषा' शब्द का प्रयोग किया है।[72]

1832 में सिंध में मोग़लों का शासन जब उतार पर था तब वहाँ राजकाज के काम में फ़ारसी का प्रयोग होता था, यह बात सर्वविदित है। परंतु सिंध प्रांत के लोग तो आपस में सिंधी बोलते थे और उस प्रांत की भाषा सिंधी ही थी। सिंध से सिंधी शब्द जुड़ा हुआ है। अतः फारसी को राजभाषा कहा जाएगा न कि राज्यभाषा, जैसा कि लेखक महोदय ने, उसे केवल राज्यभाषा ही कहा है, जो ग़लत है। जो लेखक राजभाषा शब्द के सही अर्थ से परिचित हैं उन्होंने 'सिंधी' को उस समय राजभाषा का शीर्षक दिया, जब पाकिस्तान सरकार द्वारा उसे (सिंध प्रदेश की) राजभाषा के रूप में मान्यता मिल गई।[73]

### 4.8 समाचारपत्र और पत्रिकाओं में राजभाषा शब्द का प्रयोग एवं उसका अर्थ

हिंदी को राजभाषा के अर्थ में व्यक्त करते समय इस बात का विशेष ध्यान रखा जाना चाहिए कि वहाँ केवल राजभाषा शब्द ही जाए न कि अन्य अर्थ वाले शब्द। किसी शब्द के सही अर्थ को स्थापित करने के लिए लेखकों की अपेक्षा समाचार पत्रों, पत्रिकाओं तथा संचार माध्यमों रेडियो आदि की बड़ी अहम् एवं महत्त्वपूर्ण भूमिका रहती है। परंतु खेद का विषय है कि हिंदी को लेकर जब उसके राजभाषा के संदर्भ में बात की जाती है, तब न केवल **टाइम्स ऑफ इंडिया ग्रुप** के प्रकाशनों ने इस ओर लापरवाही तथा उदासीनता दिखाई देती है वरन् भारत सरकार के संचार माध्यम रेडियो ने भी इस दिशा में गंभीरता से काम नहीं किया।

यहाँ हिंदी दैनिक नवभारत टाइम्स, के कतिपय उदाहरण दिए जा रहे हैं उनसे बात स्पष्ट हो जाएगी।

1. नवभारत टाइम्स (बम्बई) के दिनांक 8 अक्तूबर, 1975 के संपादकीय में 'ग्रामीण बैंकों की भाषा' जैसा शीर्षक दिया गया है। जब कि आसानी से 'ग्रामीण बैंकों' में/की राजभाषा जैसा शीर्षक दिया जा सकता था।

2. नवभारत टाइम्स (बम्बई) के दिनांक 3.3.76 के अपने लेख में श्री मुकुलचंद

पांडेय ने हिंदी को राजभाषा शीर्षक न देकर 'कामकाजी भाषा' शीर्षक दिया है।[74] जब कि बात राजभाषा की कही जा रही है।

3. 26.3.77 के नवभारत टाइम्स (बम्बई) में छपी एक रपट के अनुसार 'सरकारी कामकाज की भाषा का स्वरूप' विषय पर एक गोष्ठी पश्चिम रेलवे के प्रधान कार्यालय में हुई। यहाँ यह बात उल्लेखनीय है की कि रेलवे भारत सरकार का ही एक मंत्रालय है। उसे इस बात का भान नहीं कि 'सरकारी कामकाज की भाषा' जैसा कोई शीर्षक किसी भाषा के लिए हमारे संविधान में नहीं दिया गया है। यहाँ 'राजभाषा का स्वरूप' शीर्षक आसानी से अपना सार्थक अभिमत व्यक्त कर सकता था।

4. नवभारत टाइम्स (बम्बई) (दिनांक 28.8.78) (पृष्ठ 5) पर 'कर्नाटक में दस भाषाओं की पढ़ाई : कन्नड़ में उत्तीर्ण होना आवश्यक नहीं' शीर्षक के अंतर्गत एक ख़बर प्रकाशित हुई ''शिक्षा मंत्री श्री वी. सुब्बैया शेट्टी के अनुसार सरकार का इरादा कर्नाटक के सभी छात्रों को राज्य की सरकारी भाषा कन्नड़ सीखने का अवसर प्रदान करना है।'' यहाँ राजभाषा कन्नड़ को 'सरकारी भाषा' के नाम से व्यक्त किया गया है।

5. दिनांक 21.9.78 के नवभारत टाइम्स 'बम्बई' के 'नज़र अपनी अपनी' कॉलम में 'राष्ट्रभाषा भारती' के नाम पर एक पाठक (श्री राधाकृष्ण बजाज, गोमुरी, वर्धा) का पत्र छपा। इसमें वह बात कही गई है जो बिल्कुल नहीं है। ''भारतीय गणराज्य के लिए हिंदी को राष्ट्रभाषा के रूप में वैधानिक मान्यता दी है।''

राष्ट्रभाषा जैसे शब्द को भारत के संविधान द्वारा आज तक कोई वैधानिक मान्यता नहीं मिली है। चूँकि संपादक स्वयं ही राष्ट्रभाषा, राजभाषा के शब्दों से अच्छी तरह परिचित नहीं है अतः उसने भी बिना कोई संशोधन किए पत्र ज्यों का त्यों छाप दिया।

6. दिनांक 10.4.79 के नवभारत टाइम्स (पृष्ठ 4) के संपादकीय में (जो 'लोक भाषा में लोक सेवा' शीर्षक के अंतर्गत था) राजभाषा शब्द के लिए लोक भाषा शब्द का प्रयोग किया गया है।

''उत्तर प्रदेश सरकार के इस निर्णय को साहसिक और दूरदर्शितापूर्ण माना जाएगा कि उसने प्रादेशिक लोक सेवा आयोग की परीक्षाओं से अंग्रेज़ी के अनिवार्य पर्चे को समाप्त कर दिया है। लोक सेवा को लोक भाषा में चलाने की दिशा में यह सही कदम है।'' यहाँ **लोक भाषा** शब्द की जगह **राजभाषा** शब्द होना चाहिए। लोक का अर्थ पब्लिक से है। उत्तर प्रदेश की पब्लिक की भाषा सिर्फ हिंदी ही नहीं बल्कि वहाँ बोलियाँ ब्रज, भोजपुरी, अवधी आदि भी है। परंतु ये बोलियाँ (ब्रज या अवधी) राजभाषाएँ नहीं हैं। उत्तर प्रदेश सरकार अपना काम हिंदी में करती है अतः हिंदी वहाँ की राजभाषा है। सांकेतिक अर्थों में भले ही लोक भाषा का अर्थ जनता की भाषा से है परंतु पारिभाषिक अर्थ में राज्य (प्रदेश) सरकार की राजभाषा हिंदी ज़्यादा सही बैठता है।

7. नवभारत टाइम्स में एक ख़बर प्रकाशित हुई। शीर्षक था, 'हिंदी संपर्क भाषा

हो सकती है।'—श्रीमती वेंकटाचलम।

''कोचीन, 20 मई (प्रे.ट्र.) केरल की राज्यपाल श्रीमती ज्योति वेंकटाचलम ने आज यहाँ कहा कि जहाँ हमारे स्कूलों और कॉलेजों में शिक्षा का माध्यम एवं प्रशासन की भाषा मातृभाषा अथवा क्षेत्रीय भाषा को होना चाहिए वहीं राष्ट्रीय शख़्सियत और एकता के लिए एक संपर्क भाषा भी होनी ही चाहिए। उन्होंने कहा कि ''वह भाषा केवल हिंदी ही हो सकती है।'' (दिनांक 22.5.79, पृष्ठ 3 कॉलम 2) इस समाचार में राजभाषा को 'प्रशासन की भाषा' के नाम से व्यक्त किया गया है। 'प्रशासन की भाषा' जैसा कोई पारिभाषिक शब्द हिंदी में समग्र राजभाषा के अर्थों में मान्यता प्राप्त नहीं है।

यही बात पत्रिकाओं में देखने को भी मिलती है।

एक दो उदाहरण देखने से अंदाज लग जाएगा कि किस कदर राजभाषा के लिए मनमाना पर्याय लिया जाता है।

1. 9 जुलाई, 1972 के हिंदी साप्ताहिक 'दिनमान' के पृष्ठ 9 पर राजभाषा हिंदी से संबंधित एक लेख प्रकाशित हुआ है परंतु उसका शीर्षक 'सरकारी हिंदी' के नाम से दिया गया है।

2. हिंदी मासिक डायजेस्ट 'नवनीत' के 1978 के दीपावली विशेषांक में 'हिंदी की उन्नति के कुछ सुझाव' शीर्षक के अंतर्गत विद्वानों के सुझाव प्रकाशित हुए हैं। इस शीर्षक के अंतर्गत आचार्य देवेन्द्रनाथ शर्मा के कुछ सुझाव, 'सौजन्यपूर्वक ठोस काम करें' शीर्षक के अंतर्गत हैं (पृष्ठ 202)। अपने लेख में शर्मा ने नागालैंड की 'राजभाषा' के रूप में अंग्रेज़ी का उल्लेख किया है। 'एक राज्य (नागालैंड) ने अंग्रेज़ी को अपनी राज्यभाषा के रूप में स्वीकार कर लिया।'' वास्तव में नागालैंड ने अपने प्रशासन में राजभाषा अंग्रेज़ी को अपनाया है।

3. हिंदी साहित्य सम्मेलन, मानक हिंदी को स्थापित एवं प्रचारित करने वाली एक स्तरीय संस्था है। सम्मेलन से निकलने वाला (हिंदी) पाक्षिक 'राष्ट्रभाषा संदेश' मानक हिंदी के रूप को स्थापित करने का लक्ष्य लेकर चलता है।

28 फरवरी, 1979 के अंक में 'प्रभुत्व की चिंता से हिंदी विरोध' शीर्षक से पृष्ठ 9 पर डॉ. कैलाशचंद्र मौर्य का लेख प्रकाशित हुआ है। इस लेख की दो पंक्तियाँ देखने से यह स्पष्ट हो जाएगा कि लेखक तथा पत्र का संपादक तक राजभाषा एवं राष्ट्रभाषा को एक ही अर्थ में परिभाषित करते हैं तथा उस तथ्य को मानते हैं जो कहीं नहीं है।

''14 सितम्बर, 1949 को राष्ट्रीय संविधान में हिंदी को राष्ट्रभाषा स्वीकार किया गया था।''

अब तक यह बात सिद्ध की जा चुकी है कि भारत के संविधान में राष्ट्रभाषा जैसा कोई शब्द नहीं है। अतः इस प्रकार की लापरवाही राजभाषा शब्द को समझने में भ्रम उत्पन्न करती रही है। साथ ही हिंदीतर दक्षिणी प्रांतों विशेषकर तमिलनाडु में विरोध का कारण बनी।

अंत में एक और बात उल्लेखनीय है कि भारत सरकार के संस्थान् केंद्रीय हिंदी संस्थान् (आगरा) के प्राध्यापकों / रीडर तक राजभाषा को 'कार्यालय-हिंदी' या 'सरकारी कामकाज की भाषा' के नाम से संबोधित करते हैं, जब कि यहाँ 'राजभाषा' का प्रशिक्षण दिया जाता है।[75]

### 4.9 राजभाषा शब्द के लिए विभिन्न अर्थों वाले शब्दों का प्रयोग

वास्तव में, किसी भी प्रदेश की कोई भी भाषा जो शासन या प्रशासन चलाने के काम आ रही है। उसे हिंदी में राजभाषा कहना ही उपयुक्त होगा। अगर हिंदीतर भाषा में यही शब्द उपलब्ध है तो अच्छी बात है। मगर मराठी के संदर्भ में यह देखा गया है कि महाराष्ट्र में मराठी में काम होता है और यहाँ का शासन मराठी को 'राजभाषा' के शीर्षक से परिभाषित भी करता है। परंतु मराठी समाचार पत्रों में मराठी के लिए राजभाषा शीर्षक कम ही प्रयोग में लाया जाता है। कई बार इसे 'कायद्याची भाषा' (विधि या कानून की भाषा)[76] के शीर्षक से संबोधित किया जाता है जो उचित नहीं है।

राजभाषा एक पारिभाषित शब्द है जिसमें किसी प्रकार के पर्यायी शब्द का प्रयोग अपेक्षित नहीं है। फिर भी राजभाषा की कल्पना की स्पष्टता के अभाव में विभिन्न लोगों द्वारा राजभाषा के लिए अनेक शब्दों का प्रयोग किया गया है। जो इस प्रकार हैं :

1. संघीय भाषा (संघ की भाषा)
2. प्रशासनिक भाषा (प्रशासन की भाषा)
3. भारती
4. भारत की उत्कृष्ट सदृश भाषा
5. केंद्रीय भाषा
6. कार्यकारी भाषा
7. संसद की भाषा
8. राष्ट्रीय कामकाज को भाषा
9. राजकाज की भाषा
10. राजकीय भाषा
11. शासक की भाषा
12. लोकभाषा
13. सरकारी भाषा (सरकारी कामकाज की भाषा)
14. कामकाजी भाषा
15. संपर्क भाषा
16. कचहरी दी भाषा (अदालत की भाषा)
17. संविधान की भाषा
18. बैंकों की भाषा

19. कार्यालय हिंदी

20. विधि की भाषा

इन बीस शीर्षकों के अलावा भी राजभाषा शब्द के पर्याय का भ्रम देने वाले कई और भी शब्द प्रयुक्त होते हुए देखे जा सकते हैं। जैसे—दफ़्तरी भाषा, तकनीकी भाषा[77] आदि।

'राजभाषा' एक शब्द के लिए ऊपर दिए गए 20 शीर्षकों में अर्थ विभिन्नता के कारण, पारिभाषिक शब्दों के लिए बरते गए अनुपालन को, तोड़ने का खतरा उपस्थित होता है।

'राजभाषा' शब्द की अर्थवत्ता को लेकर अंग्रेज़ी भाषा में कहीं भी इतना लचीलापन नहीं है। जब भी कोई राजभाषा संबंधी समाचार अंग्रेज़ी समाचार पत्रों में प्रकाशित होगा तो वह केवल राजभाषा के 'ऑफ़िशियल लैंग्वेज' शीर्षक के लिए ही होता है।

यहाँ एक उदाहरण देखा जा सकता है। 1982 तक केरल में मलयालम को राजभाषा बनाने की सरकारी घोषणा का समाचार अंग्रेज़ी पत्र 'पूना हैराल्ड' (दिनांक 2.8.78 पृष्ठ 3 कॉलम 1, अब 'महाराष्ट्र हैराल्ड') में ''मलयालम टू बिकम ऑफ़िशियल लैंग्वेज ऑफ केरल'' के शीर्षक के साथ प्रकाशित किया गया।

कहीं-कहीं संदर्भ के अनुसार इसे प्रशासन की भाषा (लैंग्वेज ऑफ एडमिनिस्ट्रेशन) के रूप में उल्लिखित किया गया है।[78] परंतु वहाँ प्रशासन का अर्थ प्रशासनिक अनुभाग न होकर किसी सरकार द्वारा शासन चलाने की अपनी व्यवस्था से है।

## 4.10 राजभाषा शब्द की परिभाषा का निर्धारण

उपर्युक्त उदाहरणों को देखते हुए इस निष्कर्ष पर पहुँच सकते हैं कि हिंदी में राजभाषा शब्द के सही अर्थ एवं उसकी परिभाषा को लेकर काफ़ी विभिन्नताएँ तथा लचीलापन है। कोई एक ऐसी परिभाषा नहीं मिलती है जो राजभाषा शब्द के मूल अर्थ को स्पष्ट कर सके।

अगर राजभाषा शब्द की प्रकृति को उसके आदि समय से भारतीय संदर्भ में देखा जाए और उसमें अंग्रेज़ी के ऑफ़िशियल शब्द के आयातित अर्थ को भी ध्यान में रखा जाए तो राजभाषा शब्द की परिभाषा इस प्रकार की जा सकती है।

**''राजभाषा सांविधानिक मान्यता प्राप्त वह कोई भी, वैध भाषा है जो किसी भी प्रकार की सरकार की, शासन या प्रशासन व्यवस्था को चलाने के लिए उसके सरकारी तंत्र का वैधानिक माध्यम बनती है।''**

### *4.10.1 निर्धारित परिभाषा की व्याख्या*

इस परिभाषा में वे सब तत्त्व आसानी से रेखांकित किए जा सकते हैं जो किसी भाषा को राजभाषा के रूप में पहचानने में सहायक होते हैं तथा राजभाषा शब्द के सर्वांगीण

व्यक्तित्व को उजागर कर हमारे सामने रखते हैं।

*1. सांविधानिक मान्यता प्राप्त भाषा*

राजभाषा को संविधान द्वारा बाक़ायदा मान्यता दी जाती है तभी उसका प्रयोग शासन व्यवस्था में संभव हो सकता है।

*2. कोई भी वैध भाषा*

राजभाषा का अपना कानूनी महत्त्व है अतः उसके प्रयोग के समय प्रत्येक शब्द के पीछे निहित कानूनी अर्थ को समझना अति आवश्यक है। अतः यह कानूनी भाषा है। साथ ही इस भाषा में लिखी गई सरकार की बात का पालन करना आवश्यक होता है।

यहाँ 'कोई भी भाषा' बड़ा महत्त्वपूर्ण वाक्यांश है। कोई भी भाषा से तात्पर्य वह भाषा है जो भले ही उस देश, राज्य या स्थानीय प्रदेश की राष्ट्रभाषा या राज्यभाषा न हो।

इसे एक-दो उदाहरणों द्वारा समझ सकते हैं।

अंग्रेज़ी कभी भी भारत की राष्ट्रभाषा नहीं रही। परंतु भारत की स्वतंत्रता से पहले वह भारत की राजभाषा थी। देश के स्वतंत्र होने के बाद भी अंग्रेज़ी को भारत के संविधान में (भारत के संविधान की अष्टम अनुसूची) भारतीय भाषा होने का गौरव किसी भी प्रकार से नहीं दिया गया है। परंतु भारत की स्वतंत्रता के बाद आज भी अंग्रेज़ी सहराजभाषा के रूप में सांविधानिक मान्यता प्राप्त सहराजभाषा है।[79] इसी प्रकार राजभाषा अधिनियम 1963 तथा उसके संशोधित राजभाषा अधिनियम 1967 तथा राजभाषा अधिनियम 1963 के अंतर्गत बनाए गए राजभाषा नियम, 1976 जून में भी इस बात की व्यवस्था है।

"अहिंदी भाषी क्षेत्रों में स्थित केंद्रीय सरकार के बीच पत्राचार में हिंदी और अंग्रेज़ी दोनों भाषाओं में से किसी भी भाषा का प्रयोग किया जा सकता है।"[80]

एक उदाहरण और देखा जा सकता है, उससे 'कोई भी भाषा' में निहित अर्थ बिल्कुल स्पष्ट हो जाएगा। भारतीय नेपाली भाषा समिति इस बात को लेकर संघर्ष करती रही है कि, दार्जिलिंग प्रदेश में 60 लाख लोग नेपाली भाषा बोलते तथा समझते हैं, अतः उसे भारत के संविधान की आठवीं अनुसूची में स्थान देना चाहिए ताकि उसे विधिवत् दार्जिलिंग के प्रशासन की राजभाषा बनाया जा सके।

परंतु भारत सरकार इस माँग को इस आधार पर स्वीकार नहीं करती क्योंकि यह एक विदेशी भाषा है। परंतु बंगाल राज्य की सरकार नेपाली भाषा के प्रसार प्रचार के लिए प्रयास करे या उसे सरकारी कामकाज का माध्यम बनाए तो केंद्रीय सरकार इसे रोकेगी नहीं, यहाँ इस बात को ध्यान में रखना आवश्यक है कि बंगाल राज्य की वाममोर्चे की सरकार ने नेपाली को अपने राज्य की ही एक भाषा राज्यभाषा मानकर उसे दार्जिलिंग में प्रशासन के कामकाज करने के लिए में मान्यता दी है।[81]

इस प्रकार दार्जिलिंग के स्थानीय प्रशासन की राजभाषा नेपाली है, भले ही वह

विदेशी भाषा है या भारत के संविधान में उसका कोई स्थान नहीं है। परंतु स्थानीय प्रशासन के संविधान में उसे मान्यता मिली हुई है और स्थानीय सरकार के प्रशासन को वह चला रही है अतः वह स्थानीय सरकार की राजभाषा है। जब कि पश्चिम बंगाल की राज्यभाषा एवं राज्य की राजभाषा बंगला है। परंतु किसी ज़िले के स्थानीय प्रशासन को यह पूरी स्वतंत्रता है कि वह अपने ज़िले में बहुसंख्यकों द्वारा बोली जाने वाली भाषा को राजभाषा के रूप में मान्यता दे। 1993 में नेपाली, संविधान की अष्टम अनुसूची में जोड़ दी गई।

### 3. *किसी भी प्रकार की सरकार की शासन या प्रशासन व्यवस्था चलाने के लिए प्रयुक्त भाषा*

यहाँ किसी भी प्रकार की सरकार से तात्पर्य चाहे देशी या विदेशी, सरकार से है। देशी सरकार में भी अनेक स्तर की सरकारें हो सकती हैं। हमारे लिए ब्रिटिश सरकार विदेशी सरकार थी, परंतु उसने अपना शासन (रूल) चलाने के लिए अपने प्रशासन (एडमिनिस्ट्रेशन) में अंग्रेज़ी भाषा का राजभाषा के रूप में इस्तेमाल किया।

यह स्पष्ट किया गया है कि स्वतंत्र भारत में प्रजातांत्रिक संघीय सरकार बनी। मोटे रूप में तीन प्रकार की सरकारें हमारे देश की शासन व्यवस्था में कार्यरत हैं। 1. केंद्र सरकार 2. राज्य सरकार और 3. स्थानीय सरकार (स्थानीय सरकार में नगरपालिका, नगरनिगम, पंचायत आदि लिए जा सकते हैं।) अतः इन तीनों स्तरों पर जो भाषा इन सरकारों द्वारा मान्यता प्राप्त कर इनका प्रशासन चलाएगी वह राजभाषा होगी। दूसरे शब्दों में हम कह सकते हैं कि इनका नामकरण इस प्रकार होगा–

1. केंद्र (सरकार) की राजभाषा
2. राज्य (सरकार) की राजभाषा
3. ज़िले या स्थानीय-प्रशासन (सरकार) की राजभाषा

यहाँ एक बात स्पष्ट कर लेना आवश्यक है कि भारत के संविधान के भाग 17 के अध्याय 1 में हिंदी को **संघ की भाषा** शीर्षक के अंतर्गत धारा 343 (1) में कहा गया है कि "संघ की राजभाषा हिंदी और लिपि देवनागरी होगी।" परंतु कुछ विद्वान हिंदी को संघ की राजभाषा के स्थान पर केंद्र सरकार की राजभाषा के शीर्षक से संबोधित करते हैं।[82]

कुछ विद्वान हिंदी को संघ की राजभाषा न कहकर इसे केंद्र की राजभाषा कहते हैं। ऊपर विश्लेषित तीनों सरकारों का विश्लेषण करने के पश्चात् यह ध्यान में रखा जा सकता है कि हिंदी को संघ की राजभाषा न कहकर केंद्र की राजभाषा कहना ज़्यादा सार्थक होगा, भले ही संघ, केंद्र तथा राज्यों से मिलकर बना है, परंतु संघ केंद्र का ही प्रतीक है। अतः संघ की राजभाषा के स्थान पर केंद्र की राजभाषा कहना अधिक अर्थवान है।

*4. सरकारी तंत्र का वैधानिक माध्यम*

सरकारी तंत्र में सरकार के सभी अंग मसलन—कार्यांग, विधानांग, न्यायांग, वित्तांग एवं संविधानांग आते हैं। इनमें जो भाषा इनकी मिसिलों तथा पत्र व्यवहार में काम आती है, वह राजभाषा है। यह राजभाषा अपने आप में वैधानिकता लिए होती है अर्थात् जो कुछ भी लिखा गया है उसका अक्षरशः पालन होना चाहिए तथा उसमें निहित वैधानिकता को समझकर सरकार के कार्य पूर्ण किए जाते हैं और सरकार अपना राज कार्य इसी भाषा के माध्यम से चलाती है। इसे इस प्रकार भी समझा जा सकता है कि अगर राजभाषा के प्रयोग में भाषा संबंधी या व्याकरण की अन्य त्रुटियाँ भी रह गई हैं तो उन्हें नज़रअंदाज किया जाता है केवल आशय समझकर कार्य किया जाता है।

टूटी-फूटी भाषा भी अगर राजभाषा के रूप में प्रयुक्त होकर अपना सही आशय प्रकट कर दे तो वह वैधानिक सम्मत आशय होगा।

ऊपर दी गई चारों व्याख्याएँ 'राजभाषा' शब्द की ऊपर दी गई परिभाषा को स्पष्ट करती हैं।

*5. राजभाषा, सह-राजभाषा, द्वितीय राजभाषा, राष्ट्रभाषा, संपर्क भाषा, एवं प्रादेशिक भाषा, राज्यभाषा अथवा प्रांतीय भाषा की कल्पनाएँ तथा पार्थक्य*

इसी अध्याय में राजभाषा शब्द की विभिन्न परिभाषाएँ, उसके पर्याय शब्दों एवं उसकी व्याख्याओं पर चर्चा की गई है। राजभाषा के लिए प्रयुक्त होने वाले लगभग जिन 20-22 शब्दों की तालिका दी गई है उनमें सह राजभाषा, द्वितीय या दूसरी राजभाषा, राष्ट्रभाषा, राज्यभाषा या प्रादेशिक भाषा का नाम नहीं है। हाँ, उनमें संपर्क भाषा शब्द आया है। चूँकि ये सब अलग-अलग भाषाएँ या एक ही भाषा के बिल्कुल भिन्न-भिन्न स्वरूप हैं, अतः इनको अलग से देखने की आवश्यकता है। यह बात अलग है कि राजभाषा के लिए ही अज्ञानतावश या भ्रमवश राष्ट्रभाषा, राज्यभाषा, संपर्क भाषा आदि का प्रयोग किया गया है।

यहाँ ऊपर बताए गए विभिन्न भाषा शीर्षकों के बीच व्याप्त अंतर और उनके लक्षणों को देखते हुए, (उस आधार पर) समझने का प्रयास किया जाएगा।

डॉ. रामबाबू शर्मा ने अपने शोध प्रबंध 'हिंदी भाषा का राजकाज में प्रयोग' (आगरा विश्वविद्यालय 1974 पृ. 76-77) में राजभाषा की कुछ विशेषताओं पर प्रकाश डाला है। जो संक्षेप में इस प्रकार हैं।

(क) अधिकांश जनता द्वारा बोली और समझी जाए।

(ख) सरल सुबोध और ग्राह्य हो।

(ग) उस भाषा की परंपरा और इतिहास हो जो जन जीवन को प्रेरित करे।

(घ) विभिन्न भाषा-भाषी देश में वह भाषा समन्वयकारी प्रवृत्ति की द्योतक होनी चाहिए।

(ङ) समृद्ध साहित्य वाली हो।

(च) मंगलकारी, क्रांतिकारी एवं राष्ट्रीय इतिहास की परंपरा लिए हुए हो।

(छ) उस भाषा का संबंध उस देश के राजकाज से रहा हो।

(ज) भाषिक क्षमता हो जो प्रशासन संबंधी कार्यों को अभिव्यक्त कर सके।

उपरोक्त विशेषताओं में 'ग' एवं 'च' दोनों एक ही भाव को व्यक्त करने वाले मुद्दे हैं। अन्य मुद्दे राजभाषा की मोटी-मोटी विशेषताओं को सामने लाते हैं।

अगर ब्रिटिश काल में प्रचलित भारत में अंग्रेज़ी राजभाषा के संदर्भ में देखें तो इन विशेषताओं में बताए गए 'ग' एवं 'छ' के मुद्दे की विशेषताएँ तर्क संगत नहीं हैं। अंग्रेज़ी भाषा की परंपरा न तो भारतीय संस्कृति या जन जीवन को प्रेरित करती रही और न उसका यहाँ के राजकाज से काफी पहले से संबंध रहा।

## 5.1 राजभाषा

'राजभाषा' एक पारिभाषिक शब्द है। अगर हम इसकी व्यापकता को देखें तो इसमें व्याप्त निम्नलिखित लक्षणों को रेखांकित किया जा सकता है।

1. राजभाषा निश्चित अर्थ में लिया हुआ संविधान मान्यता प्राप्त पारिभाषिक शब्द है। अतः इस भाषा में पारिभाषिक शब्दों का बाहुल्य पाया जाता है।

2. विशेषकर जहाँ की बहुसंख्य जनता निरक्षर है, वहाँ राजभाषा की पारिभाषिकता से अनभिज्ञ रहने की पर्याप्त संभावनाएँ रहती हैं। परिणामस्वरूप उसके पर्याय काफ़ी मात्रा में प्रचलित हो जाते हैं।

3. राजभाषा जनभाषा भी हो यह आवश्यक नहीं है। उदारहण के रूप में अंग्रेज़ों के शासन काल में हमारे यहाँ अंग्रेज़ी राजभाषा थी परंतु जनभाषा हिंदी-उर्दू एवं अन्य भारतीय भाषाएँ थीं।

4. राजभाषा किसी विशेष धर्म या जाति से जुड़ी हुई नहीं रहती वह तो केवल शासक से जुड़ी रहती है। फिजी में हिंदी राजभाषा का काम कर रही है।

5. राजभाषा संविधान द्वारा मान्यता पाती है और एक वैधानिकता लिए होती है। उसका उल्लंघन करने पर दण्ड भी दिया जा सकता है। अतः इसे लिखते समय पूरी सतर्कता बरतनी चाहिए।

6. राजभाषा को डंडे की भाषा भी कहा जाता है।[83]

7. राजभाषा वह भाषा है जिसका प्रयोग किसी निश्चित तारीख से आरंभ एवं खत्म भी किया जा सकता है।

8. राजभाषा का साहित्य सरकारी साहित्य कहलाता है। यह सूत्रों की भाषा है। निश्चित वाक्यांश तथा पारिभाषिक शब्दावली अक्सर प्रयुक्त की जाती है। इसका साहित्य फाइलों पर पनपता है।

9. राजभाषा एक साथ द्विभाषिक, त्रिभाषिक (स्विट्ज़रलैंड के संदर्भ में) एवं

सोलहभाषिक (सोवियत संघ के अर्थ में) रूपों में एक साथ काम कर सकती है। इन स्थितियों में कभी-कभी एक भाषा प्रधान या मूल होती है, और दूसरी भाषा या अन्य भाषाएँ सह-भाषा, दूसरी भाषा या द्वितीय भाषा के रूप में काम करती हैं। इस पर आगे चलकर विचार होगा।

10. राजभाषा का भाषायी रूप साहित्यिक भाषा के भाषायी रूप से भिन्न होता है, कहीं-कहीं व्याकरण के कुछ मुद्दे भी साहित्यिक भाषा से (मानक भाषा से) अलग होते हैं।

11. राजभाषा के प्रयोग का संक्रमण काल भी रहता है। इस संक्रमण काल में राजभाषा अपने अशुद्ध भाषायी रूप में भी मान्यता पाती है उसकी मानकता को इस काल में ज़्यादा महत्त्व नहीं दिया जाता केवल प्रयोग पर ही ध्यान दिया जाता है।[85]

12. राजभाषा में अर्थ की एकरूपता अनिवार्य रूप से होनी चाहिए। एक बात का एक ही अर्थ निकले।

13. राजभाषा तथा बोलचाल की भाषा में हमेशा अंतर रहता है। इस भाषा में प्रयुक्ति विश्लेषण के आधार पर मुख्यतः तीन बातें देखी जा सकती हैं। यह भाषा तकनीकी, लिखित एवं औपचारिक होगी। और 'रजिस्टर' के रूप में होगी।[85]

14. किसी देश/राज्य में एक साथ अनेक राजभाषाएँ काम कर सकती हैं।

15. कई बार राजभाषा को अनुवाद की बैसाखी पर चलना पड़ता है। यह उन परिस्थितियों में होता है जब कोई देश गुलाम रहा हो और स्वतंत्रता प्राप्ति के बाद पिछले शासक की राजभाषा को उतार फेंक कर अपनी राजभाषा को संविधान में मान्यता देकर स्थापित करना चाहता है। अनुवाद की भाषा होने से राजभाषा का अपना मौलिक रूप बिगड़ सकता है और वह दुरूह होती चली जाती है।[86]ऐसी स्थिति में उसे राजभाषा न कहकर लोग उसे 'उपहास भाषा' के नाम से संबोधित करते हैं।[87]

16. राजभाषा के कार्यान्वयन तथा राजभाषा के प्रयोग को लेकर राजभाषा आयोग आदि का भी गठन किया जा सकता है एवं इसके प्रयोग से संबंधित राजभाषा नियम भी बनाए जा सकते हैं।

17. राजभाषा एक आदेशात्मक-सख़्त भाषा है इसे साहित्यिक आलंकारिक भाषा से सँवारा नहीं जा सकता। अन्यथा यह भाषा लचीली एवं नाजुक हो जाती है तथा अपना प्रभाव खो बैठती है।

18. परिस्थिति अनुसार राजभाषा साम्राज्यवाद एवं शोषण की भाषा भी कहलाती है, यह राजनीति से भी जुड़ी रहती है। जब अंग्रेज़ी भारत की राजभाषा थी उस समय तथा आज, जब वह सहराजभाषा है, उसे साम्राज्यवाद की भाषा कहा गया है और आज जब हिंदी राजभाषा बनी है और सम्मान भी पा रही है तब अहिंदी भाषी लोगों द्वारा हिंदी को भी साम्राज्यवाद की संज्ञा दी जा रही है।[88]

19. राजभाषा सीधे आर्थिक लाभ से जुड़ी होती है। अतः इसके अध्ययन में छात्र

रुचि लेते हैं चूँकि यह नौकरी दिलवाती है अतः सरकार द्वारा शिक्षा क्षेत्र में इसकी विशेष व्यवस्था की जाती है। हिंदी, भारत सरकार (केंद्र सरकार) की राजभाषा है। अतः केंद्र सरकार की नौकरी पाने के लिए इसका ज्ञान होना आवश्यक है। इसी तथ्य को ध्यान में रखते हुए केंद्र सरकार के राजभाषा सचिव ने भी कुछ सुझाव विश्वविद्यालयों को प्रयोजनमूलक हिंदी पढ़ाने के लिए दिए हैं। बंबई और पुणे विश्वविद्यालय ने अपने पाठ्यक्रमों में रोजगारोन्मुख, प्रयोजन मूलक हिंदी पढ़ाने की व्यवस्था की है। इन पाठ्यक्रमों में टिप्पण, आलेखन तथा राजकीय धरातल पर प्रयुक्त पत्र-व्यवहार, पारिभाषिक शब्दावली, अनुवाद की समस्याएँ, विधि आदि विषय के पर्चे भी होंगे। इसके साथ ही अन्य विश्वविद्यालय भी इस दिशा की ओर अग्रसर हो रहे हैं।[89]

20. किसी देश की राजभाषा विदेशों में विशेष रूप से सीखी जाती है। आज हिंदी विश्व के लगभग 100 विश्वविद्यालयों में पढ़ाई जाती है। चूँकि यह भारत की राजभाषा है। अतः पहले पहल इसका प्रयोग राष्ट्रसंघ में (अक्तूबर 1977 में) किया गया। किसी देश की राजभाषा ही सामान्यतः राष्ट्र संघ की आधिकारिक भाषा बनती है। इसी आधार पर हिंदी को संयुक्त राष्ट्र महासभा के नियम एवं प्रक्रिया धारा 164 के अंतर्गत आधिकारिक भाषा बनाने के प्रयास चल रहे हैं। यह राजभाषा विश्वभाषा कहलाने का भी गौरव प्राप्त कर सकती है। हिंदी को विश्वभाषा का स्थान दिलाने के लिए भी प्रयास जारी हैं। वैसे भी हिंदी, निर्विवाद रूप से विश्व की तीसरी सबसे बड़ी भाषा है (प्रथम मंदारिन द्वितीय अंग्रेजी)

21. स्वतंत्र देश की राजभाषा उस देश की संस्कृति का भी प्रतिनिधित्व कर सकती है। कभी-कभी जब स्वतंत्र देश की राजभाषा, राजभाषा के रूप में अपरिपक्व होती है तब उसे प्रत्येक क्षेत्र में सशक्त बनाने के लिए संविधान में प्रावधान रखा जाता है। भारत के संविधान में हिंदी के इसी प्रकार के प्रचार प्रसार की व्यवस्था भाग 17 के अध्याय 4 की गयी हैं धारा 351 में हिंदी भाषा के विकास के लिए निदेश दिए गए हैं।

22. कभी-कभी सरकार अपने खर्च पर अपने कर्मचारियों को राजभाषा का अनिवार्य प्रशिक्षण देती है। उदाहरण स्वरूप हमारे देश में संविधान में जब हिंदी को संघ की राजभाषा मान लिया गया तब केंद्र सरकार ने अपने कर्मचारियों को हिंदी का शिक्षण अपने खर्च पर कार्यालय के समय में देना प्रारंभ किया। इस प्रशिक्षण के लिए पहले 1952 में शिक्षा मंत्रालय के अंतर्गत बाद में 1955 में गृह मंत्रालय के अंतर्गत हिंदी शिक्षण योजना को आरंभ किया गया। 1955 तक कर्मचारियों पर हिंदी शिक्षण लेने का बंधन नहीं था, बाद में 1960 से यह प्रशिक्षण अनिवार्य हो गया।[90]

23. एक बिल्कुल नई राजभाषा का निर्माण भी किया जा सकता है जैसे इंडोनेशिया ने 'बहासा इंडोनेशिया' राजभाषा अपने राजकार्य को चलाने के लिए निर्मित की।

24. राजभाषा की दृष्टि से अपरिपक्व भाषा जब राजभाषा के पद पर आसीन

हो जाती है तो उसे राजभाषा की दृष्टि से तैयार करने के प्रयास किए जाते हैं।[91] उसकी शब्दावली का बाक़ायदा बैठकर निर्माण किया जाता है। यही कारण है कि यह भाषा कभी-कभी बनावटी भी लगती है। परंतु यह आरंभिक स्थिति हो सकती है। बाद में भाषा मँजते-मँजते स्वाभाविकता ले लेती है। हिंदी के राजभाषा बनने के बाद ही शब्दावली बनाने के लिए विधि मंत्रालय में राजभाषा विधायी आयोग और शिक्षा मंत्रालय में वैज्ञानिक एवं तकनीकी शब्दावली आयोग (केंद्रीय हिंदी निदेशालय) नामक दो आयोगों की स्थापना की गई।

25. राजभाषा अपने में एक विशिष्ट भाषा है। अतः इससे संबंधित पदों के नामों में भी राजभाषा शब्द का प्रयोग किया जाता है। मसलन 'राजभाषा अधिकारी'। इस भाषा को पढ़ाने वाले भारत सरकार के (गृहमंत्रालय) हिंदी प्राध्यापकों की यह माँग रही है कि उन्हें 'राजभाषा प्राध्यापक' कहा जाए। इससे पता चलता है कि यह एक विशिष्ट भाषा है। इसके अध्ययन के लिए सरकार कई प्रकार के प्रलोभन भी देती है। इसके विकास के लिए राजभाषा वर्ष जैसे कार्यक्रम भी चलाए जाते हैं। उल्लेखनीय है भारत सरकार ने 1979 को 'राजभाषाओं का वर्ष' घोषित किया है। इस वर्ष के दौरान भारत की सभी राजभाषाओं का राजकार्य में अधिकाधिक प्रयोग का लक्ष्य रखा गया है।

26. राजभाषा ग्लैमर (आकर्षण) की भाषा है। इस भाषा के साथ धन, पद, प्रतिष्ठा और राजकार्य में लगे रहने का ग्लैमर जुड़ा रहता है उदाहरण के रूप में राजभाषा अंग्रेज़ी के साथ जो ग्लैमर ब्रिटिश लोगों ने पैदा किया वह आज तक लोगों की मानसिकता पर छाया हुआ है। जब तक हिंदी के साथ भी वैसा ही ग्लैमर नहीं जुड़ता वह संविधान में राजभाषा के रूप में स्वीकृत होने के बाद भी कार्यान्वयन के स्तर पर अशक्त ही रहेगी।

## 5.2 सह-राजभाषा या अतिरिक्त राजभाषा

1. जब मूल राजभाषा किसी भी कारण से शासन या प्रशासन के कार्य को अभिव्यक्त करने की क्षमता नहीं रखती अथवा वह नई-नई राजभाषा बनी है तब उसकी सहायतार्थ एक सह-राजभाषा को रखा जाता है।

2. सह-राजभाषा वास्तव में मूल राजभाषा की अपेक्षा राजभाषा के रूप में वरिष्ठता एवं राजकार्यों को अभिव्यक्त करने की पूर्ण क्षमता रखती है।

3. संभव है एक देश की सह-राजभाषा किसी समय में उस देश की प्रमुख राजभाषा भी रही हो। यह उस स्थिति में भी होता है जब एक देश किसी अन्य देश का गुलाम रहा हो। गुलामी के समय में उस शासक सरकार ने अपनी ही भाषा को राजभाषा बनाया हो--बाद में जब गुलाम देश स्वतंत्र हो जाता है तो वह अपनी भाषा को राजभाषा के रूप में ले लेता है। अगर वह भाषा राजभाषा राजकार्य चलाने में सक्षम है तो सह- राजभाषा

की आवश्यकता नहीं रहती। अगर वह राजभाषा राजकार्य चलाने में अभी मँजी हुई नहीं है तो उसे अपने शासक देश की राजभाषा को भी सह-राजभाषा के रूप में रखना होता है। भारत की संविधान सभा ने इसी आधार पर अंग्रेज़ी को सह- राजभाषा के रूप में रखा है।[92]

4. सह-राजभाषा भी सांविधानिक मान्यता प्राप्त भाषा होती है। भारत के संविधान के भाग 17 अध्याय 1 के अनुच्छेद 343 (2) खंड (1) और (3) में हिंदी के साथ अंग्रेज़ी को भी राजकीय प्रयोजनों के लिए मान्यता मिली हुई है। भले ही संविधान में अंग्रेज़ी के लिए सह-राजभाषा शब्द का प्रयोग नहीं किया गया है। परंतु वह सह-राजभाषा ही है।[93]

5. सह-राजभाषा के प्रयोग की अवधि को सीमित भी किया जा सकता है इसी अवधि को संक्रमण काल (ट्रानज़िशनल पीरियड) कहा जाता है।

वास्तव में हिंदी के साथ राजकीय प्रयोजनों के लिए अंग्रेज़ी को रखने के निर्णय का सूत्र संविधान सभा की बैठकों के निर्णयों में ही मिलता है।[94]

इसी आधार पर भारत के संविधान के भाग 17 के अध्याय 1 में अनुच्छेद 2 (1), 3 को रखा गया है।

6. अगर संक्रमणकाल में राजभाषा अपने को सक्षम कर लेती है तो सह-राजभाषा के प्रयोग को खत्म किया जा सकता है। अगर किसी कारण से राजभाषा अपना काम उस संक्रमणकाल के उपरांत भी करने की स्थिति में नहीं है तो सह-राजभाषा का प्रयोग राजभाषा के साथ-साथ एक नियत या अनियत काल तक जारी रखा जा सकता है। भारत के राजभाषा अधिनियम 1963 बाद में 1967 में (संशोधित) अधिनियम की धारा 3 (1) व 3 (5) में संघ के राजकीय प्रयोजनों के लिए और संसद में प्रयोग के लिए अंग्रेज़ी भाषा के अनियत काल तक बने रहने का प्रावधान है।

उल्लेखनीय है भारत के संविधान में (अंग्रेज़ी को) इसे केवल 15 वर्षों के लिए रखा गया था (26 जनवरी 1965 से अंग्रेज़ी को समाप्त किया जाना था।)

7. सह-राजभाषा को एक न एक दिन हटना ही होता है, चूँकि एक अर्थ में राजभाषा इसी भाषा से पोषित होती है, अतः यह राजभाषा का व्यक्तित्व निर्मित करती है।

8. सह-राजभाषा को देखकर ही यह पता चलता है कि अमुक देश किसी न किसी प्रकार से उस भाषा के देश से किसी न किसी प्रकार जुड़ा हुआ होगा।

9. किसी देश के लिए सह-राजभाषा को पालना एक विवशता ही है। अतः यह अनचाही भाषा है।

10. सह-राजभाषा को अतिरिक्त राजभाषा का शीर्षक भी दिया गया है।[95] वास्तव में यह शीर्षक सही नहीं ठहरता। अतिरिक्त भाषा से यह अर्थ ध्वनित होता है प्रमुख के साथ एक और चीज़ जोड़ दी गई है। वस्तुतः सह-राजभाषा प्रमुख भाषा के साथ जोड़ी नहीं जाती है वरन् रखी जाती है। अतिरिक्त राजभाषा को दूसरी या द्वितीय राजभाषा

भी कहा जा सकता है। उस पर आगे चर्चा की जाएगी।

11. सह-राजभाषा का, राजभाषा पर अगर सशक्त प्रभुत्व है तो वह सह-राजभाषा होते हुए भी अप्रत्यक्ष रूप से राजभाषा बनने के गुण अर्जित करती रहती है। कभी-कभी तो सह-राजभाषा का प्रभुत्व इतना अधिक रहता है कि एक स्वतंत्र देश के बुद्धिजीवी तक, उसे राजभाषा कहकर संबोधित करते हैं, भले ही यह सह-राजभाषा किसी समय में उन्हें किसी अन्य शासक की राजभाषा के रूप में गुलाम बनाती रही हो, तथा स्वतंत्र देश के संविधान में भी उसे राष्ट्रभाषा, राज्यभाषा आदि का दर्जा नहीं दिया गया हो। राजभाषा हिंदी के साथ अंग्रेज़ी के सह-राजभाषा रहने के सन्दर्भ में हम इसे समझ सकते हैं। कभी-कभी तो सह-राजभाषा को राजभाषा बनाने की माँग भी ज़ोर पकड़ती है और यह आशंका व्यक्त की जाती है कि कहीं सह-राजभाषा अपनी शक्ति से राजभाषा को मारकर स्वयं राजभाषा न बन जाए।[96]

12. सह-राजभाषा के प्रयोग से द्विभाषिकता की स्थिति पैदा हो जाती है। अतः इसे पालना एक खर्चीला काम है।[97]

13. सह-राजभाषा के और भी पर्यायवाची नाम मिलते हैं, जैसे सहायक भाषा, सहकारी राजभाषा, द्वितीय राजभाषा, सह शासकीय भाषा, सहचरी राज भाषा, एसोसिएट भाषा। इसमें द्वितीय राजभाषा शब्द कुछ अपना अलग अर्थ रखता है। जिस पर हम आगे चलकर चर्चा करेंगे।

14. सह-राजभाषा के लिए उसका अपना राज्य होना आवश्यक नहीं है। इसके साथ पूर्वसत्ता का ग्लैमर जुड़ा रहता है।

### 5.3 द्वितीय राजभाषा

1. द्वितीय राजभाषा किसी स्वतंत्र देश की वह राजभाषा होती है जो उस देश में रहने वाले एक बड़े समुदाय द्वारा बोली जाती है।

2. पहले यह भाषा संविधान में स्वीकृत नहीं होती है परंतु इसे बोलने वाले लोगों के समुदाय द्वारा, सरकार पर इसे संविधान में राजभाषा के रूप में मान्यता देने का दबाव डाला जाता है। इसे (दूसरी) राजभाषा घोषित करवाने के लिए आंदोलन किए जाते हैं। जब यह भाषा उस देश के संविधान में राजभाषा के रूप में स्वीकृत हो जाती है तो वह द्वितीय राजभाषा कहलाती है।

3. द्वितीय राजभाषा गौण है। चूँकि इसके पूर्व भी एक प्रमुख राजभाषा काम करती है परंतु परिस्थितिवश इसे राजभाषा घोषित किया गया है अतः यह द्वितीय राजभाषा के रूप में काम करती है।

4. द्वितीय राजभाषा प्रमुख राजभाषा की तरह एक स्थायी राजभाषा रहती है। वह किसी प्रदेश विशेष या पूरे देश की द्वितीय राजभाषा भी हो सकती है। सह-राजभाषा की तरह इसके प्रयोग को संविधान में एक नियत तिथि तक के लिए नहीं रखा जाता।

5. द्वितीय राजभाषा तथा प्रमुख राजभाषा के बीच एक भावनात्मक संबंध रहता है।

6. जब एक भाषा समृद्ध भाषा के रूप में अपने को स्थापित कर लेती है और वह एक प्रजातांत्रिक देश की भाषा है तब वह द्वितीय भाषा के रूप में स्थान पा लेती है।

7. दूसरी राजभाषा बनने के लिए उसे बोलने वाले लोगों का अपना अलग राज होना आवश्यक नहीं है। वह जो भी शासन है उस शासन में उसके प्रयोग भर की स्वीकृति उसे द्वितीय राजभाषा बना देती है।

8. द्वितीय राजभाषा एक प्रकार से अतिरिक्त राजभाषा ही है। द्वितीय राजभाषा के उपरोक्त लक्षणों को स्पष्ट रूप से समझने के लिए हमें कुछ उदाहरण देखने होंगे।

1. हमारे देश में हिंदी प्रदेशों (विशेषकर बिहार तथा उत्तर प्रदेश) में उर्दू को द्वितीय राजभाषा के रूप में मान्यता प्रदान करने के लिए बात उठायी गई है।[98] बिहार में तो उर्दू को द्वितीय राजभाषा का दर्जा दिया गया है। अन्य राज्यों में भी यह माँग उठ रही है।

2. जहाँ एक ओर उत्तर प्रदेश में उर्दू को दूसरी राजभाषा करने की माँग को स्वीकार किया गया है वहीं आँध्र प्रदेश की सरकार ने, आँध्र प्रदेश उर्दू सम्मेलन की माँग स्वीकार करते हुए उन क्षेत्रों में, जहाँ बीस प्रतिशत लोग उर्दू बोलते हैं, उर्दू को तेलुगु के साथ अतिरिक्त राजभाषा का दर्जा, सन् 1976 में दिया है।[99] यहाँ उर्दू को द्वितीय राजभाषा के स्थान पर अतिरिक्त राजभाषा कहा है।

3. विदेशों में भी द्वितीय भाषा को लेकर जो आंदोलन चले उनमें तमिल भाषा को श्रीलंका में द्वितीय राजभाषा बनाने का आंदोलन एवं पाकिस्तान के सिंध प्रांत में उर्दू के साथ-साथ सिंधी को भी द्वितीय राजभाषा बनाने का आंदोलन उल्लेखनीय है।

श्रीलंका के नए संविधान के विधेयक पर हुई बहस के दौरान तमिल को राष्ट्रीय स्तर की भाषा का दर्जा दिया गया परंतु श्रीलंका में बसे 30 लाख तमिल भाषी चाहते हैं कि तमिल को सिंहल के साथ दूसरी राजभाषा का दर्जा दिया जाए।[100]

सिंध प्रांतीय असेम्बली ने एक विधेयक पास कर सिंधी भाषा को उर्दू के साथ सिंध की सरकारी भाषा बना दिया है।[101] यहाँ सिंधी सिंध प्रांत की सरकारी भाषा, द्वितीय राजभाषा के रूप में ही है।

4. सह-राजभाषा एवं द्वितीय भाषा में काफी अंतर है। सह-राजभाषा एक देश की अपनी राजभाषा नहीं हो सकती संक्रमण काल में कुछ समय के लिए उसका प्रयोग किया जाता है। वह हमेशा प्रधान भाषा से नीचे ही रहती है। परंतु द्वितीय राजभाषा चूँकि उसी देश की अपनी भाषा होती है और जब उस भाषा के बोलने वाले लोग आंदोलन करते हैं तब वह द्वितीय राजभाषा के रूप में स्थापित होती है।

किसी भाषा के द्वितीय राजभाषा बनने से पहले एक देश के संविधान में मान्यता प्राप्त देश की एक भाषा हो सकती है—परंतु उस भाषा के बोलने वाले लोगों के दबाव या आंदोलन के कारण उसे परिस्थिति अनुसार देश, राज्य, प्रदेश की द्वितीय राजभाषा बनाया जा सकता है। इस संदर्भ में ऊपर उर्दू का उदाहरण दिया गया है।

इस परिस्थिति में अगर भारत में अंग्रेज़ी को द्वितीय राजभाषा के रूप में माना जाए तो वह अज्ञानतावश या त्रुटिवश ही हो सकता है। साथ ही यहाँ एक बात और उल्लेखनीय है कि अंग्रेज़ी शासन काल में हमारी प्रादेशिक भाषाओं को क्षेत्रीय सीमाओं के अंतर्गत द्वितीय स्तर की राजभाषा मान लिया गया था।

### 5.4 राष्ट्रभाषा

राष्ट्रभाषा को लेकर हिंदी में बहुत कुछ लिखा गया है। परंतु यहाँ 'राष्ट्रभाषा हिंदी' वाक्यांश को एक पारिभाषिक अर्थ में या राजभाषा के संदर्भ में इसके अर्थ को रखकर अवलोकित किया जा संकता है।

वास्तव में, गहराई से देखा जाए तो राष्ट्रभाषा हिंदी को लेकर हमारे यहाँ काफी भ्रम फैला हुआ है। चूँकि राष्ट्र शब्द के अर्थ में ही भिन्नता है। संक्षेप में इसके अर्थ को देश के पर्याय के अर्थ में समझा जा सकता है।[102] बावजूद इसके हमारे देश में देश शब्द एक विस्तार एवं विस्तृत अर्थ लिए हुए है। राष्ट्र शब्द यहाँ संकुचित तथा राज्य के अर्थ में भी देखा जा सकता है।

अगर भारत देश को एक संपूर्ण राष्ट्र माना जाए, जिसमें 25 स्वतंत्र राज्य हैं तथा 7 केन्द्र शासित राज्य हैं। इन 25 स्वतंत्र राज्यों में, एक राज्य ऐसा है जो 'महाराष्ट्र' कहलाता है। यह किस अर्थ को ध्वनित करता है ? अगर भारत पूरा एक राष्ट्र है तो उसका एक अंग (राज्य) महा + राष्ट्र (महाराष्ट्र) कैसे हो सकता है ?

इस विषय पर समय-समय पर चर्चा होती रहती है। अक्सर यह तर्क दिया जाता है कि भारत के संघ, गणराज्य देश बनने से पहले ये छोटे-छोटे स्वतंत्र राज्य राष्ट्र के रूप में थे। इसी आधार पर वह नाम आज भी चला आ रहा है। यह भावना अप्रत्यक्ष रूप से भारतीय मानस पर छायी रही। शायद यही कारण है, एक राष्ट्र के लिए (देश के लिए) एक राष्ट्रभाषा बनाने का प्रश्न संविधान सभा के सामने आया तो वह विफल रहा। और कांग्रेस वर्किंग समिति ने भी संविधान सभा के सामने पूरे देश के लिए एक राजभाषा रखने का सुझाव दिया।

यहाँ यह बात उल्लेखनीय है कि हिंदी साहित्य सम्मेलन ने राष्ट्रीय भाषा सम्मेलन का आयोजन किया और संविधान सभा के पास एक प्रस्ताव पारित करवाकर भेजा कि भारतीय संविधान में हिंदी को 'राष्ट्रभाषा' के रूप में लिया जाए। उसी समय कुछ संस्कृत के विद्वानों ने भी संस्कृत को, भारत के संविधान में 'राष्ट्रभाषा' के रूप में लेने के लिए संविधान सभा के सामने प्रस्ताव भेजे। परंतु संविधान सभा में हिंदी को राष्ट्रभाषा न

कहकर राजभाषा का शीर्षक देने के लिए बहुमत से स्वीकृति दी गई।

संविधान मसौदे में हिंदी को राजभाषा घोषित करने के बाद भी सेठ गोविंददास जैसे हिंदी प्रेमी एवं विद्वान राजभाषा एवं राज्यभाषा के बारीक अंतर को न पकड़ सके। वे राजभाषा को ही राज्यभाषा कहते रहे। अगर ये शब्द, 'राजभाषा', 'राज्यभाषा', या 'राष्ट्रभाषा' एक ही अर्थ रखने वाले होते तो संविधान सभा को क्या पड़ी थी कि वह मत लेती तथा हिंदी के लिए राज्यभाषा तथा राष्ट्रभाषा शब्दों को न लेकर केवल 'राजभाषा' शब्द लेती ?[103]

उपर्युक्त पृष्ठभूमि को ध्यान में रखकर ही हम राष्ट्रभाषा के लक्षणों की चर्चा कर सकते हैं और उनके आधार पर राष्ट्रभाषा, राजभाषा, सह-राजभाषा, द्वितीय राजभाषा एवं राज्यभाषा के बीच के अंतर को समझ सकते हैं।

1. एक राष्ट्र की एक ही राष्ट्रभाषा हो सकती है। जैसे पाकिस्तान की उर्दू।

2. एक ही राष्ट्र की अनेक राष्ट्रभाषाएँ हो सकती हैं। हमारे देश में भारत के संविधान की आठवीं अनुसूची में जिन 18 भारतीय भाषाओं का उल्लेख है वे सभी इस देश की राष्ट्रभाषाएँ मानी जाती हैं जबकि संविधान में या आठवीं अनुसूची में कहीं भी राष्ट्रभाषा शब्द का उल्लेख नहीं मिलता है। राष्ट्रभाषा का साधारण अर्थ है राष्ट्र की भाषा चाहे वह एक हो या अनेक हों।

3. यह आवश्यक नहीं है कि राष्ट्रभाषा को देश के संविधान में राष्ट्रभाषा के नाम से घोषित किया जाए।

हमारे देश में हिंदी तथा अन्य 17 भाषाओं का उदाहरण है। ये भाषाएँ संविधान में कहीं भी 'राष्ट्रभाषा' के नाम से घोषित नहीं की गई हैं परंतु फिर भी हमारे प्रधानमंत्री, अन्य नेता गण तथा भाषाविद् इन्हें राष्ट्रभाषाएँ कहकर संबोधित करते हैं।[104]

4. यह आवश्यक नहीं है कि प्रत्येक राष्ट्रभाषा राजभाषा भी हो। यू.एस.एस.आर. में करीब 130 भाषाओं को राष्ट्रभाषा के रूप में माना गया था। परंतु रूस में 16 ही राजभाषाएँ थीं। भारत में, अगर संविधान में दी गई 18 भाषाएँ राष्ट्रभाषाएँ ही हैं तो उनमें से केवल 15 राजभाषाएँ हैं। परंतु स्विट्ज़रलैंड में 4 भाषाएँ एक साथ राष्ट्रभाषाएँ तथा 3 राजभाषाएँ हैं।

5. राष्ट्रभाषा का निर्धारण देश की राजनैतिक स्थिति पर बहुत कुछ निर्भर करता है।

6. राष्ट्रभाषा जनता के बीच पनपती, बढ़ती तथा फलती-फूलती है।

7. राष्ट्रभाषा एक ऐतिहासिक भाषा ही हो सकती है। उसके साथ एक संस्कृति एवं राष्ट्रभक्ति का भावनात्मक संबंध जुड़ा रहता है।

8. राजभाषा की तरह राष्ट्रभाषा बैठकर निर्मित नहीं की जा सकती।

9. राष्ट्रभाषा का सेहरा उस राष्ट्र की प्रमुख भाषा पर ही बाँधा जा सकता है।

10. राष्ट्रभाषा का स्वरूप स्वतंत्र राष्ट्र न होने पर भी पनपता रहता है।

11. राष्ट्रभाषा एक दिन में लागू नहीं की जा सकती है।

12. राष्ट्रभाषा के साथ सह-राष्ट्रभाषा दूसरी राष्ट्रभाषा आदि की आवश्यकता नहीं होती।

13. राष्ट्रभाषा पारिभाषिक शब्दावली पर निर्भर नहीं रहती। यह अनुवाद की भाषा नहीं होती।

14. वास्तव में साहित्यिक भाषा राष्ट्रभाषा के विकास पर ही निर्भर करती है। जैसे जैसे राष्ट्रभाषा विकसित होती जाएगी उसी के आधार पर साहित्यिक भाषा भी विकसित होगी। साहित्यिक भाषा राष्ट्रभाषा से जुड़ी हुई है।[105]

15. विश्वविद्यालयों में साहित्य के अध्ययन में राष्ट्रभाषा ही का रूप सामने आता है। अतः यह एक मानक भाषा के रूप में भी उभरती है। उसका खिचड़ी भाषा बनना राष्ट्र भक्तों को सालता है।[106]

16. जिस देश में केवल एक ही राष्ट्रभाषा है, अतः वह भाषा उस देश में संपर्क भाषा भी बनती है।

17. राष्ट्रभाषा में वैधानिकता कम रहती है अतः राजभाषा के प्रयोग करते समय जो प्रत्येक शब्द के प्रति एक सतर्कता एवं सजगता बनाए रखनी पड़ती है वह यहाँ अनिवार्य नहीं है।

18. राष्ट्रभाषा चूँकि डंडे की भाषा नहीं होती अतः उसमें अगर लोकप्रियता, सर्वग्राह्यता, बहुविध अभिव्यक्ति क्षमता, सुबोधता, सुगमता, सांस्कृतिक चेतना आदि के गुण न हों तो वह राष्ट्रभाषा नहीं बन सकती।

19. राष्ट्रभाषा केवल अपनी भाषा ही हो सकती है विदेशी नहीं जब कि एक स्वतंत्र देश में राजभाषा या सह-राजभाषा एक विदेशी भाषा भी हो सकती है। अंग्रेज़ी को भारत की राजभाषा हिंदी के साथ-साथ काम करने की सिफ़ारिश करने वाले हमारे भूतपूर्व प्रधान मंत्री पं. जवाहरलाल नेहरू ने कहा था "मैं अंग्रेज़ी का प्रशंसक हूँ, लेकिन मैं इसकी कल्पना भी नहीं कर सकता कि कोई अंग्रेज़ी को भारत की राष्ट्रभाषा कहे।"[107]

20. राष्ट्रभाषा का संक्रमण काल नहीं होता।

21. राष्ट्रभाषा जब राजभाषा कहलाने लगती है तब उसका अर्थ विस्तार, अर्थ संकोच में बदल जाता है।

22. राष्ट्रभाषा की प्रगति, उन्नति एवं उसके प्रयोग को लेकर आयोग गठित नहीं होते।

23. राष्ट्रभाषा का प्रयोग जनता पर निर्भर रहता है उसके लिए संविधान में कोई दंड व्यवस्था नहीं होती, राजभाषा का प्रयोग न करने पर इस प्रकार की दंड व्यवस्था कर्मचारियों के लिए हो सकती है।

24. राष्ट्रभाषा का पर्याय 'राष्ट्रवाणी', 'संपर्क भाषा' आदि के रूप में मिलता है। वैसे संपर्क भाषा राष्ट्रभाषा से कुछ भिन्न है। उसकी चर्चा आगे चलकर की जाएगी।

कुछ लोग अज्ञानता या भ्रमवश राष्ट्रभाषा को राजभाषा एवं राज्यभाषा आदि पर्यायों में अभिव्यक्त करते हैं।

25. राष्ट्रभाषा अप्रत्यक्ष रूप से आर्थिक लाभ से जुड़ी रहती है। अगर एक भाषा राष्ट्रभाषा होकर भी राजभाषा नहीं है तो उसकी आर्थिक संभावनाएँ नहीं के बराबर रहती हैं। जैसे भारत में सिंधी एवं संस्कृत भाषाएँ।

26. राष्ट्रभाषा का प्रयोग अनेक अर्थों में भाषा की आलंकारिक सुंदरता को बनाते हुए किया जा सकता है। यह भाषा मृदु, स्नेहपूर्ण एवं अनौपचारिक भी हो सकती है।

27. राष्ट्रभाषा अगर राजभाषा भी है तो उसका भाषाई ग्लैमर बढ़ जाता है।

## 5.5 संपर्क भाषा

इस बात को पिछले मुद्दे की टिप्पणी संख्या 103 में स्पष्ट किया गया है कि संविधान सभा ने अपने मसौदे में हिंदी के लिए कॉमन लैंग्वेज़ स्वीकार किया तथा यही कॉमन लैंग्वेज राजभाषा भी होगी। परंतु भारत के संविधान में हिंदी को केवल राजभाषा माना गया है उसके लिए कॉमन लैंग्वेज जैसा कोई शीर्षक नहीं दिया गया है।

संपर्क भाषा को भाषा की सांविधानिक स्थिति को ध्यान में रखकर सोचना होगा :

1. संपर्क भाषा के लिए अंग्रेज़ी में चार शब्द मिलते हैं—

1. कॉमन लैंग्वेज़ 2. लिंगुआ फ्रैंका 3. इंटर लैंग्वेज़ 4. लिंक लैंग्वेज़

इन चार शब्दों में से दो के लिए हिंदी में क्रमशः सामान्यभाषा एवं सार्वदेशिक भाषा शब्द मिलते हैं। तीसरे के लिए आंतरभाषा शब्द का प्रयोग किया जा सकता है तथा चौथा लिंक लैंग्वेज के लिए हिंदी में 'संपर्क भाषा' वाक्यांश अनुवाद के रूप में प्रचलित है।

2. हमारे देश में संपर्क भाषा दो रूपों में कार्य कर रही है।

1. देश के लोगों के बीच संपर्क स्थापित करना 2. संघ एवं राज्य के बीच तथा राज्य एवं राज्य के बीच राजभाषा के रूप में संपर्क का कार्य करना।

पहली स्थिति में जिस संपर्क भाषा के रूप की बात कही गयी है उसके लिए सामान्यभाषा[108], संपर्क भाषा[109] एवं आंतरभाषा[110] शब्दों का प्रयोग किया जा सकता है। परंतु दूसरी स्थिति में संपर्क भाषा के जिस रूप का प्रयोग हो रहा है वहाँ लिंगुआ फ्रैंका[111] अथवा आंतरभाषा शब्दों का प्रयोग उचित है।

3. गहराई से देखने पर लगता है सामान्यभाषा, संपर्क भाषा, आंतरभाषा तथा लिंगुआ फ्रैंका एक ही प्रकार का कार्य करती हैं, अथवा एक ही शब्द के पर्यायवाची शब्द भर हैं। अतः जो भाषा प्रशासन में संघ तथा राज्य, राज्य एवं राज्य के बीच संपर्क स्थापित करे उसे आंतरभाषा या संपर्क राजभाषा कहना ज़्यादा उचित है।

4. हमारे देश में सन् 1965 के भाषा आंदोलन के पश्चात् हिंदी को संपर्क भाषा की संज्ञा दी गई। इसका क्षेत्र राजनीतिक और प्रशासन के अतिरिक्त संपूर्ण देश के विभिन्न

वर्गों, प्रांतों एवं बहुभाषा भाषियों में धार्मिक, सांस्कृतिक, साहित्यिक एवं सामाजिक आदि दृष्टियों से संपर्क स्थापित करना भी है।[112]

5. किसी बहुभाषी या बहु राष्ट्रभाषा वाले देश में एक ही भाषा संपर्क भाषा का काम करती है।

6. संपर्क भाषा एक जंगली खुशबूदार पुष्प की तरह है जो खुद-ब-खुद परिस्थितिवश पनपती तथा खिलती है।

7. एक बहुभाषी देश में जो भाषा बोलचाल की दृष्टि से बहुजन द्वारा बोली जाती है और पूरे देश में अपनी बढ़िया भाषा प्रकृति के कारण एक संपर्क स्थापित करती है वही भाषा संपर्क भाषा या सामान्यभाषा का पद ग्रहण करती है। भारत में 179 भाषाएँ हैं और 42.01 प्रतिशत लोग हिंदी बोलते हैं।[113] इसी कारण हिंदी को संपर्क भाषा बनाने पर ज़ोर दिया जा रहा है।[114]

8. एक देश की संपर्क भाषा ही विश्व भाषा या अंतरराष्ट्रीय भाषा भी बन सकती है। विदेशों में किसी देश की संपर्क भाषा का ही अध्ययन किया जाता है। आज हिंदी विदेशों के लगभग 144 विश्वविद्यालयों में पढ़ाई जाती है। विश्वभर में 29 करोड़ से भी ज़्यादा लोग हिंदी भाषा-भाषी हैं। इस भाषा को इसी कारण से सर्वोच्च वर्ग की भाषा भी कहा गया है।[115] आज हिंदी विश्व की 6000 (छह हजार) भाषाओं में तीसरी सबसे बड़ी भाषा है। प्रथम एवं द्वितीय स्थान पर क्रमशः मंदारिन (चीनी) एवं अंग्रेज़ी हैं। एक समृद्ध भाषा ही संपर्क भाषा बन सकती है।

9. किसी देश की प्रमुख राष्ट्र या राजभाषा संपर्क भाषा के रूप में पनपकर स्थापित हो जाती है।

10. किसी बहुभाषी देश में मज़बूरीवश भी किसी एक प्रमुख भाषा को संपर्क भाषा के रूप में स्थापित करने के प्रयास करने पड़ते हैं। भारत में हिंदी को संपर्क भाषा के रूप में स्थापित करने के लिए यह तर्क भी दिया है कि देश में संविधान के अनुसार 18 और वैसे 179 के आसपास भाषाएँ हैं, और 1652 मातृभाषाएँ पूरे भारत में किसी न किसी रूप में संपर्क स्थापित करने का काम कर रही हैं परंतु देश के नागरिक एक साथ 18, 179 या 1652 भाषाएँ तो नहीं सीख सकते, अतः इनमें संपर्क बनाए रखने के लिए किसी एक बहुभाषी लोगों की भाषा को चुना जाए, जो सबको जोड़कर संपर्क बनाए हुए है।

11. किसी देश में जनता तथा प्रशासन के बीच दो संपर्क भाषाओं के अलग-अलग स्तर पर, एक साथ काम करने की नौबत भी आ सकती है। ऐसे में दोनों को अलग-अलग परिभाषित करना होगा। भारत में प्रशासनिक स्तर पर सह-राजभाषा अंग्रेज़ी को प्रशासन के स्तर पर राज्यों तथा केंद्रों के बीच पत्राचार की सरकारी भाषा के रूप में एवं हिंदी को विभिन्न भाषा-भाषी लोगों की संपर्क भाषा के रूप में रखने का सुझाव दिया जाता है।[116] ऐसी स्थिति में अंग्रेज़ी को संपर्क सह-राजभाषा एवं दूसरी को संपर्क

भाषा के शीर्षक देने होंगे। साथ ही अगर हिंदी प्रशासनिक स्तर पर केंद्र व राज्य अथवा राज्य और राज्य के बीच संपर्क स्थापित करती है तो संपर्क राजभाषा के रूप में परिभाषित की जा सकती है।

12. संपर्क भाषा चूँकि देश की प्रमुख भाषा को ही बनाया जाता है। अतः संपर्क भाषा के प्रश्न को लेकर अक्सर राजनीति चलती रहती है। भारत में इसका उदाहरण देखा जा सकता है। अन्ना द्रमुक के एक नेता श्री रामलिंगम ने भारत में हिंदी को बहुभाषीजन की भाषा बताना ग़लत बताते हुए कहा कि 1971 की जनगणना के आधार पर देश में केवल 16 प्रतिशत हिंदी भाषी हैं।[117] जब कि 1961 की जनगणना के आधार पर भारत में 32 प्रतिशत लोगों को हिंदी भाषी बताया गया था।[118]

13. कुछ लोग भ्रमवश राष्ट्रभाषा को ही संपर्क भाषा मानते हैं जो त्रुटिपूर्ण है। भारत में, संविधान के आधार पर 18 राष्ट्रभाषाएँ हैं परंतु संपर्क भाषा एक ही होगी। उसी प्रकार कुछ लोग राजभाषा को संपर्क भाषा मानते हैं, जो ठीक नहीं है। संपर्क भाषा एक ही होगी राजभाषाएँ अनेक हो सकती हैं।

14. कुछ विद्वान संपर्क भाषा को पूरक भाषा की संज्ञा भी देते हैं। परिस्थितिवश इसे पूरक भाषा (प्रांत की पूरक भाषा) के रूप में भी लिया जा सकता है।[119]

15. एक लोकभाषा ही संपर्क भाषा का रूप ले सकती है।

16. संपर्क भाषा के पीछे एक सांस्कृतिक इतिहास भी रहता है। हालाँकि इसके प्रयोग करने की कानूनी शर्त नहीं जुड़ी रहती, फिर भी हिंदी को अप्रत्यक्ष रूप से संपर्क भाषा मानकर ही भारत के संविधान के अनुच्छेद 351 में, इस भाषा का इस प्रकार विकास करने के अनुदेश दिए गए हैं ताकि यह भाषा इस देश की सामासिक संस्कृति को अभिव्यक्त करने का माध्यम बन सके।

17. संपर्क भाषा स्वाभाविक भाषा है। यह राजभाषा की तरह औपचारिक या बनावटी नहीं होती।

18. संपर्क भाषा को पारिभाषिक शब्दावली पर निर्भर नहीं रहना पड़ता और न यह अनुवाद की भाषा होती है।

19. कभी-कभी एक संपर्क भाषा किसी प्रांत की बोली से प्रभावित होकर पिजिनभाषा का रूप ले लेती है। जैसे बम्बइया हिंदी।

20. संपर्क भाषा साहित्यिक भाषा की तरह मानक नहीं होती।

## 5.6 प्रादेशिक भाषा, राज्यभाषा अथवा प्रांतीय भाषा

1. भारत के संविधान में प्रादेशिक भाषाएँ जैसा पारिभाषिक शब्द भाग 17 के अध्याय दो के अनुच्छेदों 345, 346 एवं 347 के संदर्भ में प्रयुक्त हुआ है। भारत के संविधान में दी गई 18 भाषाओं के लिए संदर्भानुसार राष्ट्रभाषाएँ तथा प्रादेशिक भाषाएँ दोनों का प्रयोग होता है।[120] अंग्रेज़ी में प्रादेशिक भाषा के लिए Regional Language

शब्द को लिया जा सकता है।

2. भारत के संविधान में राज्यभाषा या प्रांतीय भाषा जैसा कोई शब्द प्रयुक्त नहीं हुआ है।

3. गहराई से देखा जाए तो प्रादेशिक भाषा एवं राज्यभाषा के बीच थोड़ा सा अंतर है। हाँ, राज्यभाषा तथा प्रांतीय भाषा को हम एक ही अर्थ में ले सकते हैं। राज्य एक प्रकार से प्रांत ही है।

4. प्रदेश की अपेक्षा राज्य शब्द एक विस्तृत अर्थ लिए हुए है। भारत के संविधान के भाग 1 के अनुच्छेद 3/3क में कहा गया है कि–

(क) किसी राज्य में से उसका राज्यक्षेत्र अलग करके अथवा दो या अधिक राज्यों को या राज्यों के भागों को मिलाकर अथवा किसी राज्यक्षेत्र को किसी राज्य के भाग के साथ मिलाकर नए का निर्माण कर सकेगी।

इस अनुच्छेद से पता चलता है कि राज्य एक विस्तृत प्रांत है जिसमें प्रदेश निहित है। एक राज्य का प्रदेश कम किया जाए तो भी राज्य रहेगा। प्रदेश के नष्ट होने या निकल जाने से राज्य छोटा होगा पर नष्ट नहीं होगा, उसका अस्तित्व रहेगा अतः प्रदेश ही राज्य नहीं है।

इसी आधार पर कहा जा सकता है कि एक राज्य की प्रमुख भाषा जो उस राज्य के लोगों के द्वारा बोली जाती है राज्य भाषा होगी।

5. किसी राज्य की प्रमुख भाषा ही उस राज्य के स्थानीय लोगों की मातृभाषा होती है। वही राज्य की राजभाषा भी हो सकती है।[121]

6. कभी-कभी परिस्थितिवश एक राज्य की प्रमुख भाषा या वहाँ के स्थानीय लोगों की मातृभाषा भी उस राज्य की राजभाषा नहीं बन पाती जैसे कश्मीर में कश्मीरी राजभाषा नहीं है वरन् उर्दू वहाँ की राजभाषा है।

7. प्रमुख राज्यभाषा एक बहुभाषी राज्य में संपर्क राज्यभाषा का काम करती है। जैसे उत्तर प्रदेश में अनेक बोलियाँ हैं (ब्रज एवं अवधी तो प्रमुख हैं) परंतु संपर्क भाषा हिंदी ही है। अथवा इसे इस प्रकार समझ सकते हैं कि एक भाषा सर्वेक्षण के अनुसार भारत में 179 भाषाएँ अभिलेख की गई हैं, चूँकि इस समय भारत में अट्ठाईस स्वतंत्र राज्य तथा सात केंद्र शासित राज्य हैं अतः यह माना जाएगा कि इन पैतीस राज्यों में ये 179 भाषाएँ किसी न किसी रूप में अस्तित्व में हैं, परंतु भारत के संविधान में 16 भाषाओं को (संस्कृत एवं सिंधी छोड़कर) भारत की प्रादेशिक भाषाएँ माना गया है। अगर केंद्र शासित प्रदेशों को देखा जाए तो इन्हीं 16 भाषाओं में से उनके राज्य का संपर्क सूत्र किसी न किसी एक भाषा द्वारा बँधा हुआ है। यह भाषा राज्यभाषा कहलाएगी। यहाँ नेपाल की स्थिति भिन्न है–उसका अलग प्रदेश/राज्य नहीं है फिर भी वह सिंधी और संस्कृत के समान आठवीं अनुसूची में है।

8. स्थूल रूप से प्रादेशिक भाषा को ही राज्यभाषा भी कहा जाता है।[122]

9. किसी राज्य की प्रमुख राज्यभाषा ही उस राज्य की राजभाषा बनती है।

10. राज्यभाषा के पीछे उस राज्य की एक सांस्कृतिक पृष्ठभूमि होना आवश्यक है।

11. राज्यभाषा या प्रादेशिक भाषा के लिए एक राज्य होना अति आवश्यक है। जब कि किसी राष्ट्रभाषा के लिए राज्य या प्रदेश का होना आवश्यक नहीं है। भारत के संविधान की आठवीं अनुसूची में दी गई भाषाओं को राष्ट्रभाषाएँ कहा गया है उनमें से सिंधी नेपाली एवं संस्कृत किसी राज्य या प्रादेशिक विशेष की प्रमुख भाषाएँ नहीं हैं जब कि ये राष्ट्रभाषाएँ हैं। चूँकि इन भाषाओं के अपने प्रदेश नहीं हैं।

12. किन्हीं चार पाँच भिन्न भाषा-भाषी राज्यों या एक ही भाषा के अलग-अलग राज्यों के बीच जिस अमानक या मानक भाषा का प्रयोग संपर्क के स्तर पर होता है उसे संपर्क-राज्यभाषा कहा जा सकता है।

13. एक देश की राज्य भाषाएँ ही देश की संपर्क भाषा की समृद्धि में अपना योगदान देती हैं और सही अर्थों में उसे देश की संपर्क भाषा बनाती है।

14. देश की राजभाषा भी इन्हीं राज्य भाषाओं की सहायता से स्वयं को देश की राजभाषा (भारत के अर्थ में केंद्र की राजभाषा) के रूप में स्थापित कर पाती है।

15. राज्यभाषा एक दिन से लागू या बंद नहीं की जा सकती।

16. राज्यभाषा अनौपचारिक एवं स्वाभाविक होती है। यह पारिभाषिक शब्दावली पर बहुत कम निर्भर रहती है।

17. एक राज्यभाषा देश के संविधान में स्थान न पाकर भी अपने राज्य में राजभाषा बन सकती है। जैसे मणिपुर में 1978 में मणिपुरी, मणिपुर की राजभाषा बना दी गई है। चूँकि भारत के संविधान की आठवीं अनुसूची में इस भाषा का उस समय उल्लेख नहीं था। यह पूर्ति 1993 में पूरी हुई।

18. राज्यभाषा की उन्नति के लिए राज्य सरकार विशेष रूप से प्रयास करती है।

19. पूरे देश की संपर्क भाषा भी किसी राज्य की राज्यभाषा हो सकती है। जैसे हिंदी भारत की संपर्क भाषा होने के साथ-साथ भारत के 7 राज्यों की राज्यभाषा भी है।

20. राज्यभाषा साहित्यिक भाषा के नज़दीक रहती है।

21. कुछ लोग राज्यभाषा को जाति विशेष से बाँधकर उसे जातीय भाषा भी कहते हैं।[123]

## 6. राजभाषा की आवश्यकता

जब राजभाषा की आवश्यकता पर बात की जाए तो वहाँ राजभाषा का एक स्थूल अर्थ ही लेना होगा। चूँकि हिंदी अपने आप में एक संपूर्ण भाषा है, उसमें लिखी जाने वाली एक विशेष भाषा अपने लक्षणों से साहित्यिक भाषा, राजभाषा या अन्य किसी प्रकार

के भाषा रूप में परिभाषित की जा सकती है।

यहाँ इस बात पर विचार करना है कि राजभाषा की आवश्यकता किन परिस्थितियों में, किस देश, राज्य या प्रदेश को पड़ती है ?

## 6.1 राज (रूल) के लिए राजभाषा

राजभाषा के लक्षणों की चर्चा करते समय इस बात को स्पष्ट किया गया है कि राजभाषा के लिए अहम शर्त एक राज्य या शासन का होना ज़रूरी है। अगर राज्य या शासन नहीं है तो राज अर्थात् हुक्म या शासन किस पर होगा ? इस आधार पर यह कहा जा सकता है कि किसी एक भूमि पर अपना राज्य स्थापित न कर पूरे संसार भर में विचरण करने वाले कबीलों को राजभाषा की आवश्यकता नहीं पड़ती है। उनका अपना राज्य नहीं होता अतः उनकी कोई प्रशासन व्यवस्था नहीं होती। अतः उनके लिए राजभाषा का प्रश्न उपस्थित नहीं होता।

यह स्पष्ट किया जा चुका है कि विकसित देशों में भी पहले आफ़िस (दफ़्तर) शब्द ने जन्म लिया। उसके बाद फ़िर आफ़िस से लगी सभी चीजें धीरे-धीरे भाषा में प्रवेश करती गईं अतः राजभाषा से पहले कार्यालय ने जन्म लिया उसके बाद भाषा विकसित होती गई।

यहाँ कार्यालय एक प्रतीकात्मक अर्थ में है। कार्यालय का अर्थ एक सत्ता का प्रतीक है। उसमें काम करने वाले कार्मिक उस शासन या सत्ता के प्रतिनिधि हैं। इन कार्मिकों द्वारा जो भाषा उस शासन व्यवस्था को चलाने का काम करती है, अर्थात् कार्यालय (शासन) एवं जनता के बीच (शासितों के बीच) संवाद का माध्यम बनती है वह राजभाषा है। इस बात से यह बात स्पष्ट हो जाती है कि केवल स्वतंत्र राज्य के होने से ही राजभाषा की आवश्यकता नहीं पड़ती वरन् उसके लिए एक व्यवस्था (कार्यालय आदि) का होना भी आवश्यक है। ब्रिटेन आदि देशों में जब यह कार्यालयीन व्यवस्था काफ़ी विकसित हुई तब इसमें प्रयुक्त भाषा पर भी विचार किया गया, तब 'स्टैंडर्ड इंग्लिश' जैसे शब्द पर भी विचार किया गया।[124]

यहाँ एक बात और भी ध्यान में रखी जा सकती है कि जैसे-जैसे मुद्रण प्रणाली का विकास होता गया वैसे-वैसे यह भाषा विकसित होती गई, और इस भाषा से संबंधित कई नये शब्दों का जन्म हुआ। इसमें उदाहरण स्वरूप एक शब्द है 'आफ़िसियलिस' (Officialese) जिसका अर्थ है "दफ़्तरी अंग्रेज़ी या बाबुओं की अंग्रेज़ी—स्पष्ट है जब अधिकारियों के साथ-साथ बाबुओं ने भी काम करना शुरू किया तब इन दोनों वर्गों द्वारा लिखी गई भाषा में अंतर अवश्य आएगा। यही कारण है कि 'आफ़िसियलिस' को अच्छे अर्थों में नहीं लिया जाता—[125] आदमी की समझ एवं संस्कृति ने जैसे-जैसे विस्तार लिया वैसे-वैसे शासन व्यवस्था का रूप बदलता गया। एक देश ने दूसरे देश पर आधिपत्य स्थापित करना चाहा और तब शासन व्यवस्था का रूप तदनुसार बदला उसी प्रकार

राजभाषा के रूप को बदलने की आवश्यकता भी महसूस हुई। आज प्रशासन व्यवस्था कई आयामों में विकसित हुई है। 'प्रशासन व्यवस्था' अपने आप में एक विषय बन गया है।

किस प्रकार से किसी कार्यालय का प्रबंध चलाया जाए इस पर सैकड़ों पुस्तकें देखने को मिलती हैं। इसी दौरान भाषा में भी एक प्रकार का परिवर्तन आया और यह महसूस किया जाने लगा कि एक भाषा जो किसी प्रकार की शासन व्यवस्था को चलाने का काम करती है उसका विशेष अध्ययन आवश्यक है।[126]

शासन व्यवस्था चलाना इतना आसान काम नहीं है जितना कभी-कभी लोग अपनी चर्चाओं में इसे व्यक्त करते हैं। किसी देश की सरकार द्वारा मोटे तौर पर दो स्तरों पर शासन कार्य चलाना होता है—एक तो जनता पर दूसरा अपने कर्मचारियों पर भी। और यह कार्य केवल भाषा के माध्यम से होता है। अतः यह भाषा (राजभाषा) ऐसी होनी चाहिए जो सरकार का इच्छित कार्य करवा ले। राजभाषा के इस स्वरूप पर भाषिक स्तर पर आगे चलकर विचार होगा। यहाँ सिर्फ इतना जानना आवश्यक है कि राजभाषा के इस स्वरूप की आवश्यकता किन परिस्थितियों में पड़ी ?

### 6.2 परतंत्र देशों पर शासन करने के लिए राजभाषा

एक जाति या एक देश जब किसी दूसरे देश पर अधिकार प्राप्त कर उसे गुलाम बना लेता है तब वहाँ अपना शासन कायम करने एवं उसे चलाने के लिए उसे दो काम करने पड़ते हैं। एक तो जहाँ तक हो सके पिछले शासक की राजभाषा को समाप्त करना बाद में अपनी राजभाषा को स्थापित करना। भारत में स्थापित होने के बाद अंग्रेजों ने पहले तो मुगलों की राजभाषा फ़ारसी (Pernian) को अपने मार्ग से हटाया फिर धीरे-धीरे अपनी भाषा अंग्रेज़ी को राजभाषा के रूप में स्थापित किया। ऐसे समय में शासक, देश या जाति इस बात का पूरा प्रयास करती है कि वह अपनी भाषा को ही राजभाषा के रूप में श्रेष्ठ बताए एवं अपने शासित देश की भाषा या भाषाओं को राजभाषा के लिए अयोग्य सिद्ध करें।[127]

लार्ड मेकाले ने जो शिक्षा पद्धति अपनायी वह सर्वविदित है। यह वह समय था जब अंग्रेजों को येन केन प्रकारेण अपनी भाषा को राजभाषा के रूप में स्थापित करना था—चूँकि इसी के बल पर उन्हें यहाँ शासन के रूप में रहना तथा अपना शासन चलाना था। अतः अंग्रेजों ने केवल शासन में अंग्रेज़ी को स्थापित कर उसे स्थायी राजभाषा का स्थान दिलवाने के लिए अपनी भाषा को अपने साहित्य तथा संस्कृति के माध्यम से भी लादने की आवश्यकता अनुभव की।[128]

इस प्रकार, अंग्रेज़ों को अपना शासन भारत पर चलाने के लिए जब राजभाषा की आवश्यकता अनुभव हुई तो उन्होंने सब तरह से सोच समझकर अंग्रेज़ी को राजभाषा के रूप में स्थापित किया।

### 6.3 भारत में राजभाषा की आवश्यकता

जब भारत स्वतंत्र हुआ तब भारत को अपने यहाँ अपनी राजभाषा स्थापित करनी थी। अतः जब भारत का संविधान बन रहा था तब संविधान सभा ने 12 सितम्बर, 1949 से 14 सितम्बर, 1949 तक इसी मसले पर विचार किया और अंत में हिंदी को संघ की राजभाषा स्वीकार किया। इस उदाहरण से एक बात और सामने उपस्थित होती है कि जब कोई देश स्वतंत्र होता है या अपना स्वतंत्र शासन चलाने के लिए उसे एक राजभाषा या अलग-अलग स्तरों पर एक से अनेक राजभाषाओं की आवश्यकता, परिस्थिति अनुसार होती है। जिस प्रकार हमारे देश में केन्द्र, राज्य, स्थानीय प्रशासन के स्तर पर एक तथा अनेक राजभाषाएँ प्रयोग में देखी जा सकती हैं।

कभी-कभी ऐसा भी देखा गया है जब कोई एक्र भाषा, किसी शासन व्यवस्था में राजभाषा के रूप में कार्य नहीं कर रही होती है परंतु उस भाषा को बहुसंख्यक लोग बोलते हैं, जब उन बहुसंख्यक लोगों द्वारा आंदोलन आदि किए जाते हैं तब उस भाषा को भी राजभाषा का स्थान अपनी स्थिति के अनुसार देने की आवश्यकता अनुभव होती है। जैसे पाकिस्तान के सिंध प्रांत में सिंधी राजभाषा एक आंदोलन के बाद ही बनी।

### 6.4 एक प्रयुक्ति के रूप में राजभाषा की आवश्यकता

एक शासन या प्रशासन को सफलतापूर्वक चलाने के लिए परिपक्व राजभाषा की आवश्यकता अनुभव होती है। चूँकि मनुष्य द्वारा मनुष्य पर शासन करना कोई आसान काम नहीं है, परंतु एक शासन व्यवस्था में एक राजभाषा ही मनोवैज्ञानिक रूप से एक कमज़ोर अफ़सर द्वारा बलिष्ठ अधीनस्थ कर्मचारी को दिया गया आदेश अक्षरशः पालन करवा लेती है। व्यक्ति घर पर कुछ अलग प्रकार की भाषा बोलता है और कार्यालय में बिल्कुल अलग प्रकार की भाषा होती है। देश के प्रशासन को घर की भाषा प्रयोग में लाकर नहीं चलाया जा सकता। अतः वहाँ केवल एक विशेष प्रकार की भाषा ही यह काम कर सकती है। इसी बात को ध्यान में रखकर भाषा की एक प्रयुक्ति के रूप में राजभाषा के अध्ययन की आवश्यकता भी अनुभव की गई। अगर कोई भाषा समृद्ध भी है, परंतु कभी भी शासन कार्यों में प्रयुक्त नहीं हुई तो उसके राजभाषा के रूप को बनाने की आवश्यकता भी अनुभव की जाती है। वैसे तो हिंदी भाषा समृद्ध है, परंतु शासन के प्रयोजनार्थ न तो इसे स्वतंत्रतापूर्व प्रयोग में लाया गया और न कभी इस भाषा के राजभाषायी रूप को पढ़ाने की आवश्यकता अनुभव हुई। अब इस दिशा में कार्य हो रहा है, चूँकि अब यह राजभाषा है।[129] किसी देश में जब एक राजभाषा शासन कार्य चलाने में सक्षम नहीं होती तब सह-राजभाषा को साथ रखने की आवश्यकता अनुभव होती है।

राजभाषा एक विशेष शैली की भाषा है। परंतु आज विश्व जिस गति से प्रत्येक क्षेत्र के छोटे-छोटे मुद्दों पर गहराई में जाकर विशिष्टीकरण प्राप्त करता जा रहा है, उससे

यह कहना अतिश्योक्तिपूर्ण न होगा कि राजभाषा भी अपने आप में अलग थलग भाषा है। वैसे आज यह भाषा एक बड़ी प्रयुक्ति के रूप में तो अनुभव की ही जा रही है और इसके अध्यापन की आवश्यकता भी अनुभव की जा रही है, परंतु जैसे-जैसे भाषा कई क्षेत्रों में प्रयोग में लायी जाती है तो उसका एक विशेष रूप बन जाता है और उसके अध्ययन-अध्यापन की आवश्यकता बन जाती है। जैसे आज 'तकनीकी अंग्रेज़ी' जैसी भाषा का स्वरूप भी देखने को मिलता है। ठीक उसी प्रकार जब हमारी राजभाषा हिंदी राजकार्यों में पूरी तरह प्रयुक्त होने लगेगी तब इसका एक नया सक्षम राजभाषा का स्वरूप सामने आएगा।[130] हिंदी के राजभाषा को स्वरूप पर आगे चलकर विस्तार से चर्चा की जाएगी।

इस प्रकार उपर्युक्त वर्णन में पाते हैं कि राजभाषा की आवश्यकता किन-किन परिस्थितियों में शासन, प्रशासन एवं अध्ययन के स्तर पर अनुभव की जाती है।

ऊपर दिए गए समस्त विवेचनात्मक एवं विश्लेषणात्मक विवेचन से यह स्पष्ट हो जाता है कि स्वतंत्र भारत के संविधान की रचना से पूर्व राजभाषा शब्द संविधान के सत्रहवें अध्याय में प्रयुक्त अंग्रेज़ी के Official Language के पर्याय 'राजभाषा' के रूप में सातवीं शताब्दी से किसी न किसी रूप में विद्यमान रहा है।

स्वतंत्रता प्राप्ति से पूर्व तथा स्वतंत्रता के पश्चात भी राजभाषा की स्पष्ट परिभाषा नहीं की गई। राष्ट्रभाषा, राजभाषा, राज्यभाषा, संपर्कभाषा, प्रादेशिक भाषा में अंतर नहीं समझा गया। तथा अक्सर राष्ट्रभाषा को ही राजभाषा माना गया।

अब तक राजभाषा को लेकर उसकी व्यापक परिभाषा पर विचार किया गया एवं पारिभाषिक स्तर पर उसके स्वरूप को समझने तथा भारत के संघीय स्वरूप को ध्यान में रखते हुए उसकी स्थिति को जानने का प्रयास किया गया। चूँकि राजभाषा हिंदी के बीज हमारे संविधान में निहित हैं अतः राजभाषा के प्रयुक्ति-रूप को समझने के लिए हिंदी की सवैधानिक स्थिति पर विचार करना होगा।

## संदर्भ

1. 'प्रयोजनी हिंदी स्वरूप और व्यापकता' ले. डॉ. गोपाल शर्मा 'भाषा' त्रैमासिक, विश्व हिंदी सम्मेलन अंक, 1975, पृष्ठ 73
2. 'भाषा प्रयुक्ति की संकल्पना और कार्यालय हिंदी' ले. ठाकुरदास 'भाषा' त्रैमासिक, विश्व हिंदी सम्मेलन अंक, 1975, पृ. 133
3. 'भारत का संविधान'—भाग 17, अध्याय 1, 343 (1) 1988 संस्करण, पृ. 96
4. The Constitution of India part XVII Chapter I-343 (1)
5. हिंदी पारिभाषिक शब्दावली की समस्याएँ' 'भाषा' त्रैमासिक, हिंदी भाषा चित्रण अंक, (1973) पृ. 386
6. 'A New English Dictionary on Historical Principles' Vol-VII Edited by James A.H. Murray (1905) Page 82-83.

7. 'राष्ट्रभाषा आंदोलन' ले. गो. प. नेने (1963) परिशिष्ट पृ. 34
8. –यथोपरि– पृ. 35
9. –यथोपरि– पृ. 35
10. 'हिंदी भाषा आंदोलन' संकलनकर्ता, लक्ष्मीचंद, पृ. 3
11. 'हिंदी भाषा आंदोलन' संकलनकर्ता, लक्ष्मीचंद, पृ. 10
12. –यथोपरि– पृ. 8
13. –यथोपरि– (निवेदन) पृ. 9
14. (क) भारतीय संविधान, भाग 17

    (ख) The Constitution of India, Chap. XVII
15. भारत का संविधान, प्राक्कथन, पृ. 1 डॉ. राजेंद्र प्रसाद
16. Constitutional Terms By G.S. Gupta, Speaker C.P. & Berar Legislative Assembly, Nagpur.
17. –do– Page 40
18. –यथोपरि– पृ. 15 (हिंदी से अंग्रेज़ी)
19. –यथोपरि–पृ. 17
20. –यथोपरि– पृ. 15
21. 'A Dictionary of English-Indian Terms of Administration page 125 & 126 'आंगल भारतीय प्रशासन शब्दकोश' By, Dr. Raguveera (Member of Constituent Assembly) & Hon'ble Shri G.S. Gupta, Speaker the Legislative Assembly of C.P. & Berar, (Oct' 1949)
22. The Universal Dictionary of the English Language-Edited by Herry Cecil W-yld, Page 797
23. An Etymological Dictionary of English Language Edited by Rev.-watter. W. Skeat. Page 401.
24. An outline History of the English Language By-Frederick. T. Wood, Page 190.
25. 'अन्यथा तत्परित्यागे दोषः स्याद्राजराष्ट्रयो' : श्री पारमेश्वरसंहिता–संपादक श्री गोविंदाचार्य बी. रंगन, पृ. 220

    संस्कृत-अंग्रेज़ी कोश प्रायोजना, डक्कन कॉलेज पुणे, संस्कृत विभाग पांडुलिपि लेखन कक्ष-तंत्र। क्रमांक 17.557.6
26. The practical Sanskrit English Dictionary, By : V.S. Apte (1965) Page 798.
27. Sanskrit-English Dictionary, By : Sir M.M. Williams (1899) Oxford, Page 872
28. चाणक्य : भद्रे३ निवेद्यताममात्याराक्षसाय।

    ***सोयमिदानी** जानीते।

    प्रसंग–मुद्राराक्षसम्–सप्तमोंक, ले. विशाखदत्त संपादित :- काशीनाथ बिबंक तेलंग, पृ. 277 (1884)

    * (फुटनोट के अनुसार) उपरोक्त संदर्भ में आया वाक्यांश **'सोयमिदानी'** Variant reading में आकर **'राजकार्य करिष्यति'** के रूप में आएगा।

29. शोकाकुल : कुलामात्यै :, कथंचिदपि बोधितः।
शनके राजकार्येषु, प्रावर्त्त महीपतिः ॥ 689 ॥
—त्रिष्टिशलाकापुरुषचरितमहाकाव्य, ले. हैमचंद्राचार्य
संपादक—मुनिचरणविजय पृ. 153 (1160-75 ईस्वी)

30. संगता राजकार्येषु रागद्वेष विवर्जिताः।
आय-व्यये च निपुणा सचिवाः कोशवृद्धये ॥ 55 ॥
मानसोल्लास, ले. बी.भट्टाचार्य, संपादित—गजानन के. श्रीगाँवकर (1925) पृ. 34

31. एवं तग्दिमाकर्ण्य कर्णपीयूषसारणिम्
भूपोऽपि राजकार्येषु किंचित्प्रावर्तत प्रभुः ॥ 126 ॥
काव्यमाला, 93. पांडवचरितं महाकाव्यम् 1 पृ. 56
ले. श्रीमलधारिदेवप्रभसूरिविरचितं, संपादित; पंडितकेदारनाथेन एवं वासुदेव लक्ष्मण शास्त्री पणणीकर (1911) 1200 ई.

32. The Practical Sanskrit English, Dictionary (1965) Edited by, V.S. Apte, Page 799

33. Sanskrit English Dictionary, By Sir M.M.Williams Page 872.

34. अधुनैवागमिष्यंति राजकीयाः पथा जनाः ॥
मत्पदान्वेषणे सक्ताः श्रुत्वा राव वणिश्यतेः ॥ 54 ॥
स्कंदपुराण, पृ. 249, (संस्कृत-अंग्रेज़ी कोश प्रायोजना, डेक्कन कॉलेज, पुणे, संस्कृत विभाग-पांडुलिपि लेखन कक्ष पर्ची Puran-Skandapurana (1000..AD.) 2 (7). 15.54.

35. "स राजशब्दस्यव्यभिचारेण राज्यनिमित्ततया च गम्यते न तु राजकर्मनिमित्त त्वेन, स्मृति : पुनः शब्दापशब्द विभागमात्र विषयत्वादविषय एवायम्।"
तंत्रवार्तिकम्, महामहोपाध्यायो गंगाधारशास्त्री, पृ. 593.
बी.एस.एस. वर्क नं. 3, (1882-1908)

36. शासी महीरुहे वेदे सुरुष्करव्यजनेऽपि च
शास्त्राज्ञाराजदत्तोर्वीराजलेखेषु शसानम् ॥ 137 ॥
विश्वलोचनकोश : पृ. 207 (1644 ई.) (जून 1912) द्वारा : श्री श्रीधरसेनाचार्यविरचित

37. "किसी भी भारतीय भाषा में समस्त भारत की भाषा बनने की सामर्थ्य कदापि नहीं। अतः भविष्य में प्रांतीय स्तर की भाषा चाहे कोई भी हो, किंतु **संघीय भाषा** सदा अंग्रेज़ी ही रहेगी और भारतीय एकता का यही सबसे बड़ा उपकरण है।" (16 मार्च, 1927 का भाषण)
'राजभाषा हिंदी', ले. डॉ. सेठ गोविंददास, पृ. 1

38. 'On 12th September' 1949-the Constituent Assembly began discussing the question of the 'Official Language' of India.
'The Constitution of India How it has been framed' By : Pratap Kumar Ghosh, Chapter No. XVIII, Page-317 (1966)

39. The Hindi extremists submitted twenty nine amendments to the Draft Constitution between February and November-1948 ---- compressed in to one provision, the amendments would have read some what like this : **NATIONAL LANGUAGE** "Hindi (Bharti) shall be the National (Official) Lan-

guage of India"

"The Indian Constitution : Cornerstone of a Nation" By : Granvills Austan. Oxford (1966) Page-279, Chap. 12 "Language and the Constitution"

40. "The Member of the Constituent Assembly did not attempt the impossible. They did not lay down in the language provisions of the constitution that one language should be spoken all over India. Yet they could not avoid giving one of the regional language special status, of they provided not that there be a 'national' Language, but, using a tactful euphemism, that Hindi should be the **Official Language** of the Union."
—do— Page No. 266.

41. "मैं अपने दक्षिण भारत में माननीय सदस्यों और जिन प्रांतों में हिंदी भाषा नहीं बोली जाती, उन प्रांतों के सब माननीय सदस्यों का अत्यंत अनुगृहीत हूँ कि उन्होंने कम-से-कम एक बात स्वीकार कर ली और वह बात यह है कि चाहे आप उसे 'राष्ट्रभाषा' कहें, चाहे आप उसे 'राज्य-भाषा' कहें, वह हिंदी ही हो सकती है और उसकी लिपि देवनागरी" : राज-भाषा हिंदी, ले. सेठ गोविंददास, पृ. 19

42. "जब संविधान में हिंदी को राजभाषा स्वीकार किया गया और हिंदी के साथ शेष तेरह भाषाओं को राष्ट्रभाषा स्वीकार किया गया, तब हिंदी के प्रति और हमारी अन्य भारतीय भाषाओं के प्रति लोगों के मन में कितने उत्साह और जागृति की लहर उठी थी। लोग हिंदी और भारतीय भाषाओं की ओर झुके थे; लेकिन जब से यह चर्चा चलने लगी कि फिर से अंग्रेज़ी यहाँ हमेशा के लिए चलने वाली है तब से यह जोश, जो हमारी जनता में हिंदी 'राजभाषा' और सारी भारतीय भाषाओं के राष्ट्रभाषा होने पर हुआ था, वह ठंडा होकर खत्म हो रहा है।" : पूर्वोक्त पुस्तक, पृ. 32-33.

43. "प्रामाणिक हिंदी कोश'–रामचंद्र वर्मा, पृ. 1091 दूसरा संस्करण सं. 2008

44. 'हिंदी शब्द सागर'–आठवाँ भाग–मूल संपादक : श्यामसुंदर दास, पृ. 4153, नवीन संस्करण, सं. 2028-1971 ई.

45. –यथोपरि– पृ. 4159

46. –यथोपरि– पृ. 4172

47. "समग्र राष्ट्र के लिए जो भाषा संपर्क करने का कार्य कर सके उसे राष्ट्रभाषा कहने में कोई हानि या आपत्ति नहीं है। ये ही कारण हैं जिनसे हिंदी को राष्ट्रभाषा की संज्ञा दी जाती है। इसमें दूसरी भाषाओं की अपेक्षा हिंदी को श्रेष्ठ बताने का प्रश्न ही नहीं उठता और व्यापक दृष्टि से देखने पर संविधान में स्वीकृत चौदह भाषाएँ ही क्या, भारत की सभी भाषाएँ या बोलियाँ राष्ट्रभाषा कहलाने की उचित अधिकारिणी हैं।" राष्ट्रभाषा हिंदी समस्याएँ और समाधान–देवेंद्रनाथ शर्मा, पृ. 45 सन् (1975)

48. 'भाषा विज्ञान कोश', प्रथम संस्करण, 2020 संवत्, पृ. 545–डॉ. भोलानाथ तिवारी

49. भारत का संविधान, भाग–17, अनुच्छेद–345.

50. 'भाषा विज्ञान कोश', प्रथम संस्करण, 2020 संवत्, पृ. 543–डॉ. भोलानाथ तिवारी

51. –यथोपरि– पृ. 454

52. "It was thought desirable that as a free nation, India set upon Indian Language as a symbol of her national unity and give it the status of an Official

Language"—Report of the Official Language Commission—Govt. of India 1956, Page-282 (How Hindi came to find a place in the Official Language of India)

53. "Hindi has been proposed as the Official Language of India and its supporters every where go much further than that. They describe it as the National Language of India."

"Our Prime Minister has again and again reiterated his view that India has not one but fourteen National Languages."* *(Now Fifteen)

—Report of the Official Language Commission, Page, 286

54. "Some wish to rename Hindi as 'Bharti', the language par excellence of India, Some even have started a slogan like this—"Hindi, Hindu and Hindi," these three are one." Ref—do—Page, 286.

55. भाषा और समाज, ले. डॉ. रामविलास शर्मा, पृ. 416

56. (अ) "इस सम्मेलन में जो अहम् फैसले किए गए, उनमें एक था कि किसी भी ज़िले में यदि वहाँ की कम से कम साठ प्रतिशत जनता राजभाषा के अलावा किसी दूसरी भाषा को बोलती या उसका किसी न किसी रूप में इस्तेमाल करती है, तो उसे उस 'ज़िले की राजभाषा' के रूप में मान्यता दी जाए और दूसरा यह कि किसी ज़िले या नगरपालिका या तहसील में सरकार की सभी महत्त्वपूर्ण सूचनाएँ नियमादि अल्पसंख्यकों की भाषा में भी प्रकाशित किए जाएँ, बशर्ते कि उनकी संख्या कुल आबादी की 15 से 20 प्रतिशत तक हो।"

'राजभाषा भारती' (भारत सरकार, गृह मंत्रालय, राजभाषा विभाग द्वारा प्रकाशित त्रैमासिक पत्रिका) अप्रैल, 1978. पृ. 21

(ब) एक उदाहरण के रूप में टिप्पणी।

जम्मू कश्मीर राज्य की राज्यभाषा, संविधान की आठवीं अनुसूची के अनुसार, कश्मीरी है; वैसे इस राज्य में कश्मीरी, डोंगरी और लद्दाखी तीन भाषाएँ प्रचलित हैं परंतु राज्य की संपर्क भाषा एवं राज-भाषा के रूप में उर्दू को मान्यता दी गई है। यह एक अपवादजनक स्थिति हो सकती है। चूँकि राज्य सरकार ने अपनी एक भाषा (कश्मीरी) होते हुए भी प्रशासनिक स्तर पर उर्दू को मान्यता दी है। अतः कश्मीर में उर्दू मूल अथवा प्रधान राजभाषा एवं कश्मीरी दूसरी राजभाषा तथा राज्य की भावी राजभाषा के रूप में आगे बढ़ रही है। वैसे प्रशासनिक कार्यों में कश्मीरी को भी बढ़ावा मिल रहा है।

57. 'हिंदी को केंद्रीय भाषा' बनाने का यह अर्थ नहीं कि प्रादेशिक भाषाओं के अर्थ मारे जाएँ।

—भाषा और समाज, ले. डॉ. रामविलास शर्मा, पृ. 457(4)

58. सन् 1965 तक हिंदी समस्त देश की 'कार्यकारी भाषा' होगी। "यदि ऐसा न होता तो हिंदी आज तक देश में प्रशासन की भाषा बन गई होती। वास्तव में मौलाना आज़ाद ने हिंदुस्तानी के आग्रह के साथ हिंदी के संस्कारों से अपरिचित होने के कारण उसके विकास में उनके कार्य अवरोध के कारण बने।"

—जनभाषा हिंदी के विकास की समस्याएँ, रत्नाकर पांडेय, 'भाषा' त्रैमासिक पत्रिका, अंक सितंबर, 1964 पृ. 37

59. हिंदी जो राष्ट्रभाषा कहलाती थी, केवल राजभाषा से संबंधित की जाने लगी और जो भाषाएँ

प्रांतीय या क्षेत्रीय भाषा कहलाती थीं, राष्ट्रभाषा कहलाने लगीं। राष्ट्रभाषा हिंदी का अर्थ-विस्तार अर्थ-संकोच में परिणित हो गया और वह भी एक क्षेत्रीय भाषा कहलाने लगी।''–हिंदी आंदोलन, सं. लक्ष्मीकांत वर्मा, पृ. 52

60. ''...संसद की भाषा का प्रश्न आसानी से हल हो सकता है, अनुवादों की व्यवस्था से। मगर वर्तमान स्थिति बड़ी पीड़ाजनक और दुखदायी है। जो हिंदी में प्रश्न करता है उसे अंग्रेज़ी में जवाब दिया जाता है, और यदि वह उत्तर हिंदी में चाहता है, तो उसे संप्रदायवादी कहकर एक अजीब घृणा की भावना से देखा जाता है।''

–डॉ. रामबाबू सक्सेना, ''हिंदी की आत्मा और सहचरी के रूप में अंग्रेज़ी'', हिंदी आंदोलन, सं. लक्ष्मीकांत वर्मा, पृ. 55

61. 'अंग्रेज़ी की अधिकतर पत्र पत्रिकाओं में प्रकाशित लेखों में तथा लोकसभा से लेकर साधारण सभाओं तक में अंग्रेज़ी भक्तों द्वारा हिंदी के राष्ट्रभाषा या राज्यभाषा न होने के कारण अहिंदी भाषी क्षेत्रों के लोगों का अंग्रेज़ी प्रेम ठहराया गया है।''

–जगवीरसिंह वर्मा, 'अंग्रेज़ीवालों का झूठा प्रचार' (निबंध)

हिंदी आंदोलन, डॉ. लक्ष्मीकांत वर्मा, पृ. 81

62. ''प्रांतीय भाषाओं से हमारा कोई द्वेष नहीं है। प्रांतीय भाषाओं की तरक्की बग़ैर केंद्रीय भाषा की भी उन्नति नहीं हो सकती।''–राज-भाषा हिंदी, सेठ गोविंददास, पृ. 25

मुझे इस बात की बड़ी खुशी है कि हिंदी भाषा को इस देश के सभी निवासी राष्ट्रभाषा के रूप में और राज्यभाषा के रूप में, स्वीकार करने के लिए तैयार हैं।–राज-भाषा हिंदी, सेठ गोविंददास, पृ.26

63. –यथोपरि–पृ. 46

64. ''भारत में भाषा की राजकीय स्थिति चार प्रकार की है :–प्रादेशिक भाषावार राज्यों के निर्माण के बाद प्रत्येक राज्य के लिए एक-एक भाषा स्वीकृत हुई है। इसको चाहें तो राज्यभाषा भी कह सकते हैं। किसी राज्य अथवा प्रदेश का शासन कार्य वहीं की भाषा में होगा, जैसे बंगाल का बंगला में, मद्रास का तमिल में, महाराष्ट्र का मराठी में। इस सीमा में हिंदी को दख़ल नहीं देना चाहिए। प्रत्येक राज्य की भाषा को अपना कार्य उस भाषा में करने की छूट और स्वतंत्रता है। वह जो चाहे जैसा चाहे अपनी भाषा में करे।''–राष्ट्रभाषा हिंदी समस्याएँ और समाधान ले. देवेंद्रनाथ शर्मा 46-47

65. –यथोपरि– पृष्ठ, 46

66. ''हिंदी भारत भर में छोटे बड़े पैमाने में बोली समझी जाती है। इसलिए महात्मा गांधी ने उसे राष्ट्रभाषा कहा और देश भर में उसका प्रचार करने की प्रेरणा दी। हमको यह देखना चाहिए कि हिंदी संघ शासन की राजभाषा जल्द से जल्द होगी। मैं उसे संघ की भाषा कहता हूँ। संघ राज्य सरकार के व्यवहार की जो भाषा होगी उसे संघ भाषा कहना उचित होगा। उसे संपर्क भाषा कहना उचित नहीं है।''

–राष्ट्रभाषा संदेश पत्रिका 1972, (दिसंबर अंक) ''सवाल राजभाषा का और एकात्मकता का'' –गो. प. नेने पृ. 2

67. हिंदी भाषा का राजकाज में प्रयोग, डॉ. रामबाबू शर्मा शोध ग्रंथ, (आगरा विश्वविद्यालय) पृ. 11-12

68. 'राजभाषा के रूप में हिंदी की वर्तमान स्थिति एवं समस्याएँ' प्रो. डॉ. हरवंशलाल शर्मा, राजभाषा सम्मेलन पत्रिका, पृ. 3 (15, मई, 1976 शनिवार, भाषण अंश)

69. 'अखिल भारतीय राजभाषा सम्मेलन स्मारिका' सं. हरिबाबू कंसल एवं रामकिशोर शर्मा 1978 राज-भाषा विभाग, गृह मंत्रालय, भारत सरकार, पृष्ठ 7, लेख : 'संघ की राजभाषा नीति' ले. सुधाकर द्विवेदी

70. पृष्ठ, 406

71. (1) "राजभाषा के साहित्यकार और प्रचारक, भारतीय सांस्कृतिक एकता और सद्‌भावना के महान् प्रतीक हैं, किंतु राजभाषा के धंधेबाज इनके पावन मूल्यों को खंडित कर रहे हैं। वह अपने कार्य कांड से यही प्रदर्शित करते हैं कि उनकी ही वजह से राजभाषा का प्रचार हो रहा है।"—पृ. 2

(2) "क्या यह राष्ट्रभाषा के प्रचार की सही स्थिति है।" पृ. 3, —हिंदी लेखक सम्मेलन, पूना (महासचिव का प्रतिवेदन)

72. "उस समय फ़ारसी सिंध की राज्यभाषा थी और यह कहावत प्रसिद्ध थी 'फ़ारसी घोड़े चाढ़सी' अर्थात् फ़ारसी जानने वाला प्रसिद्धि 'प्रतिष्ठा प्राप्त करेगा' पृष्ठ 193-94

73. सिंधी के प्रश्न को लेकर कराची में व्यापक उपद्रव हुए। फलस्वरूप कराची के तीन क्षेत्रों में कर्फ़्यू लगाना आवश्यक हो गया। भाषा के प्रश्न पर सिंधी दबने के लिए तैयार नहीं है। वहाँ की विधान सभा में भी यह प्रश्न ज़ोरदार ढंग से प्रस्तुत किया गया—फलस्वरूप अब वहाँ सिंधी को **सिंध राज्य की राजभाषा** मान लिया गया।"

—'सिंधी सिंध की राजभाषा', राष्ट्रभाषा संदेश, 16 जुलाई, 1972 पृ. 2

74. "देश स्वतंत्र होने के बाद काफ़ी दिनों तक 'कामकाजी भाषा' के प्रयोग का प्रश्न उलझा रहा। 26 जनवरी, 1965 को राजभाषा अधिनियम लागू करके हिंदी को भारतीय संघ की राजभाषा स्वीकार कर लिया गया।"

75. 1. "..........यदि 'कार्यालय-हिंदी' की प्रवृत्ति की जाँच करें तो हम पाते हैं कि 'कार्यालय-हिंदी' का एक विशिष्ट रूप विकसित हो गया है।"—'भाषा', त्रैमासिक, विश्व हिंदी सम्मेलन, अंक, 1975, पृष्ठ 138.

2. "सरकारी कामकाज की भाषा तथा बोलचाल की भाषा में हमेशा से ही अंतर चला आया है।"—यथोपरि—पृष्ठ 137

76. 'कायद्याची भाषा' शीर्षक से संपादकीय, —रविवार सकाष्ठ, दिनांक : 19.3.78

77. डॉ. गोपाल शर्मा ने अपने एक लेख 'प्रयोजनी हिंदी (फंक्शनल हिंदी) स्वरूप और व्यापकता' में 'दफ़्तरी भाषा' शब्द का प्रयोग किया है।

—'भाषा' त्रैमासिक, विश्व हिंदी सम्मेलन अंक, 1973, पृष्ठ 65

78. "Hindi or Hindustani is every where the **Language of administration** and is the one medium of instruction in rural schools." Linguistic Affairs of India, by : Ramgopal. (Extract from Dr. Grierson report) p. 17.

79. "राजभाषा आयोग (1955) ने 1956 में अपनी रिपोर्ट प्रस्तुत की और संसदीय समिति ने आयोग की सिफारिशों की जाँच करके अपनी रिपोर्ट 1959 में पेश की। दोनों का यह मत था कि अंग्रेज़ी को 1965 के बाद भी एक सह-राजभाषा के रूप में जारी रखा जाना चाहिए।"

— राजभाषा भारती—अप्रैल, 1978, प्रवेशांक, राजभाषा विभाग गृह मंत्रालय, भारत सरकार, नई दिल्ली।—पृष्ठ 18

80. —यथोपरि— पृष्ठ—18-19

81. 1. "नेपाली भाषा समिति की माँग है कि नेपाली भारत की भाषा मानी जाए और उसे संविधान

द्वारा स्वीकृत भाषाओं की आठवीं अनुसूची में शामिल किया जाए। केंद्रीय सरकार ने इस माँग को मानने से इंकार कर दिया।" (कालम 1)

2. "समिति के प्रतिनिधि से प्रधानमंत्री ने साफ-साफ कहा कि नेपाली भाषा को संविधान द्वारा स्वीकृत भाषाओं की सूची में नहीं शामिल किया जा सकता।"......"नेपाली भाषा विदेशी है।". ......"राज्य सरकार नेपाली भाषा के प्रसार प्रचार के लिए प्रयास करे। उसे सरकारी कामकाज का माध्यम बनाए। केंद्रीय सरकार बाधा नहीं देगी।" (कालम 3)

3. "उल्लेखनीय है कि वाममोर्चे की सरकार ने नेपाली को राज्य की भाषा मानकर उसे दार्जिलिंग में प्रशासन के कामकाज में मान्यता दे दी है।" (कॉलम 1) —10-16, जून 1979 दिनमान—(हिंदी साप्ताहिक) पृ. 16

82. "भारत के संविधान में केंद्र और राज्यों के लिए भाषा नीति का निर्धारण स्पष्ट रूप से हुआ है। धारा 343 यह स्पष्ट करती है कि हिंदी **केंद्र सरकार की राजभाषा** होगी तो धारा 345 और आठवीं अनुसूची में उल्लिखित सभी भाषाओं में से एक, या हिंदी को, राज्य सरकारें प्रशासकीय क्षेत्र में भी कामों के लिए या किसी एक काम के लिए अपना सकती है।"
—राजभाषा सम्मेलन—नई दिल्ली—(व्याख्यान-पत्रिका) प्रथम विचार गोष्ठी व्याख्याताः श्री वी.पी. राघवाचारी विषय—"विभिन्न प्रदेशों में राजभाषाओं के रूप में प्रादेशिक भाषाओं की स्थिति" दि. 15.5.76, पृ. 3

83. "We do not want to have people driven into paradise with a cudgel; for no matter how many fine phrases about, 'culture' you may utter, a compulsory Official Language involves coercion, the use of the cudgel." from : M.I. Isayev's, National Languages in the USSR Problems and solutions. (from V.I.Lenin Collected works, Vol. 20, page- 22) page. 21-22

84. (हिंदी के संदर्भ में) "संक्रमण काल में सरकार ने यह नीति अपनाई है कि पारिभाषिक शब्दावली के फेर में न पड़कर अपनी बात दूसरों तक सहज ही पहुँचाने के उद्देश्य से लोगों को बेझिझक ऐसी जबान इस्तेमाल करनी चाहिए, जिसमें रवानी हो। अगर पारिभाषिक शब्द याद न आए, तब भी शब्दसागर में गोता लगाने की ज़रूरत नहीं, बल्कि आमतौर पर प्रचलित अंग्रेज़ी, उर्दू, आदि के शब्दों का बेधड़क प्रयोग किया जाए।"
—सरकारी कामकाज में हिंदी, लेखक : रमाप्रसन्न नायक, सचिव, राजभाषा विभाग तथा हिंदी सलाहकार, भारत सरकार, अखिल भारतीय राजभाषा सम्मेलन स्मारिका, संपादक : हरिबाबू बंसल एवं रामकिशोर शर्मा, पृ. 5

85. "इस प्रकार यदि कार्यालय-हिंदी # प्रयुक्ति का विश्लेषण किया जाए तो यह + तकनीकी होगी।"
+ लिखित
+ औपचारिक

"सरकारी कामकाज की भाषा तथा बोलचाल की भाषा में हमेशा से ही अंतर चला आया है।"
—'भाषा प्रयुक्ति की संकल्पना और कार्यालय हिंदी' ले. ठाकुरदास, 'भाषा', त्रैमासिक, विश्व हिंदी सम्मेलन अंक, 1975 पृष्ठ 137

# इस शब्द को इससे पूर्व राजभाषा के रूप में सिद्ध किया गया है

86. "अभी तक ज़्यादातर सरकारी साहित्य अंग्रेज़ी में है और इसलिए उसे हिंदी में लाने के लिए अनुवाद की शरण लेनी पड़ती है।"........."लेकिन दुर्भाग्य से इस प्रक्रिया के अपनाए जाने के कारण हिंदी झटपटी, बोझिल, और दुरूह बनती जा रही है, साथ ही बनावटी भी।"

—''सरकारी कामकाज में हिंदी लेखक रमाप्रसन्न नायक, सचिव, राजभाषा विभाग तथा हिंदी सलाहकार, भारत सरकार, —अखिल भारतीय राजभाषा सम्मेलन स्मारिका—पृष्ठ 3

87. ''सबसे गंभीर स्थिति तो यह है कि आज राजभाषा राजभाषा न होकर 'उपहास भाषा' हो गई है। ऐसे-ऐसे शब्दों का गठन किया जा रहा है। किया गया है जो अर्थ का अनर्थ तो करते ही हैं, वाक्य-विन्यास में भी कठिनाई प्रतीत होती है।''

''**राजभाषा** संपर्क भाषा कब तक बनी रहेगी ?'', ले. प्रमोदशंकर भट्‌ट नवभारत टाइम्स, बंबई दिनांक 1.8.77

88. 1. ''आंग्लभाषी राष्ट्र अपनी भाषा के माध्यम से ही साम्राज्यवादी युग की समाप्ति के बाद, आज भी अपना वर्चस्व कायम रख रहे हैं।''

—नवभारत टाइम्स (बंबई) दिनांक 31.1.78 संपादकीय 'प्रशासन में हिंदी'

2. ''राजभाषा की सांविधानिक घोषणा के बाद कुछ समय तक तो हिंदी प्रचार-प्रसार का दौर बड़ा उत्साहवर्द्धक रहा। किंतु ज्यों-ज्यों 15 वर्ष की अवधि समाप्त होने को थी अहिंदी भाषी लोग अपनी प्रशासनिक स्थिति के बारे में आशंकित होने लगे उन्हें लगा कि केंद्र में और राज्यों-राज्यों के बीच तथा केंद्र और राज्यों के बीच यदि प्रशासन का माध्यम हिंदी हो गयी तो वे (अहिंदी भाषी) लोग राजनीतिक, प्रशासनिक और आर्थिक दृष्टि से अनंत काल के लिए पिछड़ जाएँगे। इस आशंका के कारण उनके मानस-पट पर भारत का एक ऐसा मानचित्र उभरता गया, जिसमें भाषाई आधार पर हिंदी-भाषा और अहिंदी भाषा दो भिन्न क्षेत्र स्पष्ट रूप से अंकित थे। और इस प्रकार राजनीतिक, प्रशासनिक तथा आर्थिक दृष्टि से उत्तर भारत के हिंदी भाषी क्षेत्र के सब लोगों साम्राज्यवादी आक्रामक और शोषक मानने की उनकी धारणाएँ प्रबलतर होती गयीं।''

—''हिंदी साम्राज्यवाद और राष्ट्रभाषा का सवाल'' (छोटी पत्रिका) प्रो. मनवर सिंह रावत 'हिंदी विभाग' सेंट जेवियर कॉलेज—पृष्ठ 4

89. 1. पाठ्‌यक्रम में परिवर्तन की आवश्यकता

''मैंने बाबू श्यामसुंदर दास जन्मशती समारोह में यह सुझाव दिया था कि उच्च स्तरों पर हिंदी को दो धाराओं में बाँट दिया जाए। जो लोग गंभीर अध्ययन करना चाहते हैं, वे अवश्य वैसा करें किंतु जिनको आधुनिक युग में सरकारी कामकाज, कानून, वाणिज्य तथा व्यवसाय या पत्रकारिता के क्षेत्रों में हिंदी का उपयोग करना है, उनके लिए एक अलग ही पाठ्‌यक्रम की व्यवस्था की जाए। यदि मेरे इस सुझाव के अनुसार कार्रवाई की गई तो ऐसा पाठ्‌यक्रम पढ़कर विश्वविद्यालयों से आने वाले विद्यार्थियों को अच्छी नौकरी मिल सकेगी, और सरकार को अपने काम के आदमी मिल सकेंगे।'' द्वितीय राजभाषा सम्मेलन के अवसर पर प्रकाशित स्मारिका 'राजभाषा हिंदी : प्रगति के बढ़ते चरण', 'सरकारी कामकाज में हिंदी'—श्री रमाप्रसन्न नायक, पृष्ठ. 38

2. रोजगारोन्मुख हिंदी पढ़ाने की व्यवस्था नवभारत टाइम्स (बंबई) दिनांक 29.4.78—पृष्ठ 3. स्तंभ-5.

90. हिंदी शिक्षण योजना का इतिहास और वर्तमान स्थिति-अध्याय, (हिंदी शिक्षण-योजना की पुनरीक्षण समिति द्वारा प्रस्तुत रिपोर्ट)—भारत सरकार, गृह मंत्रालय।

91. ''केंद्र तथा हिंदी भाषा-भाषी राज्यों में एकरूपता बनी रहे, इसके लिए अकादमी सक्रिय है। अतएव इस दिशा में एक प्रायोजना को मूर्त रूप दिया गया है। निःसंदेह भविष्य में एक अखिल भारतीय प्रशासनिक भाषा का रूप उभरकर आएगा और उसमें अकादमी का योगदान होगा।'' 'प्रशासन में भारतीय भाषाएँ' डॉ. कैलाशचंद्र भाटिया—'राजभाषा हिंदी : प्रगति के बढ़ते चरण'—संपादक

क्षेमचंद्र सुमन–पृष्ठ–72.

92. The Drafting Committee however, unanimously agreed that the Constituent Assembly should select one of the language in India as the Common Language for the whole of India, the language that should be used for official purpose the union. In selecting that language the Drafting Committee had taken in to account various consideration speaking about Hindi Language. Shri Abhyangar said that the Assembly should recognise the very 'broad-fact' that the Hindi language was not yet sufficiently developed. Hence the Drafting Committee provide the union should promote the development of Hindi Language, so that it might replace the English Language.

—The Constitution of India How it has been framed. By : Pratap Kumar Ghosh Chapter, XVIII page 318

93. "राजभाषा आयोग (1955) ने 1956 में अपनी रिपोर्ट प्रस्तुत की और संसदीय समिति ने आयोग की सिफारिशों की जाँच करके अपनी रिपोर्ट 1959 में पेश की। दोनों का यह मत था कि अंग्रेज़ी को 1965 के बाद भी एक **सह-राजभाषा** के रूप में जारी रखा जाए।"

–राजभाषा भारती, त्रैमासिक पत्रिका (प्रवेशांक), अप्रैल, 1978 (राजभाषा विभाग, गृह मंत्रालय, भारत सरकार, नई दिल्ली) पृष्ठ 18

94. "The Working Committee of the Congress adopted a resolution in which it was declared that there should be a state language for all India purpose, But during the transitional period, which should not exceed a period of fifteen years from the commencement of the new constitution, the English language might be used at the centre and interprovincial Affairs. The Constitution of India How it has been framed. By : Pratap Kumar Ghosh., Chapter, XVIII page. 316-317

# जब भारत के संविधान का रचना काल था उस समय भारत के लिए राष्ट्रभाषा/राजभाषा को लेकर जो विचार होना था (जो 12 सितम्बर, 1949 से 14, सितंबर, 1949 तक चला) उस समय कांग्रेस वर्किंग कमेटी ने हिंदी के साथ-साथ 15 वर्षों तक अंग्रेज़ी के प्रयोग को मानने का प्रस्ताव पास किया था इसी काम को हिंदी में संक्रमण-काल एवं अंग्रेज़ी में ट्रांज़िशनल पीरियड, कहा जा सकता है।–बाद में संविधान सभा ने भी इसे माना।

95. "भले ही इस पांडिचेरी प्रदेश की भारतीय जनता की भाषा फ्रांसीसी न हो, लेकिन अगर एक यूरोपीय भाषा होने के नाते वहाँ उसे राजभाषा का पद मिल सकता है, तो सारे भारत में अंग्रेज़ी को राजभाषा-अथवा हिंदी के साथ अतिरिक्त राजभाषा (और व्यवहार में एकमात्र राजभाषा) का पद क्यों नहीं दिया जा सकता ?" 'राष्ट्रभाषा की समस्या' (राष्ट्रभाषा अंग्रेज़ी निबंध)–डॉ. रामविलास शर्मा–पृष्ठ. 137

96. 1. "संविधान में उल्लिखित भारतीय भाषाओं में अंग्रेज़ी का नाम न होने पर भी वह है भारतीय भाषा ही।" –यथोपरि– पृष्ठ 137

2. "अंग्रेज़ी वाले हिंदी भाषियों पर एवं हिंदी भाषी अंग्रेज़ी समर्थकों पर हिंदी न लादें इस आशय को स्पष्ट करते हुए–पूर्वोक्त पुस्तक की इस टिप्पणी को देखें "नतीजा यह है कि इन दो नापसंदगियों

के बीच अंग्रेज़ी हमारी पसंद से, बिना किसी पर लादे हुए, राजभाषा बनी रहती है।" –यथोपरि– पृ. 138

97. "उत्तर प्रदेश, हरियाणा, हिमाचल प्रदेश, मध्यप्रदेश, राजस्थान, बिहार तथा केंद्रशासित दिल्ली की राजभाषा हिंदी घोषित की गई। इसके अलावा पंजाब, महाराष्ट्र तथा गुजरात ने हिंदी प्रदेशों तथा संघ के साथ किए जाने वाले पत्राचार के लिए हिंदी को स्वीकार किया। साथ ही अंग्रेज़ी को सह-राजभाषा का दर्जा दिया गया। इस प्रकार सरकार का राजकाज हिंदी तथा अंग्रेज़ी में करना निश्चित किया गया। इस स्थिति से द्विभाषिकता की स्थिति का जन्म हुआ।" 'भाषा प्रयुक्ति की संकल्पना और कार्यालय-हिंदी।'–लेखक : ठाकुरदास 'भाषा', त्रैमासिक, विश्व हिंदी सम्मेलन अंक, 1975, पृ. 137

98. "उर्दू अकादमी के एक समारोह में अभी-अभी प्रधानमंत्री लखनऊ गए थे यह सर्वथा स्वाभाविक है कि उस अवसर पर उर्दू की बातें की जाएँ। पर स्वयं प्रधानमंत्री उस अवसर पर ऐसी बातें कहेंगे जिससे उर्दू को दूसरी राजभाषा बनाने की बात को प्रकारांतर से प्रोत्साहन मिलेगा। ऐसी आशा नहीं थी। यह ठीक है कि उस मौके पर उन्होंने उस नौजवान को फटकारा जिसने उसी समारोह में उर्दू को उत्तर प्रदेश की दूसरी राजभाषा तत्काल घोषित करने की माँग की, पर साथ ही उन्होंने यह भी कहा कि यदि कोई राज्य सरकार ऐसा करना चाहे तो उन्हें कोई एतराज नहीं होगा।" नवभारत टाइम्स (बंबई)–दि. 11.9.78 (संपादकीय) 'हिंदी एवं अन्य भारतीय भाषाएँ'

99. नवभारत टाइम्स (बंबई) दिनांक 31.5.7

100. नवभारत टाइम्स (बंबई) दिनांक 31.5.78 संपादकीय "श्री लंका की भाषा समस्या" पृ. 4

101. 'राष्ट्रभाषा संदेश' 16, जुलाई, 72 भाग 8–अंक 2 पृ. 7 'सिंधी को सिंध की राजभाषा बनाने का विधेयक पास' (शीर्षक के अंतर्गत)

102. "हिंदी में राष्ट्र शब्द देश के समकक्ष है, उससे हटकर नहीं है।"
–'राष्ट्रभाषा की समस्या'–डॉ. रामविलास शर्मा. पृ. 135

103. "Shri Ayyangar observed that the problem had been before the Drafting Committee for a long time and that opinion had not been unanimous on the question of the National Language of India. The Drafting Committee however, unanimously agreed that the Constituent Assembly should select one of the language in India as a common language for the whole of India, the language that should be used for official purposes of the Union. In selecting that language the Drafting Committee had taken in to account various consideration speaking about Hindi Language." The Constitution of India How it has been framed; by, Pratap kumar Ghosh. page. 318

104. 1. Report of the Official Language Commission published by : Govt. of India. (1956) page 22 and 286

2. "Report of the Committee of Parliament on Official Language (1958) के पृष्ठ 10 के मुद्दे 18 में एवं पृष्ठ 11 के मुद्दे 20 में भारत के संविधान में आठवीं अनुसूची में दी गई भारतीय भाषाओं को राष्ट्रीय भाषाएँ कहकर संबोधित किया है।"

105. Literary Language—"A developed form of a National Language, whose standards of usage have been established in writing"—National Languages in

USSR : Problems & Solutions. by : M.I. Isayev. page. 406

106. "हमारी भाषा जो कि एक अमूल्य कोश एवं हमारी जनता का गौरव है। आज दक्षिण कोरिया में गंभीर संकट है। हमारी राष्ट्रभाषा को नष्ट करने की अमरीकी साम्राज्यवाद की योजना के अंतर्गत यह लगातार शुद्धता खो रही है और बहुत सारी भाषाओं की खिचड़ी में बदलती जा रही है।" 'हमारी क्रांति में साहित्य और कला का स्थान'—किम इल सुंग पृ. 155

107. 'पारिभाषिक शब्दावली सर्वेक्षण और समस्याएँ'—ले. रामनरेश शर्मा के निबंध से 'भाषा' दिसंबर, 1964—वर्ष चार, अंक 2 पृ. 34

108. मेरी समझ में हिंदी भारत की **सामान्य भाषा** होनी चाहिए—यानी समस्त हिंदुस्तान में बोली जाने वाली भाषा होनी चाहिए। निःसंदेह हिंदी दूसरे कार्यों के लिए प्रांतीय भाषाओं की जगह तो ले ही नहीं सकती। सब प्रांतीय कार्यों के लिए प्रांतीय भाषाएँ ही पहले की तरह काम में आती रहेंगी। प्रांतीय शिक्षा और साहित्य का विकास प्रांतीय भाषाओं के द्वारा ही होगा, लेकिन एक प्रांत दूसरे प्रांत से मिले, तो पारस्परिक विचार विनिमय का माध्यम हिंदी ही होनी चाहिए—क्योंकि हिंदी अब भी अधिकांश प्रांतों में समझ ली जाती है और बोलने तथा चिट्ठी लिखने लायक हिंदी थोड़े ही समय में सीख ली जाती है। इस विषय में कोई प्रांतीय भाषा हिंदी का स्थान नहीं ले सकती। —हिंदी : भारत की सामान्यभाषा (निबंध से) ले. लोकमान्य तिलक पुस्तक—'हिंदी आंदोलन' संपादक, लक्ष्मीकांत वर्मा—पृ. 23

109. ...."पंजाब से लेकर गुजरात तक की संपर्क भाषा के रूप में हिंदी का जो विकास हुआ उसमें विभिन्न प्रांतों के लोगों ने योगदान किया और हिंदू, जैन, मुसलमान तथा हिंदू और मुसलमानों पर समान प्रभाव डालने वाले वामपंथियों का विशेष योगदान रहा।"—हिंदी-एकता की कड़ी-विज्ञापन और दृश्य प्रचार निदेशालय, सूचना और प्रसारण मंत्रालय—पृ. 9

110. आंतरभाषा (इंटरलैंग्वेज), Inter Language-a common Language of communication between nationalities and ethnic groups speaking different language. Russian is the interlanguage for most of the people of USSR."

—National Languages in the USSR : Problems & Solutions, by : M.I. Isayev, page. 405 (405)

111. 1. "राजभाषा पर चर्चा के दौरान एक तीसरा शब्द भी कभी-कभी आता है और वह है 'लिंगुआ फ्रैंका'। 'लिंगुआ फ्रैंका' का अभिप्राय उस भाषा से है जिसका विभिन्न क्षेत्रों में रहने वाले लोगों के बीच आपसी संपर्क के लिए उपयोग होता है। सामान्यतया किसी देश में वहाँ की राजभाषा ही 'लिंगुआ फ्रैंका' भी होगी, क्योंकि उसके सिवा किसी दूसरी राष्ट्रभाषा के लिए 'लिंगुआ फ्रैंका' की भूमिका अदा करना मुश्किल होगा।"

—संघ की राजभाषा नीति—ले. सुधाकर द्विवेदी। संयुक्त सचिव-राजभाषा विभाग भारत सरकार गृह मंत्रालय, अखिल भारतीय राजभाषा सम्मेलन स्मारिका। पृ. 7

2. ....If Hindi is progressively introduced in the Union administration and communication between the state is also in Hindi it is possible to express in Hindi mass feeling of the inhabitations of the region to the inhabitants in another region in a much more effective way than English.

Hindi has functioned for the past many decades as the Lingua Franca of India at the mass level. Even the British Government recognised this fact by making it the Lingua franca of the Indian military forces.

—राजभाषा हिंदी (श्री संतराम जी के भाषण के अंश) डॉ. सेठ गोविंददास पृ. 35

112. 'हिंदी भाषा का राजकाज में प्रयोग' शोध ग्रंथ (आगरा विश्वविद्यालय) डॉ. रामबाबू। पृष्ठ 72

113. Report of the Official Language Commission. (1956) page. 27-28

114. 1. नवभारत टाइम्स (बंबई) दिनांक 26.7.77 (प्रधानमंत्री का पुणे में वक्तव्य) 'प्रधानमंत्री द्वारा संपर्क भाषा के रूप में हिंदी का प्रबल समर्थन'

2. 'राष्ट्रभाषा के अर्थ में पंद्रहों भाषाएँ (अब अठारह) जिन्हें संविधान में स्थान दिया गया है हमारी राष्ट्रभाषाएँ हैं। सभी का स्थान बराबर है। वास्तव में प्रश्न संपर्क भाषा का है। चूँकि हिंदी ही भारत की सर्वाधिक व्यापक रूप से जानी, समझी जाने वाली भाषा है। इसलिए हिंदी में ही संपर्क भाषा बनने के सर्वोच्च महत्त्व का गुण विद्यमान है।

—"संपर्क भाषा के रूप में हिंदी की प्रतिष्ठा कराएँ" ले. श्यामकृष्ण पांडेय, राष्ट्रभाषा संदेश, 30. 4.1979 अंक 20. पृष्ठ. 7

115. "The common language is often in a marked degree an upper-class language."

—Encyclopaedia Britanica. Vol. 13 page 699

(Standard Language) Edition-14th.

116. नवभारत टाइम्स, (बंबई) दिनांक 17.6.78 (शेख अब्दुल्ला को रामवर्द्धन का जवाब) 'हिंदी ही संपर्क भाषा बनने में समर्थ' पृ. 1

117. नवभारत टाइम्स (बंबई) दिनांक 2.4.78 'अंग्रेज़ी को अनिश्चित काल तक संपर्क भाषा बनाए रखना भारी अन्याय' पृ. 1

118. 'बहुभाषिकता और हिंदी भाषा-शिक्षण' डॉ. रवींद्रनाथ श्रीवास्तव—विश्व हिंदी सम्मेलन (प्रथम) के अवसर पर प्रकाशित स्मारिका 'विश्व हिंदी दर्शन' पृष्ठ 45

119. "मैसूर विश्वविद्यालय के हिंदी विभाग के अध्यक्ष डॉ. मं. राजेश्वरैया की दृष्टि में हिंदीतर भाषा-भाषी सर्वप्रथम हिंदी को भारतीय होने की दृष्टि से देखें और बाद में प्रांतीय दृष्टि से। अर्थात् हिंदीतर प्रांतों में हिंदी को प्रांत के भीतर प्रांतीय भाषा की पूरक भाषा के रूप में और प्रांत के बाहर 'संपर्क भाषा' के रूप में अपनाना चाहिए।"

—नवभारत टाइम्स (बंबई) 2.11.75

120. "It is usual in general parlance to refer to the language in the schedule as 'regional languages' of these, Sanskrit which was returned as a mother tongue by only 555 persons in the 1951 census has no region to which it can be related. In the same way the speakers of Urdu as a mother tongue are not relatable always to any particular region. For these reasons reference to languages enlisted in Eighth Schedule as 'regional language' is not without some little anomaly. However it is necessary for conducting the discussion convenniently to have a suitable term for referring to the languages enlisted in the English Schedule and we have adopted the practice of referring to them (except for Sanskrit) as 'regional languages'. The term 'regional language' is used with reference to the language of the region."

—The Report of Official Language Commission, 1956 Govt. of India, page.

22 (foot note)

121. जम्मू और कश्मीर के मुख्यमंत्री शेख मुहम्मद अब्दुल्ला का वक्तव्यः—"उन्होंने कहा कि जब तक किसी राज्य की मातृभाषा राजभाषा के रूप में काम करेगी" नवभारत टाइम्स (बंबई) दि. 17. 6.78 पृ. 1

122. "प्रादेशिक भाषावार राज्यों के निर्माण के बाद प्रत्येक राज्य के लिए एक एक भाषा स्वीकृत हुई है। इसको चाहें तो राज्य भाषा भी कह सकते हैं।"—'राष्ट्रभाषा हिंदी समस्याएँ और समाधान' ले. देवेन्द्रनाथ शर्मा पृ. 46

123. "जातीय भाषा और राष्ट्रभाषा में अंतर है। महाराष्ट्र, बंगाल या तमिलनाडु के लोगों की जातीय भाषा मराठी, बंगला या तमिल है, हिंदी नहीं।"—'हिंदी आंदोलन'—संपादक लक्ष्मीकांत वर्मा —(निबंध हिंदी भाषी राज्य तो हिंदी को अधिकाधिक अपनाएँ ही) डॉ. रामविलास शर्मा पृ. 58

124. The particular dialect that was the 'Official' dialect of printing attained to a respectability and prestige that the others did not enjoy, and as printed works circulated far and wide throughout the country, and even abroad, it soon spread beyond its original bounds and because a national tongue, while others were only regional one's.

—'An outline History of the English Language' By : Fre-derick T. Wood, Chap. VIII, Page. 199

125. "The term officialese has been invented for what is supposed to be their ineffective way of trying : I do not know exactly what that word means, but that it is not ordinarily used as a term of praise is certain."

—The complete plain words. By : Sir Ernest Gower; revised by; Sir Bruce Fracer page. 313.

126. —The main purpose of this book is to help officials in their use of written English as a tool of their trade. —do— page. 14 (यथोपरि)

127. "हमारे मामले में स्टैण्डिग आर्डर नंबर 27 में चुपचाप यह व्यवस्था दे दी गयी है कि "इस विधान-मंडल की कार्रवाई अंग्रेज़ी में चलेगी।" और फिर घाव पर नमक छिड़कने के लिए लैजिस्लेटिव असेम्बली के भूतपूर्व अध्यक्ष सर फ्रेडरिक व्हाइट ने अपनी एक पुस्तक में कहा है" :— "किसी भी भारतीय भाषा में समस्त भारत की भाषा बनने की सामर्थ्य कदापि नहीं। अतः भविष्य में प्रांतीय स्तर की भाषा चाहे कोई भी हो, किंतु संघीय भाषा सदा अंग्रेज़ी ही रहेगी और भारतीय एकता का यही सबसे बड़ा उपकरण है।"

—राजभाषा हिंदी—डॉ. सेठ गोविंददास पृ. 1

128. "1792 में चार्ल्स ग्रांट ने भारतीयों को इंग्लैंड के निकट लाने की आवश्यकता पर बल देते हुए कहा था, कि हिंदू जनता को अपने साथ बाँधने और अपने आधिपत्य को चिरस्थायी करने के लिए हमें बहुत बुद्धिमत्तापूर्ण तरीके अपनाने होंगे।

ईस्ट इंडिया कंपनी के अंतर्गत मद्रास के गवर्नर सर चार्ल्स ट्रेवेल्यान ने अपनी एक पुस्तक में कहा—

"अंग्रेज़ी ढंग से शिक्षित, अंग्रेज़ी उद्देश्यों में संलग्न और अंग्रेज़ी साम्राज्य के कार्यों में सक्रिय व्यक्ति हिंदू से भी अधिक अंग्रेज़ हो जाता है, जिस प्रकार रोमन ढंग से शिक्षित गाल और इटालियन रोमन हो गए।"

"अंग्रेज़ी साहित्य भी हमारी उद्देश्यपूर्ति में कम सहायक नहीं। अंग्रेज़ी साहित्य से परिचित व्यक्ति यह भूल जाता है कि हम विदेशी हैं और घोर विरोधी की बजाय हमारा निकटतम सहयोगी हो जाता है।"

"ऐसा व्यक्ति हमें नापसंद करने की बजाय हमारे निकट आने में गर्व अनुभव करेगा, हमें अपने संरक्षक एवं शुभचिंतक की दृष्टि से देखेगा और स्वेच्छा से हमारे ढाँचे में ढल जाएगा।" जब भारत की बागडोर संसद के हाथ में आई, तब भी अंग्रेज़ी शासकों की यह नीति नहीं बदली। सन् 1880 में सर अलैग्जैंडर आर्कटनाट ने कहा—"भारत में शिक्षा प्रणाली इस प्रकार की होनी चाहिए कि लोग ब्रिटिश शासन को अपना सौभाग्य मानें और इसमें किसी भी प्रकार के परिवर्तन को अपने लिए दुर्भाग्यपूर्ण समझें।"

सन् 1880 में ही सर रिचर्ड टेम्पल ने अपनी पुस्तक में कहा—"अंग्रेज़ी भाषा, साहित्य एवं दर्शन से शिक्षित व्यक्ति अपनी मूल राष्ट्रीयता से बिल्कुल मुक्त होकर इंग्लिश राष्ट्र के निकट आ जायेगा।"

अतः, श्रीमन् यह स्पष्ट है कि अंग्रेजों ने भारतीयों को अंग्रेज़ी में शिक्षित करने की नीति अपने साम्राज्य को जमाने के लिए और हमारी राष्ट्रीयता को समाप्त करने के लिए अपनाई थी।
—यथोपरि— पृष्ठ 3.4

129. 1. "हिंदी के राजभाषा के रूप के विकास के लिए संविधान के अनुच्छेद 351 के अंतर्गत हिंदी के प्रसार एवं विकास का कार्यभार संघ को सौंपा गया। इस दिशा में विभिन्न स्तरों पर कार्य किए गए जिनमें तकनीकी तथा वैज्ञानिक शब्दावली का निर्माण तथा अहिंदी भाषी सरकारी अधिकारियों एवं कर्मचारियों को हिंदी का कार्यसाधक ज्ञान दिलाने के संबंध में हिंदी शिक्षण की योजना प्रमुख है।"

'भाषा-प्रयुक्ति की संकल्पना और कार्यालय हिंदी' ले. ठाकुरदास 'भाषा', त्रैमासिक, विश्व हिंदी सम्मेलन अंक, 1975, पृष्ठ. 137

2. "परंतु अब तक भी हिंदी क्षेत्रों के अध्यापक और विश्वविद्यालय अध्यापक साहित्य पर बहुत ज़ोर दिए बिना केवल आधुनिक हिंदी पढ़ने पढ़ाने के विचार से अपना सामंजस्य नहीं बैठा पाए हैं। उनकी स्थापना अब भी यही है कि हिंदी की शिक्षा में आधुनिक हिंदी के अतिरिक्त, विद्यार्थी को ब्रज, अवधी, सधुक्कड़ी आदि में निहित सांस्कृतिक तत्त्वों से भी परिचित होना होगा। प्रयोजनी हिंदी की धारणा में इस प्रकार की सांस्कृतिक दृष्टि की भूमिका अत्यंत सीमित ही रहेगी और ब्रज, अवधी तथा सधुक्कड़ी आदि में निहित सांस्कृतिक तत्त्व शायद प्रयोजनी भाषा की शिक्षा का प्रत्यक्ष अंग नहीं होगा।"—प्रयोजनी हिंदी : स्वरूप और व्यापकता—ले. डॉ. गोपाल शर्मा, 'भाषा', त्रैमासिक, विश्व हिंदी सम्मेलन अंक, 1975 पृ. 61

130. "हिंदी को किस तरह सक्षम राजभाषा के रूप में प्रतिष्ठित किया जाए, यह प्रश्न संविधान निर्माताओं के सामने अवश्य था। इसलिए आरंभ में तैयारी की स्थिति के रूप में 15 वर्ष की अवधि निश्चित की गई थी, चूँकि हिंदी इससे पहले सरकारी कामकाज की भाषा नहीं रही थी, इसलिए इसके राजभाषायी स्वरूप के विकास के लिए निश्चित प्रयास करने की भी आवश्यकता महसूस की गई।"

—गहन हिंदी शिक्षण (केंद्रीय हिंदी निदेशालय)—भाग 4 कार्यालयीन हिंदी (अनुत्तरित पाठ्यक्रम) सामग्री निर्माण—श्री ठाकुरदास संयोजक—श्री वी.रा. जगन्नाथन, प्राक्कथन—पृ. ख

**भारत के संविधान की अष्टम अनुसूची में दी गई भारतीय भाषाओं की स्थिति परिशिष्ट : 1**

| क्रम संख्या | भाषाओं के नाम | राजभाषा प्रशासन ↓ केंद्र | ↓ राज्य | ↓ स्थानीय | सह राजभाषा | दूसरी राजभाषा | राष्ट्रभाषा | प्रादेशिक भाषा/ राज्यभाषा एवं प्रांतीय भाषा | संपर्क भाषा ↓ देश के स्तर पर | ↓ राज्य के स्तर पर | भविष्य में राष्ट्रसंघ में एवं विश्वभाषा के रूप में भारतीय भाषा की स्थापना | टिप्प. |
|---|---|---|---|---|---|---|---|---|---|---|---|---|
| 1 | 2 | 3 | 4 | 5 | 6 | 7 | 8 | 9 | 10 | 11 | 12 | 13 |
| 1. | असमिया | × | √ | √ | × | × | √ | √ | × | √ | × | |
| 2. | उड़िया | × | √ | √ | × | × | √ | √ | × | √ | × | |
| 3. | उर्दू | × | √ | √ | × | √ | √ | √ | × | √ | × | |
| 4. | कन्नड़ | × | √ | √ | × | × | √ | √ | × | √ | × | |
| 5. | कश्मीरी | × | × | ≠ | × | × | √ | √ | × | √ | × | |
| 6. | गुजराती | × | √ | √ | × | × | √ | √ | × | √ | × | |
| 7. | तमिल | × | √ | √ | × | 0 | √ | √ | × | √ | × | |

| | | | | | | | | | | | | |
|---|---|---|---|---|---|---|---|---|---|---|---|---|
| 8. | तेलुगू | × | √ | √ | × | × | √ | √ | × | √ | × | |
| 9. | पंजाबी | × | √ | √ | × | × | √ | √ | × | √ | × | |
| 10. | बंगला | × | √ | √ | × | × | √ | √ | × | √ | × | ≠ |
| 11. | मराठी | × | √ | √ | × | × | √ | √ | × | √ | × | |
| 12. | मलयालम | × | √ | √ | × | × | √ | √ | × | √ | × | |
| 13. | संस्कृत | × | × | × | × | × | √ | × | × | × | × | |
| 14. | सिंधी | × | × | = | × | # | √ | × | × | × | × | |
| 15. | हिंदी | √ | √ | √ | × | × | √ | √ | √ | √ | √ | |

≠ कश्मीर-घाटी में प्रशासन के निम्नतम स्तर पर आगे बढ़ाने के सुझाव दिए गए हैं। = गुजरात तथा उल्लासनगर जैसे स्थानों पर स्थानीय प्रशासन के स्तर पर सिंधी को स्वीकार किया जाता है। 0 श्रीलंका में तमिल दूसरी राजभाषा है। # पाकिस्तान के सिंध प्रांत में सिंधी को दूसरी राजभाषा के स्तर पर मान्यता प्रदान की गई है। ≠ बंगलादेश की राजभाषा है।

**आधार**–राजभाषा हिंदी : प्रगति के बढ़ते चरण, द्वितीय राजभाषा सम्मेलन स्मारिका, सं. श्री क्षेमचंद्र सुमन (1976)

## भारत के राज्यों में राजभाषाओं की स्थिति

परिशिष्ट : 2

| क्रम संख्या | राज्यों के नाम | राजभाषा (राज्य के स्तर पर) | सह राजभाषा | दूसरी राजभाषा | संपर्क/राष्ट्रभाषा/ प्रादेशिक भाषा (प्रधान भाषा) | बोलने वालों की जनसंख्या के/प्रतिशत के आधार पर हिंदी का स्थान/स्थिति | टिप्पणी |
|---|---|---|---|---|---|---|---|
| 1 | 2 | 3 | 4 | 5 | 6 | 7 | 8 |
| 1. | आंध्रप्रदेश | तेलुगू | अंग्रेज़ी | × | तेलुगु/दक्खिनी-हिंदी | तेलुगु, उर्दू, तमिल, मलयालम, ओड़िया, हिंदी | – |
| 2. | आसाम | असमिया | अंग्रेज़ी | × | असमिया | असमिया, बंगाली, हिंदी | ज़िला स्तर पर बंगला एवं अंग्रेज़ी भी राजभाषाएँ हैं। |
| 3. | बिहार | हिंदी | अंग्रेज़ी | उर्दू | हिंदी | हिंदी | मैथिली/ भोजपुरी को दूसरी-राजभाषा बनाने की मांग है। |

| 1 | 2 | 3 | 4 | 5 | 6 | 7 | 8 |
|---|---|---|---|---|---|---|---|
| 4. | गुजरात | गुजराती | अंग्रेज़ी | हिंदी | गुजराती | गुजराती, उर्दू, मराठी, हिंदी | — |
| 5. | केरल | मलयालम | अंग्रेज़ी | × | मलयालम | मलयालम, तमिल, कन्नड़, तेलुगू मराठी, हिंदी एवं गुजराती बराबर-बराबर | — |
| 6. | मध्य प्रदेश | हिंदी | अंग्रेज़ी | × | हिंदी | हिंदी | — |
| 7. | तमिलनाडु | तमिल | अंग्रेज़ी | × | तमिल | तमिल, तेलुगू, कन्नड़, उर्दू, मलयालम, गुजराती, मराठी, हिंदी | — |
| 8. | महाराष्ट्र | मराठी | अंग्रेज़ी | × | मराठी | मराठी, उर्दू, हिंदी | — |
| 9. | कर्नाटक | कन्नड़ | अंग्रेज़ी | × | कन्नड़ | कन्नड़, तेलुगू, उर्दू, मराठी, तमिल, मलयालम, हिंदी | — |
| 10. | उड़ीसा | उड़िया | अंग्रेज़ी | × | उड़िया | उड़िया, तेलुगू, हिंदी | — |
| 11. | पंजाब | पंजाबी | अंग्रेज़ी | × | पंजाबी | पंजाबी, हिंदी | — |
| 12. | राजस्थान | हिंदी | अंग्रेज़ी | × | हिंदी | हिंदी | — |
| 13. | उत्तर प्रदेश | हिंदी | अंग्रेज़ी | × | हिंदी | हिंदी | उर्दू को द्वितीय राजभाषा बनाने की माँग ज़ोर पकड़ रही है। |
| 14. | प. बंगाल | बंगाली | अंग्रेज़ी | × | बंगाली, | बंगाली, हिंदी | — |
| 15. | जम्मू कश्मीर | उर्दू | अंग्रेज़ी | × | कश्मीरी | कश्मीरी, पंजाबी, हिंदी, उर्दू | —राजभाषा उर्दू चौथे स्थान पर है |

| 1 | 2 | 3 | 4 | 5 | 6 | 7 | 8 |
|---|---|---|---|---|---|---|---|
| 16. | नागालैंड | नागामीज | अंग्रेज़ी | × | नागामीज | कोन्याक, हिंदी | – |
| 17. | हरियाणा | हिंदी | अंग्रेज़ी | × | हिंदी | हिंदी | – |
| 18. | हिमाचल-प्रदेश | हिंदी | अंग्रेज़ी | × | हिंदी | हिंदी | – |
| 19. | मणिपुर | मणिपुरी | अंग्रेज़ी | × | मणिपुरी | मणिपुरी, बंगाली, हिंदी | – |
| 20. | त्रिपुरा | त्रिपुरी | अंग्रेज़ी | × | बंगाली त्रिपुरी | बंगाली, त्रिपुरी, हिंदी | – |
| 21. | मेघालय | खासी | अंग्रेज़ी | जैनताई गमारो | खासी, जैनताई; गारो | खासी, जैनताई, गारो, हिंदी | – |
| 22. | सिक्किम | भूताई-नेपाली | अंग्रेज़ी | लेपचा | भूताई-नेपाली | भूताई नेपाली, लेपचा, हिंदी | |
| 23. | गोवा दमन और दीव | कोंकणी-मराठी | अंग्रेज़ी | × | कोंकणी, हिंदी एवं मराठी | कोंकणी, गुजराती, मराठी, हिंदी | – |
| 24. | मिजोरम | मिजो | अंग्रेज़ी | × | मिजो | मिजो, हिंदी | – |
| 25. | अरुणाचलम | अंग्रेज़ी | हिंदी | × | पूर्वांचल बोलियाँ | पूर्वांचल बोलियाँ, हिंदी | अल्पसंख्यकों की भाषा (अंग्रेज़ी) राजभाषा है। |

आधार : 1. अखिल भारतीय राजभाषा सम्मेलन स्मारिका, सं. हरिबाबू कंसल तथा रामकिशोर शर्मा, भारत सरकार, गृह मं., 1978
2. रोजगार समाचार, दि. 3.10.81, 7.11.81, 23.1.82 3. Distribution or languages in India in States and Union Territories: Central Institute or India Mysre, 1973

द्वितीय अध्याय

# राजभाषा हिंदी की ऐतिहासिक पृष्ठभूमि तथा संवैधानिक व्याख्या

राजभाषा हिंदी की संवैधानिक व्याख्या का सूत्रपात तो 14 सितंबर, 1949 से ही होता है। परंतु राजभाषा हिंदी की ऐतिहासिकता के साथ इसे देखना उचित होगा। राजभाषा हिंदी की आज की, संवैधानिक स्थिति के बीज उस हिंदी से जुड़े हुए हैं जो किसी न किसी रूप से शासन कार्यों में प्रयुक्त होती रही। न केवल हिंदी अपितु संस्कृत से लेकर खड़ी बोली हिंदी तक के संक्षिप्त राजभाषा के इतिहास को जानना आवश्यक होगा।

राजभाषा हिंदी की ऐतिहासिकता के साथ-साथ संविधान में प्रयुक्त हिंदी की गहन व्याख्या तथा राजभाषा हिंदी या संविधान में उल्लिखित हिंदी के विभिन्न रूपों को रेखांकित करना आवश्यक होगा, जिससे राजभाषा हिंदी की संवैधानिक वस्तुस्थिति को समझा जा सके।

## 1. भारत में स्वाधीनता पूर्व राजभाषा हिंदी की पृष्ठभूमि

जिस हिंदी का ज़िक्र खड़ी बोली हिंदी या ठेठ हिंदी शीर्षकों के अंतर्गत आता है उसका अपना इतिहास ही लगभग 200 वर्ष पूर्व ही आरंभ होता है। सर्व श्री लल्लूलाल और भारतेंदु हरिश्चंद्र का काल इस भाषा के ऐतिहासिक कालक्रम को आरंभ करता है। परंतु राजभाषा हिंदी की पृष्ठभूमि को इस तथ्य के साथ देखना नितांत आवश्यक है कि आज जो हिंदी राजभाषा के रूप में दफ़्तरों में प्रयुक्त हो रही है उसकी आधारशिला वास्तव में संस्कृत के साथ जुड़ी हुई है।

### 1.1 संस्कृत को भारत की राजभाषा बनाए जाने की पैरवी

संस्कृत के साथ राजभाषा हिंदी को जोड़कर देखना इसलिए भी आवश्यक है कि राजभाषा शब्द की व्युत्पत्ति का इतिहास ही संस्कृत के गर्भ में रहा। अतः संस्कृत से

लेकर खड़ी बोली हिंदी तक राजभाषा की पृष्ठभूमि को ध्यान में रखना ज़रूरी है। यहाँ इस तथ्य को भी रेखांकित करना आवश्यक होगा कि आज भी संस्कृत को भारत की राष्ट्रभाषा या राजभाषा बनाने की परिकल्पनाएँ की जा रही हैं।

जब स्वतंत्र भारत के संविधान का प्रारूप बनाया जा रहा था उस समय राजभाषा के निर्धारण को लेकर यह प्रस्ताव रखा गया था कि संस्कृत को स्वतंत्र भारत की राजभाषा बनाया जाए। चूँकि उस समय राजभाषा शब्द का जन्म भारतीय राजभाषा के संदर्भों में नहीं हुआ था अतः यह कहा गया कि संस्कृत को देश की राष्ट्रभाषा बनाया जाए।

12 सितंबर, 1949 को, संविधान का प्रारूप बनाने वाली समिति के समक्ष तीन प्रस्ताव आए थे। 1. चूँकि हिंदी अभी तक राजभाषा बनने के लिए सक्षम नहीं हुई है अतः उसे राष्ट्रभाषा या अन्तिम राष्ट्रभाषा बनाने की घोषणा न की जाए और अंग्रेज़ी को राजभाषा के रूप में तब तक चालू रखा जाए जब तक कि कोई भारतीय भाषा सभी विषयों को अभिव्यक्त करने की क्षमता अर्जित नहीं कर लेती। 2. राजभाषा के निर्धारण का काम संसद पर छोड़ दिया जाए। 3. संस्कृत को राष्ट्रभाषा बनाया जाए।[1]

न केवल 12 सितंबर 1949 को, वरन् उससे पूर्व भी जब हिंदी को राष्ट्रभाषा के पद पर आसीन करवाने के लिए हिंदी साहित्य सम्मेलन ने अपना अधिवेशन बुलाकर संविधान सभा के सदस्यों पर अपना नैतिक दबाव डालना चाहा ठीक उसी समय दूसरी ओर संस्कृत के विद्धानों ने भी नई दिल्ली में एक बैठक आयोजित कर संविधान सभा के सदस्यों को संस्कृत को राष्ट्रभाषा बनाने के लिए प्रेरित किया।[2]

यह आश्चर्य की बात लग सकती है। संस्कृत का इतिहास, पाणिनी से भी माना जाए, तो लगभग 2500 वर्ष पुराना ठहरता है। सन् 1951 में संस्कृत भाषियों की संख्या केवल 555 की आँकी गई थी। इन सब बातों के बावजूद संस्कृत को भारत की राजभाषा या राष्ट्रभाषा बनाने के लिए तर्क क्यों रखे गए ? इनका केवल एक उत्तर रहा, संस्कृत हमारी संस्कृति, एकता एवं राजनीतिक गतिविधियों की भाषा रही है। उसकी भाषायी सशक्तता से कोई इंकार नहीं कर सकता। आज भी संस्कृत हिंदी और भारत की अनेक भाषाओं का पोषण कर रही है।[3]

संस्कृत ने न केवल भारत में उत्तर एवं दक्षिण-पूर्व एवं पश्चिम को जोड़ रखा है। परंतु इस भाषा ने आज भी हमें श्याम एवं बर्मा से भी जोड़ रखा है। श्याम तथा बर्मा आज भी अपनी भाषाओं में संस्कृत भाषा से अपनी राजभाषा के लिए तकनीकी शब्द लेते रहते हैं।[4] राजभाषा हिंदी के तकनीकी शब्द के बारे में विचार-विमर्श करते समय संस्कृत की पृष्ठभूमि की विशेष चर्चा की जाएगी।

अपने समय में संस्कृत राजभाषा के रूप में और राष्ट्रभाषा के रूप में कार्य करती रही है। यही कारण है कि आज भी संस्कृत के शब्दों का प्रश्रय लिए बिना हिंदी राजभाषा के रूप में आगे नहीं बढ़ सकती। राजभाषा के रूप में संस्कृत का उदय इस कारण भी हुआ कि प्राचीन शासकों ने अपने शासन में ब्राह्मणों को ऊँचा स्थान दिया था।

इस कारण से संस्कृत ने राजभाषा के रूप में गौरव पाया।[5] डॉ. रामबाबू ने भी अपने शोध ग्रंथ "हिंदी भाषा का राजकाज में प्रयोग" (आगरा विश्वविद्यालय, 1974 पृष्ठ 22) में इस तथ्य की चर्चा की है कि वैदिक काल में संस्कृत राजभाषा में प्रयुक्त होती थी।

उस समय से लगातार आज तक संस्कृत हमारे ऊपर छाई रही है। आज भी संस्कृत भाषा के महत्त्व और उसके अध्ययन-अध्यापन को ज़ोर देकर स्वीकारा जाता है। आज भी भाषा वैज्ञानिकों का मत है कि चूँकि हिंदी को राजभाषा स्वीकार कर लिया गया है परंतु उसके साथ ही संस्कृत का महत्त्व भी अधिक है और कई स्थानों पर तो संस्कृत को हिंदी से कहीं अधिक उपयोगी माना जा रहा है।[6]

संस्कृत के पश्चात् पालि, शौर-सेनी, प्राकृत और अपभ्रंश भी राजभाषाएँ और राष्ट्रभाषाएँ रहीं। परंतु आज हिंदी के साथ केवल संस्कृत का ही नाम जुड़ता है। आज भी कई विद्वान और बुद्धिजीवी यह कहते हुए मिल जाते हैं कि संस्कृत को क्यों न राजभाषा का दर्जा दिया जाता है ? इसका कारण जानने की सख़्त आवश्यकता है।

## 1.2 संस्कृत को राजभाषा का पद न मिल पाने के कारण

संस्कृत भाषा की सशक्तता को पाश्चात्य विद्वानों द्वारा, सबसे पहले पहचाना गया। उन्होंने इस भाषा को लैटिन तथा ग्रीक भाषाओं से भी अधिक समृद्ध, शुद्ध और वैज्ञानिक बताया। साथ ही जब संस्कृत भाषा का अध्ययन यूरोप के विद्वानों द्वारा आरंभ हुआ तब आधुनिक भाषाविज्ञान का जन्म हुआ।[7] चूँकि संस्कृत आज तक हमारी भाषाओं को पोषित कर रही है, अतः प्रशासनिक तकनीकी शब्दावली के लिए तो हम इसी भाषा पर निर्भर हैं। क्योंकि जब यह भाषा राजभाषा थी तो इसने राजकार्य से या प्रशासन से संबंधित सभी कार्यों तथा प्रकार्यों को चलाया है, अतः उन शब्दों की सजीवता तब तक चलती रही जब तक मुग़लों का आगमन हुआ। बीच में फ़ारसी तथा उर्दू हावी रहीं। फिर अंग्रेज़ी का बोलबाला रहा।

पिछले 1000 वर्षों का अंतराल संस्कृत के शब्दों के चलन को शिथिल तो अवश्य कर पाया परंतु समाप्त नहीं कर पाया। फिर हिंदी के जन्म ने इन शब्दों को गति प्रदान की। परंतु इन शब्दों को पुनः स्थापित करवाने के लिए हिंदी को कई कारणों से काफ़ी संघर्ष करना पड़ा। और आज भी यह संघर्ष ज़ारी है। हिंदी को स्थापित करने के लिए जो संघर्ष किए जा रहे हैं, उनकी चर्चा करते वक़्त उनका विवेचन किया जाएगा।

फिलहाल यहाँ इतना जानना आवश्यक है कि संस्कृत को लेकर क्लिष्ट भाषा संबंधी और जाति संबंधी आदि आरोप प्रत्यारोप लगाए जाते हैं। भारतीय भाषाओं तथा बोलियों के साथ, अरबी-फ़ारसी के शब्दों के प्रचलन ने एक ऐसी पृष्ठभूमि तैयार की जिससे संस्कृत के शब्द क्लिष्ट रूप में दिखाई दिए। जहाँ एक ओर संस्कृत के अध्ययन अध्यापन तथा उसके महत्त्व पर ज़ोर दिया जाता है। वहीं दूसरी ओर संस्कृत की संवैधानिक मान्यता तक खत्म करने की बात की जाती है और इसे सवर्णवादी, ब्राह्मणवादी एवं सामंतवादी भाषा बताया जाता है।[8]

संस्कृत के विरोध में बोलने के कई राजनीतिक या धार्मिक कारण हो सकते हैं। परंतु भाषा विज्ञान के आधार पर इस भाषा का अध्ययन होना ज़रूरी है। इससे राजभाषा हिंदी को बल मिलेगा। कुछ विद्वान तो संस्कृत को विश्वभाषा तक घोषित करने की बात करते हैं।[9]

उपरोक्त विवरण से यह बात स्पष्ट हो जाती है कि संविधान सभा के सामने किस कारण से संस्कृत को राजभाषा के रूप में या राष्ट्रभाषा के रूप में अपनाने की दलीलें दी जा रही थीं।

1961 में हुई जनगणना के आधार पर भारत में संस्कृत बोलने वालों की संख्या कुल 2,544 बताई गई थी। 1971 में यह संख्या घटकर 2,212 रह गई जबकि अन्य सभी भाषाओं (संविधान की आठवीं सूची में दी गई) के बोलने वालों की जनसंख्या बराबर बढ़ी। ऐसी स्थिति में संस्कृत को राजभाषा या प्रमुख राष्ट्रभाषा बनाने की दलील देने वालों को सोचना चाहिए कि उनका तर्क कितना अव्यावहारिक है। और फिर इतनी अल्प मात्रा में बोलने वालों की भाषा को किस प्रकार राजभाषा या प्रमुख राष्ट्रभाषा के रूप में रखा जा सकता है ?

संस्कृत का आज महत्त्व केवल सांस्कृतिक वैयक्तिकता को पहचानने और शब्दावली को समृद्ध बनाने में ही है। और फिर भारत की संस्कृति सामासिक है, ऐसी स्थिति में केवल एक विशेष धर्म या जाति की संस्कृति की बात कहना बेमानी रह जाता है। भाषाओं के साम्राज्यवाद की प्रवृत्ति यहीं से पनपती है। यही कारण है अब तमिलनाडु में संस्कृत का भी विरोध हो रहा है। इन सब बातों के बावजूद संस्कृत की शब्दावली को राजभाषा हिंदी की समृद्धि में सहायक मानना होगा। अतः इसी परिप्रेक्ष्य में हमें इसके संक्षिप्त इतिहास से वाक़िफ़ होना पड़ा।

### 1.3 भारत में मुग़लों से पूर्व राजभाषाओं की स्थिति

राजभाषा का निर्धारण शासकों की प्रकृति के अनुसार होता है। वैसे तो ईसा से 500 वर्ष पूर्व के आसपास महात्मा बुद्ध ने अपने उपदेश जिस भाषा में दिए वह बुद्धिस्टिक संस्कृत या हाइब्रिड संस्कृत है। इस समय संस्कृत ही राजभाषा थी। परंतु ईसा से लगभग दो शताब्दियों से पहले जब चंद्रगुप्त मौर्य (321-297 ई. पू.) का शासन काल आया तब संस्कृत का प्रचलन क्षीण हो गया इसका कारण यह भी था कि मौर्य शासकों की संस्कृत भाषा में कम दिलचस्पी रही। यूरोपीय इतिहासकारों विन्सेंट स्मिथ तथा अन्यों ने चंद्रगुप्त मौर्य को शूद्र माता की संतान माना है। परंतु हमारे इतिहासकार इसे ग़लत मानते हैं। वे चंद्रगुप्त मौर्य को क्षत्रिय मानते हैं। बहरहाल इतना निश्चित है कि मौर्यों के शासनकाल में संस्कृत राजभाषा नहीं रही उसकी जगह यह सौभाग्य उस समय की एक लोक भाषा को मिला। आज इस बोली का नाम 'पालि' तथा 'गाथा' पूर्व की भाषा के रूप में दिया जाता है। साथ ही जब इस बोली के राजभाषा बनने के इतिहास में जाया जाए तो यह

जानकर आश्चर्य होता है कि केवल धार्मिक विचारधारा एवं संस्कृत के धार्मिक प्रभुत्व को नकारने के कारण यह बोली संस्कृत को हटाकर राजभाषा बनी।[10] जब गुप्तों का शासन काल (320-750 ई.) आया तब पुनः संस्कृत का बोलबाला रहा। हाँ, उस समय संस्कृत अपने वैदिक संस्कृत वाले रूप में नहीं थी।

गुप्त शासन काल रो पहले बौद्ध धर्म का बोलबाला था अतः संस्कृत की शक्ति क्षीण हुई। परंतु गुप्त शासन काल में बौद्ध धर्म क्षीण हुआ और पुनः हिंदु धर्म को सशक्तता मिली। कालिदास (634 ई.) जैसे कवि इसी समय में हुए। पुराणों की रचना हुई। अतः गुप्त काल को पौराणिक काल भी कहा जाता है। अतः अशोक के समय जहाँ पूर्वी बोली राजभाषा रही वहीं गुप्त शासन काल में पुनः प्राकृत, संस्कृत (शौर-सेनी-मगधी के रूप में) आ गई।[11]

उत्तर भारत में राजभाषाओं की स्थिति को लेकर यह बात रही कि देश के पश्चिमी या मध्य हिस्से की भाषा ने पूरे देश पर राजभाषा का प्रभुत्व जमाए रखा। परंतु मौर्यों के समय यह प्रभुत्व टूटा।[12] यहाँ इस बात को भी जानना आवश्यक होगा कि इस बीच पालि पुनः राजभाषा के पद पर आधिपत्य जमाने का प्रयत्न करती रही। साथ ही उस समय पालि ने संपर्क भाषा का काम सशक्त रूप से किया।

प्राकृत भाषाओं में शौर-सेनी प्राकृत ने संपर्क भाषा और राजभाषा का कार्य किया। शौर-सेनी को जब संस्कृत आचार्यों ने[13] अपने व्याकरण के नियमों में बाँधकर क्लिष्ट बना दिया तब जनता में अन्य कई बोलियों का प्रचलन बढ़ गया।

इस समय एक अन्य भाषा ने अपने रूप को निखारा, यह अपभ्रंश थी। उसका जन्म दसवीं शताब्दी के आसपास हुआ। इसे शौर-सेनी अपभ्रंश कहा गया। इस अपभ्रंश को राजपूतों का प्रश्रय मिला। राजपूत राजा इसी भाषा में अपना राजकार्य भी करते थे। यह भाषा राजपूत राजाओं में, चाहे ये उत्तर भारत या पश्चिम भारत में गुजरात के सोलंकी राजा हों, लोकप्रिय रही। राजपूतों के राज्यकाल में इसी भाषा को राजभाषा का गौरव मिला। साथ ही यही भाषा उस समय सांस्कृतिक एकता को बाँधे रखने में सफल हुई।[14] वास्तव में यही राजभाषा, आज की हमारी राजभाषा हिंदी का शैशव रूप थी।[15]

## 1.4 अंग्रेज़ों से पूर्व राजभाषाई स्थिति

आठवीं शताब्दी में सिंध पर मुसलमानों का आधिपत्य हो गया था। उस समय मुसलमान शासकों ने जिस भाषा का प्रयोग अपने राजकार्यों में करना आरंभ किया कई विद्वान इसे ही हिंदी मानते हैं[16] परंतु यह तर्क ठीक नहीं है क्योंकि इस समय की भाषा को हिंदी न कहकर अपभ्रंश कहा गया है। हाँ, वह हिंदी का शैशव रूप अवश्य थी। यहाँ महत्त्व इस बात का है कि यह एक ऐसी भाषा थी जो मध्य प्रांत से लेकर सुदूर पश्चिम-उत्तरी भारत तक चलती थी तथा जिसे हिंदु राजाओं के अलावा मुसलमान शासकों तक ने अपनाया।

अपभ्रंश के पश्चात् ब्रजभाषा अस्तित्व में आई। यह सन् 1296 के आसपास का समय था जब ब्रजभाषा साहित्य एवं संस्कृति का क्रमशः माध्यम और प्रतीक बनी हुई थी। परंतु यह भाषा अपनी समस्त योग्यताओं और संघर्ष के बावजूद प्रधान राजभाषा न बन सकी। ब्रजभाषा कुछ हद तक संपर्क भाषा रही। यही वह समय था जो दो धर्मों, दो संस्कृतियों, दो जातियों और दो भाषाओं को आपस में मिला कर एक तीसरी सामासिक संस्कृति, भाषा, जाति और तीसरे धर्म की ओर बढ़ रहा था। अकबर के समय यह तथ्य स्पष्ट हो गया था। दीने-इलाही इसी की परिणति थी।

आज भी यह अपने आप में पूर्ण सत्य है, जिसे भले ही किसी कारण से अस्वीकार-सा कर दिया गया है कि 'भारतीय' विशेषण एक सामासिक विशेषण है यह भारत में रहने वाले हर नागरिक पर लागू होता है। इस विशेषण से इतर कोई अन्य विशेषण एक प्रकार से बेमानी हो जाता है। ठीक यही स्थिति मुसलमानों या मुग़लों के इस देश में आने से उस समय उत्पन्न हुई। परंतु जब यह स्थिति जन्म ले रही थी उस समय शासन मुसलमानों के हाथ में था। अतः उन्होंने शासन तंत्र को चलाने के लिए फ़ारसी (पर्शियन) को मान्यता दी। चूँकि ब्रज भाषा केवल पढ़े-लिखे हिंदुओं का प्रतिनिधित्व करती थी अतः वह केवल साहित्य की भाषा बन कर रह गई। हाँ, मुसलमानों के आने से पहले यह भाषा छोटे-मोटे सामंत राजाओं के यहाँ कामकाज के रूप में आती थी परंतु यह ब्रज भाषा का एवं अपभ्रंश का मिश्रित रूप था।

हम ऊपर देख चुके हैं कि शौर-सेनी को राजपूत राजाओं ने अपने राजकार्य में सम्मानजनक स्थान दिया था। इस समय की भाषा ब्रज शैशवावस्था में थी। परंतु यह ब्रज भाषा का दुर्भाग्य रहा कि उसके शैशवावस्था में ही मुसलमानों का आगमन आरंभ हुआ। इन परिस्थितियों में जनता में भी ब्रज तथा फ़ारसी (पर्शियन) का मिला जुला रूप लेकर एक बोली और जन्मी जो खड़ी बोली हिंदी थी। इसके बारे में आगे चलकर विचार होगा। परंतु यहाँ इतना स्पष्ट है कि मुसलमानों के आने पर ब्रज भाषा राजभाषा होने के गौरव से वंचित रह गई।[17]

मुसलमानों के भारत आगमन के बाद भारतीय भाषाओं का यह दुर्भाग्य रहा है कि उन्हें राजभाषा बनने के लिए बराबर संघर्ष करना पड़ा है। स्वतंत्रता पूर्व ब्रज तथा खड़ी बोली की यह दुर्भाग्यपूर्ण स्थिति रही।[18]

यहाँ इस तथ्य की ओर भी ध्यान देना नितांत आवश्यक होगा कि फ़ारसी को बराबर राजभाषा का दर्जा मिला, लेकिन हिंदी अपने किसी न किसी रूप में राजभाषा के रूप में कार्य करती आई।

जब खिलजी वंश एवं बहमनी वंश का राज्य उत्तर भारत के अलावा पश्चिमी और दक्षिणी भारत की ओर भी फैला तब इन शासकों को उत्तर और पश्चिमी भारत, दोनों में अपना शासन चलाने की समस्या आई। उस समय यह देखकर तथा जानकर उन्हें आश्चर्य हुआ कि हिंदी अपने बिगड़े हुए रूप हिंदवी (भाखा) या दक्खिनी (हिंदी) के

रूप में वहाँ प्रचलित थी। इस स्थिति से उन्हें प्रसन्नता हुई। और हिंदी का यह रूप वहाँ राजभाषा के रूप में काम करता रहा।[19]

मराठों ने अपने शासन काल में फ़ारसी के स्थान पर मराठी को राजभाषा बनाया परंतु इन शासकों ने हिंदी को भी पर्याप्त स्थान दिया। अकबर ने अपना साम्राज्य चारों तरफ़ फैलाया, उसे अंग्रेज़ों के आने तक बरक़रार रखा गया। इस दौरान फ़ारसी के साथ-साथ हिंदी भी आंशिक तौर पर राजभाषा रही।[20] अकबर से लेकर जहाँगीर के राज्यकाल में राजभाषा की स्थिति लगभग समान ही रही।

### 1.5 अंग्रेज़ों के आगमन के पश्चात् राजभाषा की स्थिति

सन् 1500 एवं 1600 के बीच पुर्तग़ीज़, डच, फ्रांसीसी और अंग्रेज़ों का भारत आना आरंभ हुआ। इन विदेशी जातियों में, आगे चलकर अंग्रेज़ ही जम पाए और उन्होंने इस देश को गुलाम बनाया। मुग़लों के शासन काल में अंग्रेज़ भारत में, ईस्ट इंडिया कंपनी खोलने आए, 1600 से 1857 के ग़दर तक अंग्रेज़ अपना व्यापार और राज्य जमाने के लिए बराबर संघर्ष करते रहे। इस दौरान कंपनी ने अपनी राजभाषा से संबंधित नीतियों पर भी ध्यान दिया और इस दिशा में बराबर सक्रिय रहे। यहाँ ईस्ट इंडिया कंपनी की भाषा नीति पर हल्का-सा दृष्टिपात करना आवश्यक होगा।

यह बात स्पष्ट है कि हिंदुस्तान में ईस्ट इंडिया कंपनी व्यापार करने आई थी परंतु यहाँ के राजनीतिक हालात देखकर उसे लगा कि वह यहाँ अपना शासन भी चला सकती है। अपनी राजनीतिक सूझ-बूझ एवं अपनी कूटनीतियों के बल पर ईस्ट इंडिया कंपनी का शासन अप्रत्यक्ष रूप से, प्लासी के युद्ध के (1757) बाद स्थापित हो गया। प्लासी के युद्ध के 25 वर्ष बाद तक कंपनी के गवर्नरों एवं संचालकों का पूरा ध्यान कंपनी के शासन को सुदृढ़ करना था।

इसी दौरान कंपनी के दूरदर्शी गवर्नरों ने इस बात को गंभीर रूप से लिया कि जिन लोगों पर या जिन जातियों पर हम शासन कर रहे हैं, उनकी भाषाएँ तथा उनकी संस्कृति जानकर हम उनका विश्वास प्राप्त करें। साथ ही इस ज्ञान से हम एक ऐसी कूटनीति चलाएँ कि जिससे गुलाम शासित जातियों की भाषाओं तथा उनकी संस्कृतियों को खंडित किया जा सके ताकि उनके स्वतंत्र होने के अवसर भविष्य में बिल्कुल क्षीण हो जाएँ।[21]

यही कारण था इन 25-30 वर्षों में तीन बातें एक साथ घटित हुईं।

1. संस्कृत की महत्ता का बखान। 1789 में सर विलियम जोंस द्वारा संस्कृत की महत्ता को रेखांकित करना तथा उसके गहन अध्ययन की दिशाएँ खोलना।

2. 1800 में फोर्ट विलियम कॉलेज की स्थापना करना, जिसमें हिंदी के हिंदुस्तानी रूप पर ज़्यादा बल देना।

गहराई से देखा जाए तो यहीं पर हिंदी, हिंदुस्तानी तथा उर्दू के झगड़े की जड़

बोई गई।[22]

3. फ़ारसी के स्थान पर धीरे-धीरे अंग्रेज़ी को राजभाषा बनाने का प्रयत्न करना।[23]

इतिहास बताता है कि अंग्रेज़ों ने इन तीनों आयामों को लेकर सफलतापूर्वक कार्य किया जिसका प्रभाव आज भी हमारे ऊपर स्पष्ट रूप से दिखाई देता है।

1. ऊपर इस बात की चर्चा की गई है कि आज भी हम संस्कृत को राष्ट्रभाषा अथवा राजभाषाा बनाने का स्वप्न देखते हैं।

2. आज भी संघ की राजभाषा एवं राज्य की राजभाषा के रूप में हिंदी-उर्दू का झगड़ा खुलकर चल रहा है। बिहार तथा उत्तर प्रदेश इसके उदाहरण हैं। केंद्र में भी उर्दू को लाने की कोशिशें की जा रही हैं।

3. अंग्रेज़ी आज भी सह-राजभाषा की आड़ में प्रधान राजभाषा बनी हुई है।

राजभाषा के रूप में हिंदी अंग्रेज़ों के ज़माने से ही राजनीति का शिकार हो गई। और आज तक नहीं छूट पाई। यहाँ यह बात ध्यान देने योग्य है कि मुग़लों के समय हिंदी राजकार्यों में इतनी उपेक्षित नहीं रही जितनी अंग्रेज़ों के समय में। चूँकि अंग्रेज़ों ने मुग़लों से राज्य की बागडोर छीनी थी तथा आरंभ में वे मुग़लों का विश्वास भी प्राप्त करना चाहते थे अतः पहले तो उन्होंने हिंदी की उपेक्षा कर फ़ारसी को शह देना शुरू कर दिया। साथ ही वे इस ताक में भी थे कि मौका देखकर फ़ारसी के स्थान पर अंग्रेज़ी को रख दिया जाए।

मुग़लों के समय दो ही भाषाएँ थीं, फ़ारसी तथा हिंदी। साथ ही उर्दू का रूप पनप रहा था। अतः भाषाओं के संघर्ष की कोई गुंजाइश नहीं थी। परंतु अंग्रेज़ों के आगमन पर अंग्रेज़ी भी राजभाषा बनने के स्वप्न देखने लगी। अपना शासन जमाने के लिए अंग्रेज़ी को येन-केन-प्रकारेण राजभाषा बनाना अतिआवश्यक भी था। अतः अंग्रेज़ों ने बड़ी सफ़ाई से पहले हिंदी का पत्ता काटना शुरू किया।

कालांतर में जब उन्होंने पाया कि एक नई भाषा उर्दू पनप रही है जिसका रूप हिंदुस्तानी में भी है। साथ ही उन्होंने इस तथ्य पर भी ग़ौर किया कि मुसलमान फ़ारसी की शक्ति क्षीण होते हुए देखकर उर्दू को अपनी प्रतिनिधि भाषा के रूप में गले से लगाए हुए हैं, तो उन्होंने उर्दू को आगे बढ़ाने की नीति अपनाई। इस प्रकार अंग्रेज़ों ने हिंदी की उपेक्षा कर उर्दू तथा हिंदुस्तानी को महत्त्व देना आरंभ किया तब से ही हिंदी को त्रिकोणात्मक संघर्ष करना पड़ा। उस समय से ही हिंदी-उर्दू, हिंदुस्तानी तथा अंग्रेज़ी की राजनीति में फँस गई।[24]

अंग्रेज़ों ने जब हिंदी के स्थान पर उर्दू को राजभाषा के पद पर आसीन करवाने की चाल चली तो इसमें देश के हिंदू तथा मुसलमान दोनों फँस गए। 1857 के बाद तो इस विषय पर हिंदू मुसलमानों में बाक़ायदा खुलकर संघर्ष होने लगा। अंग्रेज़ों की 'फूट डालो' वाली नीति काम कर गई। भाषा की कटुता जातियों में फैल गई। भाषा

जातीयता तथा धार्मिकता का सशक्त प्रतीक बन गई। अंग्रेज़ों ने इसका भरपूर लाभ उठाया। इसी संघर्ष के दौरान अंग्रेज़ों ने चालाकी से रोमन लिपि को भी न्यायालयों में प्रचलित करके अंग्रेज़ी भाषा के लिए सशक्त राह खोल दी।[25] इस चाल का प्रभाव आज तक चला आ रहा है। आज भी हमारे कई बुद्धिजीवी यह मानते हैं कि हिंदी के लिए रोमन लिपि रहे तो अच्छा रहे।[26]

जिस प्रकार आज भारत सरकार अपने कर्मचारियों को राजभाषा हिंदी की निर्धारित परीक्षाएँ उत्तीर्ण करने पर नक़द पुरस्कार आदि प्रोत्साहन स्वरूप देती है ठीक इसी प्रकार अंग्रेज़ फ़ारसी सीखने पर अपने कर्मचारियों को प्रोत्साहित करने के लिए नक़द पुरस्कार देते थे।[27]

बावजूद इसके कि अंग्रेज़ शासक हिंदी को प्रोत्साहित नहीं कर रहे थे, हिंदी अपनी लोकप्रियता और अपनी अनिवार्यता के कारण सीखी तथा समझी जाती थी। न केवल हिंदी या हिंदुस्तानी वरन् कंपनी के कर्मचारियों ने भाषा नीति के सुनियोजित कार्यक्रम के अंतर्गत हिंदी प्रदेशों की स्थानीय बोलियों तक का अध्ययन किया, क्योंकि ये बोलियाँ अप्रत्यक्ष रूप भें उनको राजकार्य में तथा अप्रत्यक्ष रूप से अंग्रेज़ों का साम्राज्य बढ़ाने में सहायता प्रदान करती थीं।[28]

अंग्रेज़ों की भाषा संबंधी नीतियों और धारणाओं से मुसलमानों को प्रत्यक्ष रूप से और अंग्रेज़ों को अप्रत्यक्ष रूप से लाभ पहुँच रहा था। अतः हिंदुओं का भड़क उठना स्वाभाविक था, यही कारण था कि रोमन लिपि के विरोध में नागरी प्रचारिणी सभा काशी ने अपनी योजनाओं को विस्तार दिया। अंग्रेज़ यही चाहते थे। अब लिपि और भाषा का झगड़ा इतना बढ़ा कि भाषा के प्रयोग को लेकर जातीय शुद्धता और अशुद्धता की बात होने लगी। शुद्ध संस्कृतनिष्ठ हिंदी कुलीन हिंदुओं का प्रतीक-सी बन गई। दूसरी ओर शुद्ध फ़ारसीनिष्ठ उर्दू कुलीन मुसलमानों का प्रतीक-सी बन गई।

यहाँ ध्यान देने योग्य बात यह है कि जनता जिस भाषा का प्रयोग करती थी वह न तो संस्कृतनिष्ठ उच्च हिंदी थी और न ही फ़ारसीनिष्ठ क्लिष्ट उर्दू। जनता जिस भाषा का प्रयोग करती थी वह हिंदुस्तानी थी जिसमें आवश्यकतानुसार तथा विषय को सहज ढंग से अभिव्यक्त करने की दृष्टि से संस्कृत तथा उर्दू के साधारण शब्दों का समावेश रहता था। परंतु शासन इस भाषा में जानबूझ कर अपना काम नहीं चलाता था।

प्रत्येक शासन चाहे वह विदेशी हो या स्वदेशी हमेशा प्रयत्न करता है कि वह ऐसी भाषा में राजकार्य चलाए जिसे साधारण जनता आसानी से न समझ सके। यह एक प्रकार की साज़िश है, जिसके तहत शासक मनमाने ढंग से, अपने अंदर उच्च भावना तथा साधारणजन में हीन-भावना पैदा कर अपना कार्य निरंकुश तरीके से करता है। यह शासक की भाषा का मनोविज्ञान है। यह काम हमेशा से होता आया है। आज भी राजभाषा हिंदी के साथ ठीक यही हो रहा है।[29]

1857 के ग़दर के पश्चात् जब हमारे देश में ब्रिटेन का शासन लागू हुआ तब तक अंग्रेज़ी की स्थिति काफ़ी मज़बूत हो चुकी थी। हमारे झगड़ों तथा अपने बुद्धिचातुर्य से अंग्रेज़ी न केवल राजभाषा के पद पर आसीन हुई वरन् शिक्षा क्षेत्र में भी उसके पाँव जम गए।[30] शिक्षा क्षेत्र में अंग्रेज़ी का जमना आज तक हम लोगों को सही अर्थों में गुलाम बनाए हुए है।

हम अंग्रेज़ों की साजिश के भयंकर रूप से शिकार हुए। हिंदी के साथ-साथ उर्दू तथा अन्य भारतीय भाषाओं का भी काफ़ी नुकसान हुआ। उस समय तो उर्दू वाले अंग्रेज़ों की चालाकी को पकड़ नहीं पाए परंतु अंग्रेज़ों द्वारा उस समय उर्दू को दी गई राह आगे चलकर इस भाषा के लिए काफी ख़तरनाक सिद्ध हुई। परंतु उस समय उर्दू के मुकाबले हिंदी की स्थिति बदतर थी। यही कारण था कि अंग्रेज़ी राजभाषा शिक्षा के माध्यम या शिक्षा बनने के साथ संपर्क भाषा भी बनती गई।[31]

जब भारत का शासनतंत्र अंग्रेज़ों के हाथ में आया तब से ही भारतीयों में धीरे-धीरे राष्ट्रीय चेतना का विकास होना शुरू हुआ। 1885 में भारतीय कांग्रेस का जन्म हुआ। साथ ही आर्य समाज जैसी संस्थाओं का जन्म तथा विकास ईसाइयों के बढ़ते प्रभाव को रोकने के लिए हुआ। अंग्रेज़ों ने हमारे देसी, सामाजिक, आर्थिक, धार्मिक एवं सांस्कृतिक ढाँचे को चरमरा दिया था। और उसकी जगह प्रत्येक क्षेत्र में अपना (विदेशी) ढाँचा खड़ा किया। अब जब राष्ट्रीय जागृति का दौर आरंभ हुआ तो प्रत्येक क्षेत्र में इसका प्रभाव दिखाई पड़ा। प्रत्येक क्षेत्र में देशीय भावना पर ज़ोर दिया गया। धार्मिक, सामाजिक, सांस्कृतिक एवं शैक्षिक संस्थाओं ने देसीपन पर विशेष ज़ोर दिया।

1774 से 1833 के बीच ब्रह्म समाज ने हिंदु धर्म की महत्ता तथा गरिमा को रेखांकित करने का कार्य किया परंतु इस संस्था के संस्थापक राजा राममोहन राय देश प्रेम की भावना से प्रेरित होकर हिंदी का प्रबल समर्थन करते रहे। इसी प्रकार प्रार्थनासमाज एवं आर्यसमाज जैसी संस्थाओं ने अपने धार्मिक प्रवचनों में हिंदी को स्थान दिया। आर्य समाज ने तो हिंदी का प्रचार-प्रसार भारत तथा विदेशों में किया। विशेष-कर अफ्रीकी देशों में हिंदी का काफ़ी प्रचार-प्रसार हुआ।

इसी दौरान (1824-83) दयानंद सरस्वती का हिंदी में 'सत्यार्थ प्रकाश' लिखना एक प्रशंसनीय कार्य रहा। न केवल शुद्ध हिंदु संस्थाओं ने हिंदी को अपनाया वरन् ''थियोसोफिकल सोसाइटी' (1879) जैसी संस्था ने भी अपने कार्यों में हिंदी को अपनाया।

इन सब धार्मिक संस्थाओं द्वारा हिंदी को अपनाए जाने का एक स्वस्थ मनोवैज्ञानिक प्रभाव पड़ा। एक तो इन संस्थाओं के कार्यकर्ता हिंदी भाषी न होकर हिंदीतर भाषी थे। साथ ही हिंदी एक ऐसी भाषा के रूप में खुद-ब-खुद पनपने लगी जिसे शासकों का कोई समर्थन नहीं था।

चूँकि इन संस्थाओं का पत्र-व्यवहार आदि हिंदी में होता था अतः हिंदी के इस प्रयोग में आज की राजभाषा हिंदी का बीज छिपा था।

धार्मिक संस्थाओं द्वारा हिंदी के प्रयोग को लेकर केवल इतना प्रभाव पड़ा कि इस भाषा की व्यापकता सिद्ध हुई साथ ही यह देशप्रेम तथा हिंदू धर्म प्रेम के रूप में एक प्रतीक बन गई।

हिंदी के लिए असली राजभाषा की पृष्ठभूमि अखिल भारतीय कांग्रेस संस्था तथा गांधीजी ने प्रदान की। गांधीजी की प्रेरणा से ही उनके पुत्र देवदास गांधी ने मद्रास जाकर (10 जून, 1918) हिंदी प्रशिक्षण का कार्य आरंभ कर इसके प्रचार-प्रसार की राह खोल दी। इसी समय राजाजी का आशीर्वाद भी हिंदी को मिला था। गांधी के प्रभाव में आकर कई व्यक्तित्व हिंदी की ओर प्रेरित हुए।[32]

हालाँकि राजनीतिज्ञों ने हिंदी का प्रचार-प्रसार राष्ट्रभाषा के रूप में किया इन राजनेताओं के सामने उस समय केवल, जनता को एकता के सूत्र में बाँधकर उनमें देशीय चीजों के प्रति प्रेम जगाकर देशप्रेम को जागृत करना था। अतः हिंदी को इसका माध्यम बनाया गया।

राजभाषा के रूप में हिंदी का विकास इन लोगों ने उतना नहीं करवाया जितना होना चाहिए। कई नेताओं के सामने तो राजभाषा तथा राष्ट्रभाषा के बीच का अंतर ही स्पष्ट नहीं था। अतः यह समस्या पर गंभीर रूप से विचार नहीं किया गया।

उस समय भाषा को केवल स्वदेश प्रेम की स्थूल बात से जोड़ा गया। यह ज़रूरी भी था। परंतु आगे चलकर इस मनोवृत्ति के कई दुष्परिणाम सामने आए। उनमें से मुख्य है राजभाषा की स्थापना के पश्चात् राष्ट्रभाषा की परिभाषा का अस्पष्ट होना। साथ ही देश-विदेश (विशेषकर बहुभाषी देशों) की परिस्थितियों का अध्ययन करने के बाद बुद्धिजीवियों एवं राजनीतिज्ञों का इस तथ्य को स्वीकार करना कि भारत जैसे बहुभाषी देश में एक ही भाषा का राष्ट्रभाषा या राजभाषा होना ज़रूरी नहीं है। और अगर ऐसा करने पर ज़ोर दिया जाता है तो राजनीतिक उपनिवेशवाद खत्म होकर भाषा का उपनिवेशवाद स्थापित हो जाएगा।

यही कारण है कि स्वतंत्रता पूर्व जिस हिंदी भाषा को हिंदीतर लोगों ने राष्ट्रभाषा का ताज पहनाया वे ही अब इस एकछत्र ताज को उतार कर सभी भाषाओं को राष्ट्रभाषा का ताज पहनाने की पेशकश कर रहे हैं।

राजनीतिक मंच से हिंदी की सेवा अधिक हिंदीतर भाषी सेवियों ने ही की अतः यहाँ हिंदी को लेकर इतना विरोध नहीं रहा जितना साहित्य के स्तर पर रहा। परंतु राजनीतिज्ञों की कृपा से हिंदी निम्न अदालतों में प्रयुक्त होती रहती थी। यह हिंदी अनुवाद की भाषा के रूप में ज़्यादा प्रयुक्त होती थी पर इस रूप में उसका राजभाषा का स्वरूप उभर रहा था। सन् 1897 में पंडित मदन मोहन मालवीय ने 'कोर्ट करेक्टर एंड प्राइमरी एजुकेशन' नामक पुस्तक लिखकर अंग्रेज़ी शासन का ध्यान नागरी लिपि (अर्थात् हिंदी) की वैज्ञानिकता की ओर खींचा तथा तत्कालीन लेफ्टिनेंट गवर्नर सर मैक्डॉनल को प्रभावित कर कचहरी और दफ़्तरों में उर्दू के साथ नागरी लिपि (हिंदी) की राह खोल दी।

स्वतंत्रता पूर्व की परिस्थितियों में राजभाषा हिंदी के लिए जितना काम स्व. सेठ गोविंददास ने किया है उतना शायद ही किसी ने किया हो। सन् 1927 से ही उन्होंने 'कौंसिल ऑफ़ स्टेट' में भारतीय विधान मंडल में हिंदी या उर्दू में भाषण करने की अनुमति पाने के लिए ज़ोरदार माँग की। आगे चलकर सेठ ने स्वतंत्र भारत के लिए संविधान बनाने वाली संविधान सभा की कार्रवाई हिंदी में कराने पर ज़ोर दिया। परंतु उनकी आवाज़ सुनी नहीं गई थी।[33]

हिंदी साहित्यिक संस्थाओं ने राजभाषा हिंदी की समस्या को गहराई से एवं व्यावहारिक रूप से समझने का प्रयास नहीं किया। हिंदी-हिंदुस्तानी एवं उर्दू जैसे शीर्षकों में फँसकर उन्होंने राजभाषा हिंदी के उस रूप को पहचानने का प्रयत्न नहीं किया जो किसी हिंदी भाषी प्रदेश की हिंदी जैसा न होकर पूरे भारत की उस हिंदी जैसा है जो दक्षिण, पूर्व एवं पश्चिम में भी समझा तथा आदरपूर्वक स्वीकारा जा सके।

यही कारण है उन्होंने कभी इस बात पर विचार नहीं किया कि हिंदी शब्द अखिल भारत की संपर्क भाषा या राजभाषा का प्रतिनिधित्व नहीं कर पा रहा है। साथ ही हिंदी संस्थाओं तथा हिंदी भाषियों ने इस शब्द को व्यर्थ में अपने साथ इतना जोड़े रखा कि वह हर रूप में उनकी ही मातृभाषा का एक रूप बन गया। इस धारणा का अनिष्टकारी प्रभाव हुआ। और इससे हिंदीतर लोगों ने अपनी वैयक्तिकता के ह्रास को स्पष्ट रूप से देखा।

हिंदी साहित्यिक संस्थाएँ जैसे भारतेंदु मंडल, नागरी प्रचारिणी सभा, हिंदी साहित्य सम्मेलन प्रयाग, अगर हिंदी के साहित्यिक रूप को हिंदी के राजभाषा के रूप से अलग करके देखती तो शायद यह समस्या पैदा नहीं होती।

इस दिशा में महात्मा गांधी तथा उनके वरिष्ठ सहयोगियों, पं. नेहरू, डॉ. राजेंद्रप्रसाद एवं मौलाना अब्दुल कलाम आज़ाद ने कुछ व्यावहारिक दृष्टि से विचार किया और उन्होंने हिंदी के उस (हिंदुस्तानी) रूप को ज़्यादा पसंद किया जो जनता के द्वारा ही उभारा गया था। उन्होंने यह भी अनुभव किया कि जनभाषा ही राजभाषा हो तो लोकतांत्रिक शासन की सही उपलब्धियों को प्राप्त किया जा सकता है। साथ ही भारत जैसे बहुभाषी देश में तो इस प्रकार की भाषा का संपर्क भाषा या राजभाषा होना एक अनिवार्यता-सी है, जो जनता के बीच में से होकर निकली हो।

महात्मा गांधी ने जब हिंदी के हिंदुस्तानी रूप को अपनाने के लिए ज़ोर दिया तो क.मा. मुंशी, राजर्षि पुरुषोत्तमदास टंडन, अमरनाथ झा, एवं संपूर्णानंद जैसे हिंदी मनीषियों से उनका गहरा मतभेद हो गया। यह मतभेद 1942-45 के बीच इतना बढ़ा कि गांधीजी तथा उनके सहयोगी गण हिंदी साहित्य सम्मेलन से अलग हो गए और उन्होंने हिंदी प्रचार सभा वर्धा नामक नई संस्था बना ली।

गांधीजी का हिंदुस्तानी रूप अपनाने का विचार वास्तव में व्यावहारिक एवं दूरदर्शिता से भरा हुआ था। आज अगर हम ग़ौर से देखें तो दफ़्तरों में हिंदी का हिंदुस्तानी रूप ही

ज़्यादा प्रचलित हो रहा है। यह हिंदुस्तानी रूप न केवल हिंदुस्तान में वरन् उसके आसपास के द्वीप समूहों में भी, पिछले सैकड़ों वर्षों से संपर्क भाषा का काम करता आया है।[34]

उपरोक्त विवरण से यह बात स्पष्ट हो जाती है कि स्वतंत्रता पूर्व (14 अगस्त 1947 तक) राष्ट्रभाषा हिंदी के नाम से जो आंदोलन चला या हिंदुस्तानी को राष्ट्रभाषा अथवा संपर्क भाषा के रूप में अपनाने के लिए जो कुछ भी हुआ उसी स्वतंत्र भारत में राजभाषा हिंदी की समस्या तथा उसकी स्थापना की पृष्ठभूमि छिपी हुई थी। गहराई से देखा जाए तो राष्ट्रभाषा हिंदी का आंदोलन ही परोक्ष रूप से राजभाषा हिंदी का आंदोलन था।[35] इस दिशा में महात्मा गांधी जी के विचार स्पष्ट थे। ज्ञातव्य है कि 20.10.1917 को भड़ौच में सम्पन्न हुए द्वितीय गुजरात शैक्षिक सम्मेलन में अपने अध्यक्षीय भाषण में गांधी जी ने देश के लिए राष्ट्रभाषा की आवश्यकता पर बल देते हुए कहा था कि राष्ट्रभाषा से निम्नलिखित गुण अपेक्षित हैं :

(क) उसे सरकारी कर्मचारी आसानी से सीख सकें;

(ख) वह समस्त भारत में धार्मिक, आर्थिक और राजनीतिक सम्पर्क माध्यम के रूप में प्रयोग के लिए सक्षम हों;

(ग) वह अधिकांश भारतीयों द्वारा बोली जाती हो,;

(घ) सारे देश के लिए उसे सीखना आसान हो;

(ङ) ऐसी भाषा को चुनते समय अस्थाई या क्षणिक हितों को महत्व नहीं दिया जाए।

## 2. स्वाधीनता पश्चात् राजभाषा हिंदी की स्थिति

इस बात को पहले ही स्पष्ट किया जा चुका है कि संविधान बनाने के पूर्व हिंदी को स्थापित करने का जो भी आंदोलन या प्रयास रहा वह हिंदी को राष्ट्रभाषा के रूप में लेने के संबंध में रहा।

### 2.1 संविधान सभा तथा राजभाषा हिंदी

वैसे तो पंडित जवाहरलाल नेहरू राजभाषा एवं राष्ट्रभाषा के अंतर से भली-भाँति परिचित थे, पंडित जवाहरलाल नेहरू द्वारा भाषा विषय पर 1937 से 1940 के बीच लिखे निबंध देखें तो यह बात बिल्कुल स्पष्ट हो जाती है। लेखक ने लिपि की समस्या पर विचार करते हुए राजभाषा के संदर्भ में भी बड़ा उदार रूप अपनाया है।[36] परंतु कई सूत्रों से ज्ञात होता है कि संविधान बनने की प्रारंभिक अवस्था में राजभाषा के बारे में स्पष्ट समझ स्वतंत्र भारत का संविधान बनाने वाली सभा के कई सदस्यों (विशेषकर हिंदी भाषी सदस्यों) में नहीं थी। यही कारण था कि इस सभा के सामने पहले पहल राजभाषा जैसी किसी चीज पर विचार न करके राष्ट्रभाषा के मसले पर विचार करने का सवाल था।[37]

संविधान सभा ने जब राजभाषा शीर्षक से स्वतंत्र भारत की राजभाषा के बारे में दिनांक 12 सितंबर, 1949 से विचार-विमर्श करना आरंभ किया तब भी सेठ गोविंददास

जैसे विद्वान ने यह वक्तव्य दिया था कि उन्हें इस बात से कोई फ़र्क नहीं पड़ता कि संविधान में हिंदी राष्ट्रभाषा या 'राजभाषा' के रूप में स्वीकार की जा रही है। यहाँ यह भी ध्यान देने वाली बात है कि उन्होंने 'राजभाषा' न कहकर 'राज्यभाषा' कहा जो काफ़ी भ्रमपूर्ण शब्द हैं।[38]

संविधान बनने से लेकर संविधान बनने तक यही एक विशेष वर्ग था जो हिंदी को अप्रत्यक्ष रूप से हिंदुत्व तथा अपनी मातृभाषा होने की उच्च भावना से जोड़कर देखता था। सेठ गोविंददास ने ही संविधान सभा के सामने राष्ट्रीय झंडे का नाम 'सुदर्शन' सुझाया था तथा गोरक्षा का प्रश्न उठाया था। हालाँकि उनका यह कहना सैद्धांतिक रूप से सही था कि स्वतंत्र देश का संविधान उसकी अपनी भाषा में बने।[39] परंतु व्यावहारिक रूप से इसमें कानूनी भाषा की मानकता को लेकर कई वैधानिक कठिनाइयाँ थीं। यही कारण है कि आज भी जब कोई वैधानिक या कानूनी मतभेद उठ खड़ा होता है तो न्यायालयों में अंग्रेज़ी पाठ को ही प्राधिकृत माना जाता है।

संविधान सभा ने जब स्वतंत्र भारत के संविधान का प्रारूप अंग्रेज़ी में बनाना आरंभ किया तब ही यह तथ्य सुनिश्चित हो गया था कि स्वतंत्र भारत के संविधान में अंग्रेज़ी का वैधानिक स्थान सशक्त रूप से जड़ जमाएगा। अतः गंभीरता से देखा जाए तो स्वतंत्र भारत में राजभाषा की संवैधानिक स्थिति सितंबर, 1946 ई. से ही आरंभ हो गई। जिस समय स्वतंत्र भारत का संविधान बनाने के लिए संविधान सभा की पहली बैठक हुई, उस बैठक में संविधान बनाने के कार्यक्रमों/मुद्दों पर ही विचार-विमर्श हुआ।

संविधान की कार्रवाई किस भाषा में चले इसे लेकर डॉ. राजेंद्र प्रसाद की अध्यक्षता में हुई इस बैठक में यह निश्चय किया गया कि सदस्य, संविधान सभा को हिंदुस्तानी, अंग्रेज़ी किसी भी भाषा में संबोधित कर सकता है। अध्यक्ष की अनुमति से अपनी मातृभाषा में भी सदस्य सभा के सदन को संबोधित कर सकता है। इसका कामकाज भी हिंदुस्तानी या अंग्रेज़ी में से किसी में भी हो सकता है।[40] इन सुविधाओं के बीच भी अंग्रेज़ी की स्थिति इतनी पक्की थी कि हिंदुस्तानी या अपनी मातृभाषा में बोलने की छूट मिलने के बावजूद भी सदस्यगण अंग्रेज़ी में बोलते एवं कामकाज भी अंग्रेज़ी में ही होता रहा।[41] अंग्रेज़ी का प्रयोग न केवल हिंदीतर भाषियों द्वारा किया जा रहा था वरन् हिंदी भाषियों द्वारा भी किया जा रहा था। इस प्रकार के व्यवहार से हमें अंग्रेज़ी की अनिवार्यता का सहज ही पता लग जाता है। यद्यपि संविधान के अंग्रेज़ी प्रारूप के साथ-साथ हिंदी प्रारूप (अनूदित रूप में) तैयार किया गया परंतु उसे प्राधिकृत पाठ नहीं माना गया। सन् 1987 में संविधान की धारा 394 में 58 वाँ संविधान संशोधन करके संविधान के हिंदी पाठ को प्राधिकृत माना गया।

संविधान सभा द्वारा राजभाषा के निर्धारण की प्रक्रिया को देखने के पश्चात् एक बात स्पष्ट हो जाती है कि संविधान का प्रारूप बनाते समय ही यह बात स्पष्ट हो गई थी कि हम राष्ट्रभाषा के लिए चिंतित नहीं हैं वरन् राजभाषा के लिए चिंतित हैं। दूसरे

शब्दों में हम कह सकते हैं कि हम उस भाषा या उन भाषाओं के लिए चिंतित हैं जिनसे हमारे देश की केंद्रीय एवं राज्य की सरकारें काम कर सकें।

संविधान सभा संपर्क भाषा के लिए भी उतनी चिंतित नहीं थी जितनी राजभाषा के लिए। यही कारण है कि हमारे संविधान में कहीं भी संपर्क भाषा को लेकर स्पष्ट उल्लेख नहीं है।

अब यह देखना है कि हमारे संविधान में राजभाषा की स्थिति क्या है ? तथा राजभाषा की संवैधानिक स्थिति को बनाए रखने तथा उसकी रक्षा के लिए राष्ट्रपति या संसद ने क्या किया है ?

## 3. राजभाषा हिंदी की संवैधानिक मान्यताएँ तथा उनकी व्याख्या

भारत का संविधान संसद, संघ (केंद्र), राज्य, उच्चतम न्यायालय आदि की राजभाषाओं के बारे में स्पष्टता प्रदान करता है। साथ ही राज्य की, शिक्षा संबंधी भाषा तथा भारत की भाषाओं के संबंध में बात करता है। चूँकि यहाँ राजभाषा हिंदी से तात्पर्य केवल संघ (केंद्र) की राजभाषा हिंदी से रखा गया है। परंतु फिर भी राजभाषायी हिंदी की व्यापकता को समझने के लिए संविधान के उन अनुच्छेदों को जान लेना आवश्यक होगा जो राज्य की राजभाषाओं की बात करते हैं।

### 3.1 संघ, राज्य एवं स्थानीय सरकारों की राजभाषाएँ

भारत के संविधान के अनुच्छेद 1 (1) में कहा गया है "भारत, अर्थात् इंडिया, राज्यों का संघ होगा।" इस अनुच्छेद से यह बात स्पष्ट हो जाती है कि संघ राज्यों के समूह का ही नाम है साथ ही उसका अस्तित्व अलग है।

इसी प्रकार संविधान के 40वें अनुच्छेद में कहा गया है "राज्य ग्राम पंचायतों का संगटन करने के लिए कदम उठाएगा और उनको ऐसी शक्तियाँ और प्राधिकार प्रदान करेगा जो उन्हें स्वायत्त शासन की इकाइयों के रूप में कार्य करने योग्य बनाने के लिए आवश्यक हों।"

इस अनुच्छेद में स्थानीय प्रशासन एवं उसकी स्वायत्तता की बात कही गई है। साथ ही यह स्थानीय प्रशासन एक इकाई के रूप में काम करेगा। यहाँ जानबूझ कर 'शासन' के स्थान पर 'प्रशासन' शब्द का प्रयोग किया जा रहा है।

इस प्रकार कहा जा सकता है कि हमारे देश में तीन स्तर पर सरकारें अपना कार्य करती हैं।

1. संघीय स्तर पर
2. राज्य के स्तर पर
3. स्थानीय स्तर पर

जब तीन स्तरों पर सरकारें काम करेंगी तो उनकी अपनी-अपनी राजभाषाएँ भी होंगी। संघ एवं राज्य की राजभाषाओं की बात संविधान के 17वें भाग में की गई है।

### *3.1.1 स्थानीय सरकार की राजभाषा*

स्थानीय स्तर पर चलने वाले शासन (सरकार) की बात या उस शासन में प्रयुक्त होने वाली राजभाषा के बारे में संविधान में खुलकर बात नहीं की गई है। हालाँकि संविधान की सातवीं अनुसूची की द्वितीय सूची अर्थात् राज्य सूची की पाँचवीं प्रविष्टि में "स्थानीय शासन, अर्थात् नगर-निगमों, सुधार-न्यासों ज़िला बोर्डों, ख़नन-बस्ती प्राधिकारियों और स्थानीय स्वशासन या ग्राम्य प्रशासन के प्रयोजनों के लिए अन्य स्थानीय प्राधिकारियों का गठन और शक्तियाँ" उल्लिखित हैं।

इस आधार पर कहा जा सकता है कि स्थानीय प्रशासन में प्रयुक्त होने वाली भाषा (स्थानीय राजभाषा) उस राज्य की राजभाषा भी हो सकती है या फिर उस ज़िले या गाँव में बहुमत द्वारा बोली जाने वाली भाषा भी राजभाषा हो सकती है। इस तथ्य को पहले अध्याय में स्पष्ट किया गया है।

### *3.1.2 राज्य स्तर पर राजभाषा*

संविधान के अनुच्छेद 45 में भी इस बात की व्यवस्था की गई है कि "राज्य इस संविधान के प्रारंभ से दस वर्ष की अवधि के भीतर सभी बालकों को चौदह वर्ष की आयु पूरी करने तक निःशुल्क और अनिवार्य शिक्षा देने के लिए उपबंध करने का प्रयास करेगा।" इन अनुच्छेदों से यह बात साफ़ हो जाती है कि शिक्षा तथा भाषा निर्धारण के मामले में राज्य को पूर्ण स्वतंत्रता प्रदान की गई है साथ ही यह उसका कर्तव्य भी माना गया है। इस संदभ्र में संविधान के 345, 346 एवं 347 वें अनुच्छेदों में भी निर्देश गये हैं जिनका विवरण आगे दिया गया है।

## 3.2 राजभाषा में पत्राचार की सवैधानिक स्थिति

गंभीरता से देखा जाए तो राजभाषा को लेकर सवैधानिक स्थिति का अध्ययन राजभाषा में पत्राचार की निम्नलिखित दिशाओं को ध्यान में रखकर करना होगा।

### *3.2.1 पत्राचार की दिशाएँ*

| | | |
|---|---|---|
| 1. | संघ की राजभाषा केंद्र सरकार के कार्यालयों से | केंद्र सरकार के कार्यालयों के बीच |
| 2. | केंद्र से | राज्य/स्थानीय सरकारों के बीच |
| 3. | राज्य/एवं स्थानीय सरकारों से | केंद्र सरकार के बीच |
| 4. | राज्य/स्थानीय सरकारों से | राज्य/स्थानीय सरकारों के बीच |

यहाँ इस बात का उल्लेख भर करना अनिवार्य है कि तमिलनाडु को छोड़कर पूरे देश को राजभाषा नियम (जून, 28 1976) के अनुसार तीन क्षेत्रों 'क' 'ख' 'ग' में बाँटा गया है।

इस विभाजन के अनुसार–

| | | भाषा वर्ग |
|---|---|---|
| 'क' क्षेत्र के राज्य | बिहार, हरियाणा, हिमाचल प्रदेश, मध्यप्रदेश, राजस्थान और उत्तर प्रदेश के राज्य तथा दिल्ली संघ राज्य, अंडमान निकोबार | इंडोयूरोपियन (इंडोआर्यन) |
| 'ख' क्षेत्र के राज्य | गुजरात, महाराष्ट्र, पंजाब के राज्य तथा चंडीगढ़ | इंडोआर्यन |
| 'ग' क्षेत्र के राज्य | 'क' 'ख' के राज्यों को छोड़कर शेष स्वतंत्र तथा केंद्र शासित राज्य हैं अर्थात् आंध्रप्रदेश, असाम, केरल, तमिलनाडु, कर्नाटक, उड़ीसा, बंगाल, जम्मू-कश्मीर, नागालैंड, मणिपुर, त्रिपुरा, मेघालय, सिक्किम, लक्षद्वीप, गोवा दमन दीव, पांडिचेरी, मिजोरम, अरुणाचल प्रदेश, दादरा एवं नागर हवेली। | इंडोआर्यन, द्राविड़, तिब्बती–चाइनीज, बर्मन, आस्ट्रिक |

यहाँ पूरा विश्लेषण उपर्युक्त आधार पर करना आवश्यक होगा। जिसके आधार पर पत्राचार की स्थिति इस प्रकार होगी।

| | | |
|---|---|---|
| 'क' क्षेत्र में स्थित केंद्र सरकार के कार्यालय | ...................... | 'क' क्षेत्र में स्थित केंद्र सरकार के कार्यालय |
| 'क' " | ...................... | 'ख'........ " ........ |
| 'क' " | ...................... | 'ग'........ " ........ |
| 'ख' " | ...................... | 'ख'........ " ........ |
| 'ख' " | ...................... | 'ग' |
| 'ग' " | ...................... | 'ग' |

ठीक इसी प्रकार राज्य एवं केंद्र तथा केंद्र एवं राज्यों के बीच की राजभाषा की स्थिति देखी जा सकती है।

| | | |
|---|---|---|
| 'क' क्षेत्र में स्थित केंद्र सरकार के कार्यालय | ..................... | 'क' क्षेत्र में स्थित राज्य/स्थानीय सरकार के कार्यालय |

'क' ....... " .......   ............................ 'ख' ... " ....
'क' ....... " .......   ............................ 'ग' ... " ....
'ख' ....... " .......   ............................ 'ख' ... " ....
'ख' ....... " .......   ............................ 'ग' ... " ....
'ग' ....... " .......   ............................ 'ग' ... " ....

## 3.3 संविधान में उल्लिखित राजभाषाएँ तथा राजभाषा हिंदी की व्याख्या

संविधान में हिंदी की स्थिति को 7 मुद्दों में रखकर देखा जा सकता है।

1. संसद में प्रयुक्त होने वाली भाषा (अनुच्छेद–120 (1) (2)
2. विधान मंडल में प्रयुक्त होने वाली भाषा (अनुच्छेद 210 (1) (2) तथा प्रादेशिक भाषाएँ (अनुच्छेद–345, 346, 347)
3. संघ (केंद्र) की राजभाषा (अनुच्छेद–343 (1) (2) (3), अनुच्देद–344 (1) (2) (3) (4) (5) (6)
4. उच्चतम न्यायालय, उच्च न्यायालय आदि की भाषा (अनुच्छेद–348 (1) (2) (3), अनुच्छेद–349
5. हिंदी एवं हिंदीतर भाषा के बारे में उल्लेख (अनुच्छेद 350)
6. भारत की सामासिक संस्कृति की प्रतिनिधि भाषा (अनुच्छेद 351)
7. अष्टम अनुसूची में उल्लिखित हिंदी।

### *3.3.1 हिंदी की सवैधानिक स्थिति की स्थितियाँ*

राजभाषा हिंदी की उपरोक्त सात स्थितियों को देखने के पश्चात् इस तथ्य की ओर ध्यान देना भी आवश्यक है कि राजभाषा हिंदी की सवैधानिक स्थिति को हम तीन भागों में बाँट सकते हैं।

1. राजभाषा हिंदी के बारे में संविधान में दिए गए अनुच्छेद।

अ. राष्ट्रपति द्वारा जारी की गई अधिसूचनाएँ।

2. संसद द्वारा अधिनियमित राजभाषा अधिनियम 1963 (संशोधित, 1967)

अ. उक्त अधिनियिम के आधार पर, राजभाषा हिंदी को कार्यान्वित करने के लिए निकली अधिसूचनाएँ, संकल्प एवं कार्यालय-ज्ञापन।

3. संसद द्वारा अधिनियमित अधिनियम (1963 तथा संशोधित 1967) के आधार पर केंद्रीय सरकार द्वारा बनाए गए राजभाषा नियम (26 जून, 1976) (संशोधित, 1987)

ऊपर हिंदी की सवैधानिक स्थिति को लेकर जो मुद्दे दिए गए हैं उनके आधार पर यहाँ पहले संविधान के अनुच्छेदों की समीक्षा की जाएगी।

### *3.3.2 संसद में प्रयोग होने वाली भाषा*

अनुच्छे[illegible] 20 (1) भाग 17 में किसी बात के होते हुए भी, किंतु अनुच्छेद 348

के उपबंधों के अधीन रहते हुए, संसद में कार्य हिंदी में या अंग्रेज़ी में किया जाएगा।

परंतु यथास्थिति, राज्य-सभा का सभापति या लोक-सभा का अध्यक्ष अथवा ऐसे रूप में कार्य करने वाला व्यक्ति किसी सदस्य को जो **हिंदी या अंग्रेज़ी** में अपनी पर्याप्त अभिव्यक्ति नहीं कर सकता अपनी मातृभाषा में सदन को संबोधित करने की अनुज्ञा दे सकेगा।

2. जब तक संसद विधि द्वारा अन्यथा उपबंध न करे तब तक संविधान के प्रारंभ से 15 वर्ष की कालावधि की समाप्ति के पश्चात् यह अनुच्छेद ऐसे प्रभावी होगा मानो कि ''या अंग्रेज़ी में ये शब्द उसमें से लुप्त कर दिए गए हों।''

उपरोक्त अनुच्छेद में हिंदी एवं अंग्रेज़ी की दो स्थितियाँ हैं 1. संसद के कार्य की भाषा 2. संसद को संबोधित करने वाली अर्थात् बोलने वाली भाषा। अतः जहाँ तक पहले मुद्दे का प्रश्न है वहाँ इस अनुच्छेद को संविधान के भाग 17 एवं अनुच्छेद 348 के उपबंधों के तहत ही देखा जा सकता है। चूँकि 348 अनुच्छेद को आगे चलकर विस्तार से लिया जाएगा परंतु फ़िलहाल यहाँ इतना जानना ज़रूरी होगा कि इस अनुच्छेद (348) में उच्च न्यायालय, उच्चतम न्यायालय में होने वाली कार्यवाहियों के बारे में निदेश हैं। उच्च न्यायालय या उच्चतम न्यायालय का कार्य संसद में बने अधिनियमों आदि की न्याय रक्षा के लिए ही होता है। अतः यहाँ हम केवल संसद में होने वाली कार्यवाही के रूप में ही इसे लेंगे।

जहाँ तक संसद में लिखित कार्य का प्रश्न है वह हिंदी या अंग्रेज़ी में होगा। चूँकि संसद संघ का ही एक हिस्सा है और संसद का कार्य संघ का राजकार्य है अतः संघ के राजकार्य के लिए प्रयुक्त भाषा संविधान के अनुच्छेद 343 (1) के अनुसार हिंदी है अतः यहाँ इसे राजभाषा हिंदी के रूप में ही ले सकते हैं। और अंग्रेज़ी की स्थिति भी संविधान के अनुसार ''हिंदी के अतिरिक्त अंग्रेज़ी'' वाली स्थिति में हैं (यथा संशोधित राजभाषा अधिनियम 1963-67) धारा 3 (1)

संसद में प्रयोग में लाई जाने वाली भाषा का दूसरा रूप विचारों की अभिव्यक्ति या संसद को संबोधित करने के रूप में है यह भाषा हिंदी, अंग्रेज़ी अथवा संसद-सदस्य की मातृभाषा भी हो सकती है। इस प्रकार देखा जाए तो किसी संसद सदस्य की हिंदीतर मातृभाषा भी मौखिक रूप से राजकार्य में भागीदार हो रही है। चूँकि संसद में किसी भी मुद्दे पर बोलते समय कई पारिभाषिक शब्दों का प्रयोग होता रहता है साथ ही संसद सदस्य का वक्तव्य कानूनी दाँव-पेंच की भाषा से भरा होता है अतः परोक्ष रूप से संसद में बोली जाने वाली भाषा राजभाषा के रूप को गढ़ती चली जाती है। इस आधार पर क्या इस बोली जाने वाली मातृभाषा को हम राजभाषा नहीं कह सकते ?

मोटे रूप से हम उस हिंदीतर मातृभाषा को भी राजभाषा मानेंगे जो संसद में बोली जाती है। परंतु संसद कार्य को चलाने के लिए लिखित रूप में हिंदी अथवा अंग्रेज़ी का प्रयोग ही संविधान सम्मत है।

यहाँ इस महत्त्वपूर्ण मुद्दे पर भी विचार करना आवश्यक होगा कि क्या संसद में

प्रयुक्त राजभाषा एवं किसी हिंदीतर राज्य में स्थित केंद्र सरकार के दफ्तर की राजभाषा अपने भाषा वैधानिक रूप में एक ही होगी ?

गहराई से देखने पर इसका उत्तर 'नहीं' होगा। इस बात पर पहले ही विचार किया जा चुका है कि राजभाषा अपने आप में एक विशेष प्रकार की प्रयुक्ति है। क्या उसमें भी 'उप-प्रयुक्ति' जैसी कोई चीज़ हो सकती है ? वैसे इस विषय पर आगे चलकर बात की जाएगी।

यहाँ इतना जान लेना आवश्यक है कि संसद में प्रयुक्त होने वाली राजभाषा, राजभाषा हिंदी की प्रयुक्ति का ही एक रूप होगा। परंतु केंद्र सरकार के एक ही विभाग के विभिन्न राज्यों में स्थित कार्यालयों में प्रयुक्त होने वाली राजभाषा हिंदी की प्रयुक्ति का रूप अलग-अलग भी हो सकता है।

चूँकि संसद एक ऐसी संस्था है जो केवल एक ही जगह पर स्थित है उसकी शाखाएँ कहीं नहीं हैं। और उसमें होने वाले कार्य का स्वरूप एक-सा ही रहता है अतः उसकी भाषा में भी खास परिवर्तन नहीं आएगा। भाषा में स्थान एवं राज्य परिवर्तन से काफ़ी अंतर आ जाता है। अतः संसद में प्रयुक्त होने वाली राजभाषा को हम केंद्रीय कार्यालयों में प्रयुक्त होने वाली राजभाषा का ही एक उप-राजभाषा का रूप मान सकते हैं।

### *3.3.3 विधान मंडल में प्रयुक्त होने वाली भाषा*

इस मुद्दे को लेकर संविधान के अनुच्छेद इस प्रकार हैं--

(क) अनुच्छेद** 210—(1) भाग 17 में किसी बात के होते हुए भी, किंतु अनुच्छेद 348 के उपबंधों के अधीन रहते हुए, राज्य के विधान-मंडल में कार्य राज्य की राजभाषा या राजभाषाओं में या हिंदी में या अंग्रेज़ी में किया जाएगा :

परंतु, यथास्थिति, विधान सभा का अध्यक्ष या विधान-परिषद् का सभापति अथवा उस रूप में कार्य करनेवाला व्यक्ति किसी सदस्य को, जो पूर्वोक्त भाषाओं में से किसी में अपनी पर्याप्त अभिव्यक्ति नहीं कर सकता है, अपनी मातृभाषा में सदन को संबोधित करने की अनुज्ञा दे सकेगा।

(2) जब तक राज्य का विधान-मंडल विधि द्वारा अन्यथा उपबंध न करे तब तक इस संविधान के प्रारंभ से पंद्रह वर्ष की अवधि की समाप्ति के पश्चात् यह अनुच्छेद ऐसे प्रभावी होगा मानो 'या अंग्रेज़ी में' शब्दों का उसमें से लोप कर दिया गया हो :#

---

** यह अनुच्छेद जम्मू कश्मीर राज्य को लागू नहीं है।

# हिमाचल प्रदेश राज्य अधिनियम, 1970 (1970 का 53) की धारा 46 द्वारा अनुच्छेद 210 (2) में एक परंतुक जोड़ दिया गया है। पूर्वोत्तर क्षेत्र (पुनर्गठन) अधिनियम, 1971 (1971 का) 81 की धारा 71 द्वारा संशोधन के पश्चात् उसका वर्तमान रूप इस प्रकार है–

"परंतु हिमाचल प्रदेश, मणिपुर, मेघालय और त्रिपुरा राज्यों के विधान-मंडलों के संबंध में, यह खंड इस प्रकार प्रभावी होगा मानो कि इसमें आने वाले 'पंद्रह दर्ष' शब्दों के स्थान पर 'पच्चीस वर्ष' शब्द रख दिए गए हों।"

(ख) भाग–17/अध्याय (2) प्रादेशिक भाषाएँ

राज्य की राजभाषा या राजभाषाएँ—अनुच्छेद 346 और अनुच्छेद 347 के उपबंधों के अधीन रहते हुए, राज्य का विधान-मंडल, विधि द्वारा, उस राज्य में प्रयोग होने वाली भाषाओं में से किसी एक या अधिक भाषाओं को या हिंदी को उस राज्य के सभी या किन्हीं शासकीय प्रयोजनों के लिए प्रयोग की जाने वाली भाषा या भाषाओं के रूप में अंगीकार कर सकेगा।

परंतु जब तक राज्य का विधान-मंडल विधि द्वारा इस से अन्यथा उपबंध न करे तब तक राज्य के भीतर उन शासकीय प्रयोजनों के लिए अंग्रेज़ी भाषा का प्रयोग किया जाता रहेगा जिनके लिए उसका इस संविधान के प्रारंभ से ठीक पहले प्रयोग किया जा रहा था।

(ग) एक राज्य और दूसरे के बीच में अथवा राज्य और संघ के बीच में संचार के लिए राजभाषा।

अनुच्छेद 346—संघ में शासकीय प्रयोजनों के लिए प्रयोग किए जाने के लिए तत्समय प्राधिकृत भाषा, एक राज्य और दूसरे राज्य के बीच तथा किसी राज्य और संघ के बीच पत्रादि की राजभाषा होगी :

परंतु यदि दो या अधिक राज्य करार करते हैं कि उन राज्यों के बीच पत्रादि की राजभाषा हिंदी भाषा होगी तो ऐसे पत्रादि के लिए उस भाषा का प्रयोग किया जा सकेगा।

(घ) अनुच्छेद 347—किसी राज्य के जनसंख्या के किसी अनुभाग द्वारा बोली जाने वाली भाषा के संबंध में विशेष उपबंध

यदि इस निमित्त माँग किए जाने पर यदि राष्ट्रपति का यह समाधान हो जाता है कि किसी राज्य के जनसंख्या का पर्याप्त भाग यह चाहता है कि उसके द्वारा बोली जाने वाली किसी भाषा को राज्य द्वारा मान्यता दी जाए तो वह निदेश दे सकेगा कि ऐसी भाषा को भी उस राज्य में सर्वत्र या उसके किसी भाग में ऐसे प्रयोजन के लिए, जो वह विनिर्दिष्ट करे, शासकीय मान्यता दी जाए।

उपरोक्त अनुच्छेदों का ध्यानपूर्वक अवलोकन करने के पश्चात् चार पहलू दृष्टिगोचर होते हैं।

1. हिंदी भाषी, 'क' क्षेत्र के, विधान मंडलों में प्रयुक्त की जाने वाली राजभाषा हिंदी।

2. हिंदी भाषी, 'क' क्षेत्र के, राज्य सरकार के कार्यालयों में प्रयुक्त होने वाली राजभाषा हिंदी।

3. हिंदी भाषी, 'क' क्षेत्र के, राज्यों के राज्य कार्यालयों में प्रयुक्त होने वाली राजभाषाओं के रूप में अलग-अलग रूप लिए राजभाषा हिंदी।

4. विभिन्न हिंदी भाषी राज्यों के कार्यालयों के बीच तथा राज्य सरकार और संघ

सरकार के बीच संचार के लिए प्रयुक्त होने वाली राजभाषा हिंदी।

अब एक-एक मुद्दे पर दृष्टिपात किया जाए तो ज्ञात होगा कि पहले मुद्दे के तहत् उस राजभाषा हिंदी रूप की बात कही गई है जिसे किसी राज्य के विधान मंडल की कार्यवाही चलाने के लिए प्रयुक्त किया जाता है। इसमें भी संसद की भांति राजभाषा के दो रूपों की बात कहीं गई है। 1. लिखित और 2. मौखिक। लिखित के अंतर्गत हिंदी और अंग्रेज़ी को राजभाषा के रूप में मान्यता प्राप्त है। मौखिक के अंतर्गत वे सभी मातृभाषाएँ आती हैं जिनमें सदन के सदस्य सदन को संबोधित करते हैं।

विधान मंडलों में प्रयुक्त होने वाली लिखित राजभाषा में ज़्यादा अंतर नहीं आ सकता। चूँकि सभी जगह विधान मंडल की कार्यप्रणाली और इस कार्यप्रणाली में प्रयुक्त होने वाली पारिभाषिक शब्दावली एक ही है अतः विधान सभा के इस रूप में अंतर आना मुश्किल है। मौखिक राजभाषा का रूप निश्चय ही विभिन्न सदस्यों के अनुसार अलग-अलग हो सकता है।

दूसरे मुद्दे के संदर्भ में इस तथ्य को देखा जा सकता है कि एक राज्य के विभिन्न ज़िलों में स्थित राज्य सरकार के कार्यालयों में प्रयुक्त होने वाली राजभाषा हिंदी पर क्षेत्रीय प्रभाव पड़ता है। और उसकी रूप छटा में अंतर आ जाता है। साथ ही अलग-अलग कार्यप्रणालियों के आधार पर राजभाषा में प्रयुक्त होने वाले पारिभाषिक शब्दों में काफ़ी फ़र्क आ जाता है। जैसे शिक्षा मंत्रालय तथा वित्त मंत्रालय से संबद्ध कार्यालयों की टिप्पणियों को देखें तो यह अंतर ज्ञात होगा।

तीसरे मुद्दे में अलग-अलग राज्यों में प्रयुक्त होने वाली हिंदी की बात की गई है। बिहार एवं राजस्थान दोनों 'क' क्षेत्र (हिंदी भाषी क्षेत्र) में आने वाले राज्य हैं परंतु दोनों ही राज्यों के कार्यालयों में प्रयुक्त होने वाली राजभाषा हिंदी में वहाँ की बोलियों या भाषाओं का प्रभाव होगा। चूँकि बिहार में हिंदी तथा दूसरी राजभाषा के रूप में उर्दू का प्रयोग हो रहा है अतः वहाँ की भाषा का वह रूप नहीं है जो राजस्थान या हरियाणा के राज्यों के कार्यालयों में प्रयुक्त होने वाली राजभाषा हिंदी का होता है।

चौथे मुद्दे में उस राजभाषा हिंदी या उसमें प्रयुक्त होने वाले पारिभाषिक शब्दों को लेकर संकेत दिया गया है जो केंद्र तथा राज्य के स्तर पर अलग-अलग है। अतः संघ सरकार के कार्यालयों में पत्र-व्यवहार करते समय राज्यों को इस प्रकार की मानक राजभाषा का प्रयोग करना चाहिए जो संघ सरकार द्वारा मान्य हो। अर्थात् बिहार सरकार या राजस्थान सरकार जब संघ सरकार को पत्र लिखेगी तो वह उस भाषा में ही लिखेगी जो बिहार सरकार तथा राजस्थान सरकार के कार्यालय द्वारा समान रूप से प्रयुक्त की जाती हो।

उदाहरणस्वरूप भारत सरकार ने अपनी समेकित प्रशासन शब्दावली (1974) में Absorb का अर्थ। अवशोषण करना और 2. समाहत करना दिया है—(पृ. 1) परंतु म.प्र. शासन के 'प्रशासन शब्दकोष' (1969) में Absorb शब्द का अर्थ संविलीन करना,

अंतर्लीन करना, खपाना, समाना, समाविष्ट करना, चूसना, सोखना, निमग्न होना अर्थों में दिया है—(पृ. 4)। अतः ऐसी स्थिति में म. प्र. शासन जब संघ या किसी अन्य राज्य को हिंदी में पत्र लिखता है तो उसे संविधान में उल्लिखित उस संचार भाषा (मानक राजभाषा) का प्रयोग करना चाहिए जो संघ द्वारा प्रयुक्त की जाती है। साथ ही उसमें स्थानीय भाषाओं/बोलियों का प्रभाव न आने पाए। इस आधार पर म. प्र. शासन को संघ या किसी अन्य राज्य को Absorb शब्द को 'अवशोषण करना' एवं 'समाहत करना' के अर्थ में लिखना चाहिए।

हाँ, अब (म. प्र. शासन) अपने राज्य के कार्यालयों को Absorb शब्द को संविलीन करना, अंतर्लीन करना, खपाना, समाना, समाविष्ट करना, चूसना, सोखना, निमग्न होना के अर्थ में लिख सकता है।

संविधान में हिंदी की इस स्थिति को संविधान सभा के सदस्य माननीय मगनभाई पी. देसाई की टिप्पणी के परिप्रेक्ष्य में देखा जा सकता है। इसमें उन्होंने राजभाषा की समस्या को प्रजातांत्रिक ढंग से हल करने की बात कही है।[42]

इसी संदर्भ में भारत के संविधान के अनुच्छेद 29 (1), 29 (2), एवं 30 (1), 30 (2) को भी देखना होगा। संस्कृति और शिक्षा संबंधी अधिकारों के अंतर्गत अनुच्छेद 29 (1) में बताया गया है।

(क) अनुच्छेद 29 (1) एवं (2)

अल्पसंख्यक-वर्गों के हितों का संरक्षण (शीर्षक के अंतर्गत)

अनुच्छेद 29 (1) "में भारत के राज्य-क्षेत्र या उसके किसी भाग के निवासी नागरिकों के किसी अनुभाग को, जिसकी अपनी विशेष भाषा, लिपि या संस्कृति है, उसे बनाए रखने का अधिकार होगा।"

2. "राज्य द्वारा पोषित या राज्य-निधि से सहायता पाने वाली किसी शिक्षा-संस्था में प्रवेश से किसी भी नागरिक को केवल धर्म, मूलवंश, जाति, भाषा या इनमें से किसी के आधार पर वंचित नहीं किया जाएगा।"

(ख) अनुच्छेद 30 (1) एवं (2)

शिक्षा संस्थाओं की स्थापना और प्रशासन करने का अल्पसंख्यक-वर्गों का अधिकार

अनुच्छेद 30 (1) "धर्म या भाषा पर आधारित सब अल्पसंख्यक-वर्गों को अपनी रुचि की शिक्षा-संस्थाओं की स्थापना और प्रशासन का अधिकार होगा।

2. शिक्षा-संस्थाओं को सहायता देने में राज्य किसी शिक्षा संस्था के विरुद्ध इस आधार पर विभेद नहीं करेगा कि वह धर्म या भाषा पर आधारित किसी अल्पसंख्यक-वर्ग के प्रबंध में है।"

भारत के संविधान के उपर्युक्त अनुच्छेदों को ध्यान से देखने पर यह पता चलता है कि एक राज्य में बोली जाने वाली भाषाएँ भी राजभाषाएँ बन सकती हैं। जैसे बिहार

में हिंदी एवं उर्दू राजभाषाएँ हैं। इसके अलावा भी हिंदी भाषी राज्यों की कई भाषाएँ राजभाषा का दर्जा पा सकती हैं। इसी तथ्य का संकेत संविधान के 345 अनुच्छेद में दिया गया है।[43] संविधान में इस तथ्य को बनाए रखने के ऐतिहासिक कारण भी हैं। उदाहरणस्वरूप भोजपुरी एवं मैथिली क्रमशः राजा भोज तथा गुप्तकाल में राजभाषाएँ रही हैं।[44] यही कारण है कि जब बिहार सरकार ने 19.11.80 को एक अध्यादेश जारी करके उर्दू को बिहार की द्वितीय राजभाषा घोषित किया तब मैथिली को भी बिहार की द्वितीय राजभाषा का दर्जा दिलवाने की माँग ज़ोर पकड़ने लगी, और इसे पत्रकारों तथा बुद्धिजीवियों का भी समर्थन मिला।[45]

इस आधार पर हम कह सकते हैं कि हमारे संविधान में भारत की अल्पसंख्यकों की भाषा तक को भी राजभाषा बनाने के पूरे प्रावधान हैं।

### *3.3.4 संघ की राजभाषा*

इस मुद्दे को लेकर संविधान के भाग 17 के अध्याय 1 में, अनुच्छेद 343 (1) में कहा गया है, "संघ की राजभाषा हिंदी और लिपि देवनागरी होगी। संघ के शासकीय प्रयोजनों के लिए प्रयोग होने वाले अंकों का रूप भारतीय अंकों का अंतर्राष्ट्रीय रूप होगा।

2. खंड (1) में किसी बात के होते हुए भी, इस संविधान के प्रारंभ से पंद्रह वर्ष की अवधि तक संघ के उन सभी शासकीय प्रयोजनों के लिए अंग्रेज़ी भाषा का प्रयोग किया जाता रहेगा जिनके लिए उसका ऐसे प्रारंभ के ठीक पहले प्रयोग किया जा रहा था :

परंतु राष्ट्रपति उक्त अवधि के दौरान, आदेश द्वारा, संघ के शासकीय प्रयोजनों में से किसी के लिए अंग्रेज़ी भाषा के अतिरिक्त हिंदी भाषा का और भारतीय अंकों के अंतरराष्ट्रीय रूप के अतिरिक्त देवनागरी रूप का प्रयोग प्राधिकृत कर सकेगा।

3. इस अनुच्छेद में किसी बात के होते हुए भी, संसद उक्त पंद्रह वर्ष की अवधि के पश्चात, विधि-द्वारा:–

(क) अंग्रेज़ी भाषा का, या

(ख) अंकों के देवनागरी रूप का

ऐसे प्रयोजनों के लिए प्रयोग उपबंधित कर सकेगी जो ऐसी विधि में विनिर्दिष्ट किए जाएँ।

राजभाषा के लिए आयोग और संसद की समिति

344 (1) राष्ट्रपति, इस संविधान के प्रारंभ से पाँच वर्ष की समाप्ति पर और तत्पश्चात् ऐसे प्रारंभ से दस वर्ष की समाप्ति पर, आदेश द्वारा एक आयोग गठित करेगा जो एक अध्यक्ष और आठवीं अनुसूची में विनिर्दिष्ट विभिन्न भाषाओं का प्रतिनिधित्व करने वाले ऐसे अन्य सदस्यों से मिल कर बनेगा जिनको राष्ट्रपति नियुक्त करे, और आदेश से आयोग द्वारा अनुसरण की जाने वाली परिनिश्चित की जाएगी।

2. आयोग का यह कर्त्तव्य होगा कि वह राष्ट्रपति को–

(क) संघ के शासकीय प्रयोजनों के लिए हिंदी भाषा के अधिकाधिक प्रयोग

(ख) संघ के सभी या किन्हीं शासकीय प्रयोजनों में के लिए अंग्रेज़ी भाषा के प्रयोग पर निर्बंधनों,

(ग) अनुच्छेद 348 में उल्लिखित सभी या किन्हीं प्रयोजनों के लिए प्रयोग की जाने वाली भाषा,

(घ) संघ के किसी एक या अधिक विनिर्दिष्ट प्रयोजनों के लिए प्रयोग किए जाने वाले अंकों के रूप,

(ङ) संघ की राजभाषा तथा संघ और किसी राज्य के बीच या एक राज्य और दूसरे राज्य के बीच पत्रादि की भाषा और उनके प्रयोग के सम्बन्ध में राष्ट्रपति द्वारा आयोग को निर्देशित किए गए किसी अन्य विषय, के बारे में सिफ़ारिश करे,

3. खंड (2) के अधीन अपनी सिफ़ारिशें करने में आयोग भारत की औद्योगिक, सांस्कृतिक और वैज्ञानिक उन्नति का और लोक सेवाओं के संबंध में अहिंदी भाषी क्षेत्रों के व्यक्तियों के न्यायसंगत दावों और हितों का सम्यक ध्यान रखेगा।

4. एक समिति गठित की जाएगी जो तीस सदस्यों से मिलकर बनेगी जिनमें में से बीस लोक सभा के सदस्य होंगे तथा दस राज्य सभा के सदस्य होंगे जो कि क्रमशः लोक सभा के सदस्यों और राज्य सभा के सदस्यों द्वारा अनुपातिक प्रतिनिधित्व पद्धति के अनुसार एकल संक्रमणीय मत द्वारा निर्वाचित होंगे।

5. समिति का कर्तव्य होगा कि वह खंड (1) के अधीन गठित आयोग की सिफ़ारिशों की परीक्षा करे और राष्ट्रपति को उन पर अपनी राय के बारे में प्रतिवदेन दे।

6. अनुच्छेद 343 में किसी बात के होते हुए भी, राष्ट्रपति खंड (5) में निर्दिष्ट प्रतिवेदन पर विचार करने के पश्चात् उस सम्पूर्ण प्रतिवेदन के या उसके किसी भाग के अनुसार निदेश जारी कर सकेगा।#

उपरोक्त अनुच्छेदों को ध्यान से देखने पर निम्नलिखित मुद्दे उभर कर आते हैं।

1. संघ सरकार अथवा केंद्र सरकार के सभी कार्यालयों के लिए हिंदी राजभाषा है। इस राजभाषा का एक मानक रूप बनाने के लिए संघ सरकार, पारिभाषिक कोश-टिप्पणियों

---

# जम्मू-कश्मीर राज्य पर भाग 17 इस प्रकार लागू होगा–

संविधान (जम्मू-कश्मीर को लागू होना) आदेश, 1954

(12) भाग 17, इस भाग के उपबंध केवल वहीं तक लागू होंगे जहाँ तक कि वे

1. संघ की राजभाषा
2. एक राज्य और दूसरे राज्य के बीच में अथवा किसी राज्य और संघ के बीच में संचार के लिए राजभाषा, और
3. उच्चतम न्यायालय में कार्यवाहियों की भाषा से संबंधित हैं।

(भारत का संविधान–1973–संस्करण पृष्ठ–391)

के नमूने आदि समय-समय पर प्रकाशित प्रसारित कर रही है तथा संविधान की धाराओं के अनुसार नियम जारी कर रही है।

यहाँ एक बात ध्यान में रखी जा सकती है कि विभिन्न राज्यों में स्थित केंद्र सरकार के एक ही विभाग के कार्यालयों में प्रयोग में लाई जाने वाली राजभाषा हिंदी का रूप उस राज्य की भाषा का प्रतिबिंब अपने पर लिए रहेगा। यह रूप भी राजभाषा हिंदी ही होगा या इस रूप को एक उपरूप भी माना जा सकता है।

उदाहरणार्थ पुणे में स्थित केंद्रीय सरकार के आयकर कार्यालय में प्रयोग में लाई जाने वाली राजभाषा हिंदी ठीक वही नहीं होगी जो कि दिल्ली या इलाहबाद आदि हिंदी भाषी प्रांतों में स्थित केंद्रीय सरकार के आयकर या अन्य कार्यालयों में प्रयुक्त होगी। इस पर आगे चलकर विचार होगा। दो भिन्न राजभाषा के रूपों को हम एक ही भाषा के दो रूप मान सकते हैं। यहाँ इस बात पर ध्यान देना होगा के ये दोनों रूप ही मान्य होंगे। इसमें कोई रूप मानक या अमानक अथवा श्रेष्ठ या हीन नहीं माना जा सकता। हाँ, साहित्य में इस प्रकार के मानदंड स्थापित किए जा सकते हैं। परंतु राजभाषा के संदर्भ में नहीं।

2. संघ सरकार के कार्यालयों में अंग्रेज़ी के प्रयोग की बात भी है।

(क) संविधान के भाग 17 के अनुच्छेदों को ध्यान से देखने पर ज्ञात होगा कि अंग्रेज़ी को कहीं भी राजभाषा, अथवा सह-राजभाषा नहीं कहा गया है। केवल संघ के राजकार्यों में अंग्रेज़ी के प्रयोग की बात है। इससे यह बात स्वतः ही सिद्ध हो जाती है कि अंग्रेज़ी भी संघ की राजभाषा है भले ही उसे इस नाम का कोई शीर्षक नहीं दिया गया है। पारिभाषिक अर्थों में इसे सह-राजभाषा कहा जाएगा।

(ख) हिंदी की भाँति अंग्रेज़ी के दो राजभाषा का या संघ एवं राज्यों के अनुसार उसके विभिन्न राजभाषा के रूपों की कल्पना नहीं की जा सकती। क्योंकि यह समस्या अंग्रेज़ी के साथ नहीं है। अंग्रेज़ी का एक ही रूप हिंदी तथा हिंदीतर इलाकों में प्रयुक्त होता है। साथ ही उसके एक ही रूप के पारिभाषिक शब्द प्रयुक्त होते हैं।

(ग) हालाँकि यह स्पष्ट है कि संविधान में अंग्रेज़ी के लिए किसी विशेष शीर्षक या उसके साथ किसी विशेषण का प्रयोग नहीं किया गया है फिर भी मद्रास सरकार ने राजभाषा समिति को प्रस्तुत किए गए ज्ञापन में अंग्रेज़ी तथा हिंदी में से एक को प्रधान भाषा एवं दूसरी को गौण भाषा माना है। परंतु वास्तविकता यह नहीं है। हाँ, यह तो कहा जा सकता है कि जब तक अंग्रेज़ी का स्थान हिंदी नहीं ले लेती तब तक का समय संक्रमणकाल कहा जा सकता है। अंग्रेज़ी को 'जाने वाली भाषा' तथा हिंदी को 'आने वाली भाषा' के रूप में लिया जा सकता है।[46] यही कारण है अनुच्छेद 344 में राजभाषा हिंदी को स्थापित करने के लिए आयोग और संसद की समिति के गठन तथा राजभाषा के उत्तरोत्तर विकास की व्यवस्था की गई है।

### *3.3.5 न्यायालयों की भाषा*

संविधान में हिंदी के चौथे मुद्दे में उच्चतम न्यायालय, उच्च न्यायालयों आदि की भाषा के बारे में विचार किया गया है।

संविधान के भाग 17 के अध्याय 3 के 348 और 349 अनुच्छेदों में इस बारे में स्पष्ट निदेश हैं।

उच्चतम न्यायालय और उच्च न्यायालयों में तथा अधिनियमों, विधेयकों आदि में प्रयोग की जाने वाली भाषा

अनुच्छेद 348 (1) इस भाग के पूर्ववर्ती उपबंधों में किसी बात के होते हुए भी, जब तक ससद, विधि द्वारा अन्यथा उपबंध न करे तब तक–

(क) उच्चतम न्यायालय और प्रत्येक उच्च न्यायालय में सब कार्यवाहियाँ अंग्रेज़ी भाषा में होगी,

# (ख) (i) संसद के प्रत्येक सदन या किसी राज्य के विधान-मंडल के सदन या प्रत्येक सदन में पुरःस्थापित किए जाने वाले सभी विधेयकों या प्रस्तावित किए जाने वाले उनके संशोधनों के,

** (ii) संसद या किसी राज्य के विधान-मंडल द्वारा पारित सभी अधिनियमों के और राष्ट्रपति या किसी राज्य के राज्यपाल द्वारा प्रख्यापित सभी अध्यादेशों के, और अधिनियम संसद द्वारा या राज्य के विधान-मंडल द्वारा पारित किए जाएँ, तथा जो अध्यादेश राष्ट्रपति या राज्यपाल या राजप्रमुख द्वारा प्रख्यापित किए जाएँ, उन सब के प्राधिकृत पाठ, तथा

(iii) इस संविधान के अधीन, अथवा संसद या राज्य के विधान-मंडल द्वारा बनाई गई किसी विधि के अधीन, निकाले गए या बनाए गए सभी आदेशों, नियमों, विनियमों और उपविधियों के,

प्राधिकृत पाठ अंग्रेज़ी भाषा में होंगे।

+ # (2) खंड (1) के उपखंड (क) में किसी बात के होते हुए भी, किसी राज्य का राज्यपाल राष्ट्रपति की पूर्व सहमति से उस उच्च न्यायालय की कार्यवाहियों में, जिसका मुख्य स्थान उस राज्य में है, हिंदी भाषा का या उस राज्य में शासकीय प्रयोजनों के लिए

---

# इस उपखंड का आशय यथानिम्नलिखित है–

(i) विधेयक संसद के प्रत्येक सदन में पुरः स्थापित किए जाएँ अथवा उनके जो संशोधन ऐसे सदन में प्रस्तावित किए जाएँ उन सबके प्राधिकृत पाठ।

** संविधान (सप्तम संशोधन) अधिनियम 1956 की धारा 29 और अनुसूची द्वारा संशोधन के पश्चात् इस उपखंड का वर्तमान रूप इस प्रकार है–

"2. अधिनियम संसद द्वारा या राज्य के विधान-मंडल द्वारा पारित किया जाए, तथा जो अध्यादेश राष्ट्रपति या राज्यपाल द्वारा प्रख्यापित किए जाएँ, उन सब के प्राधिकृत पाठ, तथा।"

+ # संविधान (सप्तम संशोधन) अधिनियम,

प्रयोग होने वाली किसी अन्य भाषा का प्रयोग प्राधिकृत कर सकेगा।

परंतु इस खंड की कोई बात ऐसे उच्च न्यायालय द्वारा दिए गए निर्णय, डिक्री या आदेश को लागू न होगी।

—# (3) खंड (1) के उपखंड (ख) में किसी बात के होते हुए भी, जहाँ किसी राज्य के विधान-मंडल ने, उस विधान-मंडल में पुरः स्थापित विधेयकों या उसके द्वारा पारित अधिनियमों में अथवा उस राज्य के राज्यपाल द्वारा प्रख्यापित अध्यादेशों में अथवा उस उपखंड के पैरा (iii) में निर्दिष्ट किसी आदेश, नियम, विनियम, या उपविधि में प्रयोग के लिए अंग्रेज़ी भाषा से भाषा भिन्न कोई विहित की है वहाँ उस राज्य के राजपत्र में उस राज्य के राज्यपाल के प्राधिकार से प्रकाशित अंग्रेज़ी भाषा में उसका अनुवाद इस अनुच्छेद के अधीन उसका अंग्रेज़ी भाषा में प्राधिकृत पाठ समझा जाएगा।

349 भाषा से संबंधित कुछ विधियाँ अधिनियमित करने के लिए विशेष प्रक्रिया इस संविधान के प्रारंभ से पंद्रह वष की अवधि के दौरान अनुच्छेद 348 के खंड (1) में उल्लिखित किसी प्रयोजन के लिए प्रयोग की जाने वाली भाषा के लिए उपबंध करने वाला कोई विधेयक या संशोधन संसद के किसी सदन में राष्ट्रपति की पूर्व मंजूरी के बिना पुरः स्थापित या प्रस्तावित नहीं किया जाएगा और राष्ट्रपति किसी ऐसे विधेयक करे पुरः स्थापित या किसी ऐसे संशोधन को प्रस्तावित किए जाने की मंजूरी अनुच्छेद 344 के खंड (1) के अधीन गठित आयोग की सिफ़ारिशों पर और उस अनुच्छेद के खंड (4) के अधीन गठित समिति के प्रतिवेदन पर विचार करने के पश्चात् ही देगा, अन्यथा नहीं।

संविधान के उपरोक्त अनुच्छेदों में राजभाषा हिंदी या अन्य भारतीय राजभाषाओं की स्थिति बड़ी जटिल है। इनका विश्लेषण करने पर निम्नलिखित बातें स्पष्ट होती हैं।

(क) उच्चतम न्यायालय की कार्यवाहियों के लिए प्रयोग की जानेवाली भाषा, जब तक संसद विधि द्वारा किसी अन्य भाषा को न मान ले अंग्रेज़ी ही रहेगी।

(ख) उच्च न्यायालय की कार्यवाहियों एवं इसके द्वारा निकाले गए निर्णय, आज्ञप्ति (डिक्री) तथा आदेश अंग्रेज़ी में होंगे। हाँ, राज्य का राज्यपाल राष्ट्रपति की पूर्व-अनुमति लेकर राज्य की राजभाषा को उच्च न्यायालय की कार्यवाही के लिए प्राधिकृत कर सकता है। परंतु उच्च न्यायालय द्वारा दिए गए निर्णय, आज्ञप्तियाँ और आदेश अंग्रेज़ी में ही होंगे।

यहाँ कार्यवाही को किसी प्रकरण की सुनवाई आदि से ही परिभाषित किया जा सकता है।

---

—# 1956 की धारा 29 और अनुसूची द्वारा संशोधन के पश्चात् खंड (2) और (3) में जहाँ कहीं भी 'या राजप्रमुख' शब्द आया है उसे लुप्त समझा जाए।

(भारत का संविधान—1973 संस्करण) पृष्ठ 329

(ग) संसद में पुरः स्थापित किए जाने वाले विधेयकों आदि के प्राधिकृत पाठ अंग्रेज़ी में ही माने जाएँगे।

(घ) इसी प्रकार राज्य मंडलों या संसद द्वारा पारित अधिनियमों, राष्ट्रपति या राज्यपालों द्वारा पारित अध्यादेशों के प्राधिकृत पाठ अंग्रेज़ी भाषा में ही माने जाएँगे।

(ङ) संविधान के प्रावधानों के अधीन संसद या राज्य विधान-मंडलों द्वारा निकाले गए आदेश, नियम, विनियम आदि के प्राधिकृत पाठ भी अंग्रेज़ी में ही माने जाएँगे।

हाँ अगर, संविधान में दिए गए प्रावधानों का पालन करते हुए एवं उसमें दी गई हिदायतों की मर्यादा में रहते हुए किसी राज्य के विधान-मंडल ने अंग्रेज़ी को छोड़कर उसकी अपनी राजभाषा में कोई आदेश-नियम अथवा विनियम मूलरूप से निकाला तो वह राज्य अपने राजपत्र में उसका अंग्रेज़ी अनुवाद, उस राज्य के राज्यपाल के प्राधिकार से छापेगा। और यहाँ ध्यान देने वाली बात यह है कि यही अनूदित (अंग्रेज़ी) रूप ही प्राधिकृत पाठ के रूप में माना जाएगा।

(च) संविधान का अनुच्छेद 349-3 बातों को स्पष्ट करता है।

1. उच्चतम न्यायालय की कार्यवाहियों और संसद में अथवा राज्य विधान-मंडलों में पारित विधेयकों, अधिनियमों, संशोधनों, आदेशों, नियमों, विनियमों और उपविधियों के लिए अंग्रेज़ीतर प्राधिकृत भाषा के प्रयोग के संबंध में कोई भी उपबंध, विधेयक अथवा संशोधन पन्द्रह वर्षों की अवधि के अंदर राष्ट्रपति की पूर्व मंजूरी लेकर ही पुरः स्थापित या प्रस्तावित किया जा सकता है।

2. राष्ट्रपति भी मंजूरी देने से बंधे हुए हैं। राष्ट्रपति संविधान के अनुच्छेद 344 के खंड (1) के अधीन गठित आयोगों की सिफ़ारिशों तथा इसी अनुच्छेद के खंड (4) के अधीन दिए गए प्रावधानों के अनुसार गठित समिति के प्रतिवेदन पर विचार करने के पश्चात् ही देगा, अन्यथा नहीं।

3. इस प्रकार सब एक दूसरे से बंधे हुए हैं और यह पूरी प्रक्रिया बड़ी जटिल-सी है।

(छ) संविधान के उपरोक्त मुद्दों को देखते हुए यह अंदाज़ लगाया जा सकता है कि विधि क्षेत्र में हिंदी की स्थिति मौखिक रूप से भले ही राजभाषा का रूप ले ले परंतु लिखित रूप लाने में बड़ा विलंब लगेगा।

यहाँ इस तथ्य को भी ध्यान में रखना होगा कि हिंदी का लिखित राजभाषा का रूप अगर हिंदी प्रदेशों (विशेषकर उ. प्र.) में निखर भी रहा है तो वह भी अनूदित-रूप ही है।

गहराई से देखा जाए तो इस अनूदित-रूप का भी कोई विशेष महत्त्व नहीं है क्योंकि इसका अंग्रेज़ी अनुवाद या पाठ ही प्राधिकृत है।

(ज) उपरोक्त विश्लेषण से अंग्रेज़ी की सुदृढ़ एवं सशक्त स्थिति का पता चलता है। दरअसल विधि क्षेत्र में, राजभाषा का शीर्षक न पाते हुए भी, अंग्रेज़ी ही समस्त क्रियाकलापों

की सशक्त भाषा है। यह स्थिति उच्चतम एवं उच्च न्यायालयों दोनों जगहों पर है।

संविधान में अंग्रेज़ी को हटाने की कोई सरल या ठोस प्रक्रिया नहीं दिखाई देती अतः जब तक संविधान के इन अनुच्छेदों में कोई बड़ा-सा संशोधन नहीं किया जाता है तब तक अप्रत्यक्ष रूप से अंग्रेज़ी ही प्रधान राजभाषा बनी रहेगी।

यहाँ इस बात का भी उल्लेख अनिवार्य होगा कि हिंदी प्रांतों के उच्च न्यायालयों में अधिकतर अंग्रेज़ी का प्रयोग होता है। ज़िला कार्यालयों में कहीं-कहीं हिंदी का प्रयोग चल रहा है। परंतु ऐसे समय संविधान का अनुच्छेद 348 ध्यान में रहता है, अतः जब प्राधिकृत पाठ अंग्रेज़ी ही माना जाएगा और हिंदी में निर्णय, आज्ञप्ति तथा आदेश नहीं निकाले जा सकते या हिंदी में आदेश, नियम, विनियम और उपविधि निकालने के बाद भी उसका अंग्रेज़ी अनुवाद छापना अनिवार्य है और वही अंग्रेज़ी अनुवाद प्राधिकृत माना जाएगा, तब प्रश्न उठता है हिंदी में काम करने की क्या तुक है ?

डॉ. मोती बाबू ने अपने (शोध ग्रंथ, शक—1891) 'हिंदी विधि शब्दावली' में (पृ. 165) इस प्रश्न को उठाया है कि अगर विधि आदि में हिंदी के साथ अंग्रेज़ी का पाठ निम्नलिखित चार परिस्थितियों में प्रकाशित न हो तो क्या स्थिति होगी ?

परिस्थिति (1) जब संसद ने अनुच्छेद 348 (1) के अधीन केवल हिंदी में विधायन प्राधिकृत कर दिया हो।

परिस्थिति (2) जब संविधान में पहले यह कार्य अंग्रेज़ी में होता रहा हो (जैसाकि केंद्र तथा अनेक प्रांतों में था) और अब राज्य विधान-मंडल द्वारा अनुच्छेद 345 के अधीन बनाई गई अथवा संसद द्वारा अनुच्छेद 348 (1) में विधि के निर्माण एवं प्रकाशन में केवल हिंदी का प्रयोग किया जाए।

परिस्थिति (3) जब संविधान के पहले यह कार्य हिंदी में होता रहा हो, किंतु जब अनुच्छेद 345 अथवा 348 (1) के अधीन किसी प्राधिकार के बिना हिंदी में ही किया जाए।

परिस्थिति (4) जब राज्य विधान-मंडल ने अनुच्छेद 345 के अधीन विधायन में हिंदी के प्रयोग का विधान कर दिया हो।

उपरोक्त चारों परिस्थितियों को ध्यान से देखा जाए तो ज्ञात होगा कि ये चारों भविष्य की कल्पनाओं पर आधारित हैं—हर परिस्थिति में "यदि ऐसा हो जाए तो" है। हर परिस्थिति में केवल हिंदी में विधि कार्य करने एवं अंग्रेज़ी का अनुवाद प्रस्तुत न करने की बात कही गई है और यह स्थिति संसद या विधान-मंडलों द्वारा लाई जाने की बात भी कही गई है। संविधान में हिंदी की स्थिति इतनी बँधी हुई है कि बिना अंग्रेज़ी के केवल हिंदी में कुछ होना असंभव-सा है। हिंदी संविधान के अनुच्छेदों से तथा राष्ट्रपति की कृपा पर बँधी हुई है। राष्ट्रपति आयोगों एवं समितियों की सिफ़ारिशों तथा प्रतिवेदनों से बँधे हुए हैं। अतः व्यावहारिक रूप से कुछ होना मुश्किल-सा लगता है।

अगर केवल हिंदी में विधि कार्य करने का प्रस्ताव संसद या विधान मंडल संविधान

के अनुच्छेदों की मर्यादाओं, बंधनों के भीतर रह कर कर लेते हैं तब वह स्थिति सबको मान्य होगी–अतः वहाँ किसी प्रकार की कठिनाई नहीं आएगी। आज भी हिंदी प्रांतों में हिंदी को लेकर व्यावहारिक कठिनाई के साथ-साथ वैधानिक कठिनाई भी आती है अतः जब वैधानिक कठिनाई ही दूर हो जाएगी तब किसी प्रकार की अन्य कठिनाई उपस्थित न होगी। अगर संविधान में संशोधन करके हिंदी के पाठ को प्राधिकृत माना जाए तथा अंग्रेज़ी पाठ को प्रस्तुत करने की अनिवार्यता न रखी जाए तब कठिनाई कहाँ आती है ? हाँ, ऐसी स्थिति में भाषा संबंधी कठिनाई भले आए परंतु हिंदी में वैधानिक कार्य करने की कानूनी कठिनाई नहीं आएगी।

यही कारण है संविधान के इन अनुच्छेदों का अध्ययन करने के पश्चात् बुद्धिजीवी यह मानने लगे कि वास्तव में हिंदी का पत्ता काटा गया है।[47] परंतु यहाँ सवाल केवल हिंदी का नहीं है गहराई से देखा जाए तो अंग्रेज़ी ने प्रत्येक प्रादेशिक भाषा को कमज़ोर एवं असहाय-सा बना दिया है।

यह परिस्थिति केवल तभी टूटेगी जब संविधान में दिए गए निदेशों के अनुसार लोकसभा तथा विधान-मंडल कानून बनाकर अपना काम एवं विधि कार्य क्रमशः हिंदी तथा अपनी राजभाषा में करवाएँ।[48]

इस दिशा में कुछ सुधार अवश्य हुआ है जब राजभाषा अधिनियमों की चर्चा की जाएगी तब उस पर प्रकाश डाला जाएगा।

भारत बहुभाषी देश है। अतः यहाँ भाषा संबंधी कठिनाइयों का आना स्वाभाविक है। परंतु यहाँ केवल उच्चतम न्यायालय से संबंधित भाषा समस्या तक अपने विचार-विमर्श सीमित रखे जाएँगे।

(ख) 1. भारत-भर में उच्चतम न्यायालय एक ही है और इसका भी ठीक वही रूप है जो संघ सरकार का है। अर्थात् संघ सरकार के नीचे राज्य सरकारें या स्थानीय सरकारें हैं। ठीक उसी प्रकार उच्चतम न्यायालय के नीचे उच्च न्यायालय और ज़िला न्यायालय आदि हैं। ऐसी स्थिति में संघ सरकार की भाँति, उच्चतम न्यायालय का कार्य दो ही भाषाओं, अंग्रेज़ी या हिंदी में ही संभव है।

संविधान के अनुच्छेदों का अध्ययन करने के पश्चात् यह तथ्य स्पष्ट हो चुका है कि (संघ सरकार की भाँति ही) उच्चतम न्यायालय का कार्य अंग्रेज़ी में ही चल रहा है। हाँ, भविष्य में यह हिंदी में भी हो सकता है, अगर संसद में वैसे कानून बनें तो।

उच्चतम न्यायालय में व्यावहारिक दृष्टि से एक भाषा में काम होना उचित भी है। क्योंकि संविधान के 127 (1) अनुच्छेद के आधार पर उच्चतम न्यायालय में उच्च न्यायालय से न्यायाधीशों की तदर्थ नियुक्ति की जा सकती है। ऐसी स्थिति में हिंदी भाषी राज्यों से या हिंदीतर राज्यों से आने वाले न्यायाधीश एक भाषा में काम करें तो अधिक उचित होगा। ऐसी स्थिति में ये न्यायाधीश हिंदी या अंग्रेज़ी में ही काम कर सकते हैं। अतः यह भविष्य के गर्भ में है कि संसद हिंदी के पक्ष में कानून बनाए। जब तक हिंदी

में काम करनेवाले न्यायाधीश उच्चतम न्यायालय में नहीं आते तब तक उच्चतम न्यायालय में हिंदी में काम नहीं होगा और कानूनन अंग्रेज़ी का वर्चस्व बना रहेगा।

2. संविधान के अनुच्छेद 222 (1) के अनुसार एक उच्च न्यायालय का न्यायाधीश भारत राज्य के किसी भी उच्च न्यायालय में स्थानांतरित किया जा सकता है। ऐसी स्थिति में भी उच्च न्यायालयों का कार्य राज्य की राजभाषा के साथ-साथ हिंदी भाषा में चले तब ही हिंदी भाषी प्रदेशों में हिंदी सही रूप में राजभाषा के पद को सुशोभित कर सकती है। क्योंकि हिंदीतर प्रदेश से हिंदी प्रदेश में आने वाले न्यायाधीश जब वहाँ हिंदी में काम न करके अंग्रेज़ी में काम करेंगे तब हिंदी प्रदेश में ही हिंदी किस आधार पर ठहर पाएगी ?

3. संविधान के अनुच्छेद 217 तथा 231 (1) के अनुसार दो या अधिक राज्यों के लिए एक उच्च न्यायालय की स्थापना की जा सकती है अतः एक उच्च न्यायालय के न्यायाधीश का अधिकार क्षेत्र एक राज्य के अलावा अन्य राज्यों तक भी हो सकता है। अब अगर ये दो राज्य हिंदी एवं अहिंदी क्षेत्रों में से आएँ तब उस उच्च न्यायालय की राजभाषा क्या होगी ? अतः यहाँ भी व्यावहारिक कठिनाई आएगी। इस स्थिति में न्यायाधीश अगर उच्च न्यायालय का कार्य अंग्रेज़ी में चलाता है तो वह अपने ही देश की दो राजभाषाओं के हक को छीनता है। इन परिस्थितियों में भारत राज्य की कोई भी राजभाषा अपनी गरिमा नहीं बचा सकती।

### *3.3.6 हिंदी एवं हिंदीतर भाषा के बारे में संविधान में उल्लेख*

व्यथा के निवारण के लिए अभ्यावेदन में प्रयोक्तव्य भाषा

संविधान के भाग 17 के अध्याय 4 में विशेष निदेश शीर्षक के अंतर्गत अनुच्छेद 350 में कहा गया है किसी व्यथा के निवारण के लिए संघ या राज्य के किसी पदाधिकारी या प्राधिकारी को, यथास्थिति, संघ में या राज्य में प्रयोग होने वाली किसी भाषा में अभ्यावेदन देने का, प्रत्येक व्यक्ति को हक होगा।

संविधान के (सप्तम संशोधन) अधिनियम, 1956 की धारा 21 द्वारा अनुच्छेद 350 के पश्चात् निम्नलिखित अनुच्छेद जोड़ दिए गए हैं–

"350 क. प्राथमिक स्तर पर मातृभाषा में शिक्षा देने के लिए सुविधाएँ प्रत्येक राज्य और राज्य के भीतर प्रत्येक स्थानीय प्राधिकारी भाषाई अल्पसंख्यक-वर्गों के बालकों को शिक्षा के प्राथमिक स्तर पर मातृभाषा में शिक्षा देने के लिए पर्याप्त सुविधाओं की व्यवस्था करने का प्रयास करेगा और राष्ट्रपति किसी राज्य को ऐसे निदेश दे सकेगा जो वह ऐसी सुविधाओं का उपबंध सुनिश्चित कराने के लिए आवश्यक या उचित समझता है।

350 ख. भाषायी अल्पसंख्यकों के लिए विशेष पदाधिकारी–1. भाषायी अल्पसंख्यक वर्गों के लिए एक विशेष अधिकारी होगा जिसे राष्ट्रपति नियुक्त।

2. विशेष अधिकारी का यह कर्त्तव्य होता कि वह इस संविधान के अधीन भाषायी

अल्पसंख्यक वर्गों के लिए उपबंधित रक्षोपायों से संबंधित सभी विषयों का अन्वेषण करे और उन विषयों के संबंध में ऐसे अंतरालों पर जो राष्ट्रपति निर्दिष्ट करे, राष्ट्रपति को प्रतिवेदन दे और राष्ट्रपति ऐसे प्रतिवेदनों को संसद् के प्रत्येक सदन के समक्ष रखवाएगा और संबंधित राज्यों की सरकारों को भिजवाएगा।''

संविधान के उपरोक्त अनुच्छेद में जनता द्वारा संघ या राज्य को अपने किसी अभिवेदन को संघ या राज्य में प्रयुक्त भाषा में दिया जा सकता है।

यहाँ ध्यान देने वाली बात यह है कि इस अनुच्छेद में यह नहीं कहा गया है कि संघ या राज्य में प्रयुक्त राजभाषा में ही अभ्यावेदन दिया जा सकता है। ऐसी स्थिति में किसी हिंदीतर राज्य में संघ के कार्यालय से या उस राज्य की सरकार से जनता संघ या राज्य में प्रयुक्त होने वाली भाषा में अपना अभ्यावेदन दे सकती है, भले ही वह भाषा उस राज्य की राजभाषा न भी हो। हाँ, संघ की भाषा तो हिंदी या अंग्रेज़ी है परंतु राज्य में प्रयुक्त अनेक भाषाएँ हो सकती हैं।

ऐसी स्थिति में कहा जा सकता है कि किसी राज्य की राजभाषा से हटकर किसी अन्य भाषा में जनता अपना अभ्यावेदन राज्य सरकार को प्रस्तुत करती है तो वह भाषा भले ही राज्य में राजभाषा भाषा न हो परंतु जनता द्वारा प्रस्तुत की गई यह भाषा अमान्य एवं भावी राजभाषा के रूप में धीरे-धीरे स्थापित होने लगती है।

ठीक इसी प्रकार अल्पसंख्यकों की भाषा भी जब अल्पसंख्यकों द्वारा अपने आवेदनों/अभ्यावेदनों में आने लगेगी तब वह भी अमान्य एवं भावी राजभाषा के रूप में उभरेगी। यहाँ उस भाषा का एकतरफ़ा प्रयोग राजकार्य में हो सकता है। ऐसी दशा में राज्य सरकार इन अभ्यावेदनों आदि के उत्तर अपनी राजभाषा में देती है, जिसे जनता को स्वीकार करना पड़ता है।

### *3.3.7 सामासिक संस्कृति की प्रतिनिधि भाषा*

हिंदी भाषा के विकास के लिए निदेश

हमारे संविधान के 351 अनुच्छेद में कहा गया है ''संघ का कर्त्तव्य होगा कि वह हिंदी भाषा का प्रसार बढ़ाए, उसका विकास करे वह जिससे भारत की **सामासिक** संस्कृति के सभी तत्त्वों की अभिव्यक्ति का माध्यम बना सके, और उसकी प्रकृति में हस्तक्षेप किए बिना हिंदुस्तानी में और आठवीं अनुसूची में निविर्दिष्ट भारत की अन्य भाषाओं में प्रयुक्त रूप, शैली और पदो को आत्मसात् करते हुए और जहाँ आवश्यक या वांछनीय हो वहाँ उसके शब्द भंडार के लिए मुख्यतः संस्कृत से और गौणतः अन्य भाषाओं से शब्द ग्रहण करते हुए उसकी समृद्धि सुनिश्चित–संस्करण से।'' 1999 के संविधान–

इस अनुच्छेद को विस्तार से समझ लेना आवश्यक है। इस अनुच्छेद के संबंध में कहा जाता है कि इस अनुच्छेद में जिस हिंदी का उल्लेख किया गया है और उसके

जिन रूपों की ओर संकेत किया गया है उसे ध्यान में रखना अतिआवश्यक है। साथ ही कुछ प्रश्नों पर विचार करना भी ज़रूरी है।

1. इस अनुच्छेद में वर्णित हिंदी क्या अनुच्छेद 343 में वर्णित राजभाषा हिंदी ही है ?

2. इस अनुच्छेद में वर्णित हिंदी एवं संविधान की आठवीं अनुसूची में दी गई हिंदी एक ही है ? या वह साहित्यिक हिंदी है ?

3. क्या अनुच्छेद 351 में बताई गई हिंदी को जन संपर्क की भाषा कहना अधिक उचित होगा ?

अनुच्छेद 351 से निम्नलिखित बातें उभर कर सामने आती हैं।

(क) भारत की सामासिक संस्कृति की भाषा के रूप में हिंदी।

(ख) हिंदी की आत्मीयता में हस्तक्षेप न करके हिंदी को उभारने वाले रूप का संकेत।

(ग) संविधान की आठवीं अनुसूची में दी गई भाषाओं तथा अन्य भाषाओं के शब्दों को लेकर (जहाँ आवश्यक हों) हिंदी भाषा के स्वरूप को बनाना।

पहले हम 351 अनुच्छेद में बताए गए मुद्दों पर बात करेंगे।

(क) भारत की सामासिक संस्कृति वह संस्कृति है जो न हिंदु, मुस्लिम, सिख, इसाई संस्कृति है। वरन् यह एक मिली-जुली संस्कृति है इसका नाम किसी जाति या संप्रदाय के आधार पर नहीं रखा जा सकता। जिस प्रकार अमरीका में विभिन्न संप्रदायों, जातियों को मिलाकर एक 'अमेरिकन' संस्कृति बनी है ठीक उसी प्रकार भारत की संस्कृति को हम 'भारतीय' संस्कृति कह सकते हैं। और जिस प्रकार 'अमेरिकन' संस्कृति की अपनी भाषा है, (जो अंग्रेज़ी से अलग अपनी पहचान बना रही है) जिसे अमेरिकन इंग्लिश कहा जाता है ठीक इसी प्रकार भारतीय संस्कृति की प्रतिनिधि भाषा को 'भारती' नाम देने की कोशिश की गई थी।[49] शायद यह नाम देश के हित में होता, क्योंकि 'हिंदी' नाम से न केवल हिंदी भाषियों में एक व्यर्थ का अहम् भाव उत्पन्न होता है वरन् अहिंदी भाषियों में भी ग़लतफ़हमी पैदा होती है। यही कारण है आज भी इस बात की सिफ़ारिश की जाती है कि हिंदी का नाम 'भारती' हो[50] शायद यही कारण है कि गृह मंत्रालय के राजभाषा विभाग से राजभाषा हिंदी की पत्रिका को 'राजभाषा भारती' नाम दिया गया है।

यह बात बिल्कुल स्पष्ट है कि एक मिली-जुली संस्कृति की संपर्क भाषा भी मिली-जुली होगी। यह मिली-जुली भाषा साहित्य की शुद्ध भाषा से अलग-थलग होगी इस मिली-जुली भाषा का उद्देश्य केवल विभिन्न भाषा-भाषियों को आपस में संपर्क भर करवाना है। अतः इसमें भाषा की अशुद्धियाँ आना स्वाभाविक है। और भाषिक-अशुद्धियों को लेकर कोई भाषा साहित्य की परिष्कृत भाषा नहीं बन सकती।

(ख) यह मुद्दा काफ़ी विरोधाभासों से भरा हुआ है। किसी भाषा की आत्मा को

तब तक ही बचाया जा सकता है जब तक कि अन्य भाषा या अन्य भाषाओं का और उनके शब्दों का प्रभाव उस पर न पड़ने दिया जाए। और अगर एक भाषा में अन्य भाषाओं के शब्द वाक्यविन्यास तक घुल आएँ तब उस भाषा की आत्मा नहीं बच सकती।

इसका सीधा उदाहरण 'बंबइया हिंदी' या 'फ़िल्मों की हिंदी' है अथवा हिंदीतर प्रदेशों की भाषा को लेकर बोली जाने वाली हिंदी है। क्या बंबइया हिंदी, जिसमें "क्यों व्यर्थ में कुपित/नाराज होते हैं" को "कायकू खाली-पीली बोम मारता है" कहा जाता है तब क्या दूसरा वाक्य शुद्ध हिंदी या परिष्कृत हिंदी का वाक्य कहा जा सकता है ?

बंबइया हिंदी या हिंदीतर प्रदेशों या फ़िल्मों में काम में लाई जाने वाली हिंदी निश्चय ही वह हिंदी है जो एक प्रदेश के भारतीय नागरिक का दूसरे प्रदेश के भारतीय नागरिक से भाषा के स्तर पर एक सेतु बनकर संपर्क भाषा का काम करती है।

(ग) तीसरा मुद्दा ही वह मुद्दा है जो सही अर्थों में हिंदी को देश की जनता की संपर्क भाषा बनाने का काम करता है। भिन्न-भिन्न भाषा-भाषियों, संप्रदायों, धर्मों के लोगों के बीच जो भाषा संपर्क का काम करेगी उसे वास्तव में उन सभी भाषा-भाषियों की भाषाओं के शब्दों, संप्रदायों के शब्दों, धर्मों के शब्दों यहाँ तक वाक्यविन्यासों को आत्मसात् करना पड़ेगा।

इस प्रक्रिया में यह भाषा अपने मूल रूप को खोकर एक नया रूप धारण कर लेगी जो 'खिचड़ी' रूप, मिलाजुला रूप या सामासिक रूप होगा। और यह सामासिक रूप अपने रूप का विस्तार देश के बाहर करना चाहे तब तो उसे न केवल अपने देश की भाषाओं वरन् विदेशी भाषाओं के शब्दों यहाँ तक वाक्यविन्यासों या वाक्यांशों को लेना पड़ेगा--चूँकि हिंदी भारत के बाहर, फ़ीजी, मॉरिशस आदि में भी बोली समझी जाती है तब उसका रूप अलग ही होगा। और संविधान के इस अनुच्छेद (351) में इसकी व्यवस्था भी की गई है।[51]

### *3.3.8 संविधान की आठवीं अनुसूची में उल्लिखित हिंदी एवं मुद्दे छः में बताए गए तीन हिंदी रूपों की व्याख्या*

संविधान की आठवीं अनुसूची में 18 भाषाओं का उल्लेख 'भारतीय भाषाओं' (अनुच्छेद 351) के रूप में आया है। ये भारतीय भाषाएँ प्रादेशिक भाषाएँ, राष्ट्रभाषाएँ, स्वभाषाएँ आदि नामों से जानी जाती हैं। परंतु संविधान में, आठवीं अनुसूची में दी गई भाषाओं के लिए ऊपर दिए गए किसी एक भी विशेषण का उल्लेख नहीं है।

वास्तव में ये सब भाषाएँ अपने-अपने प्रदेशों में राजभाषाओं, संपर्क-भाषाओं एवं साहित्यिक-भाषाओं के रूप में काम कर रही हैं।

अब हिंदी की स्थिति पर विचार किया जाएगा। इस प्रकार की विचारधारा उभरकर आई है कि संविधान के अनुच्छेद 351 में जिस हिंदी का उल्लेख है और संविधान की आठवीं अनुसूची में जिस हिंदी का उल्लेख है वे दोनों अलग-अलग दो हिंदी भाषाओं

के रूप में हैं।[52]

साथ ही डॉ. मोती बाबू ने अपने शोध ग्रंथ हिंदी विधि शब्दावली में इस तर्क को ठीक नहीं माना है कि संविधान के भाग 17 में बताई गई संघ की राजभाषा हिंदी एवं संविधान की आठवीं अनुसूची में बताई गई हिंदी अलग-अलग दो हिंदी भाषाएँ हैं। उनका तर्क है कि दोनों एक ही हैं।

जिस प्रकार संविधान के अनुच्छेद 351 में वर्णित हिंदी भाषा को राजभाषा आयोग की रपट (1956) में, मगनभाई पी. देसाई ने अपनी विसम्मति टिप्पणी में (पृष्ठ 350 पर) राजभाषा माना है उसी प्रकार आज भी यही माना जाता है कि अनुच्छेद 351 में उल्लिखित हिंदी राजभाषाओं के बीच संपर्क भाषा के रूप में आई है।[53]

मैं यह मानता हूँ कि वैसे तो संविधान में ऊपर बताए गए हिंदी के सात रूप हैं। परंतु मोटे रूप से तीन रूप स्पष्ट हैं। इन रूपों का उल्लेख जब तब आता रहा है।[(53-क)]

1. संविधान के अनुच्छेद 343 में वर्णित हिंदी संघ की राजभाषा हिंदी है।

2. संविधान के अनुच्छेद 351 में वर्णित हिंदी राजभाषा नहीं है।

(क) अगर वह राजभाषा होती तो इस अनुच्छेद में हिंदी के आगे 'राजभाषा हिंदी के विकास के लिए निदेश' शीर्षक होता (ख) अगर राजभाषा से संबंधित सभी अधिनियमों, संकल्पों, कार्यालय ज्ञापनों को देखा जाए तो उसमें कहीं भी अनुच्छेद 351 का संदर्भ नहीं दिया गया है। वरन् अनुच्छेद 343 का ही उल्लेख विषयानुसार किया गया है।

अतः संविधान के अनुच्छेद 351 में उल्लिखित हिंदी भारत की सामासिक संस्कृति की संपर्क भाषा ही है जो भारतीयों के बीच संपर्क स्थापित करने के लिए एक संपर्क भाषा के रूप में जरूरी है।[54]

यही कारण है कि जब भी कोई संस्था हिंदी के विकास की बात करती है (एक ग़लतफ़हमी से राष्ट्रभाषा हिंदी के विकास की बात करती है) तब वह संविधान के अनुच्छेद 351 का हवाला देकर ही अपना उद्देश्य स्पष्ट करती है।[55] यहाँ यह भी ध्यान देने योग्य तथ्य है कि भारत सरकार की हिंदी शिक्षण योजना धारा 343/344 आदि के अंतर्गत गृहमंत्रालय के "राजभाशा विभाग" के अधीन राजभाषा का काम करती है जबकि भारत सरकार का ही केंद्रीय हिंदी निदेशालय शिक्षा विभ्लाग (मा.स.वि. मंत्रालय भारत सरकार) के अधीन धारा 351 के उल्लेख के अनुसार हिंदी के विकास के लिए कार्य करता है।

3. संविधान की आठवीं अनुसूची में उल्लिखित 'हिंदी' वह उच्च हिंदी है जो हिंदी भाषी प्रदेश की एवं साहित्यकारों की क्रमशः राजभाषा तथा संपर्क भाषा, तथा परिष्कृत भाषा है।[56] ठीक उसी प्रकार से जिस प्रकार से अन्य भाषाएँ बंगला, मराठी आदि अपने-अपने प्रदेशों में, राजभाषा, संपर्क भाषा एवं अपने साहित्य के लिए साहित्य की भाषा है।

चूँकि संविधान के 17 वें भाग के अध्याय 2 में प्रादेशिक भाषाओं का ज़िक्र अनुच्छेद

345 में राजभाषाओं के रूप में आता ही है अतः संविधान की आठवीं अनुसूची में दी गई भाषाएँ संबंधित भाषा की साहित्यिक भाषा तथा उस प्रदेश की संपर्क-भाषा है। यही बात हिंदी के साथ भी लागू होती है।

### 3.4 राजभाषा हिंदी के कार्यान्वयन के लिए दिए गए निदेश

संविधान में राजभाषा हिंदी के बारे में अनुच्छेद दिए गए हैं उन्हें देखने तथा उनका विश्लेषण करने के उपरांत अब यहाँ इन मुद्दों पर बात की जाएगी जो राष्ट्रपति द्वारा संविधान के अनुच्छेदों के कार्यान्वयन के लिए जारी की गई अधिसूचनाओं के तत्त्व सामने आते हैं।

#### *3.4.1 1. विधि मंत्रालय की दिनांक 27 मई, 1952 की अधिसूचना संख्या एस.आर.ओ. 938 ए की प्रतिलिपि–*

राष्ट्रपति का निम्नलिखित आदेश आम जानकारी के लिए प्रकाशित किया जाता है।

सी. ओ. 41

भारत के संविधान के अनुच्छेद 343 के खंड (2) के परंतुक द्वारा की गई शक्तियों का प्रयोग करते हुए राष्ट्रपति के अंग्रेज़ी भाषा के अतिरिक्त हिंदी भाषा का और भारतीय अंकों के अंतर्राष्ट्रीय स्वरूप के अतिरिक्त अंकों के देवनागरी स्वरूप का प्रयोग संघ के निम्नलिखित राजकीय प्रयोजन के लिए अर्थात्–

1. राज्यों के राज्यपालों
2. उच्चतम न्यायालय के न्यायाधीशों, और
3. उच्च न्यायालयों के न्यायाधीशों की नियुक्तियों के अधिपत्रों के लिए प्राधिकृत कर दिया है।

इस अधिसूचना से हिंदी के प्रयोग तथा उसके, न्यायालयों में प्राधिकृत स्वरूप को स्थापित करने के प्रयासों का पता चलता है।

#### *3.4.2 ठीक इसी प्रकार मंत्रालयों में हिंदी के कार्यान्वयन की दिशा में राष्ट्रपति ने एक और अधिसूचना जारी की थी।*

2. गृह मंत्रालय की दिनांक 3 दिसंबर 1955 की अधिसूचना संख्या 59/2/54–पब I की प्रतिलिपि।

(अधिसूचना)

राष्ट्रपति का निम्नलिखित आदेश आम जानकारी के लिए प्रकाशित किया जाता है।

(आदेश)

भारत के संविधान के अनुच्छेद 343 खंड (2) के परंतुक द्वारा दी गई शक्तियों का प्रयोग करते हुए राष्ट्रपति ने निम्नलिखित आदेश दिया है, अर्थात्–

1. यह आदेश संविधान (राजकीय प्रयोजनों के लिए हिंदी भाषा) आदेश, 1955 कहलाएगा।

2. संघ के जिन राजकीय प्रयोजनों के लिए अंग्रेज़ी भाषा के अतिरिक्त हिंदी भाषा का प्रयोग किया जाएगा, वे इससे संलग्न अनुसूची में दिए गए हैं।

(अनुसूची)

1. जनता के साथ पत्र-व्यवहार
2. प्रशासनिक रिपोर्टें, राजकीय पत्रिकाएँ और संसद को दी जाने वाली रिपोर्टें।
3. सरकारी संकल्प और विधायी अधिनियमितियाँ।
4. जिन राज्य सरकारों और उनके दूतों तथा अंतरराष्ट्रीय संगठनों से पत्र-व्यवहार।
5. संधियाँ और करार।
6. अन्य देशों की सरकारों और उनके दूतों तथा अंतरराष्ट्रीय संगठनों से पत्र-व्यवहार।
7. राजनयिक और कौंसलीय पदाधिकारियों और अंतरराष्ट्रीय संगठनों में भारतीय प्रतिनिधियों के नाम जारी किए जाने वाले औपचारिक दस्तावेज़।

उपरोक्त अधिसूचना में हिंदी तथा अंग्रेज़ी के साथ-साथ प्रयोग करने का आदेश दिया गया है। सन् 1955 के आसपास, जबकि भारत के संविधान को लागू हुए लगभग 5 वर्ष हुए हों अंग्रेज़ी के साथ-साथ हिंदी के प्रयोग के आदेश देना काफ़ी सराहनीय कदम था। इससे पता चलता था कि संघ सरकार संविधान के अनुसार हिंदी के प्रयोग की दिशा में कुछ करती रही है।

इस आदेश में मुख्य बात यह थी कि संघ तथा संघ और उन राज्यों के बीच हिंदी के पत्र-व्यवहार (निर्धारित) के आदेश थे जिन्होंने हिंदी को राजभाषा माना था।

राजभाषा के प्रशिक्षण उसके कार्यान्वयन का कार्य पहले (1952 में) शिक्षा मंत्रालय के पास था, परंतु (सन् 1955, अक्तूबर) बाद में यह गृह मंत्रालय के पास आ गया और गृह मंत्रालय से, संविधान के अनुच्छेदों (343-344) के अंतर्गत हिंदी के कार्यान्वयन के लिए कार्यालय-ज्ञापन संख्या 59/2/54 पब.. I दि. 8 दिसंबर, 1955 को जारी किया गया। इस कार्यालय ज्ञापन में संविधान (सरकारी प्रयोजनों के लिए हिंदी भाषा) आदेश, 1955, को लेकर संविधान के अनुच्छेद 343 के अनुसार अंग्रेज़ी भाषा के स्थान पर धीरे-धीरे हिंदी भाषा का प्रयोग करने के संबंध में कुछ सुझाव दिए गए थे।

### *3.4.3 गृह मंत्रालय के दि. 8 दिसंबर, 1955 के कार्यालय ज्ञापन संख्या 59/2/54 पब I की प्रतिलिपि।*

विषय-संविधान (सरकारी प्रयोजनों के लिए हिंदी भाषा) आदेश, 1955।

मुझे यह कहने का निदेश हुआ है कि संविधान के अनुच्छेद 343 के अनुसार अंग्रेज़ी भाषा के स्थान पर धीरे-धीरे हिंदी भाषा का प्रयोग करने के संबंध में जो सुझाव दिए गए थे उन पर अप्रैल, 1954 में एक अंतर्विभागीय बैठक में विचार किया गया।

भारत सरकार के मंत्रालयों में हिंदी में काम शुरू करने के लिए जो प्रबंध तत्काल करने का विचार है उसका ब्यौरा संक्षेप में इस प्रकार है—

1. जनता से हिंदी में जो भी पत्रादि मिलें उनके उत्तर भरसक हिंदी में ही दिए जाने चाहिए। ये उत्तर सरल हिंदी में दिए जाने चाहिए।

2. प्रशासनिक रिपोर्टें, सरकारी पत्रिकाएँ, संसद को दी जाने वाली रिपोर्टें, आदि जहाँ तक संभव हो अंग्रेज़ी के साथ-साथ हिंदी में भी प्रकाशित की जानी चाहिए।

3. सरकारी संकल्पों और विधायी अधिनियमों में धीरे-धीरे अंग्रेज़ी के स्थान पर हिंदी का प्रयोग करने और जनता की सहायता करने के विचार से जहाँ तक संभव हो उन्हें अंग्रेज़ी के साथ-साथ हिंदी में भी निकाला जाए। किंतु इन पर यह बात स्पष्ट रूप से लिख देनी चाहिए कि अंग्रेज़ी पाठ ही प्रामाणिक माना जाएगा।

4. जिन राज्य सरकारों ने हिंदी को अपनी राजभाषा के रूप में अपना लिया है उनके साथ पत्र-व्यवहार अंग्रेज़ी में होना चाहिए किंतु यदि हो सके तो भारत सरकार द्वारा भेजे गए सभी पत्रादि के साथ उनका हिंदी अनुवाद भी भेजा जाना चाहिए ताकि सांविधानिक कठिनाइयों का सामना न करना पड़े।

5. संविधान के उपबंधों का पालन करने के लिए ऊपर बताए गए तरीके के अनुसार काम शुरू करने से पहले राष्ट्रपति का आदेश ले लेना उचित होगा।

भारत सरकार ने ये निर्णय स्वीकार कर लिए हैं किंतु हर मंत्रालय स्वयं इस बात का निश्चय करेगा कि उसका कितना काम हिंदी में हो सकता है और इसके लिए उसे कितने और कर्मचारियों की जरूरत होगी। इस कार्यक्रम को अमल में लाने के लिए भारत सरकार के सभी मंत्रालयों और संबद्ध तथा अधीनस्थ कार्यालयों में संभवतः कर्मचारियों की संख्या बढ़ानी पड़ेगी और इस तरह उन्हें अधिक पैसा खर्च करना पड़ेगा। कार्यक्रम के वित्तीय पहलुओं पर वित्त मंत्रालय से सलाह करके विचार करना होगा। फिर भी सामान्य नीति के रूप में इस विषय पर निर्णय कर लिया गया है और हिंदी में काम करने के लिए आवश्यक अतिरिक्त कर्मचारी मंत्रालय स्वयं रख सकते हैं, और आवश्यकता पड़ने पर वित्त मंत्रालय से इस संबंध में सलाह भी कर सकते हैं।

2. ऊपर के पैरा 1 (5) में बताए गए निश्चय के अनुसार राष्ट्रपति ने एक संविधान (राजकीय प्रयोजनों के लिए हिंदी भाषा) आदेश जारी किया है। जानकारी और मार्गदर्शन के लिए इस आदेश की एक प्रति साथ लगी है।

3. विदेश मंत्रालय की इच्छानुसार इस आदेश में संधियों और करारों में तथा दूसरे देशों की सरकारों आदि तथा अंतर्राष्ट्रीय संगठनों के साथ पत्र-व्यवहार में तथा राजनयिक अधिकारियों आदि को भेजे जाने वाले औपचारिक कागज-पत्रों में भी हिंदी का प्रयोग करने के लिए कहा गया है।

इस कार्यालय ज्ञापन ने हिंदी के प्रयोग की दिशा तो खोली साथ-साथ अंग्रेज़ी के प्रयोग को भी अनिवार्य-सा बना दिया। ध्यान देने योग्य बात यह है कि हिंदी के

प्रयोग, जो संविधान के उपबंधों के अधीन हैं, के संबंध में राष्ट्रपति का आदेश लेने तक का बंधन भी है।

भारत सरकार गृह मंत्रालय की अधिसूचना सं. 43/9/55-Public-I दिनांक 7.6.1955 और 22.7.1955 के अंतर्गत खैर साहब की अध्यक्षता में एक राजभाषा आयोग का गठन किया गया था। इस आयोग ने अपनी सिफ़ारिशें तथा अपना प्रतिवेदन जुलाई, 1956 में प्रस्तुत किया। संविधान के अनुच्छेद 344 के खंड (4) के उपबंधों के अनुसार मा. पंत जी की अध्यक्षता में एक संसदीय राजभाषा समिति की व्यवस्था 1957 में की गई। इस समिति ने अपनी रिपोर्ट राष्ट्रपति के समक्ष 8 फरवरी, 1959 को पेश की।

इस रिपोर्ट के आधार पर गृह मंत्रालय ने दिनांक 27.4.1960 को एक अधिसूचना संख्या 2/8/60–रा. भा. जारी की। इसमें हिंदी की स्थिति की विस्तृत व्याख्या की गई है। यह अधिसूचना इस प्रकार है।

### *3.4.4 गृह मंत्रालय की दि. 27 अप्रैल 1960 की अधिसूचना संख्या 2/8/60–रा.भा., की प्रतिलिपि।*

## अधिसूचना

राष्ट्रपति का निम्नलिखित आदेश आम जानकारी के लिए प्रकाशित किया जाता है–

आदेश

नई दिल्ली, दि. 27 अप्रैल, 1960

लोक सभा के बीस सदस्यों और राज्य सभा के दस सदस्यों की एक समिति प्रथम राजभाषा आयोग की सिफ़ारिशों पर विचार करने के लिए और उनके विषय में अपनी राय राष्ट्रपति के समक्ष पेश करने के लिए संविधान के अनुच्छेद 344 के खंड (4) के उपबंधों के अनुसार नियुक्त की गई थी। समिति ने अपनी रिपोर्ट राष्ट्रपति के समक्ष 8 फरवरी 1959 को पेश कर दी। नीचे रिपोर्ट की कुछ मुख्य बातें दी जा रही हैं जिनसे समिति के सामान्य दृष्टिकोण का परिचय मिल सकता है–

**संसदीय समिति की सिफ़ारिश :–**

(क) राजभाषा के बारे में संविधान में बड़ी समन्वित योजना दी हुई है। इसमें योजना के दायरे से बाहर जाए बिना स्थिति के अनुसार परिवर्तन करने की गुंजाइश है।

(ख) विभिन्न प्रादेशिक भाषाएँ राज्यों में शिक्षा और सरकारी काम-काज के माध्यम के रूप में तेजी से अंग्रेज़ी का स्थान ले रही हैं। यह स्वाभाविक ही है कि प्रादेशिक भाषाएँ अपना उचित स्थान प्राप्त करें। अतः व्यावहारिक दृष्टि से यह बात आवश्यक हो गई है कि संघ के प्रयोजनों के लिए कोई एक भारतीय भाषा काम में लाई जाए। किंतु यह आवश्यक नहीं है कि यह परिवर्तन किसी नियत तारीख को ही हो। यह परिवर्तन धीरे-धीरे इस प्रकार किया जाना चाहिए कि कोई गड़बड़ी न हो और कम से कम असुविधा हो।

(ग) 1965 तक अंग्रेज़ी मुख्य राजभाषा और हिंदी सहायक राजभाषा रहनी चाहिए। 1965 में हिंदी संघ की मुख्य राजभाषा हो जाएगी किंतु उसके उपरांत अंग्रेज़ी सहायक राजभाषा के रूप में चलती रहनी चाहिए।

(घ) संघ के प्रयोजनों में से किसी के लिए अंग्रेज़ी के प्रयोग पर कोई रोक इस समय नहीं लगाई जानी चाहिए और अनुच्छेद 343 के खंड (3) के अनुसार इस बात की व्यवस्था की जानी चाहिए कि 1965 के उपरांत भी अंग्रेज़ी का प्रयोग इन प्रयोजनों के लिए, जिन्हें संसद विधि द्वारा उल्लिखित करे, तब तक होता रहे जब तक कि वैसा करना आवश्यक रहे।

(ङ) अनुच्छेद 351 का यह उपबंध कि हिंदी का विकास ऐसे किया जाए कि वह भारत की सामासिक संस्कृति के सब तत्त्वों की अभिव्यक्ति का माध्यम बन सके, अत्यंत महत्त्वपूर्ण है और इस बात के लिए पूरा प्रोत्साहन दिया जाना चाहिए कि सरल और सुबोध शब्द काम में लाए जाएँ।

रिपोर्ट की प्रतियाँ संसद के दोनों सदनों के पटल पर 1959 के अप्रैल मास में रख दी गई थीं और रिपोर्ट पर विचार-विमर्श लोक सभा में 2 सितंबर से 4 सितंबर, 1959 तक और राज्य सभा में 8 और 9 सितंबर, 1959 को हुआ था। लोक सभा में इस पर विचार-विमर्श के समय प्रधानमंत्री ने 4 सितंबर, 1959 को एक भाषण दिया था। राजभाषा के प्रश्न पर सरकार का जो दृष्टिकोण है उसे उन्होंने अपने इस भाषण में मोटे तौर पर व्यक्त कर दिया था।

2. अनुच्छेद 344 के खंड (6) द्वारा दी गई शक्तियों का प्रयोग करते हुए राष्ट्रपति ने समिति की रिपोर्ट पर विचार किया है और राजभाषा आयोग की सिफ़ारिशों पर समिति द्वारा अभिव्यक्त राय को ध्यान में रखकर, इसके बाद निम्नलिखित निदेश जारी किए हैं।

3. शब्दावली —आयोग की जिन मुख्य सिफ़ारिशों को समिति ने मान लिया वे ये हैं—

1. शब्दावली तैयार करने में मुख्य लक्ष्य उसकी स्पष्टता, यथार्थता और सरलता होना चाहिए, 2. अंतरराष्ट्रीय शब्दावली अपनाई जाए, या जहाँ भी आवश्यक हो, अनुकूलन कर लिया जाए, 3. सब भारतीय भाषाओं के लिए शब्दावली का विकास करते समय लक्ष्य यह होना चाहिए कि उसमें जहाँ तक हो सके अधिकतम एकरूपता हो, और 4. हिंदी और अन्य भारतीय भाषाओं की शब्दावली के विकास के लिए जो प्रयत्न केंद्र और राज्यों में हो रहे हैं उनमें समन्वय स्थापित करने के लिए समुचित प्रबंध किए जाने चाहिए। इसके अतिरिक्त समिति का यह मत है कि विज्ञान और प्रौद्योगिकी के क्षेत्र में सब भारतीय भाषाओं में जहाँ तक हो सके एकरूपता होनी चाहिए और शब्दावली लगभग अंग्रेज़ी या अंतरराष्ट्रीय शब्दावली जैसी ही होनी चाहिए। इस दृष्टि से समिति ने यह सुझाव दिया है कि इस क्षेत्र में विभिन्न संस्थाओं द्वारा किए गए काम में समन्वय स्थापित करने और उसकी देखरेख के लिए और सब भारतीय भाषाओं में प्रयोग में लाने की दृष्टि

से एक प्रामाणिक शब्दकोश निकालने के लिए एक ऐसा स्थाई आयोग कायम किया जाए जिसके सदस्य मुख्यतः वैज्ञानिक और प्रौद्योगिकीविद् हों।

शिक्षा मंत्रालय निम्नलिखित विषय में कार्रवाई करे–

(क) अब तक किए गए काम पर पुनर्विचार और समिति द्वारा स्वीकृत सामान्य सिद्धांतों के अनुकूल शब्दावली का विकास। विज्ञान और प्रौद्योगिकी के क्षेत्र में वे शब्द, जिनका प्रयोग अंतरराष्ट्रीयं क्षेत्र में होता है, कम से कम परिवर्तन के साथ अपना लिए जाएँ, अर्थात् मूल शब्द वे होने चाहिए जो कि आजकल अंतरराष्ट्रीय शब्दावली में काम में आते हैं। उनसे व्युत्पन्न शब्दों का जहाँ भी आवश्यक हो भारतीयकरण किया जा सकता है।

(ख) शब्दावली तैयार करने के काम में समन्वय स्थापित करने के लिए प्रबंध करने के विषय में सुझाव देना। और

(ग) विज्ञान और तकनीकी शब्दावली के विकास के लिए समिति के सुझाव के अनुसार स्थाई आयोग का निर्माण।

**4. प्रशासनिक संहिताओं और अन्य कार्यविधि-साहित्य का अनुवाद**–इस आवश्यकता को दृष्टि में रख कर कि संहिताओं और अन्य कार्यविधि-साहित्य के अनुवाद में प्रयुक्त भाषा में किसी हद तक एकरूपता होनी चाहिए, समिति ने आयोग की यह सिफ़ारिश मान ली है कि यह सारा काम एक अभिकरण को सौंप दिया जाए।

शिक्षा मंत्रालय सांविधिक नियमों, विनियमों और आदेशों के अलावा बाकी सब संहिताओं और अन्य कार्यविधि-साहित्य का अनुवाद करें। सांविधिक नियमों, विनियमों और आदेशों का अनुवाद संविधियों के अनुवाद से घनिष्ठ रूप से संबद्ध है, इसलिए यह काम विधि मंत्रालय करे। इस बात का पूरा प्रयत्न होना चाहिए कि सब भारतीय भाषाओं में इन अनुवादों की शब्दावली में जहाँ तक हो सके एकरूपता रखी जाए।

**5. प्रशासनिक कर्मचारी वर्ग को हिंदी का प्रशिक्षण**–(क) समिति द्वारा अभिव्यक्त मत के अनुसार 45 वर्ष से कम आयु वाले सब केंद्रीय कर्मचारियों के लिए सेवा-कालीन हिंदी प्रशिक्षण प्राप्त करना अनिवार्य कर दिया जाना चाहिए। तृतीय श्रेणी के ग्रेड से नीचे के कर्मचारियों और औद्योगिक संस्थाओं और कार्य-प्रभारित कर्मचारियों के संबंध में यह बात लागू न होगी। इस योजना के अंतर्गत नियत तारीख तक विहित योग्यता प्राप्त न कर सकने के लिए कर्मचारी को कोई दंड नहीं दिया जाना चाहिए। हिंदी भाषा की पढ़ाई के लिए सुविधाएँ प्रशिक्षणार्थियों को मुफ़्त मिलती रहनी चाहिए।

(ख) गृह मंत्रालय उन टाइपकारों और आशुलिपिकों को हिंदी टाइपराइटिंग और आशुलिपि का प्रशिक्षण देने के लिए आवश्यक प्रबंध करे जो केंद्रीय सरकार की नौकरी में हैं।

(ग) शिक्षा मंत्रालय हिंदी टाइपराइटरों के मानक की-बोर्ड (कुंजी पटल) के विकास के लिए शीघ्र कदम उठाए।

**6. हिंदी प्रचार**–(क) आयोग की इस सिफ़ारिश से कि यह काम करने की जिम्मेदारी अब सरकार उठाए, समिति सहमत हो गई है। जिन क्षेत्रों में प्रभावी रूप से काम करनेवाली ग़ैर-सरकारी संस्थाएँ पहले से ही विद्यमान हैं उनमें उन संस्थाओं को वित्तीय और अन्य प्रकार की सहायता दी जाए और जहाँ ऐसी संस्थाएँ नहीं हैं वहाँ सरकार आवश्यक संगठन कायम करे।

शिक्षा मंत्रालय इस बात की समीक्षा करे कि हिंदी प्रचार के लिए जो वर्तमान व्यवस्था है वह कैसी चल रही है। साथ ही वह समिति द्वारा सुझाई गई दिशाओं में आगे कार्रवाई करे।

(ख) शिक्षा मंत्रालय और वैज्ञानिक अनुसंधान और सांस्कृतिक कार्य मंत्रालय परस्पर मिलकर भारतीय भाषा-विज्ञान, भाषा-शास्त्र और साहित्य संबंधी अध्ययन और अनुसंधान को प्रोत्साहन देने के लिए समिति द्वारा सुझाए गए तरीके से आवश्यक कार्रवाई करें और विभिन्न भारतीय भाषाओं को परस्पर निकट लाने के लिए और अनुच्छेद 351 में दिए गए निदेश के अनुसार हिंदी का विकास करने के लिए आवश्यक योजना तैयार करें।

**7. केंद्रीय सरकारी विभाग के स्थानीय कार्यालयों के लिए भर्ती**

(क) समिति की राय है कि केंद्रीय सरकारी विभागों के स्थानीय कार्यालय अपने आंतरिक कामकाज के लिए हिंदी का प्रयोग करें और जनता के साथ व्यवहार में उन प्रदेशों की प्रादेशिक भाषाओं का प्रयोग करें।

अपने स्थानीय कार्यालयों में अंग्रेज़ी के अतिरिक्त हिंदी का उत्तरोत्तर अधिक प्रयोग करने के वास्ते योजना तैयार करने में केंद्रीय सरकारी विभाग इस आवश्यकता को ध्यान में रखें कि यथासंभव अधिक से अधिक मात्रा में प्रादेशिक भाषाओं में फार्म और विभागीय साहित्य उपलब्ध करा के वहाँ की जनता को पूरी सुविधाएँ प्रदान की जानी चाहिए।

(ख) समिति की राय है कि केंद्रीय सरकार के प्रशासनिक अभिकरणों और विभागों में कर्मचारियों की वर्तमान व्यवस्था पर पुनर्विचार किया जाए, और कर्मचारियों का प्रादेशिक आधार पर विकेंद्रीयकरण कर दिया जाए, इसके लिए भर्ती के तरीकों और अर्हताओं में उपयुक्त संशोधन करना होगा।

स्थानीय कार्यालयों में जिन कोटियों के पदों पर कार्य करने वालों की बदली मामूली तौर पर प्रदेश के बाहर नहीं होती उन कोटियों के संबंध में यह सुझाव, कोई अधिवास संबंधी प्रतिबंध लगाए बिना, सिद्धांततः मान लिया जाना चाहिए।

(ग) समिति आयोग की इस सिफ़ारिश से सहमत है कि केंद्रीय सरकार के लिए यह विहित कर देना न्यायसम्मत होगा कि उसकी नौकरियों में लगने के लिए एक अर्हता यह भी होगी कि उम्मीदवार को हिंदी भाषा का सम्यक ज्ञान हो। पर ऐसा तभी किया जाना चाहिए जब कि उसके लिए काफ़ी पहले से सूचना दे दी गई हो और भाषा-योग्यता का विहित स्तर मामूली हो और इस बारे में जो भी कमी हो उसे सेवाकालीन प्रशिक्षण द्वारा पूरा किया जा सकता हो।

यह सिफ़ारिश अभी हिंदी-भाषी क्षेत्रों के केंद्रीय सरकारी विभागों में ही कार्यान्वित की जाए, हिंदीतर भाषा-भाषी क्षेत्रों के स्थानीय कार्यालयों में नहीं।

(क), (ख) और (ग) में दिए गए निर्देश भारतीय लेखा-परीक्षा और लेखा विभाग के अधीन कार्यालयों के संबंध में लागू न होंगे।

**8. प्रशिक्षण संस्थान**–(क) समिति ने यह सुझाव दिया है कि नेशनल डिफेंस एकेडमी जैसे प्रशिक्षण संस्थानों में शिक्षा का माध्यम अंग्रेज़ी ही बना रहे किंतु शिक्षा संबंधी कुछ या सभी प्रयोजनों के लिए माध्यम के रूप में हिंदी का प्रयोग शुरू करने के लिए उचित कदम उठाए जाए।

रक्षा मंत्रालय अनुदेश पुस्तिकाओं इत्यादि के हिंदी प्रकाशन आदि के रूप में समुचित प्रारंभिक कार्रवाई करें, ताकि जहाँ भी व्यवहार्य हो वहाँ शिक्षा के माध्यम के रूप में हिंदी का प्रयोग सुगम हो जाए।

(ख) समिति ने सुझाव दिया है कि प्रशिक्षण संस्थानों में प्रवेश के लिए अंग्रेज़ी और हिंदी दोनों ही परीक्षा के माध्यम हों, किंतु परीक्षार्थियों को यह विकल्प रहे कि वे सब या कुछ परीक्षा पत्रों के लिए उनमें से किसी एक भाषा को चुन लें और एक विशेष समिति यह जाँच करने के लिए नियुक्त की जाए कि नियत कोटा प्रणाली अपनाए बिना प्रादेशिक भाषाओं का प्रयोग परीक्षा के माध्यम के रूप में कहाँ तक शुरू किया जा सकता है।

रक्षा मंत्रालय को चाहिए कि वह प्रवेश परीक्षाओं में वैकल्पिक माध्यम के रूप में हिंदी का प्रयोग शुरू करने के लिए आवश्यक कार्रवाई करे और कोई नियत कोटा प्रणाली अपनाए बिना परीक्षा के माध्यम के रूप में प्रादेशिक भाषाओं का प्रयोग आरंभ करने के प्रश्न पर विचार करने के लिए एक विशेष समिति नियुक्त करे।

**9. अखिल भारतीय सेवाओं और उच्चतर केंद्रीय सेवाओं में भर्ती–**

(क) परीक्षा का माध्यम समिति की राय है कि 1. परीक्षा का माध्यम अंग्रेज़ी बना रहे और कुछ समय पश्चात् हिंदी वैकल्पिक माध्यम के रूप में अपनाई जाए। इसके बाद जब तक आवश्यक हो अंग्रेज़ी और हिंदी दोनों ही परीक्षार्थी के विकल्पानुसार परीक्षा के माध्यम के रूप में अपनाने की छूट हो, और 2. किसी प्रकार की नियत कोटा प्रणाली अपनाए बिना परीक्षा के माध्यम के रूप में विभिन्न प्रादेशिक भाषाओं का प्रयोग शुरू करने की व्यवहार्यता की जाँच करने के लिए एक विशेष समिति नियुक्त की जाए।

कुछ समय के पश्चात् वैकल्पिक माध्यम के रूप में हिंदी का प्रयोग शुरू करने के लिए संघ लोक सेवा आयोग के साथ परामर्श करके गृह मंत्रालय आवश्यक कार्रवाई करे। वैकल्पिक माध्यम के रूप में विभिन्न प्रादेशिक भाषाओं का प्रयोग करने से गंभीर कठिनाइयाँ पैदा होने की संभावना है, इसलिए वैकल्पिक माध्यम के रूप में विभिन्न प्रादेशिक भाषाओं का प्रयोग शुरू करने की व्यवहार्यता की जाँच करने के लिए विशेष समिति नियुक्त करना आवश्यक नहीं है।

(ख) भाषा विषयक प्रश्न-पत्र—समिति की राय है कि सम्यक सूचना के बाद समान स्तर के दो अनिवार्य प्रश्न-पत्र होने चाहिए जिनमें से एक हिंदी और दूसरा हिंदी से भिन्न किसी भारतीय भाषा का होना चाहिए और परीक्षार्थी को यह स्वतंत्रता होनी चाहिए कि वह इनमें से किसी एक को चुन ले।

अभी केवल एक ऐच्छिक हिंदी परीक्षा पत्र शुरू किया जाए। प्रतियोगिता में चुने गए जो परीक्षार्थी इस परीक्षा पत्र में उत्तीर्ण हो गए हों, उन्हें भर्ती के बाद जो विभागीय हिंदी परीक्षा देनी होती है, उसमें बैठने और उसमें उत्तीर्ण होने की शर्त से छूट दे दी जाए।

**10. अंक**—जैसा कि समिति का सुझाव है, केंद्रीय मंत्रालयों का हिंदी प्रकाशनों में अंतरराष्ट्रीय अंकों के अतिरिक्त देवनागरी अंकों के प्रयोग के संबंध में एक आधारभूत नीति अपनाई जाए, जिसका निर्धारण इस आधार पर किया जाए कि वे प्रकाशन किस प्रकार की जनता के लिए है और उसकी विषय-वस्तु क्या है। वैज्ञानिक, औद्योगिकीय और सांख्यिकीय प्रकाशनों में, जिसमें केंद्रीय सरकार का बजट संबंधी साहित्य भी शामिल है, बराबर अंतरराष्ट्रीय अंकों का प्रयोग किया जाए।

**11. अधिनियमों, विधेयकों इत्यादि की भाषा**—(क) समिति ने राय दी है कि संसदीय विधियाँ अंग्रेज़ी में बनती रहें किंतु उनका प्रामाणिक हिंदी अनुवाद उपलब्ध कराया जाए।

संसदीय विधियाँ अंग्रेज़ी में बनती रहें पर उसके प्रामाणिक हिंदी अनुवाद की व्यवस्था करने के वास्ते विधि मंत्रालय आवश्यक विधेयक उचित समय पर पेश करे। संसदीय विधियों का प्रादेशिक भाषाओं में अनुवाद कराने का प्रबंध भी विधि मंत्रालय करे।

(ख) समिति ने राय जाहिर की है जहाँ कहीं राज्य विधान-मंडल में पेश किए गए विधेयकों या पास किए गए अधिनियमों का मूल पाठ हिंदी से भिन्न किसी भाषा में है, वहाँ अनुच्छेद 348 के खंड (3) के अनुसार अंग्रेज़ी अनुवाद के अलावा उसका हिंदी अनुवाद भी प्रकाशित किया जाए।

राज्य की राजभाषा में पाठ के साथ-साथ राज्य विधेयकों, अधिनियमों और अन्य सांविधिक लिखतों के हिंदी अनुवाद के प्रकाशन के लिए आवश्यक विधेयक उचित समय पर पेश किया जाए।

**12. उच्चतम न्यायालय और उच्च न्यायालय की भाषा**—राजभाषा आयोग ने सिफ़ारिश की थी कि जहाँ तक उच्चतम न्यायालय की भाषा का सवाल है उसकी भाषा इस परिवर्तन का समय आने पर अंततः हिंदी होनी चाहिए। समिति ने यह सिफ़ारिश मान ली है।

आयोग ने उच्च न्यायालयों की भाषा के विषय में प्रादेशिक भाषाओं और हिंदी के पक्ष-विपक्ष में विचार किया और सिफ़ारिश की कि जब भी इस परिवर्तन का समय आए, उच्च न्यायालयों के निर्णयों, आज्ञप्तियों (डिक्रियों) और आदेशों की भाषा सब प्रदेशों में हिंदी होनी चाहिए, किंतु समिति की राय है कि राष्ट्रपति की पूर्व सम्मति से आवश्यक विधेयक पेश करके यह व्यवस्था करने की गुंजाइश रहे कि उच्च न्यायालयों के निर्णयों, आज्ञप्तियों (डिक्रियों) और आदेशों के लिए उच्च न्यायालय में हिंदी और राज्यों की राजभाषाएँ

विकल्पतः प्रयोग में लाई जा सकेंगी।

समिति की यह राय है कि उच्चतम न्यायालय अंततः अपना सब काम हिंदी में करे यह सिद्धांत रूप में स्वीकार्य है और इसके संबंध में समुचित कार्रवाई उसी समय अपेक्षित होगी जबकि इस परिवर्तन के लिए समय आ जाएगा।

जैसा कि आयोग की सिफ़ारिश की तरमीम करते हुए समिति ने सुझाव दिया है, उच्च न्यायालयों की भाषा के विषय में यह व्यवस्था करने के लिए आवश्यक विधेयक विधि मंत्रालय उचित समय पर राष्ट्रपति की पूर्व सम्मति से पेश करे कि निर्णयों, आज्ञप्तियों (डिक्रियों) और आदेशों के प्रयोजनों के लिए हिंदी और राज्यों की राजभाषाओं का प्रयोग विकल्पतः किया जा सकेगा।

**13. विधि क्षेत्र में हिंदी में काम करने के लिए आवश्यक प्रारंभिक कदम**–मानक विधि-शब्दकोश तैयार करने, केंद्र तथा राज्य के विधान-निर्माण से संबंधित सांविधिक ग्रंथ का अधिनियम करने, विधि शब्दावली तैयार करने की योजना बनाने और जिस संक्रमण काल में सांविधिक ग्रंथ और साथ ही निर्णय विधि अंशतः हिंदी और अंशतः अंग्रेज़ी में होंगे, उस अवधि में प्रारंभिक कदम उठाने के बारे में आयोग ने जो सिफ़ारिश की थी उन्हें समिति ने मान लिया है। साथ ही समिति ने यह सुझाव भी दिया है कि संविधियों के अनुवाद और विधि शब्दावली और कोशों से संबंधित संपूर्ण कार्यक्रम की समुचित योजना बनाने और उसे कार्यान्वित करने के लिए भारत की विभिन्न राष्ट्रभाषाओं का प्रतिनिधित्व करने वाले विशेषज्ञों का एक स्थायी आयोग या इस प्रकार का कोई उच्च स्तरीय निकाय बनाया जाए। समिति ने यह राय भी जाहिर की है कि राज्य सरकारों को परामर्श दिया जाए कि वे भी केंद्रीय सरकार से राय लेकर इस संबंध में आवश्यक कार्रवाई करें।

समिति के सुझाव को दृष्टि में रखकर विधि मंत्रालय (यथासंभव सब भारतीय भाषाओं में प्रयोग के लिए) सर्वमान्य विधि शब्दावली की तैयारी और संविधियों के हिंदी में अनुवाद संबंधी पूरे काम के लिए समुचित योजना बनाने और पूरा करने के लिए विधि विशेषज्ञों के एक स्थायी आयोग का निर्माण करे।

**14. हिंदी के प्रगामी प्रयोग के लिए योजना या कार्यक्रम**–समिति ने यह सुझाव दिया है कि संघ की राजभाषा के रूप में हिंदी के प्रगामी प्रयोग की योजना संघ सरकार बनाए और कार्यान्वित करे। संघ के राजकीय प्रयोजनों में से किसी के लिए अंग्रेज़ी के प्रयोग पर इस समय कोई रोक न लगाई जाए।

तदनुसार गृह मंत्रालय एक योजना या कार्यक्रम तैयार करे उसे अमल में लाने के संबंध में आवश्यक कार्रवाई करे। इस योजना का उद्देश्य होगा संघीय प्रशासन में बिना कठिनाई के हिंदी के प्रगामी प्रयोग के लिए प्रारंभिक कदम उठाना और संविधान के अनुच्छेद 343 के खंड (2) में किए गए उपबंध के अनुसार संघ के विभिन्न कार्यों में अंग्रेज़ी के साथ-साथ हिंदी के प्रयोग को बढ़ावा देना। अंग्रेज़ी के अतिरिक्त हिंदी

का प्रयोग कहाँ तक किया जा सकता है या बात इन प्रारंभिक कार्रवाहियों की सफलता पर बहुत कुछ निर्भर करेगी। इस बीच प्राप्त अनुभव के आधार पर अंग्रेज़ी के अतिरिक्त हिंदी के वास्तविक प्रयोग की योजना पर समय-समय पर पुनर्विचार और उसमें हेर-फेर करना होगा।

इस अधिसूचना ने हिंदी की सवैधानिक स्थिति पर काफ़ी विस्तार से प्रकाश डाला है।

(क) संघ के प्रयोजनों के लिए एक भारतीय राजभाषा (हिंदी) काम में लाई जाए।

(ख) अंग्रेज़ी को हिंदी के साथ अनिश्चितकाल के लिए **सहायक राजभाषा** के रूप में रखा।

(ग) संविधान के अनुच्छेद 351 के अनुसार हिंदी के सामासिक रूप को उभारने एवं उसे स्थापित करने की बात कही गई है। साथ ही इसी अनुच्छेद के अंतर्गत **शिक्षा मंत्रालय** को हिंदी को आगे बढ़ाने के लिए कहा गया है। यहाँ यह बात फिर स्पष्ट हो जाती है कि अनुच्छेद 343 तथा 351 की हिंदी अलग-अलग है। अन्यथा राजभाषा हिंदी को बढ़ाने के लिए गृह मंत्रालय से तथा हिंदी के सामासिक रूप को बढ़ाने के लिए शिक्षा मंत्रालय से न कहा जाता।

(घ) तकनीकी शब्दावली (राजभाषा की शब्दावली) को बनाने के लिए भी प्रयास किए गए।

(ङ) कार्यविधि साहित्य को अंग्रेज़ी से हिंदी में अनुवाद करने के बारे में भी स्पष्ट निदेश है। इस प्रकार अप्रत्यक्ष रूप से राजभाषा हिंदी का अनूदित रूप स्थापित हुआ।

(च) राजभाषा हिंदी के रूप के अध्ययन के लिए उचित प्रशिक्षण की व्यवस्था का किया जाना।

(छ) प्रशिक्षण संस्थानों, जैसे राष्ट्रीय रक्षा अकादमी आदि तथा संघ लोक सेवा आयोग में अंग्रेज़ी के साथ-साथ हिंदी की वैकल्पिक स्थिति का उत्पन्न होना।

(ज) अंकों के अंतरराष्ट्रीय रूप को बढ़ावा देना।

(झ) न्यायालयों में हिंदी के प्रयोग को बढ़ावा।

(ञ) हिंदी को राजभाषा तथा सामासिक या संपर्क भाषा के रूप में प्रयोग को बढ़ावा देने के लिए प्रगामी प्रयोग के कार्यक्रम बनाने तथा संबंधित निदेशों के कार्यान्वयन के लिए एक सुनिश्चित कार्यक्रम बनाने पर बल।

(ट) 1955 के बाद राजभाषा हिंदी के व्यापक प्रयोग की दिशा में इस अधिसूचना का लक्ष्य स्पष्ट हो गया।

ऊपर दी गई अधिसूचना को कार्यान्वयन में लाने के लिए गृह मंत्रालय ने 27 मार्च, 1961 को का. ज्ञा. सं–16/7/61 रा. भा. जारी किया। इस का. ज्ञा. को राष्ट्रपति की दि. 27.4.1960 की अधिसूचना (आदेश) सं. 2/8/60–रा. भा. के पैरा 14 के अंतर्गत जारी किया गया। यह कार्यलय ज्ञापन इस प्रकार था।

### *3.4.5 गृह मंत्रालय के दिनांक 27 मार्च, 1961 के कार्यालय ज्ञापन सं. 16/7/61 रा.भा. की प्रतिलिपि*

विषय—राष्ट्रपति के 27 अप्रैल, 1960 के आदेश को अमल में लाना—
राजकाज में क्रमशः हिंदी शुरू करने का कार्यक्रम।

मुझे राष्ट्रपति के 27 अप्रैल, 1960 के आदेश संख्या 2/8/60 रा.भा. के 14वें पैरा की ओर ध्यान दिलाने का निदेश हुआ है। इस पैरा में (क) संघीय प्रशासन के कामकाज में धीरे-धीरे हिंदी का प्रयोग बढ़ाने की सुविधाएँ देने, और (ख) संविधान के अनुच्छेद 343 के खंड 2 के अनुसार विभिन्न राजकीय प्रयोजनों के लिए अंग्रेज़ी के साथ-साथ हिंदी के प्रयोग को बढ़ावा देने के लिए एक कार्यक्रम या योजना बनाने और उसे अमल में लाने की व्यवस्था है।

2. इस बात के लिए जो तैयारियाँ की जानी चाहिए वे राष्ट्रपति के आदेश में स्पष्ट रूप से बता दी गई हैं—जैसे शब्दावली का निर्माण, प्रशासनिक नियम पुस्तकों और कार्यविधि संबंधी दूसरे साहित्य का अनुवाद, प्रशासनिक कर्मचारियों का हिंदी प्रशिक्षण, हिंदी का प्रचार और विकास, संविधियों का अनुवाद और विधि शब्दावली का निर्माण, आदि। इन प्रारंभिक कामों को पूरा करने के लिए पिछले साल कार्यक्रम की एक रूपरेखा (अनुबंध) तैयार की गई थी, जिसे कैबिनेट (मंत्रिमंडल) ने मोटे तौर पर स्वीकार कर लिया है।

**3. अंग्रेज़ी के साथ-साथ हिंदी का प्रयोग**—केंद्रीय सरकार के बहुत से कर्मचारी हिंदी और हिंदी टाइपिंग तथा आशुलिपि का प्रशिक्षण पा चुके हैं या पा रहे हैं। पर जब तक उन्हें अपने रोज़मर्रा के काम में कुछ काम हिंदी में करने का मौका न दिया जाए तब तक जो कुछ उन्होंने सीखा है उसमें से बहुत कुछ भूल जाने का खतरा है। फिर हिंदी में काम करके ही उसे विचारों में व्यक्त करने का भव्य, लचीला और प्रवाहमय साधन बनाया जा सकता है। कैबिनेट (मंत्रिमंडल) ने तय किया है कि संघ के सरकारी कामों में अंग्रेज़ी के साथ-साथ हिंदी के उत्तरोत्तर प्रयोग के लिए निम्नलिखित योजना या कार्यक्रम अपना लिए जाएँ—

1. संविधान (राजकीय प्रयोजनों के लिए हिंदी भाषा) आदेश, 1955 में जिन विभिन्न राजकीय प्रयोजनों के लिए हिंदी को काम में लाने का अधिकार दिया गया है, उनमें हिंदी का अधिक से अधिक प्रयोग करने की कोशिश की जानी चाहिए। खास तौर पर सभी मंत्रालयों से निम्नलिखित बातों का प्रबंध करने की प्रार्थना की जानी चाहिए—

(क) अब से सरकारी संकल्प हिंदी में भी जारी किए जाएँ, और

(ख) जहाँ तक हो सके यह प्रबंध किया जाए कि 1. 1961-62 के अंत तक सभी हिंदी पत्रों का उत्तर हिंदी में ही दिया जाने लगे, और 2. जिन राज्यों ने हिंदी को राजभाषा मान लिया है उनके साथ 1963-64 के अंत तक आम तौर पर, अंग्रेज़ी के

साथ-साथ, हिंदी में पत्र-व्यवहार किया जाए।

2. सरकारी कार्यालयों के नियमित प्रशासनिक काम में हिंदी शुरू करने के लिए पहली बात यह होनी चाहिए कि फार्मों, रजिस्टरों आदि के शीर्षक अंग्रेज़ी के साथ-साथ हिंदी में भी दिए जाएँ ताकि कर्मचारी हिंदी के शब्दों के बारे में जानकारी हासिल कर लें।

3. सचिवालय के जिन अनुभागों के अधिकतर कर्मचारी मामूली हिंदी जानते हों उनमें मिसाल के तौर पर फाइलों पर हिंदी में नोट लिखने की इज़ाज़त दे दी जाए। शुरू में हिंदी के पत्र-व्यवहार से संबंधित फाइलों पर हिंदी में टिप्पणी करना अच्छा रहेगा।

4. केंद्रीय सरकार के विभागों के जो स्थानीय कार्यालय हिंदी-भाषी क्षेत्रों में हैं उनमें जहाँ भी हो सके फाइलों पर हिंदी में नोट लिखने की इज़ाज़त दे दी जानी चाहिए।

5. 1962-63 से भारत के राजपत्र (गजट) के कुछ भागों, मिसाल के तौर पर भाग 1 असांविधिक अधिसूचनाएँ, भाग 3 संघ लोक सेवा आयोग और हिंदी-भाषी संघीय राज्य क्षेत्रों के मुख्य कमिश्नरों द्वारा जारी की गई अधिसूचनाएँ, भाग—आइ.वी—ग़ैर-सरकारी व्यक्तियों और संस्थाओं के विज्ञापन और नोटिस, भाग—वी—जन्म और मृत्यु के आँकड़ों का प्रकाशन हिंदी में भी कराने का प्रबंध कर लिया जाना चाहिए।

6. ऊपर बताए गए कार्यक्रम की समय-समय पर समीक्षा की जाएगी। प्राप्त अनुभव के आधार पर उसे दोहराया जाएगा और उसमें ज़रूरी फेरबदल किया जाएगा।

7. वित्त मंत्रालय आदि से प्रार्थना है कि ये कैबिनेट (मंत्रिमंडल) द्वारा स्वीकृत इस कार्यक्रम को पूरा करने के लिए उचित कार्यवाही करें और कैबिनेट (मंत्रिमंडल) ने जो समय-अनुसूची बनाई है उसका जहाँ तक हो सके पूरी तरह पालन करने की कोशिश करें।

संविधान में हिंदी को 15 वर्ष की अवधि के बाद या इससे पहले भी संघीय स्तर पर भली-भाँति प्रयोग में लाने की बात कही गई थी। अतः इस आशय का एक अधिनियम 1963 में रखा गया। जिसमें हिंदी को संघीय स्तर पर 1965 से राजभाषा के रूप में स्थापित करने की बात थी। परंतु इस विधेयक का बहुत विरोध हुआ और यही विधेयक कुछ संशोधन के साथ 1967 में पास कर दिया गया।

राजभाषा हिंदी की सवैधानिक स्थिति के अध्ययन के लिए इस अधिनियम का बहुत महत्त्व है।

इस अधिनियम का अधिनियमित होना एक प्रकार से संविधान में दिए गए प्रावधानों के अंतर्गत ही हुआ। संविधान के अनुच्छेद 343 (2) में अंग्रेज़ी के 15 वर्ष तक राजकीय प्रयोजनों में प्रयोग की बात कही गई है। साथ ही अनुच्छेद 344 (1) में राजभाषा आयोग तथा संसद समिति के गठन के प्रावधान को भी स्पष्ट किया गया है। आयोग एवं समिति राष्ट्रपति को अपनी सिफ़ारिशों से अवगत कराएगा। तद्नुसार अंग्रेज़ी की या हिंदी की सही नियति का निर्धारण होगा। इसी उपबंध के अंतर्गत 1955 में राजभाषा आयोग एवं 1957 में राजभाषा समिति का गठन किया गया।

राजभाषा आयोग ने 1965 के बाद अंग्रेज़ी को रखने या हटाने के पक्ष को ध्यान में रखकर वृहत् रूप से विचार किया। अपनी रपट में आयोग ने उन सभी मुद्दों पर विचार किया जिस पर संघ की राजभाषा हिंदी की नींव टिकी हुई है, मसलन संघ एवं राज्यों ने भाषा की स्थिति और शिक्षा क्षेत्र में भाषा की स्थिति राजभाषा के लिए तकनीकी शब्दावली का निर्माण, 1950 के बाद राजभाषा हिंदी को उन्नत एवं प्रयुक्त करने वाले कार्यक्रमों की विवेचना, आशुलिपिकों की समस्या, तकनीकी सामग्री के प्रकाशन की समस्या, राजभाषा हिंदी के प्रशिक्षण पक्ष की समस्या, सार्वजनिक संस्थानों में हिंदी या अंग्रेज़ी के प्रयोग की समस्या आदि पक्ष थे।

इन विचार बिंदुओं पर मंथन करने के उपरांत ही आयोग इस निष्कर्ष पर पहुँचा कि हिंदी को लाने के लिए पन्द्रह वर्ष की अवधि बहुत छोटी है साथ ही उन्हें लगा कि अंग्रेज़ी की स्थिति इतनी सशक्त है कि उसके प्रयोग को रोकना उचित नहीं होगा।[57]

राजभाषा आयोग की सिफ़ारिशों और संसदीय समिति द्वारा उनका अनुमोदन करने के फलस्वरूप राजभाषा अधिनियम 1963 का जन्म हुआ। यही अधिनियम संशोधित राजभाषा अधिनियम (1967) कहलाया। यह अधिनियम इस प्रकार है–

### *3.4.6 यथा संशोधित राजभाषा अधिनियम, 1963*

(1963 का अधिनियम सं. 19)

(10 मई, 1963)

उन भाषाओं का जो संघ के राजकीय प्रयोजनों, संसद में कार्य के संव्यवहार, केंद्रीय और राज्य अधिनियमों और उच्च न्यायालयों में कतिपय प्रयोजनों के लिए प्रयोग में लाई जा सकेंगी, उपबंध करने के लिए

(अधिनियम)

भारत गणराज्य के चौदहवें वर्ष में संसद द्वारा निम्नलिखित रूप में यह अधिनियम हो–

संक्षिप्त नाम और प्रारंभ :

1. (i) यह अधिनियम राजभाषा अधिनियम, 1963 कहा जा सकेगा।

(ii) धारा 3, जनवरी, 1965 के 26 वें दिन को प्रवृत्त होगी और इस अधिनियम के क्षेत्र उपबंध उस तारीख को प्रवृत्त होंगे जिसे केंद्रीय सरकार शासकीय राजपत्र में अधिसूचना द्वारा, नियत करे और इस अधिनियम के विभिन्न उपबंधों के लिए विभिन्न तारीख़ें नियत की जा सकेंगी।

परिभाषाएँ :

2. इस अधिनियम में, जब तक कि प्रसंग से अन्यथा अपेक्षित न हो,

(क) 'नियत दिन' से, धारा 3 के संबंध में, जनवरी, 1965 का 26वाँ दिन अभिप्रेत है और इस अधिनियम के किसी अन्य उपबंध के संबंध में यह दिन अभिप्रेत है जिस दिन की वह उपबंध प्रवृत्त होता है।

(ख) 'हिंदी' से वह हिंदी अभिप्रेत है जिसकी लिपि देवनागरी है।

* संघ के राजकीय प्रयोजनों के लिए और संसद में प्रयोग के लिए अंग्रेज़ी भाषा का बना रहना।

* 3. (1) संविधान के प्रारंभ से पंद्रह वर्ष की अवधि की समाप्ति हो जाने पर भी, हिंदी के अतिरिक्त अंग्रेज़ी भाषा, नियत दिन से ही,—

(क) संघ के उन सब राजकीय प्रयोजनों के लिए जिनके लिए वह उस दिन से ठीक पहले प्रयोग में लाई जाती थी, तथा

(ख) संसद में कार्य के संव्यवहार के लिए प्रयोग में लाई जाती रह सकेगी :

परंतु संघ और किसी ऐसे राज्य के बीच, जिसने हिंदी को अपनी राजभाषा के रूप में नहीं अपनाया है, पत्रादि के प्रयोजनों के लिए अंग्रेज़ी भाषा प्रयोग में लाई जाएगी :

परंतु यह और कि जहाँ किसी ऐसे राज्य के, जिसने हिंदी को अपनी राजभाषा के रूप में अपनाया है और किसी अन्य राज्य के, जिसने हिंदी को अपनी राजभाषा के रूप में नहीं अपनाया है, के बीच पत्रादि के प्रयोजनों के लिए हिंदी को प्रयोग में लाया जाता है, वहाँ हिंदी में ऐसे पत्रादि के साथ-साथ का अनुवाद अंग्रेज़ी भाषा में भेजा जाएगा :

परंतु यह और इस उपधारा की किसी भी बात का यह अर्थ नहीं लगाया जाएगा कि वह किसी ऐसे राज्य को, जिसने हिंदी को अपनी राजभाषा के रूप में नहीं अपनाया है, संघ के साथ या किसी ऐसे राज्य के साथ, जिसने हिंदी को अपनी राजभाषा के रूप में अपनाया है, या किसी अन्य राज्य के साथ, उसकी सहमति से, पत्रादि के प्रयोजनों के लिए हिंदी को प्रयोग में लाने से मना करती है, और ऐसे किसी मामले में उस राज्य के साथ पत्रादि के प्रयोजनों के लिए अंग्रेज़ी भाषा का प्रयोग बाध्यकर न होगा।

(2) उपधारा (1) में अंतर्विष्ट किसी बात के होते हुए भी जहाँ पत्रादि प्रयोजनों के लिए हिंदी या अंग्रेज़ी भाषा—

(1) केंद्रीय सरकार के एक मंत्रालय या विभाग या कार्यालय के और दूसरे मंत्रालय या विभाग या कार्यालय के बीच,

(2) केंद्रीय सरकार के एक मंत्रालय या विभाग या कार्यालय के और केंद्रीय सरकार के स्वामित्व में के या नियंत्रण में के किसी निगम या कंपनी या उसके किसी कार्यालय के बीच,

(3) केंद्रीय सरकार के स्वामित्व में या नियंत्रण में किसी निगम या कंपनी या उसके किसी कार्यालय के और किसी अन्य ऐसे निगम या कंपनी या कार्यालय के बीच; प्रयोग में लाई जाती है वहाँ उस तारीख़ तक, जब तक पूर्वोक्त संबंधित मंत्रालय, विभाग, कार्यालय या निगम या कंपनी का कर्मचारिवृंद हिंदी का कार्यसाधक ज्ञान प्राप्त नहीं कर

---

* राजभाषा (संशोधन) अधिनियम, 1967 द्वारा मूल धारा के स्थान पर रखा गया।

लेता, ऐसे पत्रादि का अनुवाद यथास्थिति, अंग्रेज़ी भाषा या हिंदी में भी दिया जाएगा–

(3) उपधारा (1) में अंतर्विष्ट किसी बात के होते हुए भी, हिंदी और अंग्रेज़ी दोनों भाषा ही–

(1) संकल्पों, साधारण आदेशों, नियमों, अधिसूचनाओं, प्रशासनिक या अन्य प्रतिवेदनों या प्रेस विज्ञप्तियों के लिए, जो केंद्रीय सरकार द्वारा या उसके किसी मंत्रालय, विभाग या कार्यालय द्वारा या केंद्रीय सरकार के स्वामित्व में या नियंत्रण में के किसी निगम या कंपनी द्वारा या ऐसे निगम या कंपनी के किसी कार्यालय द्वारा निकाले जाते हैं या किए जाते हैं;

(2) संसद के किसी सदन या सदनों के समक्ष रखे गए प्रशासनिक तथा अन्य प्रतिवेदनों और राजकीय कागज-पत्रों के लिए;

(3) केंद्रीय सरकार या उसके किसी मंत्रालय, विभाग या कार्यालय द्वारा या उसकी ओर से या केंद्रीय सरकार के स्वामित्व में या नियंत्रण में के किसी निगम या कंपनी द्वारा या ऐसे निगम या कंपनी के किसी कार्यालय द्वारा निष्पादित संविदाओं और करारों के लिए तथा निकाली गई अनुज्ञप्तियों, अनुज्ञापनों, सूचनाओं और निविदा-प्ररूपों के लिए;

प्रयोग में लाई जाएगी।

(4) उपधारा (1) या उपधारा (2) या उपधारा (3) के उपबंधों पर प्रतिकूल प्रभाव डाले बिना केंद्रीय सरकार धारा 8 के अधीन बनाए गए नियमों द्वारा उस भाषा या उन भाषाओं का उपबंध कर सकेगी जिसे या जिन्हें संघ के राजकीय प्रयोजन के लिए, जिसके अंतर्गत किसी मंत्रालय, विभाग, अनुभाग या कार्यालय का कार्यकरण है, प्रयोग में लाया जाना है और ऐसे नियम बनाने में राजकीय कार्य के शीघ्रता और दक्षता के साथ निपटारे का तथा जन-साधारण के हितों का सम्यक् ध्यान रखा जाएगा। और इस प्रकार बनाए गए नियम विशिष्टतया यह सुनिश्चित करेंगे कि जो व्यक्ति संघ के कार्यकलाप के संबंध में सेवा कर रहे हैं और जो या तो हिंदी में या अंग्रेज़ी भाषा में प्रवीण हैं वे प्रभावी रूप से अपना काम कर सकें और यह भी कि केवल इस आधार पर कि वे दोनों ही भाषाओं में प्रवीण नहीं हैं उनका कोई अहित नहीं होता है।

(5) उपधारा (1) के खंड (क) के उपबंध और उपधारा (2), उपधारा (3) और उपधारा (4) के उपबंध तब तक प्रवृत्त बने रहेंगे जब तक उनमें वर्णित प्रयोजनों के लिए अंग्रेज़ा भाषा का प्रयोग समाप्त कर देने के लिए ऐसे सभी राज्यों के विधान-मंडलों द्वारा, जिन्होंने हिंदी को अपनी राजभाषा के रूप में नहीं अपनाया है, संकल्प पारित नहीं कर दिए जाते और जब तक पूर्वोक्त संकल्पों पर विचार कर लेने के पश्चात् ऐसी समाप्ति के लिए संसद के हर एक सदन द्वारा संकल्प पारित नहीं कर दिया जाता।

**राजभाषा के संबंध में समिति :**

4. (1) जिस तारीख को धारा 3 प्रवृत्त होती है उससे दस वर्ष की समाप्ति के

पश्चात् राजभाषा के संबंध में एक समिति, इस विषय का संकल्प संसद के किसी भी सदन में राष्ट्रपति की पूर्व मंजूरी से प्रस्तावित और दोनों सदनों द्वारा पारित किए जाने पर, गठित की जाएगी।

(2) इस समिति में तीस सदस्य होंगे जिनमें से बीस लोकसभा के सदस्य होंगे तथा दस राज्य सभा के सदस्य होंगे, जो क्रमशः लोकसभा के सदस्यों तथा राज्यसभा के सदस्यों द्वारा आनुपातिक प्रतिनिधित्व पद्धति के अनुसार एकल संक्रमणीय मत द्वारा निर्वाचित होंगे।

(3) इस समिति का कर्तव्य होगा कि वह संघ के राजकीय प्रयोजनों के लिए हिंदी के प्रयोग में की गई प्रगति का पुनर्विलोकन करे और उस पर सिफ़ारिश करते हुए राष्ट्रपति को प्रतिवेदन दे और राष्ट्रपति उस प्रतिवेदन को संसद के हर एक सदन के समक्ष रखवाएगा और सभी राज्य सरकारों को भिजवाएगा।

(4) राष्ट्रपति उपधारा (3) में निर्दिष्ट प्रतिवेदन पर और उस पर राज्य सरकारों ने यदि कोई मत अभिव्यक्त किए हों तो उन पर विचार करने के पश्चात् उस समस्त प्रतिवेदन के या उसके किसी भाग के अनुसार निदेश निकाल सकेगा :

# परंतु इस प्रकार निकाले गए निदेश धारा 3 के उपबंधों से असंगत नहीं होंगे।

**केंद्रीय अधिनियमों आदि का प्राधिकृत हिंदी अनुवाद :**

(5) (1) नियत दिन को और उसके पश्चात् शासकीय राजपत्र में राष्ट्रपति के प्राधिकार से प्रकाशित—

(क) किसी केंद्रीय अधिनियम का या राष्ट्रपति द्वारा प्रख्यापित किसी अध्यादेश का, अथवा

(ख) संविधान के अधीन या किसी केंद्रीय अधिनियम के अधीन निकाले गए किसी आदेश, नियम, विनियम या उपविधि का—

हिंदी में अनुवाद उसका हिंदी में प्राधिकृत पाठ समझा जाएगा :

(2) नियत दिन से ही उन सब विधेयकों के, जो संसद के किसी भी सदन में पुरः स्थापित किए जाने हों और उन सब संशोधनों के, जो उनके संबंध में संसद के किसी भी सदन में प्रस्तावित किए जाने हों, अंग्रेज़ी भाषा के प्राधिकृत पाठ के साथ-साथ उनका हिंदी में अनुवाद भी होगा जो ऐसी रीति से प्राधिकृत किया जाएगा, जो इस अधिनियम के अधीन बनाए गए नियमों द्वारा विहित की जाए।

**कतिपय दशाओं में राज्य अधिनियमों का प्राधिकृत हिंदी अनुवाद :**

6. जहाँ किसी राज्य के विधान-मंडल ने उस राज्य के विधान-मंडल द्वारा पारित अधिनियमों में अथवा उस राज्य में राज्यपाल द्वारा प्रख्यापित अध्यादेशों में प्रयोग के

---

# राजभाषाा (संशोधन) अधिनियम, 1967 द्वारा जोड़ा गया।

लिए हिंदी से भिन्न कोई भाषा विहित की है वहाँ, संविधान के अनुच्छेद 348 के खंड (3) द्वारा अपेक्षित अंग्रेज़ी भाषा में उसके अनुवाद के अतिरिक्त, उसका हिंदी में अनुवाद उस राज्य के शासकीय राजपत्र में, उस राज्य के राज्यपाल के प्राधिकार से, नियत दिन को या उसके पश्चात्, प्रकाशित किया जा सकेगा और ऐसी दशा में ऐसे किसी अधिनियम या अध्यादेश का हिंदी में अनुवाद हिंदी भाषा में उसका प्राधिकृत पाठ समझा जाएगा।

**उच्च न्यायालयों के निर्णयों, आदि में हिंदी या अन्य राजभाषा का वैकल्पिक प्रयोग :**

7. नियत दिन से ही या तत्पश्चात् किसी भी दिन से किसी राज्य का राज्यपाल, राष्ट्रपति की पूर्व सहमति से, अंग्रेज़ी भाषा के अतिरिक्त हिंदी या उस राज्य की राजभाषा का प्रयोग, उस राज्य के उच्च न्यायालय द्वारा पारित या दिए गए किसी निर्णय, डिक्री या आदेश के प्रयोजनों के लिए प्राधिकृत कर सकेगा और जहाँ कोई निर्णय, डिक्री या आदेश (अंग्रेज़ी भाषा से भिन्न) ऐसी किसी भाषा में पारित किया या दिया जाता है वहाँ उसके साथ-साथ उच्च न्यायालय के प्राधिकार से निकाला गया अंग्रेज़ी भाषा में उसका अनुवाद भी होगा।

**नियम बनाने की शक्ति :**

8. (1) केंद्रीय सरकार इस अधिनियम के प्रयोजनों को कार्यान्वित करने के लिए नियम, शासकीय राजपत्र में अधिसूचना द्वारा, बना सकेगी।

(2) इस धारा के अधीन बनाया गया हर नियम, बनाए जाने के पश्चात् यथासमय शीघ्र, संसद के हर एक सदन के समक्ष, उस समय जब वह सत्र में हो, कुल मिलाकर तीस दिन की अवधि के लिए, जो एक सत्र में या दो क्रमवर्ती सत्रों में समाविष्ट हो सकेगी, रखा जाएगा और यदि उस सत्र के, जिसमें वह ऐसे रखा गया हो, या ठीक पश्चातवर्ती सत्र के अवसान के पूर्व दोनों सदन उस नियम में कोई उपांतर करने के लिए सहमत हो जाएँ या दोनों सदन सहमत हो जाएँ कि वह नियम नहीं बनाया जाना चाहिए तो तत्पश्चात्, यथास्थिति, वह नियम ऐसे उपांतरित रूप में ही प्रभावशील होगा या उसका कोई भी प्रभाव न होगा, किंतु इस प्रकार कि ऐसा कोई उपांतर या परिक्षेत्र उस नियम के अधीन पहले की गई किसी बात की विधिमान्यता पर प्रतिकूल प्रभाव डाले बिना होगा।

**कतिपय उपबंधों का जम्मू-कश्मीर पर लागू न होना :**

9. धारा 6 और धारा 7 के उपबंध जम्मू-कश्मीर राज्यों को लागू न होंगे।

**इस अधिनियम में जो स्थिति उभरकर सामने आती है वह इस प्रकार है।**

(क) सह-राजभाषा के रूप में अंग्रेज़ी की स्थिति सुनिश्चित हो गई।

(ख) द्विभाषिक स्थिति का आरंभ होना।

(ग) संशोधित अधिनियम की धारा 3 (1) को ग़ौर से देखा जाए तो यह तथ्य

स्पष्ट दिखाई देता है कि हिंदी के साथ अंग्रेज़ी को स्थापित करने के लिए ही इसे अधिनियमित किया गया है। हिंदी के साथ अंग्रेज़ी जोड़ी गई है। प्रत्यक्ष रूप से हिंदी प्रमुख है परंतु अप्रत्यक्ष रूप से अंग्रेज़ी का प्रभुत्व अधिक है।

1. संघ एवं अहिंदी भाषी राज्यों के बीच पत्र-व्यवहार में हिंदी के प्रयोग की स्पष्ट संभावना को व्यक्त किया गया है।

2. हिंदी एवं अहिंदी भाषी राज्यों के बीच पत्र-व्यवहार में अंग्रेज़ी अनुवाद के प्रयोग के साथ हिंदी के प्रयोग की व्यवस्था को भी रखा गया है।

3. संघ एवं अहिंदी भाषी राज्यों के बीच पत्र-व्यवहार में अंग्रेज़ी का महत्त्व ही अधिक है।

4. हिंदी-हिंदी भाषी राज्यों के बीच हिंदी को ही बढ़ावा है।

(घ) हिंदी के प्रयोग के साथ यह शर्त भी रखी गई है कि कर्मचारीवृंद को हिंदी का कार्यसाधक ज्ञान हो। अतः वहाँ स्थिति बड़ी दुविधापूर्ण है। कर्मचारीवृंदों में हिंदी का कार्यसाधक ज्ञान होना एक लंबी प्रक्रिया है। अतः यहाँ हिंदी के प्रयोग की गति अवरुद्ध हुई है।

(ङ) संकल्पों, आदेशों, अधिसूचनाओं आदि में हिंदी एवं अंग्रेज़ी (संघीय स्तर या) दोनों का प्रयोग।

(च) राजभाषा नियम इस स्थिति को ध्यान में रखकर बनाए जाएँगे जिससे कि उन कर्मचारियों का अहित न हो जो कि हिंदी एवं अंग्रेज़ी या दोनों में से किसी एक में प्रवीणता न रखते हों।

(छ) अंग्रेज़ी के प्रयोग की संभावना एक प्रकार से सुदृढ़ हुई। अंग्रेज़ी का प्रयोग, संघ सरकार द्वारा, विशेषकर उन राज्यों से जिन्होंने हिंदी को राजभाषा के रूप में स्वीकार नहीं कर लिया है, तब तक होता रहेगा जब तक देश के सभी राज्यों के विधान-मंडल अपने यहाँ हिंदी को राजभाषा न मान लें। या संघ के साथ हिंदी में कार्य करने के लिए सहमत न हो जाएँ साथ ही यह अधिनियम संसद के दोनों सदनों में भी पारित न हो।

इससे यह तो स्पष्ट होता है कि संघ सरकार का पूरा काम हिंदी में होना प्रायः असंभव सा है। हाँ, वह हिंदी के प्रयोग की सीमाएँ बढ़ा सकेगी। जो राज्य हिंदी को राजभाषा बनाएँगे उनसे तो वह अपना पत्र-व्यवहार हिंदी में कर सकेगी।

(ज) राजभाषा की प्रगति का आकलन करने एवं उसकी स्थिति को बेहतर बनाने के लिए सुझाव देने के लिए राजभाषा समिति के गठन का प्रावधान है।

(झ) केंद्रीय अधिनियमों में हिंदी के अनुवादों को प्राधिकृत करने की (मानने की) व्यवस्था है।

(ञ) अहिंदी भाषी राज्यों तथा उच्च न्यायालयों आदि में अंग्रेज़ी तथा वहाँ की राजभाषा के साथ-साथ हिंदी के अनुवाद को प्राधिकृत करने की व्यवस्था का होना।

(ट) राजभाषा अधिनियम को कार्यान्वित करने के लिए केंद्र सरकार को नियम

बनाने की शक्ति प्रदान करना।

इस अधिनियम की देश में व्यापक प्रतिक्रिया हुई। विशेषकर हिंदी भाषी राज्यों में इस बात का खुलासा हो गया कि संघ सरकार ने राजभाषा हिंदी की प्रगति का मार्ग अवरुद्ध कर दिया है। इससे बड़ा आक्रोश फैला और जगह-जगह दंगे हुए। कई शहरों में तो अधिनियम की प्रतियाँ तक जलाई गईं।[58]

संसद में सेठ गोविंददास ने विधेयक का खुलकर विरोध किया और सरकार के इस रवैये पर बड़ा दुःख प्रकट किया।[59]

1963 (1967 संशोधित) के अधिनियम को पारित करने के पश्चात् संसद ने राजभाषा एवं संपर्क भाषा हिंदी की प्रगति तथा उसके क्षेत्र का विकास करने के मुद्दे को दृष्टि में रखते हुए 18 जनवरी, 1968 में भाषा नीति विषयक एक संकल्प संसद ने स्वीकार किया जो इस प्रकार है।

### *3.4.7 गृह मंत्रालय के दिनांक 18 जनवरी, 1968 के संकल्प संख्या एफ. 5/8/65–रा.भा. की प्रतिलिपि*

#### संकल्प

संख्या एफ. 5/8/65 रा. भा.—संसद के दोनों सदनों द्वारा पारित निम्नलिखित सरकारी संकल्प आम जानकारी के लिए प्रकाशित किया जाता है—

"जबकि संविधान के अनुच्छेद 343 के अनुसार संघ की राजभाषा हिंदी रहेगी और उसके अनुच्छेद 351 के अनुसार हिंदी भाषा की प्रसार और वृद्धि करना और उसका विकास करना ताकि वह भारत की सामासिक संस्कृति के सब तत्वों की अभिव्यक्ति का माध्यम हो सके, संघ का कर्तव्य है;

यह सभा संकल्प करती है कि हिंदी के प्रसार एवं विकास की गति बढ़ाने के हेतु तथा संघ के विभिन्न राजकीय प्रयोजनों के लिए उत्तरोत्तर इसके प्रयोग के हेतु भारत सरकार द्वारा एक अधिक गहन एवं व्यापक कार्यक्रम तैयार किया जाएगा और उसे कार्यान्वित किया जाएगा और किए जाने वाले उपायों एवं की जाने वाली प्रगति की विस्तृत वार्षिक मूल्याकन रिपोर्ट संसद की दोनों सभाओं के पटल पर रखी जाएँगी, और सब राज्य सरकारों को भेजी जाएँगी;

2. जबकि संविधान की आठवीं अनुसूची में हिंदी के अतिरिक्त भारत की 14 मुख्य भाषाओं का उल्लेख किया गया है, और देश की शैक्षणिक एवं सांस्कृतिक उन्नति के लिए यह आवश्यक है कि इन भाषाओं के पूर्ण विकास हेतु सामूहिक उपाय किए जाने चाहिए;

यह सभा संकल्प करती है कि हिंदी के साथ-साथ इन सब भाषाओं के समन्वित विकास हेतु भारत सरकार द्वारा राज्य सरकारों के सहयोग से एक कार्यक्रम तैयार किया जाएगा और उसे कार्यान्वित किया जाएगा ताकि वे शीघ्र समृद्ध हों और आधुनिक ज्ञान

के संचार का प्रभावी माध्यम बनें;

3. जबकि एकता की भावना के संवर्धन तथा देश के विभिन्न भागों में जनता में संचार की सुविधा हेतु यह आवश्यक है कि भारत सरकार द्वारा राज्य सरकारों के परामर्श से तैयार किए गए—भाषासूत्र को सभी राज्यों में पूर्णतः कार्यान्वित करने के लिए प्रभावी उपाय किए जाने चाहिए;

यह सभा संकल्प करती है कि हिंदी-भाषी क्षेत्रों में, हिंदी तथा अंग्रेज़ी के अतिरिक्त एक आधुनिक भारतीय भाषा के दक्षिण भारत की भाषाओं में से किसी एक को तरजीह देते हुए और अहिंदी-भाषी क्षेत्रों में प्रादेशिक भाषाओं एवं अंग्रेज़ी के साथ-साथ हिंदी के अध्ययन के लिए उस सूत्र के अनुसार प्रबंध किया जाना चाहिए;

4. और जबकि यह सुनिश्चित करना आवश्यक है कि संघ की लोक सेवाओं के विषय में देश के विभिन्न भागों के लोगों के न्यायोचित दावों और हितों का पूर्ण परित्राण किया जाए;

**यह सभा संकल्प करती है–**

(क) कि उन विशेष सेवाओं अथवा पदों को छोड़कर जिनके लिए ऐसी किसी सेवा अथवा पद के कर्तव्यों के संतोषजनक निष्पादन के हेतु केवल अंग्रेज़ी अथवा हिंदी अथवा दोनों, जैसी स्थिति हो, का उच्च-स्तर का ज्ञान आवश्यक समझा जाए, संघ सेवाओं अथवा पदों के लिए भर्ती करने के हेतु उम्मीदवारों के चयन के समय हिंदी अथवा अंग्रेज़ी में से किसी एक का ज्ञान अनिवार्यतः अपेक्षित होगा; और

(ख) कि परीक्षाओं की भावी योजना, प्रक्रिया संबंधी पहलुओं एवं समय के विषय में संघ लोक सेवा आयोग के विचार जानने के पश्चात् अखिल भारतीय एवं उच्चतर केंद्रीय सेवाओं संबंधी परीक्षाओं के लिए संविधान की आठवीं अनुसूची में सम्मिलित सभी भाषाओं तथा अंग्रेज़ी को वैकल्पिक माध्यम के रूप में रखने की अनुमति होगी।

## आदेश

आदेश दिया जाता है कि इस संकल्प की प्रति सभी राज्य सरकारों/संघ राज्य क्षेत्रों तथा भारत सरकार के मंत्रालयों को भेज दी जाए।

यह भी आदेश दिया जाता है कि इस संकल्प को भारत के राजपत्र में आम जानकारी के लिये प्रकाशित किया जाए।

**इस संकल्प में निम्नलिखित मुद्दे उभरकर सामने आते हैं।**

1. केंद्रीय सरकार द्वारा हिंदी के प्रचार तथा विकास के लिए तथा उसके क्रमिक प्रयोग की दिशा में तेजी लाने, उसके लिए व्यापक कार्यक्रम बनाने की नीयत का पता चलता है।

2. इस संकल्प में हिंदी के अलावा आठवीं अनुसूची में दर्ज 15 (उस समय) भारतीय भाषाओं की उन्नति की बात कही गई है।

3. यह संकल्प त्रिभाषा सूत्र पर ज़ोर देता है।

4. संघ लोक सेवा आयोग की परीक्षाओं में हिंदी के प्रयोग पर बल देने की दिशा में भी इस संकल्प में काफ़ी स्थान है।

उपर्युक्त संकल्प के पारित हो जाने के पश्चात् राजभाषा हिंदी तथा संपर्क भाषा हिंदी को स्थापित करने की एक आदर्शवादी स्थिति निर्मित हुई। इस संकल्प से सरकारी कार्यालयों में व्यावहारिक रूप से हिंदी के प्रयोग को विशेष बल नहीं मिला।

हालाँकि संशोधित राजभाषा अधिनियम (1967) पारित हो चुका था। परंतु उसके कार्यान्वयन में कई प्रशासनिक कठिनाइयाँ सामने आईं। इन कठिनाइयों को दूर करने के विचार से गृह मंत्रालय ने दिनांक 6.7.1963 को एक कार्यालय ज्ञापन, सं. 2/29/68 जारी किया। इस कार्यालय ज्ञापन में राजभाषा (संशोधन) अधिनियम 1967 को कार्यान्वयन करने की दिशा में सरकारी प्रयोजनों के लिए हिंदी के प्रगामी प्रयोगों के लिए अनुदेश ज़ारी किए गए।

**यह कार्यालय ज्ञापन इस प्रकार है :**

### *3.4.8 गृह मंत्रालय के दि. 6 जुलाई, 1968 के कार्यालय ज्ञापन सं. 2/29/68 रा.भा. की प्रतिलिपि*

विषय—राजभाषा (संशोधन) अधिनियम, 1967—सरकारी प्रयोजनों के लिए हिंदी का प्रगामी प्रयोग—अनुदेश जारी करना।

मुझे यह कहने का निदेश हुआ है कि संविधान के अनुच्छेद 343 की व्यवस्था के अनुसार 26 जनवरी, 1965 से हिंदी संघ की राजभाषा हो गई। तथापि, राजभाषा अधिनियम, 1963 को पारित करते हुए यह व्यवस्था की गई कि उस तारीख़ के बाद भी हिंदी के अतिरिक्त अंग्रेज़ी भी संघ के उन सभी सरकारी प्रयोजनों के लिए बराबर प्रयुक्त होती रहेगी, जिनके लिए वह उस तारीख के तुरंत पहले प्रयुक्त की जा रही थी। इस प्रकार द्विभाषिक स्थिति की अवधि शुरू हुई, जिसमें कि संघ के सरकारी प्रयोजनों के लिए हिंदी और अंग्रेज़ी दोनों ही भाषाएँ प्रयुक्त की जा सकती हैं। राजभाषा (संशोधन) अधिनियम, 1967 के पारित होने से राजभाषा अधिनियम, 1963 की धारा 3 के स्थान पर नए उपबंध लागू किए गए हैं। राजभाषा अधिनियम, 1963 तथा राजभाषा (संशोधन) अधिनियम, 1967 की प्रतिलिपियाँ # संलग्न हैं। अधिनियम के संशोधित उपबंधों के कार्यान्वयन के लिए मंत्रालयों आदि द्वारा योजना बनाने के हेतु निम्नलिखित अनुदेश जारी किए जा रहे हैं।

2. जिन राज्यों ने हिंदी को अपनी राजभाषा के रूप में नहीं अपनाया है, उनके और संघ के बीच पत्र-व्यवहार के लिए अंग्रेज़ी प्रयुक्त की जाएगी। परंतु अधिनियम में यह व्यवस्था की गई है कि ऐसा राज्य भी संघ के साथ हिंदी में पत्र-व्यवहार कर

---

# कृपया देखें : राजभाषा अधिनियम 1963 (1967)

सकता है, और ऐसी स्थिति में उस राज्य के साथ किए जाने वाले पत्र-व्यवहार में अंग्रेज़ी का प्रयोग अनिवार्य नहीं होगा। जिन राज्यों ने केंद्रीय सरकार के साथ पत्र-व्यवहार के लिए हिंदी अपना ली है (हरियाणा, उत्तर प्रदेश, बिहार, राजस्थान, मध्य प्रदेश, गुजरात, महाराष्ट्र और पंजाब), उनके संबंध में इस प्रकार के आदेश पहले से ही विद्यमान हैं कि इन राज्यों से प्राप्त होने वाले सभी हिंदी पत्रों का उत्तर हिंदी में ही दिया जाना चाहिए। इसके अतिरिक्त इन राज्यों के साथ किए जाने वाले हर प्रकार के पत्र-व्यवहार के लिए यथासंभव हिंदी अधिक से अधिक प्रयुक्त की जानी चाहिए।

3. (1) जहाँ केंद्रीय सरकार के मंत्रालयों/विभागों/कार्यालयों में परस्पर पत्र-व्यवहार के लिए हिंदी अथवा अंग्रेज़ी का प्रयोग किया जाए तो उसका अंग्रेज़ी या हिंदी अनुवाद भी, यथास्थान दिया जाना चाहिए। यह आवश्यकता ऐसे संबधित/मंत्रालय/विभाग/कार्यालय में लागू नहीं होगी जहाँ के कर्मचारियों (अर्थात् पत्र भेजने वाले और पत्र प्राप्त करने वाले दोनों ही मंत्रालय आदि के कर्मचारियों) ने हिंदी का कार्यसाधक ज्ञान प्राप्त कर लिया है अथवा भविष्य में प्राप्त कर लेंगे।

(2) इस संबंध में उन कर्मचारियों को हिंदी का कार्यसाधक ज्ञान रखने वाला समझा जाएगा जिन्होंने हिंदी के साथ मैट्रिकुलेशन या उसके समकक्ष कोई परीक्षा, या हिंदी शिक्षण योजना की प्रांत परीक्षा या हिंदी की कोई विभागीय परीक्षा पास की हो। हिंदी का कार्यसाधक ज्ञान रखने वाले कर्मचारियों की उपलब्ध संख्या को ध्यान में रखते हुए प्रत्येक मंत्रालय/विभाग यह निश्चय करेगा कि कौन-कौन से कार्यालय में ऐसे अनुवाद की व्यवस्था करने की आवश्यकता नहीं होगी। हिंदी जानने वाले कर्मचारियों को उपलब्ध संख्या निर्धारित करने के लिए किसी कार्यालय में एक ही स्थान में समीपस्थ काम करने वाले कर्मचारियों को ध्यान में रखना होगा, न कि भिन्न-भिन्न स्थानों में बँटे हुए किसी संगठन के कर्मचारियों की कुल संख्या को। जिस मंत्रालय/विभाग/कार्यालय में सचिवालयीन काम करने वाले कर्मचारियों में से कम-से-कम 80 प्रतिशत को हिंदी का कार्यसाधक ज्ञान हो, वहाँ अनुवाद संबंधी वास्तविक आवश्यकताओं की जाँच करने के लिए अनुवाद करने वाले कर्मचारियों की संख्या की समीक्षा की जा सकती है।

(3) अधिनियम में यह व्यवस्था नहीं की गई है कि दूसरी भाषा में अनुवाद पत्र के साथ भेजा जाएगा अथवा प्राप्त करने वाले कार्यालय द्वारा किया जाएगा। भाषा का ज्ञान रखने वाले कर्मचारियों की उपलब्ध संख्या को ध्यान में रखते हुए प्रशासनिक दृष्टि से इसे निर्धारित करना होगा। उदाहरण के लिए, हिंदी-भाषी राज्यों में स्थित कार्यालयों को भेजे जाने वाले हिंदी पत्रों का अंग्रेज़ी अनुवाद भेजने की आवश्यकता नहीं है। यदि आवश्यक हो तो प्राप्त करने वाले कार्यालयों में ऐसे अनुवादों की व्यवस्था की जा सकती है। इसी प्रकार अहिंदी-भाषी राज्यों में स्थित कार्यालयों को भेजे जानेवाले हिंदी पत्रों के साथ उनका अंग्रेज़ी अनुवाद भेजना होगा; विशेष रूप से छोटे कार्यालयों को भेजे जाने वाले पत्रों के संबंध में यह आवश्यक होगा। ऐसे प्रबंध करते हुए, इस बात को सुनिश्चित

करना होगा कि हिंदी अथवा अंग्रेज़ी का प्रयोग करने वाले किसी कर्मचारी को स्वयं अन्य भाषा में अनुवाद न करना पड़े।

(4) साधारणतः एक मंत्रालय से दूसरे मंत्रालय को भेजे जाने वाले या किसी मंत्रालय द्वारा दिल्ली में स्थित अपने संबंधित कार्यालयों को भेजे जाने वाले पत्रों का अनुवाद भेजना आवश्यक नहीं होगा। किसी अन्य मंत्रालय/विभाग को कोई फाइल भेजते हुए, यदि अंतिम नोट स्वतः पूर्ण रूप में भेजा जाए और उसकी एक अतिरिक्त प्रति साथ में लगा दी जाए तो प्राप्त करने वाले कार्यालय में अनुवाद का काम कम हो जाएगा। अधिकतर इस प्रकार का पत्राचार विधि, वित्त और गृह इन्हीं तीन मंत्रालयों के साथ किया जाता है, अतः यह आवश्यक होगा कि इन मंत्रालयों में अनुवाद की सुविधाएँ उपयुक्त रूप से बढ़ा दी जाएँ ताकि मामलों के निपटान में विलंब न हो।

(5) जहाँ तक मंत्रालय/विभाग/कार्यालय में आंतरिक रूप से फाइलों पर टिप्पण का संबंध है, हिंदी अथवा अंग्रेज़ी के प्रयोग पर कोई प्रतिबंध लागू नहीं हो सकते। जिन स्तरों पर अनुवाद उपलब्ध करना चाहिए वे राजभाषा अधिनियम, 1963 की धारा 8 के अधीन बनाए जाने वाले नियमों के अनुसार यथासमय निर्दिष्ट किए जाएँगे। ये नियम बन जाने पर भारत सरकार के सभी मंत्रालयों/विभागों को भेज दिए जाएँगे। इस बीच निम्नलिखित बातें ध्यान में रखनी चाहिए।

1. कोई कर्मचारी टिप्पण या आलेखन के लिए हिंदी अथवा अंग्रेज़ी दोनों में से किसी भी भाषा का प्रयोग कर सकता है और उससे स्वयं उनका अनुवाद नहीं माँगा जाए;

2. जहाँ किसी टिप्पण या आलेखन पत्र को सरल या छोटे होने के कारण निजी सहायक या अन्य कर्मचारी उसको समझा सकते हों या उन स्थितियों को अतिरिक्त, कर्मचारी को संबंधित टिप्पण या पत्र में प्रयुक्त भाषा का कार्यसाधक ज्ञान न होने पर अनुवाद या सारांश उपलब्ध कराना होगा।

5. संशोधन अधिनियम की धारा 2 की उपधारा (3) में यह व्यवस्था की गयी है कि संकल्पों, सामान्य आदेशों, नियमों, अधिसूचनाओं, प्रशासनिक अथवा अन्य रिपोर्टों, प्रेस विज्ञप्तियों, संसद के किसी सदन या दोनों सदनों के समक्ष प्रस्तुत किए जाने वाले सरकारी पत्रों, संविदाओं, करारों, लाइसेंसों, परमिटों, नोटिसों और टेंडर के फार्मों के लिए हिंदी और अंग्रेज़ी दोनों ही भाषाओं का प्रयोग किया जाएगा। संकल्प, सामान्य आदेश, नियम, अधिसूचनाएँ, प्रशासनिक रिपोर्टें तथा संसद के समक्ष प्रस्तुत किए जाने वाले पत्र, वर्तमान आदेशों के अधीन पहले से ही हिंदी और अंग्रेज़ी दोनों में जारी किए जा रहे हैं। प्रेस विज्ञप्तियों, संविदाओं, करारों, लाइसेंसों, परमिटों, नोटिसों और टेंडर के फार्मों के संबंध में यह आवश्यकता अभी कार्यान्वित की जानी है। अहिंदी-भाषी क्षेत्रों में स्थित कार्यालयों में इन उद्देश्यों के लिए हिंदी अनुवाद प्रचलित करने में कुछ कठिनाइयाँ हो सकती हैं। अनुवाद के लिए प्रबंध किए जाने चाहिए और फार्मों को यथाशीघ्र अनुवाद करके छपवाना चाहिए। इस बीच ज़रूरतन केवल अंग्रेज़ी का ही प्रयोग करना पड़ेगा।

6. अधिनियम के उपबंधों के कार्यान्वयन के लिए अनुवाद के प्रबंधों की व्यवस्था करना या बढ़ाना आवश्यक होगा। हिंदी के टाइपराइटर पर्याप्त संख्या में उपलब्ध कराना भी आवश्यक होगा। जब तक वास्तविक अनुभव के आधार पर ब्यौरे तैयार नहीं होते, मंत्रालय इन कार्यों के लिए होने वाले व्यय की पूर्ति के लिए एक-मुश्त अनुवाद के हेतु वित्त मंत्रालय को लिख सकते हैं। भारत सरकार के मंत्रालयों अथवा विभागों के स्तर पर प्रत्येक संयुक्त सचिव के अधीन ऐसी सुविधाओं की व्यवस्था कराने के संबंध में विचार किया जा सकता है। जब तक ये प्रबंध किए जाएँ, आवश्यकता होने पर वर्तमान हिंदी के जानकार कर्मचारियों से अनुवाद कराया जा सकता है।

7. द्विभाषिक प्रावस्था की सफलता इस बात पर निर्भर होगी कि केंद्रीय सरकार के कर्मचारी हिंदी तथा अंग्रेज़ी दोनों भाषाओं का ज्ञान किस गति से प्राप्त करते हैं। क्योंकि वर्तमान कर्मचारियों में से अधिकांश को अंग्रेज़ी का ज्ञान पहले से ही है, आने वाले कुछ वर्षों में ऐसे कर्मचारियों को हिंदी सिखाने के संबंध में ज़ोर देना होगा जिन्हें सन् 1960 के राष्ट्रपति के आदेश के अधीन निर्धारित परीक्षाएँ पास करनी आवश्यक हैं। इस मंत्रालय की हिंदी शिक्षण योजना के अधीन चलायी जाने वाली कक्षाओं में सम्मिलित होने के लिए ऐसे कर्मचारी भेजने के हेतु विस्तृत अनुदेश पहले से ही विद्यमान हैं, और ऐसी आशा है कि इन अनुदेशों के अनुसार हिंदी शिक्षण के कार्यक्रम के कार्यान्वयन को सुनिश्चित करने के हेतु काफी उच्च स्तरीय रूप से ध्यान दिया जाएगा।

8. उपर्युक्त पैरा 3 और 5 में दिए गए अनुदेश, केंद्रीय सरकार या उसके किसी कार्यालय के स्वामित्व में संचालित या उसके द्वारा नियंत्रित निगमों या कंपनियों पर भी समान रूप से लागू होंगे।

9. वित्त मंत्रालय आदि से अनुरोध है कि वे अपने संबद्ध तथा अधीनस्थ कार्यालयों को और केंद्रीय सरकार के स्वामित्व में संचालित या उसके द्वारा नियंत्रित निगमों या कंपनियों को भी उपयुक्त अनुदेश जारी करें।

**इस कार्यालय ज्ञापन के जारी होने पर निम्नलिखित स्थितियाँ स्पष्ट हुईं–**

(क) अनिश्चितकालीन द्विभाषिक स्थिति को सिद्धांततः स्वीकार कर लेना।

(ख) जिन राज्यों ने हिंदी को राजभाषा के रूप में स्वीकार नहीं किया है उनको संघ अंग्रेज़ी में पत्र भेजेगा। हाँ, ये राज्य चाहें तो संघ को हिंदी में पत्र भेज सकेंगे। इसी नियम के आधार पर तमिलनाडु ने संघ द्वारा हिंदी में भेजे गए पत्र को वापस कर दिया था।[60]

(ग) जिन राज्यों ने हिंदी को राजभाषा मान लिया है, उनके साथ तथा जिन राज्यों ने केंद्र के साथ हिंदी में पत्र-व्यवहार करना स्वीकार कर लिया है, उन्हें संघ सरकार यथासंभव हिंदी में पत्र भेजेगी तथा इन राज्यों से प्राप्त हिंदी पत्रों के उत्तर हिंदी में देगी।

(घ) केंद्रीय सरकार के मंत्रालयों के बीच पत्र-व्यवहार हिंदी एवं अंग्रेज़ी दोनों में (द्विभाषिक स्थिति के साथ) यथास्थान होना चाहिए।

(ङ) एक मंत्रालय अपने यहाँ, हिंदी का कार्यसाधक ज्ञान रखने वाले कर्मचारियों की संख्या 80 प्रतिशत होने पर हिंदी में ही काम करने का बढ़ावा दे सकता है। साथ ही ऐसे कार्यालयों को हिंदी पत्रों के साथ अंग्रेज़ी अनुवाद भेजने की ज़रूरत नहीं होगी। संबंधित कार्यालय आवश्यकता पड़ने पर अनुवाद की व्यवस्था खुद ही करेगा।

(च) अहिंदी भाषी राज्यों में स्थित कार्यालयों (केंद्रीय) को हिंदी के साथ अंग्रेज़ी अनुवाद भेजना एक प्रकार से अनिवार्य-सा है। ऐसी स्थिति में उन कर्मचारियों के हितों का पूरा ध्यान रखा गया है जो हिंदी में पत्र-व्यवहार करना चाहते हैं, इन कर्मचारियों से हिंदी पत्रों का अंग्रेज़ी अनुवाद करके देने को नहीं कहा जाएगा।

(छ) दिल्ली में स्थित, मंत्रालयों एवं एक मंत्रालय में संबद्ध कार्यालयों के बीच पत्र-व्यवहार का माध्यम हिंदी होगा, वहाँ अंग्रेज़ी अनुवाद की आवश्यकता नहीं है।

(ज) मिसिलों पर लिखी जाने वाली टिप्पणियों में द्विभाषिक रूप को लाना व्यावहारिक नहीं है अतः मिसिल पर टिप्पणी हिंदी या अंग्रेज़ी दोनों में से किसी में भी लिखी जा सकती है।

(झ) संकल्पों, सामान्य आदेशों, अधिसूचनाओं, निविदाओं, प्रपत्रों में द्विभाषिक रूप काम में लाया जाना चाहिए।

यह बात अलग है कि आगे चलकर अहिंदी भाषी क्षेत्रों में स्थित केंद्र सरकार के कार्यालयों में सार्वजनिक सेवाओं से संबंधित कार्यालयों ने अपने प्रपत्र तीन भाषाओं में छपवाने आरंभ किए (क्षेत्रीय, हिंदी एवं अंग्रेज़ी) इसे केंद्रीय हिंदी समिति (1977) का अनुमोदन मिला।

(ञ) अनुवाद, अनुवादकों, तथा हिंदी टाइपराइटरों की व्यवस्था करने के लिए स्पष्ट निदेश दिए गए साथ ही इन लक्ष्यों की प्राप्ति के लिए अनुदान की व्यवस्था भी की गई।

(ट) द्विभाषिक स्थिति को सफलतापूर्वक कार्यान्वित करने के लिए कर्मचारियों के लिए हिंदी शिक्षण की व्यवस्था के लिए दिए गए अनुदेशों के कार्यान्वयन की दिशा में आवश्यक ध्यान देने के लिए कहा गया।

(ठ) केंद्र सरकार के अधीन सार्वजनिक संस्थाओं तथा कंपनियों को भी इन अनुदेशों के पालन के लिए कहा गया।

(ड) कार्यालय ज्ञापन के अनुदेशों का पालन एवं कार्यान्वयन ठीक प्रकार से हो इसके लिए सभी मंत्रालयों से उनके अपने संबद्ध कार्यालयों को आवश्यक अनुदेश जारी करने के लिए अनुरोध किया गया।

इस प्रकार उपरोक्त कार्यालय ज्ञापन का विवरण एक प्रकार से राजभाषा हिंदी की संवैधानिक स्थिति को लागू करने की दिशा में ठोस कदम रहा। परंतु द्विभाषिक स्थिति के बने रहने की छूट, तथा द्विभाषिक शर्तों को पूरा करने के लिए लगने वाले स्टाक एवं वित्त के अभाव में अंग्रेज़ी का वर्चस्व ही कायम रहा।

उपरोक्त संवैधानिक स्थिति को अच्छी तरह से लागू करने के लिए समय-समय पर विभिन्न विषयों पर 1974 तक लगभग 200 काग़ज़ात, संकल्प अधिसूचना, कार्यालय ज्ञापन आदि के रूप में भेजे गए। ये अनुदेश निम्नलिखित विषयों पर भेजे गए थे।

1. विशिष्ट काग़ज़ात जिन्हें हिंदी और अंग्रेज़ी दोनों भाषाओं में जारी करना चाहिए।

2. वे विषय जिनके लिए हिंदी का प्रयोग किया जाना है।

(क) पत्र-व्यवहार के रूप में।

(ख) विविध प्रयोजनों के लिए।

3. हिंदी में टिप्पण और आलेखन।

4. वे विषय जिनके लिए हिंदी और अंग्रेज़ी दोनों का प्रयोग होना है।

5. सरकारी प्रयोजनों के लिए हिंदी के प्रयोग की सुविधाओं को जुटाने के लिए अनुदेश एवं उपाय।

6. सरकारी प्रयोजनों के लिए हिंदी के प्रयोग से संबंधित आवश्यकताओं के कार्यान्वयन में हुई प्रगति पर निगरानी रखने बाबत अनुदेश।

7. मेनुअलों, फार्मों, संहिताओं और अन्य सांविधिक तथा असांविधिक कार्यविधि-साहित्य का अनुवाद तथा अनुवर्ती कार्रवाई बाबत।

8. शब्दावली, अंक, राजपत्र में प्रकाशन आदि के संबंध में दिए गए अनुदेश। इसमें हिंदी के प्रगामी प्रयोगों के लिए कार्यक्रम बनाना, विज्ञापनों में प्रयुक्त होने वाली भाषा का रूप, वार्षिक रिपोर्टों को प्रयुक्त करने बाबत अनुदेश, विभागीय राजभाषा कार्यान्वयन समितियों के गठन बाबत और हिंदी प्रशिक्षण बाबत अनुदेश हैं।

इतने ढेर सारे अनुदेश जारी करने के पश्चात् भी संघ सरकार को 1976 में राजभाषा नियम बनाने पड़े। हालाँकि 1963 के राजभाषा अधिनियम की धारा 8 में राजभाषा के कार्यान्वयन से संबंधित नियम बनाने की व्यवस्था थी। साथ ही राजभाषा से संबंधित नियम 1963 के पश्चात् या 1967 के संशोधित अधिनियम के पारित हो जाने के बाद छः माह के अंदर शीघ्र बन जाने चाहिए थे। परंतु यह नहीं हो पाया और करीब 10 वर्षों तक राजभाषा नियम नहीं बने। सन् 1976 में (दि. 28.6.76 को) ये नियम बने। ये नियम राजभाषा (संघ के शासकीय प्रयोजनों के लिए प्रयोग) नियम 1976 कहलाए। जो राजभाषा 1967 अधिनियमों (संशोधित) 1967 की धारा 8 में दी गई शक्तियों के अंतर्गत थे। ये नियम भारत सरकार के 17.7.76 के राजपत्र के भाग 2 खंड 3 उपखंड (1) में प्रकाशित किए गए।

ये राजभाषा नियम (1976) इस प्रकार हैं—

### *3.4.9 राजभाषा (संघ के शासकीय प्रयोजनों के लिए प्रयोग)*

## नियम (1976-) (यथा संशोधित 1987)

(भारत के 17 जुलाई 76 के राजपत्र के भाग—2 खंड—3 उपखंड (1) में प्रकाशित) भारत

सरकार, राजभाषा विभाग, नई दिल्ली की दिनांक 28 जून 1976 की

## अधिसूचना

सा.का.नि. 1052 केंद्रीय सरकार, राजभाषा अधिनियम, 1963 (1963 का 19) की धारा 3 की उपधारा (4) के साथ पठित, धारा 8 के द्वारा प्रदत्त शक्तियों का प्रयोग करते हुए, निम्नलिखित नियम बनाती है, अर्थात् :

**1. संक्षिप्त नाम, विस्तार और प्रारंभ :**

1. इन नियमों का संक्षिप्त नाम राजभाषा (संघ के शासकीय प्रयोजनों के लिए प्रयोग) नियम, 1976 है।

2. इन नियमों का विस्तार, तमिलनाडु राज्य के सिवाय, संपूर्ण भारत पर होगा।

3. ये राजपत्र में प्रकाशन की तारीख़ को प्रवृत्त होंगे।

**2. परिभाषाएँ :**

इन नियमों में, जब तक कि प्रसंग से अन्यथा अपेक्षित न हो,

(क) 'अधिनियम' से राजभाषा अधिनियम, 1963 (1963 का 19) अभिप्रेत है,

(ख) केंद्रीय सरकार के कार्यालय में निम्नलिखित भी सम्मिलित हैं, अर्थात्

(1) केंद्रीय सरकार का कोई मंत्रालय, विभाग या कार्यालय;

(2) केंद्रीय सरकार द्वारा नियुक्त आयोग, समिति या अभिकरण का कोई कार्यालय; और

(3) केंद्रीय सरकार के स्वामित्व में या नियंत्रण में के किसी निगम या कंपनी का कार्यालय।

(ग) 'कर्मचारी' से केंद्रीय सरकार के कार्यालय में नियोजित कोई व्यक्ति अभिप्रेत है।

(घ) 'अधिसूचित' कार्यालय से नियम 10 के उपनियम (4) के अधीन अधिसूचित कार्यालय अभिप्रेत है।

(ङ) 'हिंदी में प्रवीणता' से नियम 9 में यथावर्णित, प्रवीणता अभिप्रेत है।

(च) 'क क्षेत्र' से, बिहार, हरियाणा, हिमाचल प्रदेश, मध्य प्रदेश, राजस्थान और उत्तर प्रदेश के राज्य दिल्ली तथा अंडमान निकोबार संघ राज्य क्षेत्र अभिप्रेत हैं।

(छ) 'ख क्षेत्र' से गुजरात, महाराष्ट्र और पंजाब के राज्य तथा अंडमान और निकोबार द्वीप तथा चंडीगढ़ संघ राज्य क्षेत्र अभिप्रेत हैं।

(ज) 'ग क्षेत्र' से , खंड (च) और (छ) में निर्दिष्ट से भिन्न राज्य और संघ राज्य अभिप्रेत हैं।

(झ) 'हिंदी का कार्यसाधक ज्ञान' से नियम 10 में यथावर्णित कार्यसाधक ज्ञान अभिप्रेत है।

**3. राज्यों आदि, केंद्रीय सरकार के कार्यालयों से भिन्न, के साथ पत्रादि–**

1. केंद्रीय सरकार के कार्यालयों से 'क क्षेत्र' के राज्य को या ऐसे राज्य में (केंद्रीय सरकार के कार्यालय से भिन्न) किसी कार्यालय या व्यक्ति को पत्रादि, असाधारण दबावों के सिवाय, हिंदी में होंगे तथा यदि कोई पत्रादि उनमें से किसी को अंग्रेज़ी में भेजे जाते हैं तो उनके साथ-साथ उनका हिंदी अनुवाद भी भेजा जाएगा।

2. **केंद्रीय सरकार के कार्यालय से–**

(क) 'ख क्षेत्र' के राज्य को या ऐसे राज्य में, (केंद्रीय सरकार के कार्यालय से भिन्न) किसी कार्यालय को पत्रादि सामान्यतया हिंदी में होंगे और यदि कोई पत्रादि अंग्रेज़ी में भेजे जाते हैं तो उनके साथ-साथ उनका हिंदी अनुवाद भी भेजा जाएगा। परंतु यदि कोई ऐसा राज्य यह वांछित करता है कि किसी विशिष्ट वर्ग या प्रवर्ग के पत्रादि या उसके कार्यालयों में से किसी के लिए आशय आधारित पत्रादि, उतनी अवधि तक जो संबंधित राज्य की सरकार द्वारा विनिर्दिष्ट की जाए, अंग्रेज़ी में या हिंदी में, दूसरी भाषा में अनुवाद सहित, भेजे जाएँ तो ऐसे पत्रादि उसी रीति से भेजे जाएँगे।

(ख) 'ख क्षेत्र' के राज्य में किसी व्यक्ति को पत्रादि हिंदी में अथवा अंग्रेज़ी में भेजे जा सकते हैं।

3. केंद्रीय सरकार के कार्यालय से 'ग क्षेत्र' के राज्य को या ऐसे राज्य में (केंद्रीय सरकार के कार्यालय से भिन्न) किसी कार्यालय या व्यक्ति को पत्रादि अंग्रेज़ी में होंगे।
4. उपनियम (1) और (2) में किसी बात के होते हुए भी 'ग क्षेत्र' में केंद्रीय सरकार के कार्यालय से 'क क्षेत्र' या 'ख क्षेत्र' के राज्य को या ऐसे राज्य में (केंद्रीय सरकार के कार्यालय से भिन्न) किसी कार्यालय या व्यक्ति को पत्रादि हिंदी में या अंग्रेज़ी में हो सकते हैं।

**4 केंद्रीय सरकार के कार्यालयों के बीच पत्रादि–**

(क) केंद्रीय सरकार के एक मंत्रालय या विभाग और दूसरे मंत्रालय या विभाग के बीच पत्रादि हिंदी में या अंग्रेज़ी में हो सकते हैं,

(ख) केंद्रीय सरकार के एक मंत्रालय या विभाग और 'क क्षेत्र' में स्थित, संलग्न या अधीनस्थ कार्यालयों के बीच पत्रादि हिंदी में होंगे और ऐसे अनुपात में होंगे जो केंद्रीय सरकार, ऐसे कार्यालयों में हिंदी का कार्यसाधक ज्ञान प्राप्त व्यक्तियों की संख्या, हिंदी में पत्रादि भेजने के लिए सुविधाओं और उनके अनुषंगिक विषयों को ध्यान में रखते हुए समय-समय पर अवधारित करे,

(ग) 'क क्षेत्र' में स्थित, खंड (क) या खंड (ख) में विनिर्दिष्ट से भिन्न केंद्रीय सरकार

के कार्यालयों के बीच पत्रादि हिंदी में होंगे।

(घ) 'क क्षेत्र' और 'ख क्षेत्र' या 'ग क्षेत्र' में स्थित केंद्रीय सरकार के कार्यालयों के बीच पत्रादि हिंदी में या अंग्रेज़ी में हो सकते हैं।

(ङ) 'ख क्षेत्र' या 'ग क्षेत्र' में स्थित केंद्रीय सरकार के कार्यालयों के बीच पत्रादि हिंदी में या अंग्रेज़ी में हो सकते हैं। परंतु ऐसे पत्रादि के साथ उनका दूसरी भाषा में अनुवाद–

1. जहाँ पत्रादि 'क क्षेत्र' या 'ख क्षेत्र' के कार्यालय को संबोधित हैं, वहाँ यदि आवश्यक हो तो, पहुँच के स्थान पर उपलब्ध कराया जाएगा।
2. जहाँ पत्रादि 'ग क्षेत्र' के कार्यालय को संबोधित है, वहाँ ऐसे पत्रादि के साथ-साथ उपलब्ध कराया जाएगा :

   परंतु यह और कि दूसरी भाषा में ऐसा अनुवाद उपलब्ध कराने की अपेक्षा नहीं की जाएगी यदि पत्रादि किसी अधिसूचित कार्यालय को संबोधित है।

**5. हिंदी में प्राप्त पत्रादि के उत्तर–**

नियम 3 और नियम 4 में किसी बात के होते हुए भी हिंदी में पत्रादि के केंद्रीय सरकार के कार्यालय से उत्तर हिंदी में होंगे।

**6. हिंदी और अंग्रेज़ी दोनों का ही प्रयोग–**

अधिनियम की धारा 3 की उपधारा (3) में निर्दिष्ट सभी दस्तावेज़ों के लिए हिंदी और अंग्रेज़ी दोनों ही प्रयोग में लाई जाएँगी और ऐसे दस्तावेज़ों पर हस्ताक्षर करने वाले व्यक्तियों का यह दायित्व होगा कि वे यह सुनिश्चित कर लें कि ऐसे दस्तावेज़ हिंदी और अंग्रेज़ी दोनों ही में तैयार किए जाते हैं, निष्पादित किए जाते हैं या जारी किए जाते हैं।

**7. आवेदन, अभिवेदन आदि–**

1. कर्मचारी कोई आवेदन, अपील या अभिवेदन हिंदी में या अंग्रेज़ी में कर सकता है।

2. उपनियम (1) में निर्दिष्ट कोई आवेदन, अपील या अभिवेदन जब भी हिंदी में किया जाए या उसमें हिंदी में हस्ताक्षर किए जाएँ तो उसका उत्तर हिंदी में दिया जाएगा।

3. जब कोई कर्मचारी यह वांछा करता है कि सेवा विषयों से (जिसमें अनुशासनिक कार्यवाहियाँ सम्मिलित हैं) संबंधित कोई आदेश या सूचना, जिसका कर्मचारी पर तामील किया जाना अपेक्षित है, यथास्थिति, हिंदी में या अंग्रेज़ी में होनी चाहिए तो वह उसे बिना किसी अनुचित विलंब के उसी भाषा में दी जाएगी।

**8. केंद्रीय सरकार के कार्यालयों में टिप्पणी का लिखा जाना–**

1. कर्मचारी किसी फ़ाइल पर टिप्पण या कार्यवृत्त हिंदी या अंग्रेज़ी में लिख सकता

है और उससे यह अपेक्षा नहीं की जाएगी कि वह उसका अनुवाद दूसरी भाषा में भी प्रस्तुत करे।

2. केंद्रीय सरकार का कर्मचारी, जिसे हिंदी का कार्यसाधक ज्ञान प्राप्त है, किसी हिंदी दस्तावेज़ के अंग्रेज़ी अनुवाद की माँग तब तक नहीं कर सकता जब तक दस्तावेज़ विधिक या तकनीकी प्रकृति का है।

3. यदि कोई ऐसा प्रश्न उठता है कि अमुक दस्तावेज़ विधिक या तकनीकी प्रकृति का है या नहीं तो उसका विनिश्चय विभाग या कार्यालय के अध्यक्ष द्वारा किया जाएगा।

4. उपनियम (1) में किसी बात के होते हुए भी, केंद्रीय सरकार, आदेश द्वारा, ऐसा अधिसूचित कार्यालय विनिर्दिष्ट कर सकती है जहाँ टिप्पण, प्रारूपण और ऐसे अन्य शासकीय प्रयोजन के लिए, जो आदेश में विनिर्दिष्ट किए जाएँ, उन कर्मचारियों द्वारा जिन्हें हिंदी में प्रवीणता प्राप्त है, केवल हिंदी का प्रयोग किया जाएगा।

**9. हिंदी की प्रवीणता**

कर्मचारी के बारे में यह समझा जाएगा कि उसे हिंदी में प्रवीणता प्राप्त है, यदि–

(क) उसने मैट्रिक परीक्षा या उसकी कोई समतुल्य या उससे उच्चतर परीक्षा, हिंदी को परीक्षा के माध्यम के रूप में अपनाकर, उत्तीर्ण की है, अथवा

(ख) स्नातकोत्तर परीक्षा में अथवा स्नातकोत्तर परीक्षा की समतुल्य या उससे उच्चतर किसी अन्य परीक्षा में हिंदी उसका एक वैकल्पिक विषय रहा हो, अथवा

(ग) वह इन नियमों से उपाबद्ध प्रारूप में यह घोषणा करता है कि उसे हिंदी में प्रवीणता प्राप्त है।

**10. हिंदी का कार्य साधक ज्ञान–**

1. कर्मचारी के बारे में समझा जाएगा कि उसने हिंदी का कार्य साधक ज्ञान प्राप्त कर लिया है–

(क) यदि उसने–

1. मैट्रिक परीक्षा या इसकी समतुल्य या उससे उच्चतर परीक्षा हिंदी विषय के साथ उत्तीर्ण की है, अथवा

2. केंद्रीय सरकार की हिंदी शिक्षण योजना के अंतर्गत आयोजित परीक्षा या, जब सरकार द्वारा किसी विशिष्ट प्रवर्ग के पदों के संबंध में ऐसा विनिर्दिष्ट किया जाए, उस योजना के अंतर्गत निम्नतर परीक्षा उत्तीर्ण की है, अथवा

3. केंद्रीय सरकार द्वारा उस निमित्त विनिर्दिष्ट कोई अन्य परीक्षा उत्तीर्ण कर ली है; अथवा

(ख) यदि वह उन नियमों से उपाबद्ध प्रारूप में यह घोषणा करता है कि उसने ऐसा ज्ञान प्राप्त कर लिया है।

2. केंद्रीय सरकार के कार्यालय के कर्मचारिवृंद के बारे में सामान्यतया यह समझा

जाएगा कि उन्होंने हिंदी का कार्य साधक ज्ञान प्राप्त कर लिया है यदि उस कार्यालय में कार्य करने वाले कर्मचारिवृंद में से अस्सी प्रतिशत ने ऐसा ज्ञान प्राप्त कर लिया है।

3. केंद्रीय सरकार या केंद्रीय सरकार द्वारा इस निमित्त विनिर्दिष्ट कोई अधिकारी यह अवधारणा कर सकेगा कि केंद्रीय सरकार के कार्यालय के कर्मचारिवृंद ने हिंदी का कार्य साधक ज्ञान प्राप्त कर लिया है, या नहीं।

4. केंद्रीय सरकार के उन कार्यालयों के नाम, जहाँ के कर्मचारिवृंद ने हिंदी का कार्य साधक ज्ञान प्राप्त कर लिया है, राजपत्र में अधिसूचित किए जाएँगे।

परंतु यदि केंद्र सरकार की यह राय है कि किसी अधिसूचित कार्यालय में काम करने वाले और हिंदी का कार्य साधक ज्ञान प्राप्त कर्मचारिवृंद का प्रतिशत किसी तारीख़ से उपनियम (2) में विनिर्दिष्ट प्रतिशत से गिर गया है तो वह, राजपत्र में अधिसूचना द्वारा, घोषित कर सकती है कि उक्त कार्यालय उस तारीख़ से अधिसूचित कार्यालय नहीं रहेगा।

**11. मैन्युअल, संहिताएँ और अन्य प्रक्रिया संबंधी साहित्य, स्टेशनरी के सामान, आदि–**

1. केंद्रीय सरकार के कार्यालयों से संबंधित सभी मैन्युअल, संहिताएँ और अन्य प्रक्रिया संबंधी साहित्य, हिंदी और अंग्रेज़ी दोनों में द्विभाषिक रूप में, यथास्थिति, मुद्रित किया जाएगा, साइकलोस्टाइल किया जाएगा और प्रकाशित किया जाएगा।

2. केंद्रीय सरकार के किसी कार्यालय में प्रयोग में लाए जानेवाले प्रारूपों और रजिस्टरों के शीर्ष हिंदी और अंग्रेज़ी में होंगे।

3. केंद्रीय सरकार के किसी कार्यालय में प्रयोग के लिए लिखे गए, मुद्रित या उत्कीर्ण सभी नामपट्ट, सूचनापट्ट, पत्र शीर्ष और लिफ़ाफ़ों पर उत्कीर्ण लेख तथा स्टेशनरी की अन्य मदें हिंदी और अंग्रेज़ी में होंगी।

परंतु केंद्रीय सरकार, यदि वह ऐसा करना आवश्यक समझती है तो, साधारण या विशेष आदेश द्वारा, केंद्रीय सरकार के किसी कार्यालय को इस नियम के सभी या किन्हीं उपबंधों से छूट दे सकती है।

**12. अनुपालन का उत्तरदायित्व–**

केंद्रीय सरकार के प्रत्येक कार्यालय के प्रशासनिक प्रधान का यह उत्तरदायित्व होगा कि वह–

1. यह सुनिश्चित करे कि अधिनियम और इन नियमों के उपबंधों का समुचित रूप से अनुपालन किया जाता है, और

2. इस प्रयोजन के लिए उपयुक्त और प्रभावकारी जाँच पड़ताल के उपाय करे।

3. केंद्रीय सरकार अधिनियमों और इन नियमों के उपबंधों के अनुपालन के लिए अपने कर्मचारियों और कार्यालयों को समय-समय पर ऐसे निदेश जारी कर सकती है जैसे कि आवश्यक हों।

सं. 11011/1/73–रा.भा. (क–1)

प्रारूप

(नियम 9 और 10 देखिए)

मैं घोषणा करता हूँ कि निम्नलिखित के आधार पर मुझे # हिंदी में प्रवीणता प्राप्त है। मैंने हिंदी का कार्य साधक ज्ञान प्राप्त कर लिया है—

हस्ताक्षर

तारीख़

इन नियमों के बन जाने से राजभाषा हिंदी के प्रयोग की दिशा में जो एक ढील-सी आ गई थी वह दूर होती हुई दिखाई देने लगी।

**पहली बार इन नियमों ने केंद्रीय सरकार एवं राज्य सरकारों को राज्यभाषा के प्रयोग की दिशा में कई स्पष्ट अनुदेश दिए।**

(क) पहली बार पूरे देश को, राजभाषा हिंदी के प्रयोग के मुद्दे पर तीन क्षेत्रों में बाँटा गया।

'क क्षेत्र', 'ख क्षेत्र' एवं 'ग क्षेत्र'

(ख) केंद्रीय सरकार के कार्यालयों एवं इन क्षेत्रों में स्थित अकेंद्रीय सरकार के कार्यालयों के बीच पत्र-व्यवहार की स्थिति को स्पष्ट किया गया।

(ग) हिंदी में पत्राचार की तीन स्थितियाँ बताई गईं। **'असाधारण दशा में'** 'क' क्षेत्र के राज्यों के साथ अंग्रेज़ी में पत्राचार, परंतु हिंदी का अनुवाद भेजने की अनिवार्यता।

(घ) 'ख' क्षेत्र के साथ सामान्यतया हिंदी में पत्राचार की स्थिति। अंग्रेज़ी पत्र के साथ हिंदी का अनुवाद भेजने की स्थिति भी है।

(ङ) केंद्र सरकार 'ग' क्षेत्र में स्थित अकेंद्रीय सरकार के कार्यालयों को अंग्रेज़ी में पत्र भेजेगी। परंतु इन क्षेत्रों में स्थित केंद्रीय सरकार के कार्यालय 'क' 'ख' क्षेत्रों के राज्यों में स्थित अकेंद्रीय सरकार के कार्यालयों को हिंदी या अंग्रेज़ी में पत्र भेज सकते हैं। इस प्रकार कुल मिलाकर हिंदी के प्रयोग की दिशा सुदृढ़ होती दिखाई देती है।

(च) केंद्रीय सरकार के कार्यालयों के बीच होने वाले पत्र-व्यवहार को भी स्पष्ट किया गया है। 'क' क्षेत्र में स्थित केंद्रीय सरकारों के कार्यालयों के बीच ज़्यादातर पत्र-व्यवहार हिंदी में ही होगा। हिंदी में पत्र-व्यवहार करते समय यह देख लिया जाए कि उस कार्यालय में हिंदी का कार्यसाधक ज्ञान रखने वाले कर्मचारीवृंद हैं।

(छ) अन्य क्षेत्रों के केंद्रीय कार्यालयों के बीच पत्र-व्यवहार हिंदी एवं अंग्रेज़ी दोनों में चल सकता है।

(ज) मंत्रालयों के बीच पत्र-व्यवहार हिंदी या अंग्रेज़ी दोनों में हो सकता है।

(झ) 'क' क्षेत्र में स्थित उन केंद्रीय कार्यालयों में जहाँ कर्मचारियों को कार्यसाधक ज्ञान है (जैसा कि उस कार्यालय ने घोषित किया हो) वहाँ पत्र-व्यवहार हिंदी में होगा।

---

# जो लागू न होता हो उसे कृपया काट दीजिए।

(ञ) अनुवाद की व्यवस्था के बारे में स्पष्ट निदेश दिए गए। अनुवाद का बोझ उस कर्मचारी पर नहीं आने दिया गया है जो हिंदी में काम करना चाहते हैं।

(ट) इन नियमों में इस बात को भी स्पष्ट किया गया है कि दस्तावेज़ों पर हस्ताक्षर करने वाले अधिकारी का यह उत्तरदायित्व है कि वह देखे कि इन नियमों के अनुसार पत्र-व्यवहार हिंदी एवं अंग्रेज़ी या दोनों भाषाओं में साथ-साथ चल रहा है।

(ठ) कर्मचारियों को अपने आवेदन पत्र/अभ्यावेदन आदि हिंदी या अंग्रेज़ी में देने की छूट दी गई है। हिंदी में प्राप्त पत्राचार का उत्तर हिंदी में दिया जाएगा।

(ड) फ़ाइलों पर टिप्पणी हिंदी या अंग्रेज़ी में लिखे जाने के निदेश हैं। हिंदी में टिप्पणी लिखने वाले कर्मचारियों से अंग्रेज़ी अनुवाद न माँगने की व्यवस्था है।

(ण) अधिसूचित कार्यालयों में टिप्पणी का काम केवल हिंदी में होगा।

(त) हिंदी का कार्यसाधक ज्ञान रखने की व्याख्या की गई है।

(थ) कार्यालयों को अधिसूचित करने के बारे में निदेश हैं।

(द) केंद्रीय सरकार के कार्यालयों में प्रयुक्त होने वाले साहित्य को द्विभाषिक रूप में छपवाने की व्यवस्था। नामपट्टों आदि की भी दोनों भाषाओं में बनवाने की व्यवस्था की गई है।

(ध) इन नियमों के अनुपालन की जिम्मेदारी एवं समय-समय पर जाँच की व्यवस्था भी इन नियमों में है

(ञ) ये नियम तमिलनाडु को छोड़कर सारे भारत में लागू किए गए।

इन नियमों के बन जाने का स्वागत किया गया।[61]

ऊपर बताए गए राजभाषा नियमों के बन जाने के उपरांत गृह मंत्रालय ने इन नियमों के कार्यान्वयन को ध्यान में रखकर 1976-77 के लिए एक वार्षिक कार्यक्रम बनाया तथा इस कार्यक्रम को अपने दि. 22 नवंबर 1976 के कार्यालय ज्ञापन संख्या 1/13011/1/75 रा. भा. (क–1) (1) परिपत्र संख्या (24) के अंतर्गत सभी मंत्रालयों को अपने-अपने विभागों में लागू करने के निवेदन के साथ भेजा।

यह कार्यालय ज्ञापन इस प्रकार है–

### *3.4.10 भारत सरकार, राजभाषा विभाग, (गृह मंत्रालय) के दिनाक 22 नवंबर, 1976 का कार्यालय ज्ञापन*

संख्या 1/13011/1/75–रा.भा. (क–1) (1)

(परिपत्र संख्या 24)

विषय–संघ के सरकारी प्रयोजनों के लिए हिंदी के उत्तरोत्तर प्रयोग के संबंध में वर्ष 1976-77 के लिए कार्यक्रम–हिंदी (देवनागरी) टाइपराइटरों की व्यवस्था।

राजभाषा अधिनियम, 1963 तथा उसके अंतर्गत जारी किए गए राजभाषा (संघ के शासकीय प्रयोजनों के लिए प्रयोग) नियम, 1976 के उपबंधों का पालन करने के लिए यह आवश्यक है कि केंद्रीय सरकार के प्रत्येक कार्यालय में हिंदी (देवनागरी) टाइपराइटर

पर्याप्त संख्या में उपलब्ध हों। परंतु ऐसा मालूम होता है कि अभी बहुत से कार्यालयों में ऐसे टाइपराइटर पर्याप्त संख्या में उपलब्ध नहीं हैं। अतः यह निर्णय किया गया है कि वर्ष 1976-77 में इस बात का पूरा ध्यान रखा जाए कि 31 मार्च, 1977 तक–

(क) केंद्रीय सरकार के जिस कार्यालय में इस समय हिंदी (देवनागरी) का एक भी टाइपराइटर नहीं है, उन सभी कार्यालयों में ऐसा कम से कम एक टाइपराइटर खरीद लिया जाए।

(ख) हिंदी भाषी क्षेत्रों में स्थित केंद्रीय सरकार के जिन कार्यालयों में हिंदी (देवनागरी) का एक टाइपराइटर पहले से है, वे वर्ष में खरीदे जाने वाले कुल टाइपराइटरों के कम से कम 50 प्रतिशत देवनागरी के टाइपराइटर खरीदें।

(ग) महाराष्ट्र, पंजाब तथा गुजरात राज्यों और चंडीगढ़ एवं अंडमान व निकोबार द्वीप समूह, संघ शासित क्षेत्रों में स्थित केंद्रीय सरकार के जिन कार्यालयों में हिंदी (देवनागरी) का एक टाइपराइटर पहले से ही है, वे वर्ष में खरीदे जाने वाले कुल टाइपराइटरों के कम से कम 25 प्रतिशत हिंदी (देवनागरी) के टाइपराइटर खरीदें, और

(घ) अन्य अहिंदी भाषी राज्यों में स्थित केंद्रीय सरकार के जिन कार्यालयों में हिंदी (देवनागरी) का एक टाइपराइटर उपलब्ध है, वे वर्ष में खरीदे जाने वाले कुल टाइपराइटरों के कम से कम 10 प्रतिशत हिंदी (देवनागरी) के टाइपराइटर खरीदें।

2. वित्त मंत्रालय आदि से अनुरोध है कि वे अपने सभी संबंधित कार्यालयों को आवश्यक अनुदेश जारी कर दें। इस संबंध में जारी किए गए अनुदेशों की एक प्रति सूचना तथा रिकार्ड के लिए राजभाषा विभाग को भेजी जाए।

सरकारी कार्यालयों में पत्राचार का कार्य टाइपराइटरों पर निर्भर करता है। इस कार्यालय ज्ञापन में हिंदी (देवनागरी) टाइपराइटर पर्याप्त संख्या में उपलब्ध करवा लेने पर ज़ोर दिया गया।

**3.4.10.1** केवल टाइपराइटर उपलब्ध करवा लेने से ही हिंदी का प्रयोग आरंभ नहीं हो जाता अतः राजभाषा हिंदी के उत्तरोत्तर प्रयोग के संबंध में भी एक कार्यालय ज्ञापन सं. 1-1 3011/1/75 रा.भा. (का–1), परिपत्र संख्या 25, दिसंबर 23, 76 को राजभाषा विभाग द्वारा जारी किया गया।

राजभाषा नियमों के कार्यान्वयन की दिशा में यह एक महत्त्वपूर्ण कदम था। यह कार्यालय ज्ञापन [illegible] प्रकार था–

### *3.4.10.1 राज[illegible] [illegible]िभाग का 23 दिसंबर, 1976 का कार्यालय ज्ञापन सं. 1-13011/1/75 रा.भा. (का–1), परिपत्र सं. 25*

विषय–संघ के सरकारी प्रयोजनों के लिए हिंदी के उत्तरोत्तर प्रयोग के संबंध में वर्ष 1976-77 का कार्यक्रम।

गृह मंत्रालय (अब राजभाषा विभाग) द्वारा 18 जनवरी, 1969 को जारी किए गए संकल्प (सं. 5/8/65–राजभाषा) में किए गए प्रावधानों के अनुसार, राजभाषा विभाग

संघ के सरकारी प्रयोजनों के लिए हिंदी के उत्तरोत्तर प्रयोग के संबंध में प्रति वर्ष एक कार्यक्रम तैयार करता है। राजभाषा विभाग ने 1976-77 के लिए निम्नलिखित कार्यक्रम तैयार किया है। केंद्रीय हिंदी समिति ने इस कार्यक्रम का अनुमोदन कर दिया है और राजभाषा अधिनियम, 1963 की धारा 8 के अंतर्गत जारी किए गए नियमों के प्रावधानों के अनुसार इस कार्यक्रम में यथावश्यक संशोधन भी कर दिए गए हैं।

1. करारों, संविदाओं तथा टेंडरों के फार्मों, आदि के लिए हिंदी तथा अंग्रेज़ी दोनों भाषाओं का प्रयोग।

राजभाषा अधिनियम, 1965 की धारा 3 (1) (111) के अनुसार करारों, संविदाओं, नोटिसों तथा टेंडरों के फार्मों के लिए हिंदी और अंग्रेज़ी दोनों भाषःओं का प्रयोग किया जाना अपेक्षित है। अतः इस बात का पूरा ध्यान रखा जाए कि वर्ष 1976-77 में करारों, संविदाओं, टेंडरों के लिए उपयोग में लाए जाने वाले उन सभी फार्मों को जिनका हिंदी अनुवाद हो चुका है, द्विभाषिक रूप में छपवा लिया जाए और उनमें हिंदी और अंग्रेज़ी दोनों भाषाओं का प्रयोग किया जाए। बाकी फार्मों को भी अनूदित कराकर द्विभाषिक रूप में छपवाने का काम पूरा कर लिया जाए।

2. भारत में हस्ताक्षर की जाने वाली अंतर्राष्ट्रीय संधियों और करारों को हिंदी तथा अंग्रेज़ी दोनों भाषाओं में तैयार करना।

विदेश मंत्रालय, रक्षा मंत्रालय, आर्थिक कार्य विभाग, वाणिज्य मंत्रालय आदि में अभी भी ऐसी संधियों में अधिकतर अंग्रेज़ी का ही प्रयोग किया जा रहा है। यह निश्चय किया गया है कि भविष्य में ऐसी सभी संधियों और करारों को हिंदी तथा अंग्रेज़ी दोनों भाषाओं में तैयार किया जाए।

3. हिंदी भाषी क्षेत्रों में स्थित केंद्रीय सरकार के कार्यालयों में हिंदी का प्रयोग बढ़ाना।

(क) हिंदी भाषी क्षेत्रों में स्थित संबद्ध और अधीनस्थ कार्यालयों और मंत्रालयों तथा विभागों के बीच पत्र-व्यवहार में हिंदी का प्रयोग।

राजभाषा (संघ के शासकीय प्रयोजनों के लिए प्रयोग) नियम, 1976 के नियम 4 (ख) के अनुसार, हिंदी भाषी क्षेत्रों में स्थित संबद्ध तथा अधीनस्थ कार्यालयों और मंत्रालयों/विभागों के बीच पत्रादि, केंद्रीय सरकार द्वारा निर्धारित किए गए अनुपात में, हिंदी में होंगे। यह निश्चित किया गया है कि वर्ष 1976-77 में ऐसा 60% पत्र-व्यवहार हिंदी में किया जाए।

(ख) हिंदी भाषी क्षेत्रों में स्थित स्थानीय अधीनस्थ कार्यालयों (और उनके मुख्यालयों के बीच) द्वारा पत्र-व्यवहार में हिंदी का प्रयोग।

राजभाषा (संघ के शासकीय प्रयोजनों के लिए प्रयोग) नियम, 1976 के नियम 4 (ग) में किए गए प्रावधान के अनुसार यह निश्चित किया गया है कि हिंदी भाषी क्षेत्रों में स्थित केंद्रीय सरकार के स्थानीय अधीनस्थ कार्यालयों का सारा आपसी पत्राचार हिंदी में किया जाए।

(ग) हिंदी भाषी क्षेत्रों में स्थित कार्यालयों द्वारा जनता को भेजे जाने वाले नोटिसों आदि के लिए हिंदी का प्रयोग।

राजभाषा (संघ के शासकीय प्रयोजनों के लिए प्रयोग) नियम, 1976 के नियम 3 (1) में किए गए प्रावधान के अनुसार यह निश्चित किया गया है कि हिंदी भाषी क्षेत्रों में स्थित केंद्रीय सरकारी कार्यालयों द्वारा जनता को भेजे जाने वाले सभी पत्रों और नोटिसों आदि को हिंदी में भेजा जाए।

(घ) हिंदी भाषी क्षेत्रों में स्थित कार्यालयों में फाइलों पर टिप्पणी के लिए हिंदी का प्रयोग।

यद्यपि केंद्रीय सरकार के कर्मचारियों को टिप्पणी के लिए हिंदी या अंग्रेज़ी का प्रयोग करने की छूट है, फिर भी हिंदी भाषी क्षेत्रों में स्थित केंद्रीय सरकार के कार्यालयों में हिंदी जानने वाले कर्मचारियों को अधिक से अधिक फ़ाइलों पर हिंदी में टिप्पणी लिखने के लिए प्रोत्साहित किया जाए। नियम 10 (2) और (1) के अनुसार उन कार्यालयों के नाम गजट में निकाले जाएँगे जहाँ 80% कर्मचारियों को हिंदी का कार्यसाधक ज्ञान है और नियम 8 (4) के अनुसार ऐसे कार्यालयों में कार्य करने वाले हिंदी में दक्ष कर्मचारियों से यह अनुरोध किया जा सकता है कि वे टिप्पण, प्रारूपण आदि हिंदी में ही करें।

उपर्युक्त व्यवस्था के अनुसार कार्रवाई के लिए प्रत्येक मंत्रालय को कदम उठाने चाहिए।

दूसरे कार्यालयों में भी हिंदी जानने वाले कर्मचारियों को अधिकाधिक टिप्पणियाँ हिंदी में लिखने के लिए प्रोत्साहित किया जाए।

(ङ) दिल्ली सहित, हिंदी भाषी क्षेत्रों में स्थित, केंद्रीय सरकार के मंत्रालयों, विभागों और कार्यालयों द्वारा तार देवनागरी लिपि में भेजना।

दिल्ली सहित, हिंदी भाषी क्षेत्रों में स्थित, केंद्रीय सरकार के मंत्रालय, विभाग और कार्यालय, इन क्षेत्रों में स्थित कार्यालयों को भेजे जाने वाले तारों के कम से कम 25 प्रतिशत तार देवनागरी लिपि में भेजें। देवनागरी लिपि में तार भेजने से सरकार के तार संबंधी व्यय में काफी बचत होगी, क्योंकि देवनागरी लिपि में भेजे जाने वाले तार रोमन लिपि में भेजे जाने वाले तारों से सस्ते पड़ते हैं।

(4) 'ख' क्षेत्र (अर्थात् गुजरात, महाराष्ट्र, पंजाब राज्य तथा अंडमान तथा निकोबार द्वीप समूह और चंडीगढ़ संघ शासित क्षेत्र) में स्थित केंद्रीय सरकार के कार्यालयों में हिंदी का प्रयोग बढ़ाना।

(क) 'ख' क्षेत्र में स्थित अधीनस्थ कार्यालयों तथा उनके मुख्यालयों के बीच पत्र-व्यवहार में हिंदी का प्रयोग।

'ख' क्षेत्र में स्थित अधीनस्थ केंद्रीय सरकारी कार्यालयों तथा उनके मुख्यालयों के बीच कम से कम 30 प्रतिशत पत्र-व्यवहार, हिंदी में किया जाए। जिन कर्मचारियों को हिंदी का कार्यसाधक ज्ञान नहीं है और जिन्हें हिंदी में कार्यवाही करनी पड़ती है उनकी

सहूलियत के लिए अनुवाद की पर्याप्त व्यवस्था की जाए।

(ख) 'ख' क्षेत्र में स्थित संबद्ध और अधीनस्थ कार्यालयों और केंद्रीय सरकार के मंत्रालयों/विभागों के बीच होने वाले पत्र-व्यवहार में हिंदी का प्रयोग।

'ख' क्षेत्र में स्थित संबद्ध और अधीनस्थ कार्यालयों, मंत्रालयों व विभागों को भेजे जाने वाले कम से कम 30 प्रतिशत पत्र हिंदी में भेजें। मंत्रालयों और विभागों को भी 'ख' क्षेत्र में स्थित संबद्ध और अधीनस्थ कार्यालयों को भेजे जाने वाले पत्रों के कम से कम 40 प्रतिशत पत्र हिंदी में भेजने चाहिए।

(ग) फ़ाइलों पर टिप्पण के लिए हिंदी का प्रयोग।

'ख' क्षेत्र में स्थित केंद्रीय सरकार के कार्यालयों के अध्यक्षों को उनके द्वारा निर्धारित कुछ फ़ाइलों में हिंदी का प्रयोग करने में अपने कर्मचारियों को प्रोत्साहित करना चाहिए।

(5) अहिंदी-भाषी क्षेत्रों में स्थित केंद्रीय सरकारी कार्यालयों में राजभाषा अधिनियम, 1963 के उपबंधों के पालन के लिए उपाय तथा ऐसे कार्यालयों में हिंदी का प्रयोग।

1973-74 और 1974-75 के द्विवार्षिक कार्यक्रम में अहिंदी भाषी क्षेत्रों में स्थित कार्यालयों में राजभाषा अधिनियम, 1963 के उपबंधों का पालन करने के लिए कुछ प्रारंभिक उपाय सुझाए गए थे। 1975-76 के कार्यक्रम में इस संबंध में कमियों को पूरा करने की दृष्टि से स्थिति पर पुनर्विचार करने का प्रस्ताव रखा गया था। वर्ष 1976-77 में राजभाषा अधिनियम की धारा 3 (3) के उपबंधों का उचित अनुपालन करने की दृष्टि से यथोचित उपाय किए जाने चाहिए, अनुवादकों की व्यवस्था की जानी चाहिए और सभी आवश्यक उपकरण जुटाने चाहिए। अहिंदी-भाषी क्षेत्रों में स्थित केंद्रीय सरकार के कार्यालयों को चाहिए कि वे मंत्रालयों और विभागों को हिंदी में पत्र भेजने की शुरुआत करें।

(6) प्रेस विज्ञप्तियों तथा सरकारी विज्ञापनों आदि को हिंदी व अंग्रेज़ी दोनों भाषाओं में जारी करना।

प्रेस विज्ञप्तियों, आदि को द्विभाषिक रूप में जारी करने से संबंधित अनुदेशों के अनुपालन में, खासकर केंद्रीय सरकार के स्वामित्व वाली या नियंत्रणाधीन कंपनियों, निगमों आदि में, अभी भी कुछ कमियाँ हैं। इसलिए, यह निश्चय किया गया है कि वर्ष 1976-77 के दौरान जारी की जाने वाली सभी विज्ञप्तियाँ द्विभाषिक रूप में ही जारी की जाएँ। यह भी निश्चय किया गया है कि 1976-77 में मंत्रालयों/विभागों/कार्यालयों, आदि द्वारा और केंद्रीय सरकार के स्वामित्व वाली या नियंत्रणाधीन कंपनियों/निगमों द्वारा जारी किए जाने वाले वे सभी विज्ञापन जो अखिल भारतीय स्तर के हों या हिंदी भाषी क्षेत्रों के लिए हों, संबंधित भाषाओं के समाचार पत्रों और पत्रिकाओं में हिंदी और अंग्रेज़ी, दोनों भाषाओं में, साथ-साथ जारी किए जाएँ। विज्ञापन और दृश्य प्रचार निदेशालय, दिल्ली सहित हिंदी भाषी क्षेत्रों में स्थित केंद्रीय सरकार के कार्यालयों, निगमों, आदि से विज्ञापन तभी स्वीकार करेगा जब विज्ञापन की सामग्री उसे हिंदी तथा अंग्रेज़ी दोनों भाषाओं में उपलब्ध कराई गई हो। अन्य क्षेत्रों में स्थित कार्यालयों से, विज्ञापन और दृश्य प्रचार निदेशालय अपवाद

स्वरूप सामग्री केवल अंग्रेज़ी में भी स्वीकार कर लेगा और उसका हिंदी रूपांतर स्वयं तैयार कराकर ऐसे विज्ञापन हिंदी तथा अंग्रेज़ी दोनों भाषाओं में साथ-साथ जारी करेगा।

(7) सामान्य आदेशों को हिंदी और अंग्रेज़ी दोनों भाषाओं में जारी करना।

केंद्रीय हिंदी समिति के निर्णय के अनुसार कागज़ की कमी को देखते हुए सामान्य आदेशों को द्विभाषी रूप में जारी करने के संबंध में संशोधित अनुदेश राजभाषा विभाग के 28 मई, 1975 के कार्यालय ज्ञापन सं. 1-14011/3/75 रा.भा. (क—1) द्वारा जारी किए गए थे। यह व्यवस्था एक वर्ष के लिए लागू की गई थी और फिर इसका पुनरीक्षण किया जाना था। केंद्रीय हिंदी समिति की 26 मई, 1976 को हुई बैठक में इस मामले पर चर्चा की गई और यह निर्णय किया गया कि वर्तमान व्यवस्था अभी जारी रहे।

(8) केंद्रीय सरकार के उद्यमों द्वारा यथासंशोधित राजभाषा अधिनियम 1963 के उपबंधों का अनुपालन।

हिंदी भाषी क्षेत्रों में स्थित, केंद्रीय सरकार के स्वामित्व वाली या नियंत्रणाधीन कंपनियों या निगमों, द्वारा राजभाषा अधिनियम, 1963 के उपबंधों के ठीक-ठीक अनुपालन के लिए राजभाषा विभाग के 24 नवंबर, 1975 के कार्यालय ज्ञापन सं. 1-13011/13/75 रा. भा. (क—1) में उल्लिखित कार्यक्रम वर्ष 1975-76 के लिए अपनाए गए थे। अब यह निश्चय किया है कि वर्ष 1976-77 में इस संबंध में निम्नलिखित कार्यक्रम भी अपनाए जाएँ—

1. जिन सरकारी उद्यमों में 100 से कम व्यक्ति नियुक्त हैं, उनमें कम से कम एक हिंदी (देवनागरी) टाइपराइटर, एक हिंदी टाइपिस्ट और एक हिंदी अनुवादक होना चाहिए।
2. जिन सरकारी उद्यमों में 100 से अधिक व्यक्ति नियुक्त हैं, उनमें आवश्यक संख्या में हिंदी (देवनागरी) टाइपराइटर खरीदे जाएँ और जरूरत के अनुसार हिंदी टाइपिस्ट और हिंदी अधिकारी तथा हिंदी अनुवादक जैसे कर्मचारी नियुक्त किए जाएँ।
3. सरकारी उद्यमों द्वारा इस्तेमाल किए जा रहे फार्मों आदि का हिंदी अनुवाद कराया जाए तथा उन्हें द्विभाषिक रूप में छपवाया जाए। जनता द्वारा इस्तेमाल किए जाने वाले फार्मों को सर्वोच्च प्राथमिकता दी जानी चाहिए, ताकि जनता को द्विभाषिक फार्म उपलब्ध हों।
4. हिंदी में प्राप्त सभी पत्रों का उत्तर हिंदी में दिया जाए। हिंदी-भाषी राज्यों को मूल पत्र भी यथासंभव हिंदी में ही भेजे जाएँ।
5. सरकारी उद्यम अपने कर्मचारियों को पर्याप्त सहायक साहित्य उपलब्ध कराएँ ताकि वे हिंदी का प्रयोग कर सकें, और
6. सरकारी उद्यमों के अध्यक्ष अपने कर्मचारियों को हिंदी में नोट लिखने और मसौदा तैयार करने के लिए उत्साहित करें और जब कभी संभव हो, स्वयं

हिंदी में नोट लिखने की मिसाल कायम करें।

अहिंदी भाषी क्षेत्रों में स्थित केंद्रीय सरकार के स्वामित्व वाली या नियंत्रणाधीन कंपनियों व निगमों द्वारा राजभाषा अधिनियम के उपर्युक्त उपबंधों के अनुपालन के लिए पूरा प्रयत्न किया जाना चाहिए और तत्काल निम्नलिखित उपाय किए जाएँ—

1. हिंदी न जानने वाले कर्मचारियों के लिए सेवाकालीन प्रशिक्षण का प्रबंध।
2. कम से कम एक हिंदी (देवनागरी) टाइपराइटर की खरीद तथा एक हिंदी टाइपिस्ट और हिंदी अनुवादक की नियुक्ति।
3. कर्मचारियों को हिंदी में संदर्भ साहित्य उपलब्ध कराना।

वित्त मंत्रालय, आदि से अनुरोध है कि वे उपरोक्त वार्षिक कार्यक्रम के कार्यान्वयन के लिए अपने सभी संबंधित कार्यालयों को आवश्यक अनुदेश जारी करें। जारी किए गए अनुदेशों की एक प्रति सूचना तथा रिकार्ड के लिए राजभाषा विभाग को भी भेजी जाए।

इस कार्यालय ज्ञापन के जारी होने से राजभाषा हिंदी के प्रयोग की दिशा में सोच विचार होने लगा। इसमें महत्त्वपूर्ण बातें इस प्रकार थीं।

1. राजभाषा अधिनियम (1963-1967) एवं राजभाषा नियमों के अंतर्गत राजभाषा के प्रयोग को कार्यान्वित करने के लिए यह कार्यालय ज्ञापन जारी किया गया।

2. करारों, नोटिसों, आदि के प्रपत्रों को द्विभाषिक रूप से अनूदित करवा लिया जाए।

3. अंतरराष्ट्रीय संधियों आदि को भी द्विभाषिक रूप में तैयार करवाया जाए। इस प्रकार द्विभाषिक स्थिति को मज़बूत किया गया।

4. पहली बार 60% पत्र-व्यवहार हिंदी में निश्चित किया गया।

5. पहली बार हिंदी भाषी क्षेत्रों में स्थित केंद्रीय सरकार के कार्यालयों के बीच सारा काम हिंदी में करने के लिए स्पष्ट निदेश दिए गए।

6. हिंदी भाषी क्षेत्रों की जनता के साथ हिंदी में पत्र-व्यवहार हो।

7. फ़ाइल पर टिप्पणी लिखने के लिए प्रोत्साहित करना।

8. 80% कर्मचारियों द्वारा हिंदी का कार्य साधक ज्ञान प्राप्त कर लेने पर उसे राजपत्र में दर्ज करवाया जाए ताकि संबंधित कार्यालयों में हिंदी में कार्य किया जा सके।

9. देवनागरी हिंदी में तार देने के लिए प्रोत्साहित किया गया।

10. 'ख' प्रदेश में स्थित केंद्रीय सरकार के कार्यालयों के लिए 30% (पत्राचार) हिंदी में करने का लक्ष्य रखा गया। मंत्रालय अपनी ओर से यह पत्र-व्यवहार 40% रखे।

11. 'ख' क्षेत्र में भी फ़ाइलों पर हिंदी में टिप्पणियाँ लिखने के लिए प्रोत्साहित किया गया।

12. अनुवाद की सुविधाओं को बढ़ावा।

13. प्रेस विज्ञप्तियों, सरकारी विज्ञापनों आदि को द्विभाषिक रूपों में निकालना।

14. स्वायत्त संस्थाओं में हिंदी के प्रयोग पर बल देना।

15. कार्य की महत्ता को देखते हुए कुछ विभागों को अंग्रेज़ी में ही काम करने की छूट।

16. राजभाषा हिंदी के कार्य को करने के लिए हिंदी कर्मचारियों की भर्ती के लिए प्रावधान।

17. राजभाषा हिंदी के प्रशिक्षण की व्यवस्था को तेज करना तथा प्रशिक्षण दिलवाने बाबत गंभीरता से विचार करना।

18. राजभाषा हिंदी से संबंधित संदर्भ साहित्य को उपलब्ध करवाने एवं करने हेतु निर्देश।

केंद्रीय सरकार के इस योजनाबद्ध कार्यक्रम का स्वागत किया गया एवं इसका व्यापक प्रचार हुआ (नवभारत टाइम्स बंबई 1.10.77 पृष्ठ 2)

1976-77 वर्ष के लिए राजभाषा हिंदी के प्रयोग संबंधी नियमों के कार्यान्वयन की दिशा में प्रत्येक मंत्रालय की राजभाषा हिंदी सलाहकार समिति बराबर सक्रिय रही। और वस्तुस्थिति से राजभाषा विभाग को अवगत करवाती रही।

इस बीच केंद्रीय हिंदी समिति ने अपनी 9.4.1975 की बैठक में यह निर्णय लिया कि राजभाषा का काम देखने के लिए एक स्वतंत्र राजभाषा विभाग की स्थापना की जाए।[62] समिति के इस निर्णय के आधार पर ही जून, 1975 में भारत सरकार ने दूसरे मंत्रालय या विभाग की तरह एक सचिव के अधीन स्वतंत्र राजभाषा विभाग की स्थापना की। राजभाषा विभाग के क्रिया-कलापों का वर्णन आगे चलकर किया जाएगा।

स्वतंत्र राजभाषा विभाग की स्थापना से राज़भाषा के कार्य में गति आई। राजभाषा विभाग द्वारा ही उपरोक्त कार्यालय ज्ञापन जारी किया गया जिसके अंतर्गत 1976-77 वर्ष के लिए राजभाषा के प्रयोग का कार्यक्रम था।

**3.4.10.2 राजभाषा वर्ष** 1976-77 वर्ष पूरा होने के पश्चात् राजभाषा विभाग को राजभाषा हिंदी सलाहकार समितियों द्वारा एवं संबंधित मंत्रालयों तथा विभागों द्वारा पता चला कि इस वर्ष के लिए राजभाषा प्रयोग संबंधी जो लक्ष्य निर्धारित किए गए थे वे पूरे नहीं हो पाए। अतः वही कार्यक्रम 1977-78 वर्ष के लिए भी निर्धारित किया गया। परंतु राजभाषा प्रयोग की गति शिथिल रही। 1977-78 में भी निर्धारित लक्ष्यों को प्राप्त नहीं किया गया। अतः पुनः 1978-79 के लिए वही पुराना कार्यक्रम निर्धारित किया गया।

1977 में पाँचवीं और 1979 में छठी लोक सभा भंग हो जाने के कारण राजभाषा के कार्य में एक रुकावट-सी आ गई। यह बात स्पष्ट है कि राजभाषा हिंदी का प्रयोग सरकार एवं सरकार की नीतियों से पूर्ण रूप से जुड़ा है अतः सातवीं लोक सभा के गठन तक राजभाषा हिंदी के प्रयोग का कार्य वर्ष 1978-79 एवं वर्ष 1979-80 के लिए निर्धारित लक्ष्य पूरा नहीं हो पाया। परिणामस्वरूप 1978-79 का ही कार्यक्रम 1979-80 वर्ष के लिए तथा 1979-80 के वर्ष का कार्य 1980-81 के लिए निश्चित किया गया।

इतनी बार राजभाषा कार्यान्वयन कार्यक्रम को उसी रूप में प्रतिवर्ष आगे बढ़ाते रहने के उपरांत भी इस दिशा में गंभीरतापूर्वक कार्य नहीं हुआ। परिणामस्वरूप 1980-81 का कार्यक्रम भी 80-81 के वर्ष में पूरा नहीं हो पाया और यथा पूर्णवत् 1980-81 के

कार्यक्रम को ही 1981-82 वर्ष के लिए भी ठेल दिया गया। (रिपोर्ट, 1981-82 भारत सरकार, गृह मंत्रालय, राजभाषा विभाग, नई दिल्ली, पृष्ठ—36)

इस बीच राजभाषा विभाग सभी मंत्रालयों/विभागों से यह अनुरोध करता रहा कि वे अपनी हिंदी सलाहकार समितियों की बैठक नियमित रूप से करते रहें साथ ही इन बैठकों में सरकारी कामकाज में हिंदी का प्रयोग बढ़ाने के लिए राजभाषा विभाग द्वारा बनाए गए वार्षिक कार्यक्रम के कार्यान्वयन की प्रगति के बारे में चर्चा एवं समीक्षा करते रहें। (राजभाषा विभाग का कार्यालय ज्ञापन संख्या 11/20034/5/79—रा.भा.(क—2) भारत सरकार, दिनांक 19.4.1979)

हिंदी सलाहकार समितियों की बैठक के सुझावों एवं मंत्रालयों एवं विभागों के अनुरोध तथा सुझाव के आधार पर ही राजभाषा विभाग गृह मंत्रालय, भारत सरकार ने 1980-81 वर्ष के लिए भी यही कार्यक्रम रखा जो 1979-80 वर्ष के लिए था। (भारत सरकार, गृह मंत्रालय, राजभाषा विभाग कार्यालय ज्ञापन सं. 1/13011/1/80 रा.भा. (क—1) दिनांक 26, मार्च, 1980)।

अतः अप्रत्यक्ष रूप से जो कार्यक्रम 1976-77 के लिए निश्चित किया गया था वह 1981-82 तक चला आया है। प्रतिवर्ष रा.भा. कार्यक्रम जारी किया जा रहा है। प्रत्येक मद में कार्य का कुछ प्रतिशत बढ़ा दिया जाता है—कार्यान्वयन देखने के लिए राजभाषा कार्यान्वयन समितियाँ आती हैं।

इन वार्षिक कार्यक्रमों को ग़ौर से देखा ज़ाए तो इसमें कुछ विसंगतियाँ हैं

यह कार्यक्रम पूरे भारत में केंद्र-सरकार के सभी कार्यालयों के पास कार्यान्वयन के लिए भेजा जाता है और इसके कुछ मुद्दों का कार्यान्वयन रा.भा. नियमों के अंतर्गत आता है जैसे पत्राचार का प्रतिशत। रा.भा. नियम तमिलनाडु राज्य के केंद्र सरकार के कार्यालयों पर लागू नहीं होते, परंतु रा. भा. नियमों के अंतर्गत आने वाले वार्षिक कार्यक्रमों को भी वहाँ कार्यान्वित करने के लिए कहा जाता है। थोड़े से फेर बदल के साथ ये कार्यक्रम प्रतिवर्ष जारी किए जाते हैं।

राजभाषा हिंदी की संवैधानिक स्थिति यह स्पष्ट आभास देती है कि राजभाषा हिंदी के प्रयोग की गति मंद है। तथा इन हालातों में राजभाषा हिंदी के किसी भी अहिंदी भाषी राज्य पर थोपने का प्रश्न ही नहीं उठता। फिर भी दक्षिण से बार-बार इस शंका को उठाया जाता रहा है कि हिंदी थोपी जा रही है[63] तथा हिंदी के न थोपने की सांविधानिक गारंटी मिलनी चाहिए जबकि हिंदी (राजभाषा) के न लादने की स्पष्ट नीति को बार-बार रेखांकित किया गया है[64] परंतु यह शंका बराबर बनी हुई है।[65] अब तक यह माँग (तमिलनाडु) से आती रहती है कि आठवीं अनुसूची की सभी (18) भाषाओं को केंद्र की राजभाषाएँ घोषित किया जाए।

इन परिस्थितियों में राजभाषा हिंदी के भविष्य तथा कार्यान्वयन पर एक बहुत बड़ा प्रश्नचिह्न लग जाता है।

उपरोक्त विवरणों से यह स्पष्ट हो जाता है कि स्वतंत्रता पूर्व राजभाषा के रूप में हिंदी की स्थिति बड़ी जटिल रही है। स्वतंत्रता के पश्चात् भी भारतीय संविधान में हिंदी के विभिन्न रूपों की स्थापना हुई परंतु उनका स्पष्ट वर्गीकरण नहीं हो पाया। साथ ही राजभाषा हिंदी के कार्यान्वयन को लेकर इतनी उलझनें उत्पन्न हुईं की यह कार्यान्वयन ठोस रूप से नहीं हो पाया।

राजभाषा हिंदी को इस स्थिति में खड़ा करने के पीछे क्या अशक्त संवैधानिक स्थिति है, या राजनीति है अथवा अंग्रेज़ी को साथ लेकर चलने वाली बैसाखी है ?

इन प्रश्नों पर अलग से विचार किया जाना चाहिए।

## संदर्भ

1. ...."According to the third view, the Sanskrit Language should be made the National Language of India." --The Constitution of India How it has been framed, By : Pratap Kumar Ghosh, Chap. XVIII, page. 319 (1966)
2. "The National Language convention organised by the All India Hindi Sahitya Sammelan resolved that" Hindi with Devanagari as its character "should be adopted in the new Constitution as the National Language of the Indian Union. The Sanskrit scholars from different parts of the country, on the other hand, held a meeting at New Delhi and urged the Constituent Assembly to adopt the Sanskrit Language as the National Language of India." --do-- page. 317
3. The importance of Sanskrit in the life of India cannot be overrated. Sanskrit is the link which has bound up India into a single cultural, and as a consequence a single political, Unit.
   -Indo-Aryan & Hindi, By: Sunti Kumar Chatterji, page, 254
4. (i) "Sanskrit then came to occupy the same place in Hindu life in the south as it did in the North: it became the common platform upon which par-Indian Hindudom stands." --do-- page. 70
   (ii) "The Dai or Thai (Siamese) people are related (at least linguistically) to the Burmese, and they too came from the North borrowed the culture of the Austric peoples whom they conquered, the Mors of Dvaravasi and the Khmers of combodia, and Sanskrit still continues to play in Siamese a role almost equal to that played by it in Tamil and Telugu, and in Marathi, Gujrati, Hindi Bengali and Oriya event; Siamese even now borrows from Sanskrit, or Prepares with the help of existing Sansrit vocables, roots and terminations, a good many of its technical and scientific words and most of its formal ceremonial or official titles and terms." —do— page, 73
5. "समय की दृष्टि से भारतीय आर्य भाषाओं का जो वर्गीकरण किया गया है उसके अनुसार संस्कृत का जन्म ई. पू. पाँचवीं सदी ठहरता है। किंतु संस्कृत भाषा और उसके साहित्य की अखंडित परंपरा तीन शताब्दी बाद महर्षि पतंजलि के समय से प्रारंभ होती है। यह वह समय

था जब ब्राह्मण धर्म के पुनरुत्थान के साथ संस्कृत राजभाषा का पद ग्रहण कर रही थी।''–राजभाषा के संदर्भ में हिंदी आंदोलन का इतिहास, ले. उदयनारायण दुबे पृ. 35 (प्रथम संस्करण) (1979)

6 (i) "Although Hindi is accepted as the official Language of the Nation helping in the inter-state communications only through Sanskrit it will be possible for us to achieve cultural Identity. We need it for understanding and appreciating our cultural heritage and to maintain our individuality among the nations of the world. It is only Sanskrit which is capable of binding all of us emotionally and spritually in to one Indian community."

— Souvenir : Linguistic Society of India, Gilden Lubileo-1928-1978 (Deccan College, Pune) Essay-Teaching of Sanskrit in Contemporary India, by H. S. Ananthanarayana, Osmania University Hyderabad. page. 36

(ii) "There are some areas where Sanskrit may be more useful than Hindi or any other regional language. one of these is the problem of technical terminology."

--do-- page. 36

7. "But even more important was the formal announcement made by sir William Jones of the great fact of Sanskrit being in India, When in 1789 he declared:

"The Sanskrit Language, whatever might be its source, is of a wonderful structure, more perfect than the Greek, more copious than Latin, and more exquisitely refined than either."

..."As soon as Sanskrit studies started in Europe, the Modern Science of Linguistics was born."

—Presidential Address : by, Prof. Suniti Kumar Chatterji; (first All India Conference of Linguistics being held under auspices of the Linguistic Society of India, at Decan College on 18th & 19th Dec.—1970, page, no. 7)

8. ''संस्कृत जैसी ब्राह्मणी हीर्तों के प्रचार की भाषा प्राइमरी से लेकर यूनिवर्सिटी तक नंगा नाच कर रही है, प्राच्य विद्या संस्थाओं में लाखों रुपए गड़प कर रही है और इस तरह एक वर्ग की आर्थिक सुरक्षा का ज़रिया बनी हुई है। संस्कृत हटाने की बात न कर ये तथा-कथित जनवादी चुप बैठे हैं।''

## माँग के मुद्दे

1. संस्कृत भाषा के भाषा-बलात्कार से भारतीय भाषाओं को बचाव
2. संस्कृत की सवैधानिक मान्यता रद्द करो

संदर्भ–25-26-27, मार्च 1979 को नागपुर में हुए अंग्रेज़ी हटाव सम्मेलन के अवसर पर अंग्रेज़ी हटाव विरोधी–कृति समिति नागपुर, द्वारा बाँटे गए पर्चे से पृष्ठ 1. प्रकाशक : –विनायक-जामगड़े : अंग्रेज़ी हटाव विरोधी कृति समिती, नागपुर (रेखांकित शब्दों के हिज्जे मूल रूप में हैं।)

2. ''हिंदी की लोकप्रियता में संस्कृत बाधक''

(शीर्षक) पटना, 8 मार्च (युन्यू) केंद्रीय शिक्षा मंत्री श्री एस. बी. चव्हाण ने कल यहाँ कहा कि दक्षिण में हिंदी के लोकप्रिय होने में सबसे बड़ी बाधा हिंदी का संस्कृतनिष्ठ होना है। उत्तर भारत में संस्कृतनिष्ठ हिंदी बोली जाती है।

–नवभारत टाइम्स–पृष्ठ–2, दिनांक 9.3.81 कॉलम–5

9. नरहरीनाथ शास्त्री का कथन

**संस्कृत को विश्व भाषा माना जाए**–शीर्षक नागपुर (निसं) नेपाल नरेश के राजगुरु डॉ. नरहरीनाथ शास्त्री ने नागपुर विश्वविद्यालय द्वारा आयोजित व्याख्यानमाला में 'हिंदु धर्म, संस्कृति तथा दर्शन' पर भाषण करते हुए कहा कि "संस्कृत को विश्व भाषा तथा हिंदु धर्म को विश्व धर्म की मान्यता प्राप्त होनी चाहिए।"

नवभारत टाइम्स (बंबई) पृष्ठ–6. कालम–6 दिनांक 12.3.81

10. Already, by the time of Buddha, the dialect of the East had become very much differentiated from the earlier, Vedic norm which was upheld in Sanskrit; and this Eastern dialect had come to be regarded as a district language. The philosophical movements started or continued by thinkers like Buddha and Mahavira were against the sacrifices and ritualism of Vedic Brahmanism, and these movements deliberately eschewed the archaic speech affected by the Brahmans, viz Vedic as in the hymns (chandas the verse language) and Sanskrit.

    They took up the vernacular and as a result, an Eastern form of middle Indo-Aryan which was current in the tracts corresponding to Eastern Uttar pradesh and Bihar (Oudh, Banaras, Gorakhpur, North Bihar, a South Bihar) came to acquire a literary dignity when the teaching or Buddha and Mahavira were both delivered and written down in it.

    "This Eastern dialect was also the Official Language of Emperor Asoka, as it was the original language of both Buddhism and Jainism. This is the most recent view about the precanonical i.e. pre-Pali and pre-Gadha Language of Buddha."—Indo-Aryan and Hindi, by: S.K. Chatterji, p. 178

11. "मौर्यवंशी राजाओं के शासन काल में संस्कृत की अपेक्षा लोकभाषाओं को विशेष प्रश्रय मिला। किंतु शासन की बागडोर गुप्तवंशी राजाओं के हाथ में जाने पर संस्कृत को पुनः राजभाषा के पद पर एकाधिकार प्राप्त हुआ। इस भाषा ने भारतीय शिक्षा एवं संस्कृति का एकमात्र माध्यम बन राजभाषा एवं अखिल भारतीय संपर्क भाषा के उत्तरदायित्व का एक साथ निर्वाह करना आरंभ किया।"

    – राजभाषा के संदर्भ में हिंदी आंदोलन का इतिहास, ले. उदयनारायण दुबे पृष्ठ 35

12. "There have been, however, one or two occasions when the speech of the east was the dominant language. This happened once, it would appear, during the rule of the Mauryas. The Asoka court language was an Eastern speech, and it was evidently this language which was understood and used all over Aryan India under Mauryas."

    —Indo-Aryan & Hindi, by Suniti Kumar Chatterji, page. 180

13. "शौरसेनी प्राकृत मूलतः शूरसेन प्रदेश (मथुरा के आसपास) की भाषा थी संस्कृत और पाली के पश्चात् इसी ने परिनिष्ठित भाषा परंपरा के उत्तरदायित्व का भार वहन किया। "...मध्य देशीय भाषा होने के कारण प्राकृतों के मध्य इसका विशेष आदर था, यह संस्कृत के समीप तो थी ही, साथ ही अखिल देशीय संपर्क भाषा एवं राजभाषा की गरिमा से मंडित थी।"

    –राजभाषा के संदर्भ में हिंदी आंदोलन का इतिहास, ले. उदयनारायण दुबे, पृ. 43

14. "सोलंकी राजाओं ने अपभ्रंश साहित्य के विकास के लिए मुक्त हस्त द्रव्य लुटाया, साथ ही इसे राजभाषा के पद पर भी प्रतिष्ठित किया।

    मध्य भारतीय आर्यभाषा काल के अंतिम चरण में शौरसेनी अपभ्रंश के प्रचार और उसकी व्यापक मान्यता के पीछे इन राजपूत राजाओं के प्रति जनसामान्य की श्रद्धा, आस्था एवं

अभ्यर्थना को भी एक कारण माना गया है। इन राजपूत राजाओं ने अपभ्रंश को राजभाषा के रूप में प्रतिष्ठित किया, इसे राष्ट्रीय व्यापकता दिलाने हेतु अथक प्रयास किया, इनके यश और शौर्य की गाथाएँ तथा स्तुतियाँ आदि इसी भाषा में छंदोबद्ध की गईं, इसलिए मुसलमानी आक्रमण से संत्रस्त परित्राण की इच्छुक जनता ने यदि इस भाषा को सांस्कृतिक महत्त्व दिया हो, तो इसमें आश्चर्य नहीं।" —यथोपरि—पृष्ठ 50

15. "रासो काव्य से प्राप्त प्रशासनिक शब्दावली इस बात की द्योतक है कि 10वीं शती के आसपास के समय में एक ऐसी भाषा का राजकाज में प्रयोग होता था जो हमारी वर्तमान राजभाषा हिंदी एवं अन्य क्षेत्रीय राजभाषाओं का शैशव रूप था।"
'हिंदी का राजकाज में प्रयोग'—(शोध प्रबंध) शोधार्थी : रामबाबू—(आगरा विश्वविद्यालय—1974) —पृष्ठ—36

16. Next to Sanskrit,Hindi, during the Hindu period of history, was the most widely known written language, and had official status even in non-Hindi Territories. At the time of the conquest of Sind by Mohammed-bin-Kasim in the 8th, century, Government accounts in that province were kept in Hindi. The conqueror continued the tradition."
—Linguistic Affairs of India; by: Ram Gopal (1966) page. 158

17. "मुस्लिम शासन के प्रारंभ से अंत तक ब्रजभाषा राजभाषा क्षेत्र को छोड़कर अन्य क्षेत्रों में महत्त्वपूर्ण पद पर प्रतिष्ठित रही और खड़ी बोली केभी उत्तर और कभी दक्षिण में घूमती रही।"
'राजभाषा के संदर्भ में हिंदी-आंदोलन का इतिहास'—डॉ. उदयनारायण दुबे—पृष्ठ—26-27

18. (i) जहाँ तक राजभाषा का प्रश्न है मुस्लिम शासन काल में फ़ारसी राजभाषा के पद पर सर्वदा आसीन रही। किंतु सहभाषा के रूप में देश की संपर्क भाषा हिंदी का भी महत्त्व कम न रहा। कारण यह कि हिंदुओं के लिए फ़ारसी में कामकाज करना आसान नहीं था। दूसरे मुस्लिम विजेताओं को भी इस बात का एहसास हो गया था कि देश की संपर्क भाषा हिंदी है, अतः बिना इसके जाने समूचे देश पर शासन कर पाना संभव नहीं।"—यथोपरि—पृष्ठ—71
(ii) "In the time of Akbar and Jahangir, there was no question of any other speech than Persian being recognised as the official and court language."
—Indo Aryan & Hindi, by: Suniti Kumar Chatterji, page. 198
(iii) The vernacular, as Pure Braj Bhasha or as Hindustani in the making, struggled on outside the darbar or court of the Badshah (padshah) or emperor of Delhi. Although the Mogul Emperors from Akbar onwards spoke at home an early form of Hindustani, there was as yet no Indian language which could be labelled as a **Badsahi Boli or a Darbari Zaban**—an Imperial speech or a court language, **like the King's** English of the 15th Century. —do— page. 199

19. "सन् 1347 ई. में दक्षिण के मुसलमान सरदारों ने दिल्ली साम्राज्य के प्रति विद्रोह कर दिया। फलस्वरूप स्वतंत्र बहमनी राज्य की स्थापना हुई। यह राज्य मराठी, कन्नड़ एवं तेलुगु आदि भाषाओं के भाषा क्षेत्र में पड़ता था। उत्तर भारत से आए हुए सैनिक एवं सरदार दक्षिण की इन विविध भाषाओं से अधिक परिचित न थे। वे हिंदवी (भाषा) से विशेष परिचित थे तथा उनके लिए इसी में काम-काज करना आसान था। इसलिए बहमनी वंश के शासकों ने दक्खिनी (हिंदी) को राजभाषा बनाया। —'राजभाषा के संदर्भ में हिंदी आंदोलन का इतिहास'—डॉ. उदयनारायण दुबे —पृष्ठ—78

20 (1). मराठों के शासनकाल में मराठी की विशेष उन्नति हुई।

फ़ारसी के स्थान पर मराठा-साम्राज्य की यह राजभाषा बनी। मराठी के साथ मराठा शासकों ने हिंदी को भी पर्याप्त प्रोत्साहन दिया। —यथोपरि—पृष्ठ—87

(2). वस्तुतः अहिंदी भाषा प्रदेशों में हिंदी की व्यापकता साहित्यिक बोलचाल एवं आंशिक तौर पर सरकारी कामकाज की भाषा के रूप में रही है। —यथोपरि—पृष्ठ—90

21. ''वे चाहते थे कि भारतीय साम्राज्य जैसी अनमोल वस्तु पाकर कर्मचारी भारतवासियों की भाषाओं और रीति-रस्मों का ज्ञान प्राप्त कर उनके संरक्षकों की हैसियत से शासन की बागडोर भली-भाँति सँभालें। भारतीय भाषाओं और रीति-रस्मों का ज्ञान कराने के लिए एक ऐसी शिक्षा-प्रणाली की आवश्यकता थी जिसकी दृढ़ नींव इंग्लैंड में रखी गई हो और जिस पर भवन भारतवर्ष में खड़ा किया गया हो।''

—'फोर्ट विलियम कॉलेज'—लेखक—लक्ष्मीसागर वार्ष्णेय सं. 2004, पृ. 2

22. ''अंग्रेज़ी शासन काल में उर्दू को विशेष प्रोत्साहन दिया गया। अंग्रेज़ी के बाद उसी को द्वितीय राजभाषा का स्थान दिया गया तथा जनता की भाषा हिंदी होते हुए भी यत्र-तत्र उर्दू को जनता की भाषा कहा गया।''

—हिंदी विधि शब्दावली—लेखक डॉ. मोतीबाबू—शक—1891 (हिंदी प्रयाग सम्मेलन पृष्ठ—30)

23. ''जिस समय कंपनी ने भारत का शासन-सूत्र अपने हाथ में लिया, उस समय उसके सामने चार प्रमुख भाषाएँ थीं।

1. अंग्रेज़ी कंपनी सरकार की अपनी निजी भाषा थी, जिसका प्रचार करना तथा जिसे राजभाषा का पद दिलाना कंपनी अपना परम कर्तव्य समझती थी।
2. फ़ारसी राजभाषा थी अवश्य, सर्वसाधारण में इसका प्रचलन नाममात्र के बराबर था।
3. हिंदी लोक भाषा के रूप में सर्वत्र बोली और समझी जाती थी।
4. बंगला कंपनी सरकार के केंद्र की भाषा थी।

— 'राजभाषा के संदर्भ में हिंदी आंदोलन का इतिहास'—
—उदयनारायण दुबे—पृष्ठ—100

24. उर्दू के अधिकांश समर्थक मुसलमान थे। उनके लिए भाषा का सवाल कोरा प्रशासकीय प्रश्न ही न था, वह भावनोत्पादक तथा एक हद तक धार्मिक भी था। मुस्लिम संस्कृति की प्रतीक फ़ारसी के हट जाने के कारण मुसलमानों में बड़ा असंतोष व्याप्त हो गया था। कोई रास्ता न देख उन लोगों ने अरबी-फ़ारसी से लदी हुई उर्दू का जी जान से समर्थन करना शुरू किया और हिंदी को दफ़्तरों एवं कचहरियों से ही नहीं, बल्कि शिक्षण-संस्थाओं से भी निकलवाने की ज़बर्दस्त कोशिश की। —यथोपरि—पृष्ठ—102

25. सन् 1857 के बाद देश के अंतर्गत 'हिंदी-उर्दू' विरोध की जिस समस्या ने एक आतंकपूर्ण खींचे हुए वातावरण की सृष्टि की, उसके मूल में अंग्रेज़ों की -''फूट डालो और राज करो'' वाली नीति काम कर रही थी। दूसरी ओर विदेशी विद्वान् तथा आफ़िसर अंग्रेज़ी भाषा एवं रोमन लिपि को न्यायालयों में भी प्रचलित करने के लिए हिंदी-उर्दू तथा नागरी एवं फ़ारसी का विवाद उपयोगी समझते थे। जब कभी एकाध विदेशी विद्वानों के द्वारा हिंदी भाषा एवं नागरी लिपि की लोकप्रियता एवं महत्ता के कारण न्याय भाव से समर्थन भी किया गया तो तीव्र विरोधी स्वर ने उन्हें खामोश बना दिया।'' —यथोपरि—पृष्ठ—109

26. (i) "My Suggestion for a common par-Indian Hindi, which is exercising many people still, is this let us have the Roman-script, and let us retain the Sanskrit vocables, let us keep the Sanskrit background, borrowing ordinarily from this national source, at the same time. Let us retain or

introduce all Arabic and Persian words necessary to keep Islamic idology intact; and let us not interfere with the commonly used Arabic and Persian words understood by the majority of people."

—Indo-Aryan & Hindi, by : Suniti Kumar Chatterji, page. 258

(ii) ''यदि हिंदी भाषी क्षेत्र हिंदी को राजभाषा बनाने के पक्ष में हैं तो उन्हें देवनागरी लिपि की जिद्द छोड़ देनी चाहिए और रोमन लिपि का समर्थन करना चाहिए। रोमन लिपि से न केवल हिंदी सीखने में ही आसानी होगी बल्कि आप और कई भाषाएँ भी सीख जाएँगे। रोमन लिपि से एक लाभ यह भी होगा कि वह विदेशों में भी लोकप्रिय होगी।''

'दिनमान'–21 अप्रैल, 74 उण्णिकृष्णन् संसद सदस्य (भेंट वार्ता) पृ. 10

27. ''उस समय बंगाल में नियुक्त किए गए सिविल सर्विस के प्रत्येक कर्मचारी को अपने वेतन के अतिरिक्त तीस रुपए मासिक मुंशी के वेतन-स्वरूप और मिलते थे। इस वेतन के देने का उद्देश्य यह था कि कर्मचारी देशी भाषाओं विशेष रूप से फ़ारसी भाषा का अध्ययन करें।''

–फोर्ट विलियम कॉलेज'–लेखक–लक्ष्मीसागर वार्ष्णेय–पृष्ठ 6

28. ''हिंदी प्रदेश में ज्यों-ज्यों कंपनी के राज्य की सीमा का विस्तार होता गया, त्यों-त्यों सरकारी कर्मचारियों को वहाँ के निवासियों के आचार-विचार समझने तथा राजकीय कार्य सुचारू रूप से चलाने के लिए हिंदुस्तानी के अतिरिक्त विभिन्न स्थानों की बोलियाँ जानने की आवश्यकता पड़ी। हिंदुस्तानी का प्रचार तो केवल उच्च श्रेणी के लोगों और अफ़सरों तक ही सीमित था। सामान्य लिखा पढ़ी के लिए हिंदुस्तानी के स्थान पर विभिन्न प्रदेशों की स्थानीय बोलियों का ही प्रयोग होता था।'' –यथोपरि– पृष्ठ–80

29.1. ''दूसरी तरफ़ जब हम सरकारी और ग़ैर सरकारी निविदा और विज्ञापनों की भाषा पर दृष्टि डालते हैं तो एक ऐसी हिंदी का प्रयोग पाते हैं, जिसका अर्थ प्राणायाम प्रयत्नों के बावजूद भी सामान्य जनता नहीं जान पाती।''

2. ''सरकारी सूचनाओं को ऐसी भाषा-शैली में अख़बार में छापना कहाँ तक उचित है, जिसे जनता समझ ही न पाए ? यह तो एक प्रकार की धोखाधड़ी और जनता से चीजें छिपाने की साज़िश मानी जानी चाहिए।''

– श्री सुरेंद्र बालुपुरी का वक्तव्य–'चर्चा-परिचर्चा' प्रथम सत्र–पुस्तक प्रयोजनमूलक हिंदी (केंद्रीय हिंदी संस्थान आगरा) (1975) संपादक डॉ. रवींद्र श्रीवास्तव–पृष्ठ–24

30. ''भारतीयों की इच्छा के प्रतिकूल, उनके द्वारा कई बार विरोध करने के बावजूद अंग्रेज़ों की सफल भाषा नीति के कारण अंग्रेज़ी समस्त भारत में राजकाज तथा शिक्षा के माध्यम के रूप में छा गई थी। यदि इससें राजभाषा का कोई क्षेत्र अछूता बच सका था, तो वह था सिर्फ़ भारत की निचली अदालतों का, जहाँ पर कुछ हद तक भारतीय प्रादेशिक भाषाओं का अधिकार था और वह भी अनेक आंदोलनों का ही परिणाम था।''

– 'राजभाषा के संदर्भ में हिंदी आंदोलन का इतिहास'–उदयनारायण दुबे = पृष्ठ 133

31. ''अंग्रेज़ी भाषा ने मुख्य रूप से भारतीय भाषाओं के दो क्षेत्रों को दबा लिया था। पहला थ्रा राजभाषा का और दूसरा संपर्क भाषा का। राजभाषा के अंतर्गत अंग्रेज़ी का प्रायः एकाधिकार ही था। प्रांतीय प्रशासनिक एवं शैक्षणिक कार्यों से लेकर अखिल भारतीय शासन एवं शिक्षा तक इसकी पहुँच थी। यह सच्चे अर्थों में तत्कालीन भारत की राजभाषा हो चुकी थी।''

–यथोपरि–पृष्ठ–135

32. ''गांधीजी के व्यक्तित्व और उनके अनन्य हिंदी प्रेम का ही यह फल है कि उनके संपर्क में

जो कोई आया, चाहे वह हिंदी भाषी रहा हो या अंग्रेज़ी पर पूर्ण अधिकार रखने वाले मराठी भाषी श्री लोकमान्य तिलक जैसा अहिंदी भाषी, सभी ने मुक्तकंठ से हिंदी का स्वागत किया और साथ ही हिंदी का ज्ञान प्राप्त कर उसका प्रचार और प्रसार भी।''

—यथोपरि—पृष्ठ—156-157

33. ''मैं यह कहना चाहता हूँ कि जब यह परिषद् स्वतंत्र भारत का विधान बनाने जा रही है, और यदि अंग्रेज़ी को ही अपनी राष्ट्रभाषा मानकर वह काम करना चाहती है, तो यह बड़े दु:ख की बात है। अंग्रेज़ी कभी भी हमारी राष्ट्रभाषा नहीं हो सकती।''

—'राजभाषा हिंदी'—डॉ. सेठ गोविंददास—हिंदी साहित्य सम्मेलन, प्रयाग (1965) (कौन सभा में संविधान-सभा की कार्यवाही चलेगी—शीर्षक से अध्याय) —पृष्ठ—11

34. ''हिंदी यानी सरल हिंदी को यहाँ के लोगों का प्यार प्राप्त है, उसे बड़े लाड़ और प्यार से पाला-पोसा गया है। इसका जन्म यहीं की मिट्टी में उन आवश्यकताओं की पूर्ति और उन परिस्थितियों के कारण हुआ जो 1858 में बंदी बस्ती की स्थापना के साथ उठ खड़ी हुई थीं। इस बस्ती में सभी भाषाओं के अलावा वे अंग्रेज़ अफ़सर भी थे, जो अंग्रेज़ी के साथ-साथ या तो उर्दू अथवा उर्दू-अंग्रेज़ी मिली हिंदी बोलते थे। परिणाम यह हुआ कि धीरे-धीरे सभी लोग अपनी-अपनी मातृभाषाओं के अलावा आपसी संपर्क के लिए अर्थात् संपर्क भाषा के रूप में हिंदुस्तानी बोलने लगे।''

—'अंडमान निकोबार में हिंदी'—लेखक—एल.एल.शर्मा (मुख्य आयुक्त अंडमान तथा निकोबार द्वीप समूह)—दिनाँक 6.12.80 नवभारत टाइम्स —पृ.—4

35. ''स्वतंत्रता पूर्व हिंदी का जो आंदोलन चल रहा था, वह आज तक चलता आ रहा है। अंतर यह है कि स्वाधीनता पूर्व राजभाषा के संदर्भ में राष्ट्रभाषा हिंदी का आंदोलन था और आज का आंदोलन सीधे राजभाषा हिंदी का आंदोलन है।''

—'राजभाषा के संदर्भ में हिंदी आंदोलन का इतिहास'—उदयनारायण दुबे —पृष्ठ—193

36. "The official language of each province for affairs of state should be the language of Province. But every where Hindustani, as the all India Language, should be officially recognized, and documents in it accepted in both the Devanagri and Urdu Scripts. In the Hindustani Speaking Provinces the two scripts must be officially recognized and it should be open to any person to address a court or an office in either script."

—The Unity of India (collected writings) by: Jawaharlal Nehru (1937-1940) Essay; The Question of Language, page—256

(1948, Printed in London)

37. (i) The Draft constitution did not contain any provision regarding the official Language of the Union. The question as to what should be the National Language of India agitated the minds of the members of the Constituent Assembly for a long time."

The Constitution of India How it has been framed, by: Pratap Kumar Ghosh. page. 316.

38. 'राजभाषा हिंदी', सेठ गोविंददास, पृ. 19 (मूल उद्धरण पहले अध्याय में भी दिया गया है)

39. ''यदि हमने स्वतंत्र भारत में भी, उसकी अपनी राष्ट्रभाषा होते हुए भी, उसका संविधान अंग्रेज़ी में तैयार किया, तो हम सदा के लिए कम-से-कम संवैधानिक मामलों में ऐसे व्यक्तियों पर निर्भर हो जाएँगे, जो अंग्रेज़ी के विशेषज्ञ हैं; अतः मैं फिर आपसे अपील करूँगा कि हमारा मूल संविधान हिंदी में होना चाहिए।'' —यथोपरि—पृष्ठ—14

40. "14 सितंबर, 1946 को संविधान सभा की नियम समिति ने डॉ. राजेंद्र प्रसाद की अध्यक्षता में यह निर्णय किया कि संविधान सभा का कामकाज हिंदुस्तानी या अंग्रेज़ी में किया जाना चाहिए और अध्यक्ष की अनुमति से कोई भी सदस्य सदन में अपनी मातृभाषा में भाषण दे सकेगा।"

"क्या हिंदी राजभाषा एक वोट से हुई ?"—ब्रजकिशोर शर्मा, संयुक्त सचिव एवं प्रारूपकार, राजभाषा खंड, विधायी विभाग,।

—पृष्ठ—30

—राजभाषा भारती—जुलाई, 1973

41. "इस समय जैसा कि नियम है उसके अनुसार हम लोग हिंदी, उर्दू यानी हिंदुस्तानी या अंग्रेज़ी में यहाँ बोल सकते हैं, लेकिन हमने देखा कि 9 तारीख के बाद जब से हमने अपनी कार्रवाई शुरू की, हिंदुस्तानी के लिए कोई बंधन न रहने पर भी हम लोगों की यहाँ जितनी कार्रवाई हुई है वह ज्यादातर अंग्रेज़ी में ही हुई है।"

"कौन भाषा में संविधान-सभा की कार्रवाई चलेगी" (23 सितंबर, 1946) राज-भाषा हिंदी—सेठ गोविंददास

—पृष्ठ—11

42. "We in the constituent Assembly resolved to constitute India into a sovereign democratic Republic. According the solution it arrived at for the language problem is essentially democratic and true to our cultural and educational advancement; consistent with the requirements of good and efficient administration in a republican democracy of a multi-lingual Union composed of state units."

— Report of the official Language Commission, 1956, Govt. of India. page. 343

43. "The constitution notes the fact of the diversity of languages in our country and recognises them all as "regional languages." There are not the 14 ones only as enumerated in the 8th schedule; they also include all other languages and or dialects Like Maithili, Bhojpuri, Avadhi, Rajasthani, Dogri, Ladaki, Cutchi, Konkani, Bundeli etc. Under Art. 345, these are all eligible to be recognised as Official Languages of their respective states where they might be in use as regional Languages."

—do—

page. 344

44. "उल्लेखनीय है कि भोजपुरी राजा भोज के शासनकाल के दौरान, अंगिका वर्ण के मगही मौर्य एवं गुप्त काल के वज्जिका वैशाली गणतंत्र में तथा मैथिली राजा, राजा शिवसिंह के शासनकाल में राजभाषा का गौरव पा चुकी है।"

नवभारत टाइम्स (बंबई) दिनाँक 17.2.81 पृष्ठ 5

45. 1. "मैथिली द्वितीय राजभाषा बनाने की माँग"

"पटना, 23 नवंबर (भारती) बिहार के मैथिली भाषियों ने मिथिला में इस भाषा को द्वितीय राजभाषा का दर्जा दिए जाने की माँग की है।

यहाँ विद्यापति पर्व के अवसर पर वितरित एक पर्चे में यह तर्क दिया गया है कि यदि दस प्रतिशत उर्दू भाषी जनसंख्या के ज़िलों में उसे दूसरी राजभाषा की मान्यता मिल सकती है तो शत-प्रतिशत मैथिली भाषियों के क्षेत्र में मैथिली को भी द्वितीय राजभाषा का दर्जा देने से किस आधार पर इंकार किया जा सकता है। पर्चे में मगही, भोजपुरी, वज्जिका आदि भाषाओं के लिए भी यही तर्क दिया गया है।"—नवभारत टाइम्स (बंबई) दिनांक 25.11.80 पृष्ठ 5

2. फिर जब उर्दू को राजभाषा का दर्जा मिल सकता है, तो मैथिली, भोजपुरी और मगधी

भाषाओं और बोलियों की ऐसी माँग का विरोध किस आधार पर किया जा सकता है ? मैथिली को संविधान की अष्टम अनुसूची में शामिल कराने के लिए अर्से से आंदोलन चल रहा है और मैथिली साहित्य बिहार के उर्दू साहित्य से किसी तरह पीछे नहीं है।नवभारत टाइम्स (बंबई) दिनांक 22.11.81 पृष्ठ 4 (संपादकीय)

46. "Thus; during the transition is provision for the use of both English and Hindi for different official purposes of the Union. But it would be wrong and misleading there from to describe the two mediums in terms of one being 'principal' and the other "subsidiary" as the explanatory Memorandum submitted to the Official Language Commission by the Madras Government . The proper description would be that while English is the outgoing Official Language of the Union, Hindi is the incoming one. There is no question of retention of English as the medium of administration under the constitution it envisages its restriction and eventual or ultimate replacement by Hindi. —Report of the Official Language Commission, Govt, of India. 1956, page 345

47. ''इसके अलावा धारा 348 में बहुत ही साफ शब्दों में हिंदी का पत्ता काट दिया गया। धारा 348 के अनुसार सर्वोच्च न्यायालय, उच्च न्यायालय तथा कानून की प्रामाणिक भाषा केवल अंग्रेज़ी ही होगी। प्रांतों के न्यायालय में सुनवाई और बहस चाहे भारतीय भाषाओं में कहने की छूट राष्ट्रपति दे सकता है लेकिन अदालतों के निर्णय, आदेश आदि अंग्रेज़ी में होंगे। इसी प्रकार प्रांतीय विधान सभाओं के कानून चाहे प्रांतीय भाषाओं में हों लेकिन केवल उनके अंग्रेज़ी अनुवाद ही प्रामाणिक माने जाएँगे। इतना ही नहीं, इस धारा में फेर बदल करने के लिए संसद को कोई अधिकार नहीं दिया गया। संसद यदि इस प्रावधान में कोई परिवर्तन करना चाहे तो उसे राष्ट्रपति तब तक इस विषय में अपनी सहमति नहीं देगा जब तक कि वह भाषा-आयोगों और संसदीय समितियों की रपट पर विचार न कर ले।''

—अंग्रेज़ी हटाओः क्यों और कैसे ? (संविधान और अंग्रेज़ी-निबंध)

डॉ. वेदप्रताप वैदिक पृष्ठ—33

48. इसी तरह लोकसभा के विधेयक, कानून आदि के अधिकृत रूप अंग्रेज़ी में होंगे लेकिन यह व्यवस्था लोकसभा के कानून बनाने के अधीन है तो कानून बनाकर लोकसभा के तमाम विधेयक और कानून अंग्रेज़ी के बजाय हिंदी में अधिकृत करार दिए जा सकते हैं। उपरोक्त बातों से यह निष्कर्ष निकलता है कि अंततोगत्वा लोकसभा अपने पूरे कारोबार हिंदी में करेगी। यानि वे तमाम केंद्रीय कानून चाहे वे संघीय सूची में हों या संघ और राज्य की संयुक्त सूची में हों, अंततः हिंदी में होंगे, राज्य के कानून और नियम आदि प्रादेशिक भाषाओं में हो सकेंगे, परंतु उनके अधिकृत मूलपाठ (टेक्स्ट) हिंदी भाषा में होंगे। इस तरह समस्त देश का कानून हिंदी भाषा में होगा। इसी तरह सभी उच्च न्यायालयों के फैसलों, व्यवस्थाओं तथा आज्ञाओं का अधिकृत अनुवाद भी हिंदी में होगा, जिसके कारण सर्वोच्च न्यायालय को अपना काम हिंदी में करने की सहूलियत प्राप्त हो जाएगी। अतः सर्वोच्च तथा उच्च न्यायालयों द्वारा हिंदी में दिए हुए फैसलों तथा राज्यों के उन उच्च न्यायालयों में जहाँ राज्य की भाषा में फैसले लिखे गए हों, उनके अधिकृत हिंदी अनुवाद प्रकाशित हो जाएँगे और वे अनुवाद समस्त देश में प्राधिकृत माने जाएँगे।

—राजभाषा सम्मेलन—नई दिल्ली, तृतीय विचार संगोष्ठी—16 मई, 1976 रविवार 'विधि के क्षेत्र में हिंदी तथा भारतीय भाषाओं की स्थिति'

—श्री गोपालराव एकवोटे (भूतपूर्व मुख्य न्यायाधीश—हाई कोर्ट आंध्र प्रदेश)—पृष्ठ—6-7

49. Hindi has been proposed as the Official Language of India, and its supporters everywhere go much further than that. They describe it as the National Language of India, some wish to rename Hindi as "Bharti", the language par-excellence of India. Some even have started a slogan like this; "Hind, Hindu Hindi, these three are one." Our Prime Minister has again and again reiterated his view that India has not one but fourteen national languages he does not give any special (Pol-eminence to Hindi as a language over the rest, and rightly too.)

—Report of the Official Language Commission (1956) Govt. of India. page.286.

50. "मैं प्रायः कहा करता हूँ तथा बार-बार अपने सहयोगियों से भी मैंने कहा है कि इसका नाम 'भारती' होता तो स्थिति शायद अधिक स्पष्ट होती। संपर्क भाषा 'भारती' होती तो अधिक स्पष्टता इसलिए होती क्योंकि देश भारत है।"

—'राजभाषा भारती'—अप्रैल—जून—1979 अंक—5 दीक्षांत भाषण कृपानारायण सचिव, राजभाषा विभाग पृष्ठ—11

51. It may be noted here that Art. 351 says that adopting new words for the enrichment of the vocabulary of the Hindi language is to be done by drawing, whenever necessary and desirable, primarily from Sanskrit and Secondarily from other languages. The point to be noted here is that other languages include all languages, not only these fourteen.

therefore, English and other Languages of the world with which we might be in contact and hence would have to take words from them, are not excluded. Other languages are not qualified to mean only Indian or some specific other Languages only. Words can be adopted freely without interfering with the genius of Hindi. This is significant in the context of the recent purist movement in the North which aims to remove 'foreign' words even if they have been current as part of the common man's vocabulary. Sanskritization of the vocabulary is also undesirable and against the spirit of this directive of the constitution.

—Report of the Official Language Commission (1956) Govt. of India (foot note) page—347

52. Schedule 8 contains Hindi along with Urdu, Gujrati, Marathi, etc. Article 351 says that the Hindi Language has to enrich itself by assimilating the forms, style and expression of, among others mentioned in the 8th schedule, Hindi. This reference to the enrichment of Hindi Language is evidently to the 'Hindi' mentioned in Article 343, the Official Language of the Union, Which is to be propagated and developed for the official purposes of the Union and in a specific manner described in that article. Citing the 8th schedule the said article says that the Hindi language will be enriched by assemilating forms, style etc. from Hindi, Urdu, Gujrati etc. This in other words, amounts to saying that Hindi is to assemilate forms, style, expressions, etc. from Hindi; This would be absurd. It is therefore argued with irrefutable logic that unless the word Hindi in this context means two different ideas, the directive in Article 351 would become wholly meaningless. Obviously it can not be so. It is therefore concluded that Hindi mentioned in the 8th schedule is not can not be the Hindi language of the Union mentioned in Article 343, 351 and vice versa.

The two terms though apparently the same, are different concepts, though allied.

—do— page. 349-350

53. "हमारे संविधान के अनुच्छेद 351 पर दृष्टि रखनी चाहिए जिसमें राजभाषा का स्वरूप बताया गया है। देखिए जो हिंदी राजभाषा है वह कोई क्षेत्रीय हिंदी नहीं है बल्कि राजभाषा हिंदी तो वह हिंदी है जो कि देश की विभिन्न क्षेत्रीय भाषाओं के बीच संपर्क भाषा का काम करती है।"

"अगर इस 351 के अनुच्छेद की परिभाषा को पूरा ध्यान से देखें तो आपको स्पष्ट नज़र आएगा कि जो हिंदी राजभाषा है उसका रूप अखिल भारतीय है।"

'राजभाषा भारती'—अप्रैल-जून—अंक 1979 अंक 5 दीक्षांत भाषण—कृपानारायण सचिव राजभाषा विभाग— पृष्ठ—11

53 (क) "To determine the functions of these three different languages mentioned above, let us probe the matter a little. The constitution clearly mentions the following five things.

1. Hindi as official language in article—343.
2. Hindi as envisaged in Article 351,
3. Hindi as mentioned in Eighth Schedule,
4. Hindustani as reffered to in Article 351, and
5. Urdu as mentioned in the Eighth Schedule.

—भारतची भाषा समस्या, ले. महामहोपाध्याय दत्तोवामन पोतदार परिशिष्ट—
Report of the Hindi Teaching Commitee State of Bombay—1951 (14.9.1962) Page 3-4

54. Hindi as envisaged in Art. 351, will serve as a common medium for all the peoples of India for their common objectives.

—Official Language Commission, Report (1956), from the foot note, No. (page) 348 quoted from the Report of the Hindi Teaching Committee, Bombay State)

55. (i) "शिक्षा मंत्रालय भारत सरकार के प्रयत्न तथा हिंदी प्रचार करने वाली परीक्षा मान्यता प्राप्त संस्थाओं के सहयोग से और 13 श्रावण 1886 (ता. 4 अगस्त, 1964) को दिल्ली में अखिल भारतीय हिंदी संस्था संघ की स्थापना हुई।"

"देश में पिछले 60 वर्षों में हिंदी का राष्ट्रभाषा के नाते प्रचार करने के लिए हर प्रदेश की आवश्यकता और समय की अनुकूलता के अनुसार वहाँ-वहाँ संस्थाएँ स्थापित हुईं और उन्होंने जनता में राष्ट्रभाषा हिंदी के प्रति आस्था और अनुकूलता बढ़ाने का महत्त्वपूर्ण कार्य किया।"

उद्देश्य

जिन उद्देश्यों की पूर्ति के लिए संघ की स्थापना की गई वे नीचे लिखे अनुसार हैं—

1. 'संविधान की धारा 351 के अनुसार हिंदी के प्रचार और विकास के लिए राष्ट्रीय मंच की स्थापना'— पृष्ठ 1-2

'अखिल भारतीय हिंदी संस्था संघ'; परिचय-पत्रिका (मार्च, 1977)

2. क्षेत्रीय हिंदी कार्यकर्ता शिविर, मैसूर शिविर में पारित मंतव्य

1. संविधान की धारा 351 के अनुसार हिंदी के जिस स्वरूप की कल्पना की गई है वह अभी साकार नहीं हुई है। इस कार्य में गति लाना आवश्यक है। यह शिविर कार्य भारत सरकार तथा संस्थाओं के सहयोग से ही संपन्न हो सकता है। यह शिविर भारत सरकार तथा हिंदी संस्थाओं का ध्यान इस ओर आकर्षित करता है। हिंदीतर भाषा-भाषी, हिंदी लेखकों की

रचनाओं को प्रकाश में लाने पर यह कार्य संपन्न हो सकता है।

—यथोपरि—पृष्ठ (21)

56. It is further necessary to note here that Hindi that is named in the 8th Schedule is not the language that is often loosely described as spoken by the largest Single Linguistic group in our country. At best it is literary expression of that vast group who speak various languages and dialects spoken in Northern India which, by and large, is mentioned as or understood to be Hindi-Speaking. It is the Common basic structure or genius of these many North Indian regional Languages that we are enjoined to preserve when developing and enriching the language of the Union, also named Hindi.

—Report of the Official Language Commission (1956) Govt. of India. page 350.

57. (i) One of the terms on which we have been asked to make recommendations to the President is as to the restrictions on the use of the English Language for all or any of the official purposes of the Union. "We do not see that anything is to be gained by imposing such formal restriction in respect of any of the official purpose of the Union at present and we have therefore no recommendations to make in this behalf." —do— page. 128

(ii) राजभाषा आयोग (1955) और उसकी सिफ़ारिशों पर विचार करने के लिए बनाई गई संसदीय समिति (1957) दोनों का विचार था कि 1965 के बाद भी 'सह-राजभाषा' के रूप में अंग्रेज़ी का प्रयोग चलता रहना चाहिए।

'राजभाषा भारती'—अंक—4 (जून-मार्च, 79) 'राजभाषा हिंदी की सांविधानिक स्थिति और नीतिगत प्रमुख निर्णय'—विष्णु स्वरूप सक्सेना, उप-सचिव, भारत सरकार पृष्ठ—10

58. "भोपाल में जगह-जगह सभाएँ हुईं। शिक्षा संस्थाएँ बंद रहीं। अंग्रेज़ी नामपट्टों पर कोलतार पोतने का समारोह मनाया जाता रहा। ग्वालियर में पूर्ण हड़ताल थी। छात्रों ने अंग्रेज़ी पोस्टरों में आग लगाई। एक माध्यमिक विद्यालय के छात्रों ने अंग्रेज़ी का बहिष्कार किया और दूसरे में अंग्रेज़ी के पर्चे जलाए गए। नागपुर और इंदौर में आंदोलन का बाज़ार गर्म था और विधेयक की प्रतियाँ जलाई गईं। रामपुर से लेकर रीवा, जबलपुर और विदिशा में निरंतर आंदोलन एवं प्रदर्शन होता रहा।"

—पृष्ठ—220

—'राजभाषा के संदर्भ में हिंदी आंदोलन का इतिहास'—(स्वतंत्रभाषा, भाषा नीति बनाम राजनीति)—उदयनारायण दुबे

59. "जो विधेयक इस देश में एकता लाने का प्रयत्न करने के लिए लाया गया है, मेरा नम्र निवेदन है—इसमें मतभेद हो सकता है—वह एकता को भंग करने के लिए सबसे बड़ा साधन है। इससे न जनता स्वराज्य का अर्थ समझ सकती है, न इस देश में एकता हो सकती है, न इससे आर्थिक उन्नति हो सकती है, क्योंकि तीव्र गति से वैज्ञानिक तैयार नहीं हो सकते। न उससे प्रजातंत्र चल सकता है, इसलिए बड़े भारी हृदय से, बड़े दुख के साथ, हृदय के ऊपर, अपनी छाती पर पत्थर रखकर "मुझे इस विधेयक का विरोध करना पड़ रहा है।"

—'राजभाषा हिंदी' सेठ गोविंददास (राज्य भाषा विधेयक के अंतिम वाचन पर) 27—अप्रैल, 1963

60. श्री मनोहरन (तमिलनाडु के वित्त मंत्री) का एक वक्तव्य

"श्री मनोहरन ने कहा कि हिंदी लादने की कोशिश पहले से अधिक की जा रही है, पर इसके

प्रमाण के रूप में सिर्फ इतना कह सके कि मेरे मुख्यमंत्री ने पिछले महीने केंद्र के एक पत्र को लौटा दिया था, जो हिंदी में भेजा गया था।''
''संविधान की खामियों पर विचार-विमर्श किया जाए'' नवभारत टाइम्स पृष्ठ 1. दिनांक 26.9.78

61. ''राजभाषा संबंधी इन नियमों की घोषणा के बाद अब कोई भी शासकीय कर्मचारी यह बहाना नहीं बना सकता कि हिंदी में काम करने पर उसे बड़े अफ़सर से डाँट सुननी पड़ेगी। अब तो इसका उल्टा ही होगा, होना चाहिए। वास्तव में शासकीय नियमों में कुछ इस तरह का प्रावधान भी होना चाहिए कि जो कर्मचारी उक्त नियमों का पालन नहीं करेंगे उन्हें क्या-क्या नतीज़े भुगतने पड़ेंगे। शायद इसकी ज़रूरत नहीं पड़े क्योंकि शासकीय कर्मचारी पूर्णतया अनुशासित हैं और उनसे अपेक्षा की जाती है कि वे हिंदी के काम को द्विगुणित उत्साह के साथ करेंगे।''
—नवभारत टाइम्स दिनांक 10.8.76 संपादकीय ('हिंदी के द्वार खुले' शीर्षक)

62. मुद्दा 14 ''समिति ने अपनी 9 अप्रैल, 1975 की बैठक में यह निर्णय किया कि राजभाषा का काम देखने के लिए एक स्वतंत्र राजभाषा विभाग की स्थापना की जाए''
''केंद्रीय हिंदी समिति के प्रमुख निर्णय''
'राजभाषा भारती' अंक—2 जुलाई, 1978 पृष्ठ 23

63. ''द्रविड़ मुनेत्रकषधम के अध्यक्ष श्री एम. करुणानिधि ने कल रात यहाँ घोषणा की कि उनकी पार्टी शीघ्र ही विभिन्न प्रश्नों पर केंद्र एवं राज्य सरकार के विरुद्ध आंदोलन आरंभ करेगी''.
.......... ''श्री करुणानिधि ने कहा कि आंदोलन के विषय इस प्रकार होंगे।

1. अहिंदी भाषियों पर हिंदी लादने का विरोध किया जाएगा।'' ................. ''श्री करुणानिधि ने कहा कि यदि हिंदी सरकारी भाषा हो गई तो तमिलनाडु, केरल, आंध्र प्रदेश, कर्नाटक, बंगाल और पंजाब के लोग द्वितीय श्रेणी के नागरिक बन जाएँगे। उन्होंने माँग की कि देश की सभी 14 भाषाओं को सरकारी भाषा बनाया जाना चाहिए और तब तक के लिए अंग्रेज़ी को जारी रखना चाहिए।''

—नवभारत टाइम्स 26.9.78 पृष्ठ-1 (केंद्र और राज्य सरकार के विरुद्ध ज़ोरदार आंदोलन)

64. ''प्रधानमंत्री श्री मोरारजी देसाई ने तमिलनाडु के वित्त मंत्री श्री के मनोहरन को भेजे गए एक पत्र में कहा है कि भारत सरकार के आधिकारिक कामकाज में हिंदी का उपयोग आने वाले वर्षों में निश्चय ही बढ़ेगा।''
श्री देसाई ने फिर भी कहा कि अहिंदी भाषी लोगों पर हिंदी थोपी नहीं जाएगी। प्रधानमंत्री ने कहा कि ''राजभाषा कानून 1976 में किसी संशोधन की संभावना नहीं।''
—''भाषा नीति प्रधानमंत्री का स्पष्टीकरण''
—नवभारत टाइम्स 5.6.78 —पृष्ठ—5

65. ''द्रमुक के अध्यक्ष श्री एम. करुणानिधि ने केंद्र से अनुरोध किया है कि अहिंदी भाषी लोगों पर हिंदी लादने के विरुद्ध सांविधानिक गारंटी प्रदान की जाए।
श्री करुणानिधि ने कहा कि यद्यपि इस संबंध में विभिन्न अवसरों पर प्रधानमंत्री श्रीमती इंदिरा गांधी द्वारा दिए गए आश्वासनों से मैं संतुष्ट हूँ तथापि इस प्रकार की सांविधानिक गारंटी की आवश्यकता है कि हिंदी लादी नहीं जाएगी।''
—''हिंदी न थोपी जाने की सांविधानिक गारंटी''—नवभारत टाइम्स 30.1.81 पृष्ठ—5

तृतीय अध्याय

# व्यवहार क्षेत्र में प्रयुक्ति के रूप में उभरती राजभाषा हिंदी की व्याख्यात्मक विवेचना

पिछले अध्यायों में राजभाषा हिंदी के विभिन्न पहलुओं पर विस्तार से विचार करने के पश्चात् यह तथ्य उभर कर आता है कि राजभाषा अपने आप में एक प्रयुक्ति है।

जहाँ तक राजभाषा हिंदी के प्रयोगात्मक स्थिति का अवलोकन करने का प्रश्न है वहाँ एक बात स्पष्ट रूप से सामने आती है कि जिस गति और मात्रा में राजभाषा हिंदी का प्रयोग मंत्रालयों में होना चाहिए था उस गति और मात्रा में नहीं हो पाया है।

संविधान में राजभाषा हिंदी की स्थिति काफी लचीली है अतः भारत सरकार के मंत्रालयों में इसका व्यापक रूप से प्रयोग नहीं हो पाया है। हालाँकि हिंदी प्रदेशों में फिर भी स्थिति बेहतर है।

वैसे तो राजभाषा हिंदी के प्रयोग की स्थिति तीन सरकारों के स्तर पर देखी जा सकती है परंतु यहाँ केवल भारत सरकार के मंत्रालयों में प्रयुक्त राजभाषा हिंदी के पत्राचार को आधार बनाकर उसके प्रयुक्ति-रूप को समझा जा सकता है।

## 1. राजभाषा हिंदी के प्रयोग के आधार बिंदु

भारत सरकार के किसी भी मंत्रालय में जब भी राजभाषा हिंदी के प्रयोग की स्थिति देखनी हो तब उसे निम्नलिखित बिंदुओं को आधार बनाकर समझा जा सकता है।

क. मंत्रालय द्वारा राजभाषा हिंदी की संवैधानिक व्यवस्था, एवं राजभाषा हिंदी के अधिनियमों/नियमों के प्रसारण की व्यवस्था।

ख. राजभाषा हिंदी के प्रशिक्षण की व्यवस्था

ग. अनुवाद कार्य

घ. राजभाषा हिंदी के कार्यान्वयन की व्यवस्था

ङ. राजभाषा हिंदी के प्रयोग के लिए आदेशों का जारी करना

च. राजभाषा हिंदी के साहित्य की रचना एवं उसका प्रकाशन।

छ. राजभाषा से संबंधित हिंदी परिषद को आश्रय देना।

## 2. भारत सरकार के कार्यालयों में राजभाषा-कार्यान्वयन संबंधी प्रमुख मुद्दे

अगर विभिन्न कार्यालयों में राजभाषा के कार्यान्वयन संबंधी प्रमुख बिंदु देखे जाएँ तो निम्नलिखित मुद्दे उठकर सामने आते हैं।

1. भारत सरकार के सभी मंत्रालय अपने अधीनस्थ विभागों/प्रभागों/अनुभागों को राजभाषा की संवैधानिक स्थिति से अवगत करा चुके हैं।

2. राजभाषा का प्रशिक्षण कार्य लगभग पूरा होने वाला है। क्योंकि अब तक 40 मंत्रालयों/विभागों के 100% कार्यालयों ने स्वयं को इस आधार पर अनुसूचित किया है क्योंकि उनके यहाँ 80% कर्मचारी हिंदी का प्रशिक्षण प्राप्त कर चुके हैं–अर्थात् उन्हें हिंदी का कार्यसाधक ज्ञान है।

हिंदी में तकनीकी प्रशिक्षण (टंकण, आशुलेखन, टेलीग्राफ़ी) की आवश्यकता बनी हुई है। साथ ही राजभाषा का प्रशिक्षण अपने मंत्रालय तथा हिंदी शिक्षण योजना के प्रयासों से चल रहा है।

इनके गहन अध्ययन के लिए कार्यशालाओं को चलाया जा रहा है।

3. मंत्रालयों में प्रयुक्त होने वाला प्रशासनिक साहित्य पर्याप्त मात्रा में अनूदित हो चुका है तथा इस अनूदित साहित्य को आसानी से पचाया नहीं जा सका है।

तकनीकी साहित्य के अनुवादित होने की आवश्यकता बराबर बनी हुई है। अनुवादकों की नियुक्तियाँ तथा उनका प्रशिक्षण जारी है।

4. राजभाषा के कार्यान्वयन के लिए संसदीय राजभाषा समिति, केंद्रीय हिंदी समिति, विभागीय राजभाषा कार्यान्वयन समितियाँ, नगर राजभाषा कार्यान्वयन समितियाँ तथा हिंदी सलाहकार समितियाँ कार्य कर रही हैं।

राजभाषा अधिनियम 1967 की धारा 3 (3) का ही कार्यान्वयन अधिकतर हो रहा है। यह कार्यान्वयन द्विभाषिकता (अनुवाद) पर टिका हुआ है।

हिंदी के कार्यान्वयन के लिए हिंदी स्टाफ उपलब्ध करवाया गया है तथा करवाया जा रहा है। साथ ही कार्यान्वयन के प्रोत्साहन के लिए 'राजभाषा शील्ड' आदि देने की व्यवस्था कर प्रोत्साहन दिया जा रहा है।

राजभाषा के कार्यान्वयन के लिए प्रेम से काम लिया जा रहा है। इसका सबसे बढ़िया उदाहरण जुलाई, 82 में 'आल इंडिया रेडियो' को 'आकाशवाणी' के नाम से संबोधित करने के पश्चात् पुनः उसे कुछ ही दिनों में 'आल इंडिया रेडियो' कर दिया गया। आँकड़ों को देखने पर पता चलता है कि केवल हिंदी में प्राप्त पत्रों के उत्तर हिंदी में देने के

कार्य में ही प्रगति है।

कार्यालय अपनी ओर से मूल रूप में अभी भी अंग्रेज़ी पत्राचार का ही सहारा लेते हैं।

'क' तथा 'ख' क्षेत्र की राज्य सरकारों के साथ हिंदी में पत्राचार, 'क' तथा 'ख' क्षेत्र में स्थित केंद्र सरकार के कार्यालयों की अपेक्षा अधिक होता है। अर्थात् केंद्र सरकार के कार्यालय आपस के पत्राचार में अंग्रेज़ी का ही सहारा लेते हैं। 'ग' क्षेत्र में स्थित केंद्रीय या राज्य सरकारों को लिखे जाने वाले हिंदी पत्राचार की स्थिति नगण्य है।

हिंदी कार्यान्वयन की प्रगति बताने के लिए तिमाही रपटें प्रस्तुत की जाती हैं।

हिंदी एककों की स्थापना की गई है।

5. राजभाषा विभाग से प्राप्त आदेशों/अनुदेशों को अपने अधीनस्थ कार्यालयों में अग्रेषित किया जाता है। परंतु इस दिशा में जितना कार्य रेल मंत्रालय ने किया है उतना किसी ने नहीं किया है।

6. राजभाषा संबंधी साहित्य के प्रकाशन के नाम पर नियमों/मसौदों/शब्दों के अनूदित रूप ही प्रकाशित हो पाए हैं।

7. कहीं-कहीं केंद्रीय सचिवालय हिंदी परिषद की शाखा को स्थान दिया गया है।

इतना सब होने के बावजूद भी मंत्रालयों में हिंदी में वास्तव में जितना कार्य फ़ाइलों आदि में राजभाषा हिंदी में होना चाहिए, नहीं हो पा रहा है। इसे स्वयं राजभाषा विभाग के मंत्री (गृहमंत्री) ने भी माना है।[1]

इसके साथ ही एक पत्रकार का तो यह कहना है कि मंत्रालय झूठे आँकड़े प्रस्तुत कर राजभाषा हिंदी के प्रयोग की स्थिति को बढ़ा चढ़ा कर प्रस्तुत करते हैं।[2]

इतना सब होने के बावजूद भी इस तथ्य से इंकार नहीं किया जा सकता कि मंत्रालयों एवं कार्यालयों में हिंदी एकक बन जाने से राजभाषा हिंदी का कुछ न कुछ कार्य कई आयामों में हो रहा है।

हिंदी एकक का कार्य यहाँ अंत में दिए जा रहे चार्ट से देखा जा सकता है।

## 3. प्रयुक्ति के रूप में राजभाषा का भाषावैज्ञानिक विवेचन

### 1. प्रयुक्ति के रूप में राजभाषा हिंदी के अध्ययन का आधार

यह तथ्य खुलकर सामने आया है कि हिंदी आठवीं सदी से आज तक किसी न किसी रूप में राजभाषा के रूप में प्रयुक्त होती रही है।

जहाँ मुसलमानों के आने से पहले राजभाषा हिंदी की शब्दावली प्रशासन में प्रयुक्त होती रही वहाँ चौदहवीं सदी के बाद उर्दू के रूप में तथा उन्नीसवीं शताब्दी में हिंदी अपने खड़ी बोली के रूप में भी राजभाषा के रूप में प्रयुक्त होती रही।

भारत की स्वतंत्रता के बाद 14 सितंबर, 1949 से हिंदी राजभाषा बनी तथा विभिन्न मंत्रालयों में किस मात्रा में तथा किस रूप में उसका प्रयोग हो रहा है उसका विवरण

इसी अध्याय में दिया जा रहा है।

उपरोक्त विवरण से एक बात सिद्ध हो जाती है कि हिंदी भाषा राजभाषा के रूप में प्रयुक्त हो चुकी है तथा हिंदी भाषा का राजभाषा हिंदी के रूप में कुछ न कुछ साहित्य जन्म ले चुका है।

यहाँ इसी राजभाषा साहित्य का भाषावैज्ञानिक विवेचन किया जाएगा।

भाषा विज्ञान की परंपरागत परिभाषा देखी जाए तो ज्ञात होगा कि भाषा का वैज्ञानिक अथवा भाषा का शास्त्रीय रीति से विश्लेषणात्मक विवेचन ही भाषा विज्ञान है।

भाषा विज्ञान की उपरोक्त परिभाषा के अंतर्गत ही किसी भाषा की विवेचना की जा सकती है। इस विवेचना में भाषा के समस्त पक्षों पर बातचीत हो जाती है। इसमें भाषा का व्याकरण भी शामिल है।

आज जिस भाषा विज्ञान या उसके भाषावैज्ञानिक अध्ययन की चर्चा की जाती है उसका संदर्भ पाश्चात्य ही है। वैसे तो भारतीय संदर्भ में पाणिनि का व्याकरण ही भाषावैज्ञानिक अध्ययन का आधार स्तंभ है। यही आधार स्तंभ ईस्वी सदी के आरंभ से अठारहवीं सदी तक भाषाविज्ञान का केंद्र रहा। परंतु भाषाविज्ञान का यह अध्ययन बिंदु वर्णनात्मक भाषावैज्ञानिक अध्ययन के रूप में ही उभरा।

वर्णनात्मक भाषावैज्ञानिक अध्ययन परोक्ष रूप में भाषा के व्याकरण का ही अध्ययन है। और भाषा के व्याकरण का अध्ययन मोटे रूप में भाषा का वैज्ञानिक अध्ययन न होकर केवल भाषा का विवेचन मात्र है।

वर्णनात्मक भाषावैज्ञानिक अध्ययन के रूप में हिंदी को देखा जाए तो इसका आरंभ अठारहवीं शताब्दी के प्रारंभ से मानना होगा। इस समय हिंदी व्याकरण से संबंधित जान जोशुवा केटलेर का 'लिंगुआ हिंदुस्तानिका' नामक ग्रंथ प्रमुख प्रारंभिक आधार बिंदु बना।

उन्नीसवीं शताब्दी में हिंदी के व्याकरण को लेकर काफ़ी सामग्री आई।

उधर भाषा के अध्ययन को लेकर पश्चिमी भाषावैज्ञानिकों ने भाषा के कई रूपों को गहराई से लिया।

(क) अठारहवीं सदी के उत्तरार्ध में, कुछ भाषावैज्ञानिकों ने जिनमें, हाकेट, ग्लीसन आदि प्रमुख हैं, भाषाविज्ञान का एक रूप समकालिक और उसी के अंतर्गत एक रूप वर्णनात्मक माना गया। इस विज्ञान में किसी भाषा का एक काल में उसकी ध्वनियों, रूप, वाक्य गठन आदि का वर्णन भर किया जाता था।

अतः यह भी परोक्ष रूप में भाषा के व्याकरणात्मक अध्ययन को ही सामने लाया। वर्णनात्मक भाषाविज्ञान में लिओनार्ड ब्लूमफ़ील्ड का नाम लिया जाता है।

(ख) इसी के साथ-साथ समकालिक भाषाविज्ञान का दूसरा रूप संरचनात्मक माना गया।

भाषाविज्ञान के इस रूप का प्रारंभ अठारहवीं सदी के अंत में हुआ।

वैसे तो स्विडिश भाषावैज्ञानिक 'द सस्यूर' आधुनिक पाश्चात्य भाषाविज्ञान के जनक माने जाते हैं परंतु संरचनात्मक भाषाविज्ञान में उन्होंने कई सिद्धांत प्रतिपादित किए।

संरचनात्मक भाषावैज्ञानिक अध्ययन में मुख्यतः भाषा की संरचना पर बात होती है। संरचनात्मक भाषावैज्ञानिक अध्ययन के क्षेत्र में जो सिद्धांत प्रतिपादित हुए उनमें 'हैटिस' के सिद्धांत अपना विशेष महत्त्व रखते हैं। इनके सिद्धांतों ने इस क्षेत्र में क्रांति की। इस दिशा में हैटिस की पुस्तक 'मेथड इन स्ट्रक्चरल लिंग्विस्टिक्स' महत्त्वपूर्ण पुस्तक है।

इस सिद्धांत के अंतर्गत भाषा के मूर्त रूप (ध्वनि) और अमूर्त रूप (अर्थ) को लिया गया। संरचनात्मक भाषाविज्ञान की अवधि काफ़ी छोटी थी। यह सिद्धांत 20 वर्षों तक चला।

(ग) भाषा के संरचनात्मक अध्ययन को अपर्याप्त माना गया तथा यह भाषा को समझने आदि के लिए खरा नहीं उतरा अतः भाषाविज्ञान का एक और आयाम 'मनोवादी दृष्टिकोण' पनपा।

इस दिशा में अमेरिकन भाषावैज्ञानिक ए. एन. चोम्स्की ने काफ़ी कार्य किया। 1957 में इनका 'रूपांतरण व्याकरण' सिद्धांत प्रतिपादित हुआ जिसने पिछले सिद्धांतों में क्रांतिकारी परिवर्तन किया।

इन्होंने भाषा को अमूर्त माना तथा इसके नियमों का अस्तित्व प्राकृतिक रूप से ही मानव मस्तिष्क में माना।

(घ) इधर भारत में भी इन सिद्धांतों पर पाश्चात्य पद्धति के आधार पर कार्य होने लगा। भाषावैज्ञानिक अध्ययन की परंपरा की शुरुआत इस शताब्दी के छठे दशक आरंभ में हुई। इस समय भारतीय भाषाविदों का पाश्चात्य भाषाविज्ञान से सीधा एवं प्रत्यक्ष संपर्क बढ़ा तथा इस दिशा में यहाँ भी कार्य होने लगा।

इस दिशा में कार्य करनेवाले भाषा विद्वानों में बाबू श्यामसुंदर दास, मंगलदेव शास्त्री, सीताराम चतुर्वेदी, आचार्य किशोरीदास वाजपेयी, डॉ. भोलानाथ तिवारी, प्रमुख हैं।

इन्हीं सिद्धांतों पर हिंदी शिक्षण, शब्द-अर्थ तथा कोशविज्ञान पर भी कार्य हुआ। इनमें प्रो. पी.बी. पंडित, डी.बी. पटनायक, रामनाथ शर्मा, अशोक आर केलकर, डॉ. हरदेव बाहरी, डॉ. कैलाश भाटिया, डॉ. बाबूराम सक्सेना, जगन्नाथन, अमर बहादुर सिंह, केशवराम पाल जैसे नाम उल्लेखनीय हैं।

(ङ) मनोवादी भाषाविज्ञान अभी पनप ही रहा था कि अमरीका जैसे अति विकसित तथा गतिशील देश में अनेकानेक त्वरित परिवर्तन आते गए।

अमरीका की जन जातियों की भाषाओं तथा बोलियों का अंबार सामने आया। इनको समझना तथा इसका अध्ययन आवश्यक था। चूँकि आयातित अमरीकी इन पर बराबर अपना शासन करना चाहते थे अतः इनकी भाषा को समझने तथा उनकी ही भाषा के माध्यम से उन्हें गुलाम बनाने की चालाक प्रवृत्ति के कारण भाषा का विभिन्न

सामाजिक संदर्भों में अध्ययन अनिवार्य हो गया।

उपरोक्त कारण के अतिरिक्त यह तथ्य भी उजागर होकर सामने आया कि अमरीका अपनी फौजों का विस्तार तथा फैलाव विश्वभर में करना चाहता है। ऐसी स्थिति में भी उसे विश्व के अनेकानेक भाषाओं को शीघ्र सीखने, सिखाने की आवश्यकता अनुभव हुई।

उपरोक्त कारणों के अलावा ईसाई संगठनों ने भी अपने धर्म को चारों ओर फैलाने का अभियान आरंभ कर दिया। अतः इस प्रयोजन के लिए उन्हें विभिन्न भाषाएँ सीखनी पड़ीं।

भाषा सीखने की प्रक्रिया तथा भाषा में व्यवहार करने की प्रक्रिया भिन्न है। भाषा व्यवहार अपने आप में सूक्ष्मता लिए हुए है। भाषा का प्रयोग भी उतनी ही गहनता लिए हुए है। अतः उपरोक्त तीन कारणों के कारण भाषा के अध्ययन/अध्यापन की आवश्यकता विशेष सामाजिक संदर्भों के अंतर्गत हुई।

इसी से समाज भाषाविज्ञान पनपा। इस वर्ग के विद्वानों में, लेबाव, गंपर्ज, फिशमैन आदि विद्वानों के नाम उल्लेखनीय हैं।

समाज भाषाविज्ञान का वर्ग इस सिद्धांत को मानता रहा कि भाषा को समझने के लिए उसकी विशिष्ट शैली भर को समझना आवश्यक नहीं है वरन् उसके साथ-साथ भाषा को सामाजिक संदर्भों के अर्थों में समझना भी जरूरी है। अतः एक ही भाषा के विविध रूप जन्म ले लेते हैं। भाषा के ये विभिन्न रूप विशिष्ट शैली रूप हैं। परंतु ये शैली रूप किसी साहित्यकार की शैली से संबंधित नहीं होते। वास्तव में ये ही शैली रूप रजिस्टर कोड आदि कहलाते हैं।

'रजिस्टर' को लेकर रीड (Reid) अग्रणी रहे।

इसी आधार पर विभिन्न उद्देश्यों के लिए भाषा की प्रयोजनमूलकता अथवा व्यावहारिकता पर गहन विचार किया गया।

किसी विशेष उद्देश्य की पूर्ति को प्राप्त करने के प्रयोजनार्थ भाषा के विशेष रूप की अस्मिता को पहचाना गया तथा अलग-अलग उद्देश्यों के अनुसार उसकी प्रयोजनमूलकताओं पर गहन विचार-विमर्श हुआ। अंत में यह सिद्ध हुआ कि मानव जब अपने उद्देश्य या किसी ख़ास प्रयोजन के लिए जिस भाषा का प्रयोग करता है वह वास्तव में विश्लेषण की सूक्ष्मताएँ लिए हुए है।

प्रयोजनानुसार भाषा की सूक्ष्मताओं को विश्लेषित करना आवश्यक हो गया। अतः भाषा को रजिस्टर, कोड, पैटर्न, उपकरण, प्रयोजनी, विशेष प्रकार्य, प्रयुक्ति, सर्विस टूल (सेवा माध्यम) आदि की परिभाषा में समझा गया।

(च) 20वीं सदी के सातवें दशक में पाश्चात्य जगत में भाषा की प्रयोजन-मूलकता को लेकर काफ़ी काम हो चुका था। उसी समय भारतीय भाषावैज्ञानिक भी अनेक संदर्भों में हिंदी की प्रयोजनमूलकता को खोजने में लग गए।

इन विद्वानों में अग्रणी नाम डॉ. रवींद्र श्रीवास्तव का है। इनके साथ ही मोटूरि सत्यनारायण, श्रीमती टी. दासवानी, डॉ. भोलानाथ तिवारी, डॉ. विद्यानिवास मिश्र, डॉ. सुरेश कुमार, डॉ. सूरज मानसिंह, डॉ. लक्ष्मण खूबचंदानी, प्रो. पी.बी. पंडित, डॉ. चौधरी हेमकांत मिश्र, डॉ. गोपाल शर्मा, प्रो. न.वी. राजगोपालन, डॉ. कैलाश भाटिया आदि के नाम उल्लेखनीय हैं।

इन भाषा विद्वानों ने विभिन्न संदर्भों तथा क्षेत्रों में हिंदी की प्रयोजन-मूलकताओं को रेखांकित किया।

(छ) भाषा की प्रयोजन-मूलकता अथवा उसकी प्रयुक्ति का एक क्षेत्र राजकार्य में, शासन अथवा समस्त प्रशासनिक कार्यों में प्रयुक्त होने वाली राजभाषा का भी है।

राजभाषा के रूप में हिंदी की प्रयोजन-मूलकता और प्रयुक्ति विवेचना के रूप में अधिक कार्य नहीं हुआ है। फिर भी इस संदर्भ में डॉ. गोपाल शर्मा तथा ठाकुरदास के नाम उल्लेखनीय हैं।

## 3.2 प्रयुक्ति के रूप में राजभाषा हिंदी का अध्ययन

चौदहवीं सदी से अब तक हिंदी किसी न किसी रूप में राजभाषा रही है। अतः राजभाषा प्रयुक्ति के रूप में हिंदी का साहित्यिक भंडार बन चुका है।

राजभाषा प्रयुक्ति के रूप में हिंदी का असली राजभाषायी रूप स्वतंत्रता प्राप्ति के पश्चात् ही पनपा है। इसी राजभाषायी साहित्य के आधार पर हिंदी को राजभाषा प्रयुक्ति के संदर्भों में विश्लेषित किया जाएगा।

हिंदी का प्रयोग कार्यांग, न्यायांग, विधानांग, सांविधिकांग में राजभाषा के रूप में होता है। शासन के इन अंगों में जो भी भाषा प्रयुक्त होगी, स्थूल रूप में उसकी एक ही प्रधान प्रयुक्ति होगी। यही प्रधान प्रयुक्ति राजभाषा प्रयुक्ति कहलाएगी परंतु शासन के विभिन्न अंगों की कार्य प्रकृति के आधार पर पारिभाषिक शब्दावली या विशेष प्रकार के कुछ वाक्य विन्यासों को लिया जाए तो वह राजभाषा प्रयुक्ति की ही उप राजभाषा प्रयुक्ति होगी। इन उप प्रयुक्तियों का अध्ययन अलग से शोध का विषय हो सकता है।

यहाँ हिंदी की इसी राजभाषायी प्रधान प्रयुक्ति की भाषावैज्ञानिक विवेचना की जा रही है।

### *3.2.1 राजकार्य में भाषा का स्वरूप*

यहाँ 'राज' का अर्थ अंग्रेज़ी के 'आफ़िसियल' शब्द के अर्थ में है। वस्तुतः राजकार्य दो रूपों में होता है।

राजकार्य का स्वरूप

मौखिक.........भाषा प्रयोग.............. लिखित

मौखिक .............से...................... लिखित

लिखित .............से...................... लिखित

लिखित .............से...................... मौखिक

मौखिक .............से...................... मौखिक

मौखिक अथवा लिखित राजकार्यों में प्रयुक्त होने वाली भाषा का स्वरूप, विषयानुसार साधारणतया आदेशात्मक, सूचनात्मक, सुझावात्मक, व्याख्यात्मक, जानकारीपरक, निर्णयात्मक, होता है। परंतु लिखित भाषा में एक तत्त्व, 'वैधानिक', और जुड़ जाता है।

साथ ही मौखिक भाषा में शुद्ध अथवा पूर्ण अनौपचारिकता, अलंकारिता तथा भाषा की अशुद्धता का भी पुट पाया जाता है।

जैसे 1. अरे **यार,** ज़रा **'ये'** फाइल उठा **देना।**

2. **अरे भई,** ये बिल ज़रा आज ही **निकाल दो न** ?

3. **सुनो,** इस लेटर / पत्र / चिट्ठी / ख़त का रिप्लाई / जवाब / उत्तर आज ही भिजवा दो नहीं तो वह **रोएगा**

उपरोक्त वाक्यों में रेखांकित शब्दों द्वारा अनौपचारिकता, अशुद्धता तथा व्यवहारात्मक सामाजिक संदर्भों में भाषा प्रयोग की अवहेलना मिलती है। इसके अलावा एक शब्द के लिए उस पर्यायवाची शब्द का अधिकतर प्रयोग होता है जो बोलचाल की भाषा में जुबान पर चढ़ा होता है। परंतु लिखते समय अगर सावधानी बरती जाए तो उपरोक्त प्रयोग लुप्त हो जाते हैं। साथ ही उन पर्यायवाची शब्दों के प्रयोग होते हैं जो मानक भाषा या एक स्तरीय भाषा के मानदंड होते हैं।

यथा–

| **मौखिक** | **लिखित** |
|---|---|
| उठा देना | दीजिए |
| लेटर | पत्र |
| निकाल दो/भेज दो | लिखिए/लिख दीजिए/भेजिए/भेज दीजिए |
| रिप्लाई | उत्तर |
| अरे, | × |
| यार, | प्रिय/महोदय |
| भई, | महोदय/प्रिय महोदय |
| सुनो | सुनिए |
| रोएगा | × |
| न | × |

उपरोक्त विवेचन के अलावा अगर किसी अधिकारी का अपने अधीनस्थ से किसी पत्र या टिप्पणी लिखने के संबंध में मौखिक वार्तालाप सुना जाए तो ज्ञात होगा कि राजकार्यों में प्रयुक्त मौखिक भाषा मुख से एक रूप में निकलती है और कागज़ पर दूसरे रूप में आ जाती है। इस प्रकार राजकार्यों में मौखिक तथा लिखित भाषा के स्वरूप इस प्रकार होंगे।

राजभाषा

| मौखिक | भाषा-यात्रा | लिखित |
|---|---|---|
| 1. अर्ध आदेशात्मक | .............................. | 1. पूर्ण आदेशात्मक |
| 2. सूचनात्मक | .............................. | 2. सूचनात्मक |
| 3. सुझावात्मक | .............................. | 3. सुझावात्मक |
| 4. अनौपचारिक | .............................. | 4. औपचारिक |
| 5. अशिष्ट | .............................. | 5. शिष्ट |
| 6. निर्णयात्मक | .............................. | 6. निर्णयात्मक |
| 7. व्याख्यात्मक | .............................. | 7. व्याख्यात्मक |
| 8. आलंकारिक | .............................. | 8. रूखी |
| 9. जानकारीपरक | .............................. | 9. जानकारीपरक |
| 10. अमानक | .............................. | 10. मानक |
| 11. अवैधानिक | .............................. | 11. वैधानिक |
| 12. शब्द/वाक्य विन्यास में वैविध्य | .............. | 13. शब्द/वाक्य विन्यास एक साँचे में ढले। |

राजभाषा हिंदी की मानकता स्थापित नहीं हो पाई है। अतः यहाँ राजभाषा हिंदी की मानकता को संक्रामक रूप में देखा जाना चाहिए।

### *3.2.2 राजभाषा का लिखित स्वरूप*

राजकार्य में भाषा का प्रयोग निम्नलिखित रूपों में होता है।

क. पंजियों में संक्षिप्त लेखन

ख. टिप्पणी लेखन

ग. प्रारूप लेखन

घ. पत्राचार लेखन

**क. पंजियों में संक्षिप्त लेखन**

आवक-जावक (भंडार तथा डाकादि), सेवा, रोकड़, खाता, पंजियों तथा चपरासी बही में बहुत ही संक्षेप में भ.षा का प्रयोग होता है। केवल भेजने पाने वाले का नाम

पता, छुट्टियों के कारणादि तथा अति संक्षिप्त टिप्पणियाँ लिखी जाती हैं।

इसमें कई बार संक्षेप में भाषा का प्रयोग होता है जैसे क्षेत्रीय प्रबंधक भारतीय खाद्य निगम, बंबई, संक्षिप्त रूप–क्षे.प्र.भा.खा.नि. बंबई

विषय : श्री ...................., पुणे द्वारा भारतीय खाद्य निगम द्वारा निर्मित की गई पारिभाषिक शब्दावली (1975) भिजवाने के संबंध में निवेदन–

संक्षिप्त रूप : विषयः भा.खा.नि. की पारिभाषिक शब्दावली (1975) भिजवाने बाबत निवेदन

पंजियों, रोकड़ बहियों तथा खातों में अधिकांश रूप से अंकों का प्रयोग होता है। अतः भाषा का बहुत ही सीमित प्रयोग होता है। इन पंजियों, बहियों अथवा खातों में प्रयुक्त भाषा रूप एक ही साँचे में ढले होते हैं। साथ ही भाषा सूचनात्मक रूप में होती है।

यथा : 1. ट्रक सं. ............ से माल भेजा गया। पर्ची सं.........दि........ ।

2. ये सभी भुगतान चैक सं.............दि...............द्वारा किए गए

3. श्री...................ने इस दि .............को दक्षता रोध पार कर लिया है। श्री...........को दि. ..........से एक वेतन वृद्धि (वर्ष................की) स्वीकृति की गई है।

संदर्भ : कार्यालय आदेश सं..........................दि ................. ।

इस प्रकार पंजियों आदि में निश्चयात्मक सूचनापरक भाषा का प्रयोग किया जाता है।

**ख. टिप्पणी लेखन**

राजकार्य में भाषा के प्रयोग का दूसरा चरण टिप्पणियों के रूप में होता है। टिप्पणी लेखन के 3 प्रकार हैं–1. आवती पर टिप्पणी लेखन 2. मिसिल पर 3. पत्राचार के रूप में टिप्पणी लेखन (अंतर्विभागीय पत्राचार के रूप में)

1. आवतियों पर लिखी जाने वाली टिप्पणियों की भाषा रोज़ ही लगभग एक ही रूप में प्रयुक्त होती है अतः ऐसी टिप्पणियों को 'नेमी' टिप्पणियाँ भी कहा जाता है। इन टिप्पणियों की भाषा आदेशात्मक + सुझावात्मक तथा सूचनापरक होती है। विभिन्न विषयों पर लिखी नेमी टिप्पणियाँ लगभग 300 रूपों में मिलती हैं।

आवती पर टिप्पणी, अधिकारी द्वारा (अधिकतर प्रशासन अधिकारी, अनुभाग अधिकारी प्रशासन/सिब्बंदी) ही लिखी जाती है। चूँकि अंग्रेज़ी में इस प्रकार की नेमी टिप्पणियों के सूत्र बने हुए हैं, और हिंदी भी उन्हीं अंग्रेज़ी नेमी टिप्पणियों का ही प्रतिरूप है और ये एक ही अधिकारी द्वारा लिखी जाती हैं अतः इन टिप्पणियों की भाषा एक ही सूत्र, रूप तथा ढाँचे में बँधी रहती है।

यथा : (आदेशात्मक + सुझावात्मक)

क. बात कर जाइए

ख. आकर चर्चा कर जाइए (कृपया चर्चा कर जाइए)

ग. तुरंत अनुस्मारक भेजिए

घ. सचिव को भेजना जरूरी नहीं है। (सचिव को कष्ट देने की ज़रूरत नहीं)

ङ. स्पष्टीकरण माँगा जाए

(संकलन : 'कार्यालय सहायिका' केंद्रीय सचिवालय हिंदी परिषद् नई दिल्ली (1976) संपादक हरिबाबू कंसल, राज रूप राय, सूर्य नारायण सक्सेना पृष्ठ-175/176)

उपरोक्त टिप्पणियों में प्रथम दो क्रमशः 'बात करें' 'आकर चर्चा करें/कृपया चर्चा कर लें' के रूप में भी दर्शाई गई हैं। (प्राज्ञ पाठमाला (कार्यालयीन हिंदी, राजभाषा विभाग, गृह मंत्रालय, भारत सरकार, 1981 पृ. 245) सूचनात्मक टिप्पणियाँ

क. मैं सहमत हूँ।

ख. देख लिया, धन्यवाद।

ग. देर के लिए खेद है।

घ. प्रस्ताव अपने आप में स्पष्ट है।

ङ. मिसिल तत्काल मिल नहीं रही है। इसे खोजने की कोशिश की जा रही है।

(प्राज्ञ पाठमाला, कार्यालयीन हिंदी राजभाषा विभाग, गृह मंत्रालय, भारत सरकार, 1981 पृष्ठ 246-247)

उपरोक्त वाक्यों में आदेशात्मक + सुझावात्मक वाक्यों में अधिकतर संयुक्त क्रियाओं का प्रयोग किया गया है। जैसे करना + जाना, आदि इनमें एक आदेश (करना) दूसरा सुझाव (जाना) है। परंतु ग़ौर से देखा जाए तो 'करना' का महत्त्व अधिक है। अतः अनुपातिक मात्रा के आधार पर आदेश तथा सुझाव है।

इस प्रकार के वाक्यों में करना + जाना, करना + लेना, देखना + लेना, रखना + लेना + जाना (रख लिया / ली, जाए) आदि संयुक्त क्रियाओं का प्रयोग होता है।

जहाँ 'करना' क्रिया का प्रयोग अधिक आया है वहाँ कई भाषिक त्रुटियाँ भी मिलती हैं।

'करना' का आदर सहित आज्ञार्थक रूप 'कीजिए' है जो अपवाद है। अतः कई जगहों पर 'कीजिए' के स्थान पर 'करिए' के प्रयोग की त्रुटि देखी जा सकती है।

यथा : 1. बिना आगे देरी के, अपील निर्णय को प्रभावी **करिए**

2. संग्रह सत्यापन के लिए चालान प्रस्तुत **करिए**

(आयकर आयुक्त कार्यालय पुणे, द्वारा चक्रमुद्रित नेमी टिप्पणियाँ पृष्ठ 5)

आदेशात्मक वाक्य अधिकतर कर्मवाच्य से प्रभावित हैं।

सुझावात्मक वाक्य चूँकि कथनात्मक रूप में लिखे जाते हैं अतः इनमें कर्तृवाच्य की प्रधानता रहती है।

यथा : 1. मैं इससे सहमत हूँ।

2. इसका हमसे कोई संबंध नहीं है।

2. मिसिल पर लिखी जाने वाली टिप्पणियों की भाषा तीन चार स्तरों पर एक साथ चलती है।

लिपिक/सहायक = भाषा यात्रा = अनुभाग अधिकारी
अनुभाग अधिकारी = „ „ = प्रशासन अधिकारी
प्रशासन अधिकारी = „ „ = निर्णय देने वाला प्राधिकारी/कार्यालय अध्यक्ष आदि

छोटे मामलों में मिसिल पर टिप्पणी दो स्तरों तक भी चलती है।

कभी-कभी जब दूसरे या तीसरे स्तर पर अधिकारी एक दूसरे के मत से असहमत होते हैं वहाँ मिसिल वापस आती जाती रहती है। इस बीच टिप्पणियाँ लिखी जाती हैं।

इस प्रकार टिप्पणी की भाषा का एक अजीब ही रूप बन जाता है। संक्षेप में टिप्पणी की भाषा इस प्रकार चलती है।

**टिप्पणी की भाषा के उतार चढ़ाव**

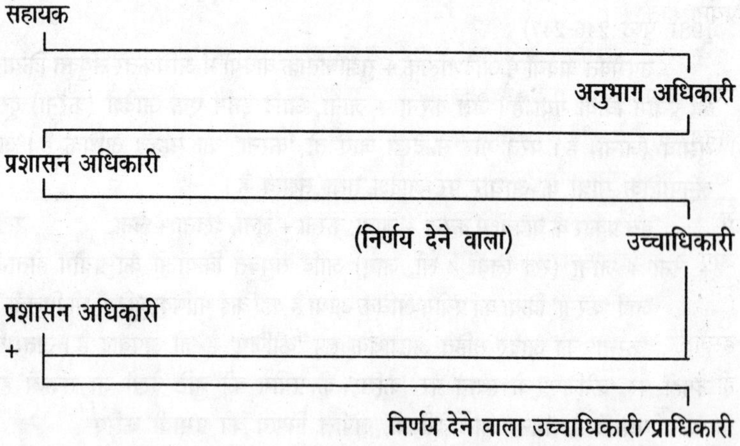


+ यह स्थिति उस समय पैदा होती है जब निर्णय देने वाला अधिकारी/प्राधिकारी मामले के बारे में कुछ संशय उपस्थित करता है। तब टिप्पणी अनुभाग अधिकारी तक वापस जाकर पुनः निर्णय देने वाले अधिकारी के पास वापस आ सकती है। मिसिल पर लिखी जाने वाली भाषा का स्वरूप साधारणतया जानकारीपरक, व्याख्यात्मक, सूचनात्मक, सुझावात्मक, सिफ़ारिशपरक, निर्णयात्मक (आदेशात्मक) होता है।

टिप्पणी की भाषा का उतार चढ़ाव—

क. सहायक आवती के बारे में पूरी जानकारी देता है। उसके विषय, आदि की व्याख्या करता है, उस पर की जाने वाली कार्रवाई के बारे में कानूनी सूचना देता है साथ ही कार्यालय के तथ्यों की सूचना देता है। इसके पश्चात् इन आधारों पर सहायक के ऊपर वाला अधिकारी सिफ़ारिश करता है तथा इनके आधार पर निर्णय लेने वाला अधिकारी निर्णय लेता है।

जानकारीपरक वाक्यों में आवेदन किया है, आवेदन संलग्न है, कृपया देखें पर्ची संख्या, श्री .....................ने छुट्टी माँगी है। आदि वाक्यों का प्रयोग किया जाता है।

व्याख्यात्मक वाक्यों में 'बताया है', 'माँगा है', 'काम है', 'जाना है', 'देखना है' आदि वाक्य साँचे की तरह प्रयुक्त होते हैं।

सूचनात्मक वाक्यों में कार्यालय में वस्तुस्थिति तथा नियमों का हवाला रहता है। छुट्टी बकाया है। इससे पहले ऋण नहीं लिया है। पिछला ऋण वसूल कर दिया गया है। स्थानांतरण स्टेशन वरिष्ठता के आधार पर हुआ है/कर्मचारी के एवज में श्री ............. यह कार्य देखेंगे।

श्री ............. के छुट्टी पर जाने से कार्यालय-काम हर्ज होगा। आदि वाक्यों का प्रयोग होता है।

ख. सिफारिशपरक वाक्यों में कनिष्ठ अधिकारीगण-छुट्टी दी जा सकती है। ऋण मंजूर किया जा सकता है। स्थानांतरण रोका जा सकता है। आदेशों हेतु प्रस्तुत है। मसौदा अनुमोदनार्थ प्रस्तुत है। आदि, वाक्य साँचों का प्रयोग होता है।

ग. निर्णयात्मक वाक्यों में छुट्टी मंजूर की जाती है। / छुट्टी मंजूर की जाए / रु. ............. का ऋण दिया जाता है। मैं सहमत हूँ / किया जाए / छोड़ा जाए / रोका जाए / आदि वाक्य प्रयुक्त होते हैं।

निर्णयात्मक वाक्यों के स्थान पर कभी-कभी निर्णय देने वाला अधिकारी केवल हस्ताक्षर भी करता है। ऐसी स्थिति में हस्ताक्षर प्रतीकात्मक रूप में निर्णयात्मक भाषा ही है।

3. जब कोई मंत्रालय किसी दूसरे मंत्रालय से किसी विषय पर जानकारी / परामर्श लेना चाहता है अथवा तथ्यों की जानकारी चाहता है। ऐसी स्थिति में परामर्श या तथ्य चाहने वाला मंत्रालय उस विषय से संबंधित मिसिल पर टिप्पणी लिखकर, वह उस मंत्रालय को भेज देता है जिससे परामर्श / तथ्य माँगा जा रहा है।

परामर्श देने वाला मंत्रालय, अगर आवश्यक हो तो जाँच करवाकर, मिसिल पर ही राय/तथ्य लिखकर भेज देता है। परामर्श देने से पहले अगर कोई जाँच आदि करवानी हो तो संबंधित मंत्रालय अलग से कागज़ों पर जाँच की कार्रवाई (टिप्पणियाँ) लिखता जाता है। ऐसी टिप्पणियाँ 'नेमी' टिप्पणियाँ कहलाती हैं। तथा अंतिम निर्णय मिसिल पर

लिखा जाता है।

इसे अशासनिक पत्राचार या टिप्पणियाँ भी कहते हैं।

इस प्रकार की टिप्पणियों में; किया जाना है, अनुरोध, आभारी रहेगा, नियम यह था, अन्य बातों के साथ-साथ, निश्चय किया है, उपबंध है कि, अब प्रश्न उठा है कि आदि वाक्य साँचों का प्रयोग होता है।

इसकी भाषा अनुरोधपरक प्रश्नात्मक, एवं सूचनात्मक रूप में प्रयुक्त होती है।

अशासनिक पत्राचार (टिप्पणी) अन्यपुरुष में लिखी जाती है। अतः इसमें अनौपचारिक भाषा का प्रयोग होता है। कहीं भी 'महोदय', 'भवदीय', 'सेवा में' जैसे वाक्यों का प्रयोग नहीं होता।

अशासनिक टिप्पणी अशासनिक ज्ञापन भी कहलाती है। इसका नमूना इस प्रकार है।

**मंत्रालय**

विषय : ......................................

पहचान पत्र (आइडेंटिटी काड) देने की व्यवस्था के वर्तमान नियम में दूसरी बातों के साथ-साथ यह भी उपबंध है कि...........................

2. अब एक प्रश्न उठा है कि क्या.....................

3. यह मंत्रालय उपर्युक्त पैरा 2 में उठाए गए प्रश्न पर विधि मंत्रालय से सलाह देने का अनुरोध करता है।

क.ख.ग.<br>
अवर सचिव<br>
फोन नं.................

मंत्रालय

.........................................................................................................

मंत्रालय, अशासनिक संख्या............दिनांक ...................।

(केंद्रीय सचिवालय, कार्यालय पद्धति, भारत सरकार, मंत्रालय (1965), पृष्ठ-33)

**ग. प्रारूप लेखन**

किसी भी विषय या मामले पर जब कोई अधिकारी अथवा कर्मचारी पत्राचार करना चाहते हैं तो उस मामले को लेकर पहले उसका कच्चा या प्रथम रूप बना लिया जाता है, तत्पश्चात्, अगर यह प्रथम रूप अधीनस्थ कर्मचारी अथवा कनिष्ठ अधिकारी द्वारा बनाया गया है तो, जिस वरिष्ठ अधिकारी को उस पत्र पर हस्ताक्षर करने होते हैं, उसे दिखाकर उस पर उसका अनुमोदन प्राप्त कर लिया जाता है।

यही कारण है कि प्रारूप पर 'अनुमोदन के लिए मर्यादा /प्रारूप', 'डी. एफ. ए.' (ड्राफ्ट फॉर अप्रूवल) की पर्ची लगाई जाती है।

'प्रारूप' का अर्थ प्रथम/पहला (कच्चा) रूप (अंग्रेज़ी में प्रि. फामी) है। इसे मसौदा

अथवा मसविदा भी कहा जाता है।

प्रारूप लेखन की भाषा, व्यक्ति विशेष के ज्ञान, उसकी प्रकृति पर तथा उच्च अधिकारी के ज्ञान एवं उसकी प्रकृति, प्रवृत्ति पर निर्भर करती है।

अधीनस्थ कर्मचारी वरिष्ठ अधिकारी के नीचे काम करते-करते यह समझ लेते हैं कि इस अधिकारी को किस प्रकार के शब्द/वाक्य आदि पसंद हैं। तद्नुसार, अधीनस्थ/कनिष्ठ अधिकारी प्रारूप लिखता है।

जैसे किसी अधिकारी की यह आदत थी कि वह 'चूँकि' से वाक्य आरंभ करता रहता था, अतः उसके अधीनस्थों ने वह बात पकड़ ली अब वे भी प्रारूप बनाते समय इस बात का ध्यान रखने लगे। प्रारूप की भाषा संक्षिप्त रूप में भी लिखी जाती है। टंकक इन संक्षेप-रूपों के अर्थ समझता है अतः उन संक्षेप रूपों को पूरा करके लिखता है।

अलग-अलग पत्राचारों के प्रकारों के लिए अलग-अलग प्रारूप का प्रयोग होता है। वास्तव में अनुमोदित प्रारूप की भाषा ही मूल/स्वच्छ पत्राचार की भाषा बनती है। अतः इसका अलग से अध्ययन करने की आवश्यकता नहीं है।

फ़िर अधिकांश मामलों में पत्राचार के टंकण हो जाने के उपरांत प्रारूप फाड़कर नष्ट कर दिया जाता है।

कई वरिष्ठ कर्मचारी/अधिकारी सीधे टंकण मशीन पर बैठ जाते हैं और पत्रादि सीधे टाइप कर लेते हैं। ऐसी स्थिति में प्रारूप लेखन की नौबत ही पैदा नहीं होती।

साथ ही कुछ मसौदों के मानक रूप बना लिए जाते हैं। अतः इस प्रकार के मसौदों की भाषा एक ही जैसी चलती रहती है। कभी कभार इनमें मामूली परिवर्तन होता जाता है।

**घ. पत्राचार की भाषा**

राजकार्य में होने वाले पत्राचार के कई रूप हैं। विषयानुसार पत्राचार के रूप निर्धारित हैं। इन पत्राचारों की भाषा भी तद्नुसार बदलती रहती है।

साधारणतया समस्त राजकार्य में निम्नलिखित पत्राचार के रूप प्रचलित हैं।

1. सरकारी पत्र
2. पृष्ठांकन/अग्रेषण
3. स्मरण पत्र/अनुस्मारक
4. कार्यालय ज्ञापन
5. अशासनिक/अनौपचारिक ज्ञापन/टिप्पणी
6. आदेश/ज्ञापन
7. आरोप पत्र
8. तार/टेलेक्स (दूर मुद्रित)/सेविग्राम (मितव्ययी तार)
9. तुरत पत्र
10. कार्यालय आदेश
11. परिपत्र

12. सूचना
13. अधिसूचना
14. संकल्प
15. प्रेस विज्ञप्ति
16. प्रेस नोट
17. दौरा कार्यक्रम
18. बैठकों की कार्यसूची/बैठकों के कार्यवृत्त
19. विज्ञापन, निविदाएँ, सार्वजनिक सूचनाएँ, शुद्धिपत्र आदि
20. निमंत्रण पत्र/प्रमाणपत्र
21. अर्ध सरकारी पत्र
22. लेखा परीक्षा/वार्षिक रिपोर्ट/विवरण/मुद्रित प्रपत्र
23. विवरण (स्टेटमेंटस) दैनिक, साप्ताहिक, पाक्षिक, मासिक, त्रैमासिक, अर्द्धवार्षिक, वार्षिक

उपरोक्त पत्राचार किसी भी मंत्रालय/विभाग/अनुभाग (कार्यालय) के द्वारा किया जा सकता है।

कार्यालय स्थूल रूप से तीन तत्त्वों के समावेश का संगठन है।

सरकार/कार्यालय
+ कर्मचारी
+ जनता/ग्राहक

उपरोक्त पत्राचार कार्यालय की ओर से चलता है। इसके अलावा कर्मचारी की ओर से भी पत्राचार चलता है। इसमें राजभाषा का वह रूप नहीं दिखाई देता जो सरकार के पत्राचार में दिखाई देता है। परंतु कर्मचारी द्वारा सरकार (प्रशासन) से किए जाने वाले पत्राचार में भी राजभाषा के कई तत्त्व मौजूद रहते हैं।

कर्मचारी को अधिकतर अपना पत्राचार, 'आवेदन' तथा 'अभ्यावेदन' के रूप में करना होता है।

कर्मचारियों के अलावा जनता तथा शासन के बीच भी पत्राचार होता है। ऐसी स्थिति में शासन द्वारा जारी किए गए पत्राचार में तो राजभाषा के सभी तत्त्व मौजूद रहते हैं, परंतु जनता द्वारा शासन को लिखे गए पत्रों की भाषा में राजभाषा के तत्त्वों का काफ़ी मात्रा में लोप रहता है। साथ ही पत्राचार की भाषा बोलचाल की भाषा पर आधारित रहती है। अतः इन पत्राचारों में राजभाषा के तत्त्व इस प्रकार देखे जा सकते हैं।

| पत्राचार का माध्यम | | | राजभाषा के तत्त्वों का % |
|---|---|---|---|
| 1. सरकार | से | सरकार के बीच | अधिकतम |
| 2. सरकार | से | सरकारी कर्मचारियों के बीच | अधिकतर |

| | | | |
|---|---|---|---|
| 3. सरकार | से | जनता के बीच | अधिकतर |
| 4. कर्मचारियों | से | सरकार के बीच | अधिकतर |
| 5. जनता | से | सरकार के बीच | कम |

यहाँ सरकार शासन/प्रशासन का प्रतीक है। केंद्र सरकार जब हिंदीतर भाषी राज्यों को हिंदी में पत्र लिखती है तो उसमें शत-प्रतिशत राजभाषा के तत्त्व नहीं रहते इसी प्रकार सरकार की ओर से कर्मचारियों तथा जनता के बीच होने वाले पत्राचार में भी ये तत्त्व 100% नहीं होते क्योंकि कर्मचारियों में चतुर्थ श्रेणी के कर्मचारी भी रहते हैं और जनता में भी सभी पढ़े लिखे नहीं होते अतः उनका स्तर देखकर भी भाषा लिखी जाती है।

कर्मचारियों में सभी कर्मचारी अच्छी राजभाषा नहीं जानते अतः इनके द्वारा सरकार से किए गए पत्राचार में राजभाषा के तत्त्व अधिकतम न रहकर अधिक रहते हैं। परंतु जनता जब सरकार को पत्रादि लिखती है तो उसमें राजभाषा के तत्त्व बहुत कम रहते हैं यही कारण है कि हमारे यहाँ सरकार (शासन) तथा जनता के बीच 'अधिकतम' तथा 'कम' की खाई बनी रहती है।

राजकार्य में चलने वाले उपरोक्त पत्राचारों में भाषा का रूप मुख्यतः आदेशात्मक, सूचनात्मक, सुझावात्मक, कथनात्मक, औपचारिकतापरक, तथा किन्हीं खास पत्राचारों में अर्ध अनौपचारिकतापरक तथा अर्ध आत्मीयतापरक होता है।

इन पत्राचारों की भाषा वैसे तो साँचों में ढली हुई एक निश्चित लीक की भाषा है। विषयानुसार संज्ञाएँ भले ही बदल जाएँ परंतु क्रियाओं तथा वाक्य विन्यास में परिवर्तन नहीं आ पाता। संक्षेप में इन पत्राचारों की भाषा देखी जाए तो उपरोक्त तथ्यों को रेखांकित किया जा सकता है।

**1. सरकारी पत्र**

(एक)

भारत सरकार

मंत्रालय (बोर्ड)

संख्या : हिंदी/78/एच.एस. 13/3 — नई दिल्ली 110001

तिथि 7.10.78

सेवा में,

श्री.............................

.................................

.................................

महोदय,

आपके 4.9.78 के पत्र के संदर्भ में मुझे यह कहने या निदेश हुआ है कि रेल मंत्रालय के समूल्य प्रकाशन, उपलब्ध होने पर, नियंत्रक, प्रकाशन विभाग, पुराना सचिवालय

सिविल लाइन्स, दिल्ली 54 से प्राप्त किए जा सकते हैं। अतः आपको जिस पुस्तक की आवश्यकता हो उसके संबंध में कृपया उनसे लिखा-पढ़ी करें।

भवदीय,
हस्ताक्षर
(नाम)
(सहायक हिंदी अधिकारी)
बोर्ड

(दो)

12/1/58 जनरल
भारत सरकार मंत्रालय
अनुसंधान तथा विकास संगठन
आयुध अनुसंधान एवं विकास संस्थापन
आयुध डाक घर—411021
दिनाँक—21 अगस्त, 1982

सेवा में,
श्री..............................
..................................
विषय : हिंदी परीक्षाओं के लिए प्रशिक्षण
संदर्भ : आपका दिनांक 2.7.82 का पत्र

महोदय,

मैं निम्नलिखित प्रशिक्षार्थियों को प्रशिक्षण के लिए राष्ट्रीय रासायनिक प्रयोगशाला में भेज रहा हूँ, कृपया प्रशिक्षण के लिए उचित व्यवस्था करें।

1. ..................................
2. ..................................
3. ..................................

भवदीय,
हस्ताक्षर
(वरिष्ठ प्रशासन अधिकारी—11)
नाम

उपरोक्त पत्रों में सूचनात्मक वाक्य 'भेज रहा हूँ,' 'किए जा सकते हैं' तथा आदरपरक आदेशात्मक + सुझावात्मक वाक्यांशों, 'करें', क्रिया का प्रयोग हुआ है।

इन क्रियाओं के अलावा, के संदर्भ में, प्रसंगानुसार, 'मुझे यह कहने का निदेश हुआ है', के संदर्भ में, सूचित करना है, निवेदन करना है, आदि वाक्यांशों का प्रयोग

होता है।

जब पत्र किसी वरिष्ठ अधिकारी के निदेशों पर कनिष्ठ अधिकारी द्वारा लिखा जाता है तब 'मुझे यह कहने का निर्देश हुआ है' वाक्यांश का कानूनी महत्त्व है। अर्थात् लिखने वाला यह स्पष्ट बता देता है कि जो कुछ भी इस पत्र में लिखा जा रहा है वह मेरी अपनी इच्छा से न होकर, ऊपर वाले अधिकारी की इच्छा से लिखा जा रहा है।

जहाँ अधिकारी अपनी इच्छा से पत्र लिखता है वहाँ वह 'मुझे निवेदन करना है' वाक्यांश का प्रयोग करता है।

"प्रथम पुरुष" में पत्र लिखने की पद्धति के बावजूद 'मैं' सर्वनाम का प्रयोग नहीं के बराबर होता है। ज़्यादातर 'मुझे' सर्वनाम का प्रयोग होता है। क्योंकि इस सर्वनाम में कर्मवाच्य का भाव रहता है।

**2. पृष्ठांकन**

पृष्ठांकन तीन रूपों में लिखा जाता है। 1. जब मूल पत्र को ही आवश्यक जानकारी के साथ भेजने वाले के पास वापस करना होता है तब मूल पत्र पर ही पृष्ठांकन के रूप में अपेक्षित सूचना देकर लिख दिया जाता है।

2. क. जब मूल पत्र को अपने अधीनस्थ कार्यालयों आदि को भेजना होता है तब कार्रवाई के लिए उसी पत्र पर आवश्यक अनुदेश/निदेश देकर पृष्ठांकन लिखा जाता है।

ख. जब किसी पत्राचार को (एक से अधिक) अपने अधीनस्थ अनुभागों को अग्रेषित करना होता है तब स्वतंत्र रूप से पृष्ठांकन लिखकर, आवश्यक अनुदेशों के साथ, भेजा जाता है।

3. जब एक ही पत्र एक से अधिक व्यक्तियों/कार्यालयों को जाना होता है तब मूल पत्र में ही आवश्यक अनुदेशों सहित पृष्ठांकन करके अन्य प्रतिलिपियों को संबंधित व्यक्तियों/कार्यालयों को भेजा जाता है।

चूँकि इस प्रकार के पत्राचार में आवश्यक कार्रवाई के लिए अनुदेश/आदेश अग्रेषित किए जाते हैं अतः इसमें 'सूचना तथा संदर्शन के लिए' 'आवश्यक कार्रवाई के लिए' 'जवाब के लिए', 'परिचालन के लिए', 'संदर्शन के लिए', 'शीघ्र अनुपालन के लिए' '.............के लिए प्रेषित', 'भेजी जा रही है' आदि वाक्यांशों का प्रयोग होता है।

भाषिक स्तर पर यहाँ ध्यान देने योग्य तथ्य यह है कि इस प्रकार के पत्राचार में 'क्रियाओं' का बहुत कम प्रयोग होता है 'के लिए' परसर्ग का प्रयोग अधिक मात्रा में होता है जिसका अर्थ विशेष अनुदेश को पूरा करने के उद्देश्य को रेखांकित करता है।

यथा—

सं.........................

भारत सरकार

...................मंत्रालय

नई दिल्ली

दिनांक.......................

...................मंत्रालय को नीचे लिखे पत्रों की एक एक प्रतिलिपि सूचना एवं आवश्यक कार्रवाई के लिए प्रेषित (है)।

हस्ताक्षर

(क.ख.ग.)

पदनाम, भारत सरकार

प्रेषित पत्रों की सूची :

1. संख्या.............................. दिनांक.............................

2. संख्या.............................. दिनांक.............................

**3. स्मरणपत्र/अनुस्मारक**

किसी कार्य के लिए पत्रादि भेजने के उपरांत भी कार्य न हुआ हो तो स्मरणपत्र/अनुस्मारक भेजा जाता है।

स्मरणपत्र/अनुस्मारक का प्रारूप पत्र के समान ही होता है। सिर्फ इसमें 'अनुरोधपरक' भाषा का प्रयोग अधिक रहता है।

पिछले पत्रादि का संदर्भ देने के लिए 'समसंख्यक' (अगर एक ही मिसिल से पत्र तथा स्मरणपत्र लिखा जा रहा है) 'अनुरोध है कि', 'शीघ्र भेजने की कृपा करें', 'कार्य रुका हुआ है', 'कर्मचारी ज़ोर दे रहा है' आदि वाक्यांशों का प्रयोग होता है।

**4. कार्यालय ज्ञापन**

जब एक मंत्रालय किसी निर्णयादि को अन्य मंत्रालय/मंत्रालयों को भेजना चाहता है तब वह कार्यालय ज्ञापन का प्रयोग करता है।

कार्यालय ज्ञापन का नमूना इसी पुस्तक के द्विवतीय अध्याय में दिया गया है।

चूँकि कार्यालय ज्ञापन मंत्रालय से मंत्रालय को लिखा जाता है। अतः इसकी भाषा सूचनात्मक, आदरपूर्वक तथा सुझावात्मक होती है इसमें आदेशात्मक भाषा का अभाव रहता है।

'अनुरोध है', 'सूचित करें', 'निर्णय लिया गया है', 'गठन किया जाए', 'आयोजित की जा रही है', 'निर्णय लेना है' आदि वाक्यांशों का प्रयोग किया जाता है।

कार्यालय ज्ञापन में 'कर्मवाच्य' वाक्यों का प्रयोग किया जाता है।

यथा : 'यह कार्यालय ज्ञापन सभी संबंधित व्यक्तियों के ध्यान में लाया जाए'

सर्वनामों में, 'मुझे' सर्वनाम का प्रयोग होता है। 'मुझे निदेश हुआ है।' आदि वाक्यांश प्रयुक्त होते हैं। यह अन्य पुरुष एकवचन में लिखा जाता है। चूँकि इसमें संबोधन (महोदय) तथा अधोलेख (भवदीय) नहीं होता अतः भाषा, औपचारिकतापूर्ण रहती है।

**5. अशासनिक ज्ञापन/टिप्पणी**

अशासनिक ज्ञापन/टिप्पणी की भाषा को इसी अध्याय में 3.2.2 पृ.-182 पर नमूने सहित विवेचित किया गया है।

**6. आदेश/ज्ञापन**

कार्यालय के आंतरिक प्रशासन को चलाने के लिए पहले ज्ञापन का प्रयोग किया जाता था परंतु अब 'आदेश' का प्रयोग किया जाता है।

फ़िर भी कुछ कार्यालयों में 'ज्ञापन' का प्रयोग भी जारी है।

कर्मचारी से किसी बात का स्पष्टीकरण माँगना हो, अथवा उसे सरकारी आदेशों की सूचना देनी हो, किसी निर्णय को अग्रेषित करके तथा उसके कार्यान्वयन के लिए आदेश देने हों तो आदेश का प्रयोग किया जाता है।

ज्ञापन की भाषा वास्तव में अर्द्ध आदेशात्मक होती है जब कि आदेश की भाषा पूर्ण आदेशात्मक होती है। 'आदेश' में, आदेश के साथ-साथ सूचना तथा सुझाव का भी पुट रहता है।

'आदेश' की भाषा पूर्ण रूप से/तथा अनौपचारिक आदेशात्मक होती है अतः इसमें संबोधन तथा अधोलेख नहीं होता। आदेश अन्य पुरुष, एकवचन में कर्मवाच्य वाक्यों में लिखा जाता है।

'प्रार्थना मंजूर नहीं की जा सकती' (सूचना + आदेश), 'कार्रवाई की जाए' (आदेश), 'तैनात/नियुक्त किया जाता है' (सूचना + आदेश), 'कार्रवाई की जाएगी' (आदेश) ". ................को वापस करने का कष्ट करें (आदरपूर्वक आदेश), "................को आदेश दिया जाता है कि वे अपने काम करने का ढंग/आवरण ठीक करें" (सुझाव + आदेश)

नमूना — आयुक्त कार्यालय

संख्या :.............. — ........................

दिनांक.................

**आदेश**

निम्नलिखित पर्यवेक्षकों ग्रेड 11 (लेवल 11)/प्रधान लिपिकों को एतद्द्वारा अनन्तिम रूप से पर्यवेक्षक ग्रेड 11 (पुनः संचारित) के रूप में पदोन्नत किया जाता है और उन्हें अगले आदेशों तक अपने वर्तमान स्थान पर ही तैनात किया जाता है।

| क्र.सं. नाम और पदनाम |
|---|
| 1. ............................... |
| 2. ............................... |
| 3. ............................... |

यह आदेश दिनांक.............................................. से लागू माना जाएगा।

हस्ता.
नाम
पदनाम

प्रति

1.
2.
3.

हस्ता.
नाम
पदनाम

ज्ञापन :

संख्या..........................
भारत सरकार
मंत्रालय
नई दिल्ली, दिनांक....................

ज्ञापन

श्री.................ने.......................पद पर नियुक्ति के लिए दिनांक...............को जो प्रार्थनापत्र भेजा था उसके प्रसंग में उनको सूचित किया जाता है कि इस समय ऐसा कोई पद खाली नहीं है। भविष्य में जब कोई पद खाली होगा, तब उसकी सूचना रोज़गार दफ़्तर को भेज दी जाएगी।

क.ख.ग.
अवर सचिव, भारत सरकार

सेवा में,
श्री..........................

2, हनुमान रोड
नई दिल्ली

**7. आरोप पत्र**

जब किसी कर्मचारी को सरकारी नियमों का उल्लंघन करने अथवा कर्मचारी को आचरण नियमावली के विरुद्ध कार्य करते पाया जाता है तो उसे आरोप पत्र दिया जाता है।

आरोप पत्र की भाषा बड़ी कड़क एवं कानूनी होती है। चूँकि आरोप पत्र का

ठीक से जवाब न मिलने पर कर्मचारी को नौकरी से भी निकाला जा सकता है, या फ़िर आरोप ग़लत साबित होने पर सरकार पर भी बट्टा लगता है अतः इसकी भाषा सावधानी से लिखी जाती है।

इसका नमूना ज्ञापन जैसा ही होता है। अन्य पुरुष एकवचन में लिखा जाता है। कर्मवाच्य वाक्यों का प्रयोग किया जाता है।

"श्री......................के विरुद्ध केंद्रीय सिविल सेवा (वर्गीकरण) नियमावली ..............के अंतर्गत जाँच का प्रस्ताव दिया जाता है।" (सुझाव सख्त भाषा) 'सुना जाए' (आदेशात्मक) 'वे आरोप के प्रत्येक अनुच्छेद को स्पष्टतः स्वीकार करें या अस्वीकार करें (आदेश + निदेश + सुझाव + ) - (आदेश)

"अन्यथा एक पक्षीय जाँच की जाएगी' आदेश + चेतावनीपरक सूचना) 'इस ज्ञापन/आरोपपत्र की प्राप्त सूचना दी जाए (आदेश + ) - (सुझाव) (8 + 9) तार/टेलेक्स/सेविग्राम/तुरत पत्र

इन पत्राचारों में सूचनात्मक जानकारीपरक तथा आदेशात्मक भाषा का प्रयोग होता है।

इन सभी पत्राचारों की भाषा सूत्रों में रहती है।

इन पत्राचारों में तार को छोड़कर अन्य पत्राचारों के वाक्यों में एकाध शब्द ज़्यादा भी हो सकता है। परंतु 'तार' में बिल्कुल सीमित तथा गिने चुने शब्द रखे जाते हैं।

| | |
|---|---|
| 'शीघ्र भेजें' | (आदेश) |
| 'कार्रवाई रोक दी जाए' | (सूचना + आदेश) |
| 'पहुँच जानी चाहिए' | (सुझाव + आदेश) |
| 'मँगाया गया है' | (सूचना) |
| 'प्रतीक्षा की जा रही है' | (सूचना) |
| 'परीक्षा प्रश्न अब तक अप्राप्त' | (सूचना + अगली कार्रवाई का संकेत, क्रिया का अभाव) |
| 'प्रस्ताव अनुमोदित' | (सूचना, क्रिया का अभाव) |

तार में सूत्रों की भाषा रहती है। देवनागरी में तार करते समय 1. संयुक्त क्रियाओं को जोड़कर लिखना चाहिए यथाः किया जा रहा है 'कियाजारहाहै' 2. परसर्ग संज्ञा के साथ मिलाकर लिखने चाहिए।

यथा : 'वासुदेवनकी', 'सेवापंजी भेजिए' तथा 'अरोड़ाकेलिए' आदि 3. पदनामों को जोड़कर लिखना चाहिए यथाः 'सहायकसंपादक', 'उपसचिव' तारों में पते आदि के संक्षिप्त रूप भी बनाने की राय दी गई है। जैसे—

| | | |
|---|---|---|
| मंत्रालय | के लिए | 'म' |
| निदेशक/निदेशालय | ,, | 'निद' |
| विभाग | ,, | 'विभ' |

| विकास | के लिए | 'विक' |
|---|---|---|
| इंजीनियर | ,, | 'इंजी' |
| नियंत्रक | ,, | 'नित्र' |
| आयुक्त | ,, | 'युत' |

(कार्यालय सहायिका) 1976 (संप. हरि बाबू कंसल, राज रूप राय, सू. ना. सक्सेना, पृ. 222)

**10. कार्यालय आदेश**

कार्यालय के आंतरिक प्रशासन को चलाने के लिए कार्यालय आदेश का प्रयोग किया जाता है।

कार्यालय आदेश, अन्य पुरुष एकवचन तथा कर्मवाच्य वाक्यों में लिखा जाता है। इसकी भाषा आदेशात्मक तथा सूचनात्मक होती है।

| | |
|---|---|
| 'स्वीकार की जाती है' | (सूचनात्मक) |
| 'निर्णय ले लिया जाएगा' | (सूचनात्मक) |
| 'उपस्थित रहें' | (आदेश + सूचना) |
| 'करना चाहिए' | (सुझाव + आदेश) |
| 'मकान खाली करना होगा' | (आदेश + अप्रत्यक्ष धमकी) |
| 'तैनात किया जाता है' | (सूचना + आदेश) |

नमूना :

संख्या. 2/18 /74—स्था. 2

सरकार

मंत्रालय

(अर्थ कार्य विभाग)

नई दिल्ली, ता. 11.3.1974

कार्यालय आदेश

इस कार्यालय के सर्वश्री मनोहरलाल शर्मा तथा मदनलाल वर्मा, सहायक केंद्रीय हिंदी संस्थान, नई दिल्ली से गहन हिंदी प्रशिक्षण पूरा करके कार्यालय लौट आए हैं। उन्हें क्रमशः लेखा अनुभाग तथा सामान्य अनुभाग में तैनात किया जाता है।

के.आर.सूद

अवर सचिव (प्रशासन)

प्रतिः

1. श्री मनोहरलाल शर्मा, सहायक
2. श्री मदनलाल वर्मा, सहायक
3. संबंधित अनुभाग
4. रोकड़ अनुभाग

(कार्यालयीन हिंदी, ठाकुरदास, बी.रा.जगन्नाथन, केंद्रीय हिंदी संस्थान आगरा, पृष्ठ-63)

**11. परिपत्र**

कार्यालय अपने कर्मचारियों को सार्वजनिक/आम आदेश मिश्रित सूचनाएँ देने के लिए परिपत्र जारी करता है। परिपत्र केवल सूचना को जान लेने के लिए होता है। अतः इसमें सूचनात्मक वाक्यपदों का अधिकतम प्रयोग किया जाता है।
यथा :

| | |
|---|---|
| 'हिदायत दी जाती है कि........' | (सूचना) |
| 'यह देखा गया है कि अनेक कर्मचारी दफ़्तर के समय में केंटीन में बैठे रहते हैं' | (सूचना + भविष्य में इस प्रकार का कार्य न करने की सख़्त सलाह) |
| 'अनुदेशों का पूरी तरह पालन करें' | (आदेश + सुझाव) |
| 'अनुशासनिक कार्रवाई की जाएगी' | (आदेश + सुझाव + धमकी) |
| 'अपने-अपने स्थान ग्रहण कर लें' | (आदेश + सुझाव + सूचना + आदर) |

नमूना :

**तत्काल**

**परिपत्र**

विषय : गोलाबारूद कारख़ाने में हिंदी दिवस समारोह :

14 सितंबर 1949 के दिन संसद ने हिंदी को राष्ट्र की राजभाषा के रूप में स्वीकार किया। अतः प्रति वर्ष 14 सितंबर को हिंदी दिवस मनाया जाता है। इस वर्ष प्रशिक्षणार्थियों ने इसे गुरुवार 30 सितंबर, 1976 को मनाने का निश्चय किया।* महा प्रबंधक ने समारोह की अध्यक्षता करने की स्वीकृति प्रदान करने की कृपा की है। समारोह केंटीन हॉल गो. बा.का. रुड़की में अपराह्न 3.30-4.00 बजे होगा। गोला बारूद कारख़ाना हिंदी शिक्षण केंद्र के सभी प्रशिक्षणार्थियों तथा सभी संबंधित हिंदी संपर्क अधिकारी उपयुक्त समारोह में सादर आमंत्रित किए जाते हैं। ये सभी इस समारोह में भाग लेकर इसे सफल बनाएँ।

2. उपर्युक्त समारोह में महाप्रबंधक द्वारा संबंधित प्रशिक्षणार्थियों को प्रमाणपत्र प्रदान किए जाएँगे। हिंदी प्राध्यापक सभी संबंधित प्रशिक्षणार्थियों से संपर्क करके उन्हें प्रमाणपत्र दिलाने के लिए, प्रबंध कर रहे हैं। सभी से अनुरोध है कि समारोह आरंभ होने से 15 मिनट पहले वे अपने-अपने स्थान ग्रहण कर लें। संगीत का कार्यक्रम ठीक 3.00 बजे अपराह्न में प्रारंभ होगा।

(एम.एम.मैनन)
संपर्क अधिकारी (हिंदी)
गोला बारूद कारख़ाना,

सभी अनुभागों/कार्यालयों को प्रेषित।
(में, टि.सं.ई. 229/जनरल ता. 27 सितंबर-1976)
*(मूल पत्र में इसी प्रकार दिया गया है)

**12. सूचना**

कार्यालय किसी विशेष व्यक्ति को उससे संबंधित कार्रवाई सूचित करने के लिए सूचना का प्रयोग कर है।

इसके वाक्य कर्तृवाच्य में एकवचन तथा प्रथम पुरुष में भी लिखे जाते हैं। कर्मवाच्य के वाक्य भी रहते हैं।

भाषा सूचनात्मक होती है।

यथा :

| | |
|---|---|
| 'निर्णय किया है' | (सूचना) |
| 'नियुक्त करता हूँ' | (सूचना + प्राधिकार) |
| 'अधिकार प्रदान करता हूँ' | (सूचना + प्राधिकार) |
| '............के उपबंधों के अंतर्गत' | (कानूनी) |

नमूना :

**सूचना**

द्विपक्षी समझौता 1966 के उपबंधों के अंतर्गत बैंक ने श्री.......................की विभागीय जाँच करने का निर्णय किया है। उपर्युक्त समझौते की धारा क्र...............के अनुसार अध्यक्ष और प्रबंध निदेशक द्वारा मुझे प्रदान की गई शक्तियों के प्रयोग स्वरूप मैं एतद् द्वारा..............को जाँच अधिकारी नियुक्त करता हूँ और उन्हें जाँच करने का अधिकार प्रदान करता हूँ। मैं श्री...............को अनुशासनिक प्राधिकारी के नाते नियुक्त करता हूँ और श्री.......................को अपील प्राधिकारी के नाते नियुक्त करता हूँ।

(प्रशिक्षण हेतु चक्र मुद्रित सामग्री महाराष्ट्र बैंक–पुणे पृष्ठ-5)

**13. अधिसूचना** – इनका नमूना इसी पुस्तक में द्वितीय
**14. संकल्प** – अध्याय में दिया गया है।

अधिसूचना एक प्रकार की प्राधिकृत सूचना है। चूँकि यह राजपत्र में प्रकाशित होती है अतः इसे प्राधिकृत माना गया है। अधिसूचना में सांविधिक नियमों और आदेशों की घोषणा, राजपत्रित अधिकारियों की नियुक्तियों, शक्ति के सौंपे जाने आदि की सूचना रहती है।

स्पष्ट है कि इसकी भाषा सूचनात्मक रहती है।

यथा :

'नियुक्त किया गया है' (सूचना)
'राष्ट्रपति कृपा पूर्वक श्री..............को

दि..................से.................नियुक्त करते हैं' (सूचना)

'कार्य भार संभाल लिया है' (सूचना)

'पद पर स्थायी किया जाता है'' (सूचना)

'सौंपी जाती है' (सूचना)

'छुट्टी प्रदान की जाती है' (सूचना)

ठीक इसी प्रकार संकल्प में सरकार नीतियों पर निर्णय लेने के संकल्प को सूचित करती है।

इस प्रकार इसकी भाषा सूचनात्मक तथा निश्चयात्मक होती है। संकल्प के अंत में 'आदेश' रहता है जिसकी भाषा आदेशात्मक रहती है।

यथा :

'प्रश्न विचाराधीन रहा है' (सूचना)

'राष्ट्रपति ने............निश्चय किया है' (सूचना + निश्चय)

'समिति बनाने का निश्चय किया है' (सूचना + निश्चय)

'भेज दी जाए' (आदेश)

'प्रकाशित किया जाए' (आदेश)

'समिति के विचारार्थ निम्नलिखित विषय होंगे'................. (सूचना + निश्चय)

'निर्णय किया गया है' (सूचना + निश्चय)

पत्राचारों में भी महोदय और भवदीय का प्रयोग नहीं होता है।

**15. प्रेस विज्ञप्ति**

**16. प्रेस नोट/टिप्पणी**

सरकार अपनी नीतियों/योजनाओं/कार्यों को व्यापक प्रचार देना चाहती है अतः इनसे संबंधित सामग्री को प्रकाशित/प्रसारित करवाने के लिए प्रेस विज्ञप्ति तथा प्रेस नोट का इस्तेमाल करती है।

प्रेस विज्ञप्ति के शीर्षक से भेजी जाने वाली सामग्री बहुत महत्त्वपूर्ण होती है अतः प्रेस वाले इसे ज़्यों का त्यों छापते हैं अतः इसकी सामग्री बनाते समय भाषा के मामले में सतर्कता बरतनी पड़ती है। यह बहुत औपचारिक रहती है।

इसके विपरीत प्रेस टिप्पणी/नोट एक अनौपचारिक पत्राचार है इसके माध्यम से सरकार अपने कार्यों का ब्यौरा भर देती है। प्रेस वाले इस सामग्री को अपनी सुविधानुसार कम ज़्यादा करके छाप सकते हैं।

अतः इसकी भाषा में निम्नलिखित वाक्य बार-बार आते हैं।

"........................बजे से पूर्व प्रकाशित/ प्रसारित न किया जाए' (आदेश + सूचना + सुझाव)

| | |
|---|---|
| ''विज्ञप्ति..................व्यापक प्रचार करने के लिए भेजी जाती है'' | (कार्रवाई की सूचना) |
| ''विस्तृत प्रचार के लिए प्रेषित'' | (कारवाई की सूचना) |
| ''करार से दोनों पक्षों को लाभ होगा'' | (नीति संबंधी निश्चयात्मक सूचना) |
| ''निश्चय किया है'' | (निर्णयात्मक सूचना) |
| ''मित्रतापूर्ण संबंध दृढ़ होंगे'' | (निश्चयात्मक सूचना) |

नमूना :

प्रेस विज्ञप्ति

ता. .................. के प्रातः/सायं ...................... बजे से पहले प्रकाशित या प्रसारित न किया जाए।

प्रेस-विज्ञप्ति

भारत और................................के बीच राजनयिक संबंध

भारत सरकार और..................सरकार दूतावास के स्तर पर आपस में राजनयिक संबंध स्थापित करने के लिए सहमत हो गई है। उन्हें इस बात का विश्वास है कि इस प्रकार इन दोनों के वर्तमान मित्रतापूर्ण संबंध और भी दृढ़ होंगे और इससे दोनों देशों को लाभ होगा।

प्रधान सूचना अधिकारी, प्रेस सूचना ब्यूरो, भारत सरकार, नई दिल्ली को विज्ञप्ति निकालने और विस्तृत प्रचार करने के लिए भेजी गई।

क.ख.ग.

संयुक्त सचिव, भारत सरकार

नई दिल्ली, तारीख़..............................196

(कार्यालय पद्धति) केंद्रीय सचिवालय (गृह मंत्रालय, भारत सरकार) 1965 (पृष्ठ-37)

**प्रेस टिप्पणी/नोट**

भारत सरकार ने फरवरी 1980 से केंद्रीय सरकार के कर्मचारियों को महंगाई भत्ते की एक और किश्त देने का निश्चय किया है। यह महंगाई भत्ता 1600/- रुपए तक मूल वेतन पाने वाले कर्मचारियों को दिया जाएगा। भत्ते की अधिकतम राशि साठ रुपए होगी। परंतु इसका आधा अंश कर्मचारियों की भविष्य निधि में जमा किया जाएगा। इस महंगाई भत्ते में वृद्धि का लाभ पेंशन पाने वालों को भी मिलेगा।

क.ख.ग.

सचिव, वित्त मंत्रालय

मंत्रालय

दिनांक : 10 मई, 1980

(‘महंगाई’) में चंद्र बिंदु की जगह मूल में केवल बिंदु दिया गया है। (कार्यालयीन हिंदी) प्राज्ञ पाठमाला (राजभाषा विभाग, गृह मंत्रालय, भारत सरकार, 1981, पृष्ठ-173)

**17. दौरा कार्यक्रम**

इस प्रकार के पत्राचार में अंकों का ही बाहुल्य रहता है।

भाषा नमूने के नाम पर केवल शीर्षक रहता है, जिसमें क्रिया लुप्त रहती है। यथा :

‘श्री...................का...................कार्यालयों...........................के निरीक्षण के लिए दौरा कार्यक्रम’ (—सूचनात्मक)

नमूना :

शिक्षा तथा समाज कल्याण मंत्रालय
(शिक्षा विभाग)

श्री रामनारायण सिन्हा, अनुभाग अधिकारी का इलाहाबाद, बनारस तथा पटना स्थित क्षेत्रीय कार्यालयों के निरीक्षण के लिए दौरा कार्यक्रम

| | | | | |
|---|---|---|---|---|
| प्रस्थान | : | दिल्ली | 12.2.74 | (अपराह्न) |
| आगमन | : | इलाहाबाद | 13.2.74 | (पूर्वाह्न) |
| विराम | : | इलाहाबाद | 14.2.74 | |
| प्रस्थान | : | इलाहाबाद | 15.2.74 | (पूर्वाह्न) सड़क से |
| आगमन | : | बनारस | 15.2.74 | (पूर्वाह्न) |
| प्रस्थान | : | बनारस | 16.2.74 | (अपराह्न) |
| आगमन | : | पटना | 17.2.74 | (पूर्वाह्न) |
| विराम | : | पटना | 18.2.74 | |
| प्रस्थान | : | पटना | 19.2.74 | (पूर्वाह्न) |
| आगमन | : | दिल्ली | 20.2.74 | (पूर्वाह्न) |

अनुमोदन के लिए

(रामनारायण सिन्हा)
अनुभाग अधिकारी
लेखा-II अनुभाग

अवर सचिव (छुट्टी पर)
उप सचिव

(कार्यालयीन हिंदी, ठाकुरदास, वी.रा.जगन्नाथन, केंद्रीय हिंदी संस्थान आगरा, 1976, पृष्ठ-59)

## 18. बैठकों की कार्यसूची/कार्यवृत्त

बैठकों की कार्यसूची में शीर्षक के रूप में वाक्य रचना रहती है। साथ ही इसमें क्रियार्थक संज्ञाओं का भी प्रयोग होता है। आरंभ में सूचनात्मक भाषा रहती है। यथा :

| | |
|---|---|
| 'चर्चा की जाएगी' | (सूचनात्मक + अप्रत्यक्ष आदेश) |
| '...........निश्चित किया जाना' | (सूचना-क्रियात्मक संज्ञा) |
| 'उपस्थित हों' | (सूचना + आदेश + आदर) |

नमूना :

सं.......................
कार्यालय का नाम
दिनांक...............

विषय : राजभाषा कार्यान्वयन समिति की बैठक

दिनांक..............................दिन..........................को..........................बजे (अपराह्न/पूर्वाह्न) राजभाषा अधिकारी के कार्यालय में राजभाषा कार्यान्वयन समिति की बैठक होगी।

बैठक में निम्नलिखित विषयों पर चर्चा की जाएगी।

1. पिछली बैठक के कार्यवृत्त का पुष्टीकरण।

2. ...........तथा...............को समाप्त तिमाही में कर्मचारियों द्वारा हिंदी में किए गए कार्यों के लिए त्रैमासिक नकद पुरस्कार दिए जाने के संबंध में विचार।

3. .......................में स्थानीय स्तर पर राजभाषा कार्यक्रमों को आयोजित किए जाने के संबंध में कार्यक्रमों को निश्चित किया जाना।

4. पिछली बैठकों में किए गए निर्णयों को प्रभावी ढंग से लागू किए जाने के संबंध में विचार।

5. अध्यक्ष की अनुमति से अन्य कोई मुद्दा।

समस्त सदस्यों से अनुरोध है कि बैठक में समय से उपस्थित होवें (हों)

हस्ता.
नाम
(पदनाम)
सचिव

राजभाषा कार्यान्वयन समिति प्रति सूचनार्थ प्रेषित :

1.
2.
3.

बैठक के कार्यवृत्त में कुछ परिवर्तन है।

इसमें कार्य हो चुकने की सूचना के वाक्यांश रहते हैं। अतः अधिकतर भूतकालिक वाक्यों का प्रयोग रहता है।

यथा :

बैठक—दि. ..........को.............बजे श्री.............(पदनाम) की अध्यक्षता में समाप्त हुई। (सूचना)

'........................सदस्य उपस्थित थे' (सूचना)

'........................उपस्थित नहीं रह सके' (सूचना)

'विचारविमर्श किया गया' (सूचना)

'निर्णय लिए गए' (सूचना)

नमूना :

राजभाषा कार्यान्वयन समिति, (कार्यालय का नाम)............की..................बैठक का कार्यवृत्त :

समिति की..............त्रैमासिक बैठक दि. ...............को.....................बजे श्री.. ....................(पदनाम सहित)......................की अध्यक्षता में समाप्त हुई।

बैठक में निम्नलिखित पदाधिकारी एवं सदस्य उपस्थित थे।

1. श्री.........................अध्यक्ष

2. श्री...........................सदस्य सचिव

3. श्री...........................सदस्य

4. श्री...........................सदस्य

श्री..............................बैठक में उपस्थित नहीं रह सके।

बैठक की कार्यसूची की निम्नलिखित मदों पर विचारविमर्श किया गया और तद्नुसार निर्णय लिए गए।

मद संख्या 1. .......................

मद संख्या 2. .......................

मद संख्या 3. .......................

अध्यक्ष महोदय के धन्यवाद प्रस्ताव के साथ बैठक संपन्न हुई।

संख्याः............ कार्यालय का नाम

दि. ..........................

निम्नलिखित अधिकारियों/सदस्यों को एक एक प्रति सूचनार्थ एवं आवश्यक कार्रवाई हेतु प्रेषित—

1.

2.

3.

हस्ताक्षर

(नाम)

(पदनाम)

19. विज्ञापन, निविदाएँ, सार्वजनिक सूचनाएँ, शुद्धिपत्रादि

विज्ञापनों/निविदाओं/सार्वजनिक सूचनाओं, (नीलामी आदि) शुद्धिपत्रों की भाषा एक विशेष ढाँचे में ढली रहती है तथा यह कानूनी किस्म की भाषा रहती है। इसमें कर्मवाच्य वाक्यों का प्रयोग किया जाता है। इन पत्राचारों में सूचनात्मक तथा सुझावात्मक भाषा का प्राधान्य रहता है। अप्रत्यक्ष रूप से आदेश का पुट रहता है।

संघ लोक सेवा आयोग जैसे विज्ञापनों में एक वाक्य सर्वोपरि रहता है।

'निम्नलिखित पदों के लिए आवेदन-पत्र आमंत्रित किए जाते हैं''— (सूचना)

'दि. .......................को................बजे तक मुहरबंद निविदाएँ आमंत्रित की जाती हैं' (सूचना)

'निविदा प्रपत्र अहस्तांतरणीय है'। (सुझाव + सूचना + आदेश)

''पार्टियों को रु. .................. बयाना राशि के रूप में (नगद या डिमांड ड्राफ्ट) नीलामी से पूर्व जमा करनी होगी' (सूचना + सुझाव + आदेश)

'केंद्र/राज्य सरकार, सार्वजनिक क्षेत्र के प्रतिष्ठानों/अर्द्धसरकारी निकायों में कार्यरत उम्मीदवारों को अपना आवेदन पत्र उचित माध्यम द्वारा भेजना चाहिए'

(सुझाव + सूचना + अप्रत्यक्ष आदेश)

विज्ञापन के अनेक नमूने हो सकते हैं जैसे—

**कार्यालय का नाम/पता**

को

चाहिए

पद का नाम,

(फिर आवश्यक जानकारियाँ)

2. कार्यालय का नाम/पता

निम्नलिखित पदों के लिए आवेदन पत्र भेजिए।

पदनाम (रिक्त पदों की संख्या)

(आवश्यक जानकारियाँ)

आवश्यक जानकारियों में :

1. योग्यताएँ
2. पारिश्रमिक/वेतनमान
3. आयुसीमा/आयु सीमा में छूट
4. आरक्षण सूचना
5. चुनाव प्रक्रिया

6. सेवा शर्तें

7. लिखित/मौखिक परीक्षा हेतु सूचना

8. आवेदन कैसे करें (प्रारूप)

9. सामान्य निर्देश (आवेदन प्राप्ति अंतिम तारीख़ साक्षात्कार हेतु खर्चादि देने की जानकारी)

नमूनेः

नीलामी (सार्वजनिक सूचना)

भारतीय खादूय निगम सार्वजनिक नीलामी

भारी मात्रा में बोड़े, खाली अल्युमिनियम ट्यूब तथा अन्य विविध सामानों की 'जो है जहाँ है' आधार पर नीलामी भारतीय खादूय निगम कार्यालय, देहू रोड (वागड़ेवाड़ी रेलवे स्टेशन, मध्य रेलवे, के निकट) 4 जून 1982 को दिन के 11 बजे की जाएगी।

इच्छुक पार्टियाँ किसी भी कार्य दिवस के दिन 9 बजे दिन से 4 बजे अपराह्न तक स्टाक का निरीक्षण कर सकती हैं आवश्यक शर्तों की घोषणा नीलामी के समय की जाएगी नीलामी बोलने वाली इच्छुक पार्टियों को 2,000 रुपये बयाना राशि के रूप में (नगद या डिमांड ड्राफ्ट) नीलामी से पूर्व जमा करनी होगी

कैप्टेन पी.पी.एस.बागी

डिस्ट्रिक्ट मैनेजर

(नवभारत टाइम्स, 24.5.82, पृष्ठ 6)

निविदा

मध्य रेल

निविदा सूचना सं. एक्सईएन. सी.
बीएसएल. 25/82

अधिशासी अभियंता (निर्माण), मध्य रेल भुसावल द्वारा इटारसी में डीजल रोड एरिया में सिमेंट कंक्रीट पेविंग पाथवे और रोड की व्यवस्था करने के लिए 21.9.82 को 11.00 बजे तक मुहरबन्द निविदाएँ आमंत्रित की जाती हैं, जो उसी दिन 11-15 बजे खोली जाएँगी, अनुमानित खर्च : रु. 1.5 लाख बयाना धन : रु. 3750/- समापन अवधि : 4 महीने, निविदा प्रपत्र का मूल्य व्यक्तिगत रूप से लेने पर रु. 15/- (अप्रतिदेय) और डाक से मँगाने पर रु. 20/- निविदा प्रपत्र उनके कार्यालय से किसी भी कार्य दिवस को, व्यक्तिगत रूप से 20.9.82 के 12.00 बजे तक अथवा डाक द्वारा 13.9.82 तक प्राप्त किए जा सकते हैं। निविदा प्रपत्र अहस्तांतरणीय है।

(नवभारत टाइम्स, दिनांक 2.9.1982, पृष्ठ-2)

शुद्धिपत्र :

मध्य रेल

निविदा का शुद्धिपत्र

कुर्ला-डीजल शेड का विस्तार-शेड बैटरी रूम वगैरह की और एलएफ के कार्यालय के झुकाव की व्यवस्था-के कार्य हेतु अधिशासी अभियंता (निर्माण), दादासाहब फालके रोड, दादर, बंबई–400014 द्वारा आमंत्रित निविदा के खुलने की तारीख 30-7-1982 से बढ़ाकर एतद् द्वारा 12-8-1982 की जाती है।

अन्य सभी नियम व शर्तें अपरिवर्तित हैं।

(नवभारत टाइम्स, दि. 5.8.82 पृष्ठ-2)

हिंदी-विज्ञापनों में भाषा की अशुद्धियाँ आम बात हो गई है। सरकारी विज्ञापन भी इससे अछूते नहीं हैं। उपरोक्त विज्ञापनों (निविदादि) में 'बोरे' के स्थान पर ग़लती से अंक 'बोड़े' है, तथा (मूल में) अंक सब हिंदी में दिए गए हैं जो राजभाषा (भाषा) नियमों के विरुद्ध है।

**20. निमंत्रणपत्र/प्रमाणपत्र**

सरकारी निमंत्रण पत्रों प्रमाणपत्रों की भाषा औपचारिक होती है। कर्तृवाच्य तथा कर्मवाच्य वाक्यों का प्रयोग होता है। साथ ही सूचनापरक भाषा का प्रयोग होता है। यथा :

"................आपको आमंत्रित करते हैं" (आमंत्रण की औपचारिक सूचना)

"कार्यक्रम...............संपन्न होगा" (सूचना)

"कार्यक्रम के मुख्य अतिथि होंगे" (सूचना)

"प्रभावित किया जाता है" (तथ्यपरक सूचना)

कभी-कभी प्रमाणपत्रों में अनौपचारिक तथा परिचयात्मक भाषा का प्रयोग भी किया जाता है।

यथाः

"मैं श्री................के उज्ज्वल भविष्य की कामना करता हूँ।" (चाहना)

"श्री......................को अध्यापन का अच्छा अनुभव प्राप्त है" (परिचयात्मक)

नमूना : (निमंत्रण)

गोला बारूद फैक्टरी रुड़की की राजभाषा कार्यान्वयन समिति के अध्यक्ष और सचिव

महाप्रबंधक

श्री................

द्वारा

आर्डनेन्स फैक्टरी क्लब में क्षेत्रीय आर्डनेन्स फैक्टरी वाद-विवाद एवं कविता पाठ प्रतियोगिताओं के उद्घाटन के अवसर पर आपको सादर आमंत्रित करते हैं।

उत्तरापेक्षी
सचिव
राजभाषा कार्यान्वयन समिति
गोला बारूद फैक्टरी

कार्यक्रम

...............

...............

नमूना (प्रमाणपत्र)

संख्या.................                                                                कार्यालय का नाम

...............................

*दि. ............................

**प्रमाणपत्र**

मैं यह प्रमाणित करता हूँ कि श्री................पदनाम.........................(कार्यालय का नाम)..........................इस कार्यालय के केंद्रीय कर्मचारियों को हिंदी का प्रशिक्षण दे रहे हैं। श्री........................अपना कार्य उत्तरदायित्व एवं प्रभावपूर्ण रीति से करते हैं। इन्हें हिंदी के साहित्यिक तथा व्यावहारिक पक्ष का बहुत अच्छा ज्ञान प्राप्त है।

श्री................इस कार्यालय के वातावरण व कार्य प्रणाली से भली भाँति परिचित हैं और इन्हें उत्सव आदि के संगठन का अच्छा ज्ञान प्राप्त है।

मैं...................के उज्ज्वल भविष्य की कामना करता हूँ।

हस्ताक्षर
(नाम)
(पदनाम)

# कभी-कभी दिनांक अंत में भी दिया जाता है, ऐसी स्थिति में दि. ..........हस्ताक्षर के ठीक सामने बाईं ओर दिया जाता है।

### 21. अर्द्ध सरकारी पत्र

अर्द्ध सरकारी पत्र कार्यालयीन पत्राचार में बड़ा महत्त्वपूर्ण स्थान रखता है। सरकारी कार्यालय के पत्राचार में, इसी पत्राचार में अनौपचारिक भाषा का प्रयोग किया जाता है।

सरकारी कर्मचारी दो रूपों में काम करता है। 1. नौकर के रूप में (रोबोट) 2. व्यक्ति के रूप में (जीवंत अर्थात् भावनाओं से परिपूरित व्यक्ति)

सरकारी कार्य में कई बार काम सरकारी नियमों के ढर्रे पर चलकर नहीं होता, या विलंब से होता है, कार्य को निपटाने में अंततः व्यक्ति की आंतरिक इच्छा सर्वोपरि

रहती है। अतः जब कोई कार्य नहीं हो पा रहा हो तब व्यक्ति के मन तक पहुँचकर आंतरिक इच्छा को प्रेरित किया जाता है।

व्यक्ति की आंतरिक इच्छा को प्रेरित करने के लिए उसी प्रकार की भाषा का प्रयोग इस प्रकार के पत्राचार में किया जाता है। अतः इस पत्राचार की भाषा अनौपचारिक, निवेदनात्मक, परामर्शपरक, आत्मीयतापरक, तथा मनोवैज्ञानिक प्रभाव छोड़नेवाली होती है। भाषा में सूचनात्मकता तो रहती है परंतु आदेश का पुट नहीं रहता।

अर्द्ध सरकारी पत्र प्रथम पुरुष में लिखा जाता है।

यथा :

संबोधन : "प्रिय..............; "प्रिय श्री................जी" (आत्मीयतापरक) स्वनिर्देशः 'आपका'.....(घनिष्ठता तथा समर्पण भाव)

# (अंत में) 'सादर'/'शुभकामनाओं सहित' (भावात्मक + आदरसूचक)

# पत्र के अंत में, स्वनिर्देश के ऊपर

"कृपया हमारा पत्र सं. ............... दि. ............ देखें" (निवेदन)

"कृपया ...............से संपर्क करें"................... (परामर्श)

"आप इस ओर व्यक्तिगत ध्यान देकर.....................अपेक्षित सूचनाएँ/जानकारियाँ भिजवाने की शीघ्र कृपा करें।"

('व्यक्ति' तक पहुँचने का प्रयास + निवेदन)

"सामग्री भेज रहा हूँ" (प्रथम पुरुष + सूचना)

नमूना :

# अ.स.पत्र.सं. ................

# नाम (भेजने वाले का)<br>विशेषाधिकारी (हिंदी)<br>सं. .......................

भारत सरकार<br>विदेश मंत्रालय<br>नई दिल्ली दि. ................

प्रिय श्री................

आपके दि. ...............तथा दि. ........... के पत्रों के संदर्भ में आपके शोध-प्रबंध में 'विदेशों में राजभाषा की स्थिति' के संबंध में अपेक्षित जानकारी के लिए निम्नलिखित सामग्री भेज रहा हूँ।

1. ................
2. ................

3. ................

विदेशों में राजभाषा की समस्या के संबंध में जानकारी के लिए आप नई दिल्ली स्थित विदेशी राजदूतावासों से संपर्क करें। दिल्ली की टेलीफोन डायरेक्टरी से पता लेकर उनके साथ पत्र-व्यवहार कर सकते हैं।

शुभकामनाओं सहित

आपका,

+ श्री ...................... (नाम)

# संख्या कभी-कभी बाईं ओर भी दी जाती है।

# भेजने वाले को अपने नाम के आगे 'श्री' नहीं लगाना चाहिए।

0 नाम के नीचे पदनाम नहीं आएगा।

+ 'सेवा में' वाक्यांश नहीं आएगा।

(चूँकि ये औपचारिकपरक मुद्दे हैं अतः इन्हें हटा दिया जाता है)

**22. रिपोर्टें**

वार्षिक लेखा परीक्षा, वार्षिक विवरण आदि पर्याप्त वृहत् आकार में होते हैं। चूँकि इनमें वर्ष भर के कार्यकलापों का ब्यौरा रहता है अतः इनकी भाषा आम भाषा की तरह वर्णनात्मक होती है। केवल कार्य की प्रकृति के अनुसार तकनीकी संज्ञाएँ रहती हैं।

यथाः भारतीय उष्णदेशीय मौसम विज्ञान संस्थान/विवरणों में, 'वायवीय बादल', बादल वपन प्रयोग, परास का विकास, शैलाकारिकी, दाबानुवृत्त, लघुगणकीय, हवासुरंग, वैद्युतिक परिपथता, आदि।

ठीक इसी प्रकार लेखा परीक्षा विवरणों में एकाउंट्स (लेखों) से संबंधित शब्दावली का बाहुल्य रहता है और भाषा सूत्रों का वाक्यांशों में काम करती है।

जैसे तुलनपत्र, परिसंपत्ति का मूल्यांकन, असामान्य विसंगतियाँ, मशीनी मदों का प्रत्यक्ष सत्यापन, सभी परिसंपत्तियों की समेकित सूची तैयार की जाए, औपचारिक स्वीकृति प्राप्त करने के लिए प्रयत्न किए जाएँगे, यथोपरि, राशि बट्टे खाते में डालकर कार्रवाई पूरी की जाएगी आदि।

**23. विवरण/प्रपत्र**

विवरणों तथा प्रपत्रों की भाषा में अंकों का बाहुल्य रहता है। उसमें स्तंभ बने रहते हैं अतः इनमें शीर्षपरक भाषा का प्रयोग किया जाता है। जैसे—नाम, पता, नगों की संख्या, भेजने वाले के अनुसार माल का भार, देय भाड़ा, स्टेशन, गाड़ी सं., आयु, लिंग, शायिकाएँ, रु.—कहाँ से, कहाँ तक, आदि।

3.2.2. आवेदन/अभ्यावेदन ऊपर दिए गए समस्त पत्राचार सरकार की ओर से जारी किए जाते हैं।

सरकारी कर्मचारी अपनी बात को आवेदन/अभ्यावेदन के रूप में प्रस्तुत करते हैं। अतः इन आवेदन पत्रों/अभ्यावेदनों में, निवेदनात्मक, भावात्मक, व्याख्यात्मक, तथा सूचनात्मक भाषा रहती है। इसमें आदेशात्मक भाषा तो होती ही नहीं, साथ ही सुझावात्मक भाषा का भी प्रयोग नहीं किया जाता।

यथा :

| | |
|---|---|
| "निवेदन है कि .........." | (निवेदन + सूचना) |
| "प्रदान करने का कष्ट करें" | (निवेदन) |
| "मंजूर करने की कृपा करें" | (निवेदन) |
| "प्रार्थना है कि................" | (नम्र निवेदन) |
| "मानवीय आधार पर, मेरे मामले पर ध्यान दें" | (भावनात्मक निवेदन) |
| "महोदय, संबोधन, भवदीय–स्वनिर्देश पदनाम आदि" | (कार्यालय कार्य विधि के पालन की भाषा) |

**नमूना :**

आवेदन/अभ्यावेदन का नमूना एक सा ही है।

सेवा में

.....................

.....................

.....................

विषय : आकस्मिक अवकाश

महोदय,

निवेदन है कि मुझ पर एक अत्यावश्यक पारिवारिक कार्य आ पड़ा है, अतः मैं दि. ................ से दि. ............... तक अपने कार्य पर उपस्थित होने में असमर्थ हूँ।

मुझे इस कार्य के सिलसिले में बंबई जाना पड़ सकता है। अतः आपसे निवेदन है कि मुझे उक्त दिनों के लिए मुख्यालय छोड़ने की अनुमति के साथ आकस्मिक अवकाश प्रदान करने की कृपा करें।

सधन्यवाद

दि. .....................

भवदीय,

छुट्टियों में मेरा पता

हस्ता.

...........................

नाम

...........................

(पदनाम)

...........................

### 3.3 ''राजभाषा हिंदी का वास्तविक रूप''

उपरोक्त पत्राचार के सभी नमूनों में प्रयुक्त भाषा या तो अंग्रेज़ी की अनूदित भाषा है अथवा हिंदी अधिकारियों/हिंदी अनुवादकों/हिंदी लिपिकों द्वारा लिखी गई भाषा है। अतः भाषा की त्रुटियाँ न के बराबर हैं।

एक प्रकार से इन नमूनों में राजभाषा हिंदी का मानक रूप देखा जा सकता है।

परंतु जहाँ कुछ नए विषय होते हैं और लिखने वाले लिपिक/अधिकारी न तो हिंदी एकक से सबंधित रहते हैं और न ही उन्हें हिंदी का विशेष ज्ञान प्राप्त होता है। वहाँ राजभाषा का नमूना कुछ और ही होता है। साथ ही तकनीकी शब्दों की एकरूपता/मानकता भी नहीं होती है।

एक दो नमूने देखे जा सकते हैं।

**टिप्पणी 1.**

कार्यालय—अति विस्फोटक कारख़ाना

''कृपया टिप्पणी प्रस्तुत करें।

G.M. को लिखा जाए कि कनिष्ठ हिंदी अनुवादक को अनुभाग प्रमुख का स्थान दिया जाना चाहिए जैसे कि DGOF के **निर्देशन** के अनुसार है (*) हिंदी टाईपिस्ट को राजभाषा सेक्शन में किया **जाए** जिससे कि सेकशन का कार्य सुचारू रूप से चल सके।''
टिप्पणीकार :

आ. व.
सचिव हिंदी सेकशन

(उपरोक्त नमूने में त्रुटियों तथा अंग्रेज़ी शब्दों को रेखांकित किया गया है।)

उपरोक्त टिप्पणी में जाए/जाये के स्थान पर बोलचाल की क्रिया 'जाय' का प्रयोग किया गया है। 'निर्देशन' के स्थान पर 'निदेश' शब्द का प्रयोग होना चाहिए था। साथ ही वाक्य विन्यास में (''जैसे कि DGOF के निर्देशन के अनुसार है (*) (हिंदी) संयोजक सूचक निपात 'कि*' का प्रयोग नहीं हुआ है।

अंग्रेज़ी शब्द रोमन तथा देवनागरी दोनों लिपियों में आए हैं। यथा :

"G.M." तथा "DGOF" 'सेक्शन' 'सेक्शन'। इन शब्दों के स्थान पर क्रमशः ''म.प्र. (महा प्रबंधक)'', ''म.नि.आ.फे. (महा निदेशक आयुध फैक्टरी/कारखाना)* तथा अनुभाग लिखा जा सकता था। इसके साथ ही रोमन देवनागरी में (अंग्रेज़ी शब्दों की) वर्तनी में त्रुटि एवं असमानता है। सही रपन 'टाइपिस्ट' एवं सेक्शन है।

**नमूना : 2** (आयकर आयुक्त कार्यालय, पुणे)

क. "**प्रशिक्षणार्थीयोंकी अनुपस्थिती** कर्तव्य की अवहेलना मानी गई है। ऐसे उनको **लिखीत** रुप से बता दिया **जाय**"

जोशी

ख. "देख लिया। अगर आयुक्त **साब से** मंजूर हो तो इसे आयकर अधिकारी **जेस वाई** को भेज दिया जाय कि वे कमियों पर कार्रवाई कर **सके**"

टिप्पणीकार : (मराठी भाषी)

वि. ह. गांगल

उपरोक्त टिप्पणी में मराठी भाषा (भाषा[1]) का प्रभाव स्पष्ट रूप से हिंदी भाषा (भाषा[2]) पर निम्नलिखित मुद्दों के आधार पर, परिलक्षित होता है।

1. कारक चिह्न **की** को संज्ञा के साथ मिलाकर लिखा गया है।

2. **अनुपस्थिति** दीर्घ 'ई' की मात्रा है। चूँकि आधुनिक मराठी भाषा में 'इ' स्वरांत संज्ञाएँ दीर्घ 'ई' से लिखी जाती हैं, यथा : 'शक्ती', 'मती', 'भक्ती', आदि, अतः इसका प्रभाव कर्मचारी की भाषा[1] पर भी आया है। 'जेस' शब्द में 'ए' के स्थान पर 'जे' भी इसी कारण से है। सही रूप—अनुपस्थिति।

3. हिंदी भाषा पर प्रभुत्व न होने के कारण 'लिखीत' रुप-तथा 'प्रशिक्षणार्थीयों' जैसे शब्दों में वर्तनी की अशुद्धियाँ आ गई हैं। सही : लिखित, रूप, प्रशिक्षणार्थियों

4. बोल-चाल की भाषा के स्वरूप का प्रभाव फ़ाइल की भाषा पर भी आ गया है। यथा साहब की जगह 'साब'

**टिप्पणी नमूना 3.**

कार्यालय

मिसिल संख्या : इ—10(4) जोरा) 74-75 भारतीय खाद्य निगम, ग्वालियर, "जि. प्र. **कृप्या डि. इंचार्ज** के तार का उचित **कार्यवाही हेतु** अवलोकन करें तथा ............................ ..............करें"

टिप्पणीकार : (म. प्र.)

(सिंधी भाषी/अधिकारी)

1. उपरोक्त टिप्पणी में 'कृपया' के स्थान पर 'कृप्या' का प्रयोग है जो अशुद्ध बोलचाल की भाषा के कारण तथा टिप्पणीकार के सिंधी भाषी होने के कारण आया है।

2. डि. इंचार्ज (डिपो इंचाजी) शब्द अंग्रेज़ी का है। इसके स्थान पर 'भंडार प्रभारी' पारिभाषिक शब्द का प्रयोग किया जा सकता था।

3. उपरोक्त संदर्भ में 'कार्यवाही' शब्द का प्रयोग त्रुटिपूर्ण है। यहाँ 'कार्यवाही' शब्द के स्थान पर 'कार्रवाई' शब्द का प्रयोग होना चाहिए था। 'कार्यवाही' शब्द का अर्थ "Proceedings" अर्थात् किसी कार्यक्रम को चलानेवाली कार्यवाही से है, जबकि यहाँ 'कार्रवाई' अर्थात् कार्य को करने की क्रिया के "Action" अर्थ में शब्द 'कार्रवाई' का ही प्रयोग होना चाहिए था।

4. टिप्पणी के अंत में एक आश्चर्यजनक प्रयोग है, "Suggest" करें। "Suggest करें" के लिए हिंदी में "कार्रवाई की दिशा" वाक्यांश का प्रयोग किया जा सकता था। परंतु "Suggest करें" संयुक्त क्रिया है। "सुझाव दें" अर्थ के बदले में इसका प्रयोग हुआ है। हिंदी की क्रिया में एक हिस्सा "Suggest" अंग्रेज़ी का तथा दूसरा "करना" हिंदी का है। जबकि क्रिया का रूप एक ही भाषा में होना चाहिए। परंतु राजभाषा हिंदी का यह संक्रमणकाल है अतः ऐसे प्रयोग चल जाते हैं।

उपरोक्त टिप्पणियों में कहीं-कहीं संक्षिप्त रूप जि. प्र., डि. इंचार्ज G.M., DGOF, आए हैं। टिप्पणी तथा प्रारूप लेखन में इस तरह के प्रयोग होते हैं।

उपरोक्त टिप्पणियों के अलावा यहाँ एकाध पत्रों के नमूने भी देखे जाएँ जिसमें राजभाषा हिंदी का प्रचलित रूप सही आकार में उभर कर सामने आ जाएगा।

**एक पत्र :**

श्रीमान **मोहदय**

नेशनल केमीकल लैबॉरट्री

**मोहदय हमें गम रिफायनरी** प्रोजेक्ट मे **इन्टरेस्टेड है** कृपा आप **हमे** गम रिफायनरी प्रोजेक्ट बाबत आपकी **अवमुल्य** जानकारी से अवगत करके हमारी साहयता **करेगे**

**अयसी** आपसे विनती है

आपका,

उपरोक्त पत्र का ग़ौर से अवलोकन किया जाए तो पूरा पत्र अशुद्धियों से भरा हुआ है।

1. पत्र का नमूना ग़लत है। पत्र मानक नमूनानुसार नहीं है।
2. 'महोदय' के लिए 'मोहदय' का प्रयोग हुआ है।
3. नासिक्य (अनुस्वरों) का प्रयोग नहीं है : (हमे, है, मे, करेगे)
4. अर्थहीन शब्द का प्रयोग : 'अवमुल्य'–पत्र लेखक ने 'अमूल्य' के स्थान पर 'अवमुल्य' लिया है।
5. 'अयसी' (ऐसी) अशुद्ध प्रयोग, 'पुना' (पुणे-पूना) जैसे अशुद्ध प्रयोग है।
6. अंग्रेज़ी विशेषण का प्रयोग हुआ है, जैसे 'इन्टरेस्टेड' का प्रयोग देवनागरी में

ही किया गया है।

7. वर्तनी की अशुद्धियों ('सहायता' के स्थान पर 'साहयता') के साथ-साथ वाक्य विन्यास में भी अशुद्धियाँ देखी जा सकती हैं।

8. पत्र रोमन अंग्रेज़ी, देवनागरी अंग्रेज़ी तथा देवनागरी हिंदी के मिश्रण से भरा हुआ है।

उपरोक्त पत्र का उत्तर राष्ट्रीय रासायनिक प्रयोगशाला, पुणे की ओर से दिया गया। उस पत्र का अवलोकन करना भी आवश्यक होगा।

पत्र का प्रारूप :

राष्ट्रीय रासायनिक प्रयोगशाला, पुणे

संदर्भ : संख्या ४५३.१० /डी.टी.एस/८२/243

दि. ३.२.८२

सेवा में,

M/S. Zawari Bros
Chandrapur

विषय : गम रिफायनरी प्रोजेक्ट

महाशय

आपका दिनांक १८.१.८२ का पत्र मिला। हमें खेद है कि हम आपकी आवश्यक सहायता करने में असमर्थ हैं। हमारी प्रयोगशाला में उपरोक्त विषय पर अनुसंधान नहीं किया गया है। शायद आपको DRDE ग्वालियर से मदद मिल सकती है।

धन्यवाद

भवदीय,
मिसेज (नाम)
डी.टी.एस.

उपरोक्त पत्र भारत सरकार के संस्थान द्वारा लिखा गया है। इस पत्र में निम्नलिखित त्रुटियाँ स्पष्ट रूप से देखी जा सकती हैं—

+ 1. सरकारी पत्र होने के बावजूद भी पत्र में सरकारी पत्र में प्रयुक्त होने वाली मानक क्रियाविधि का पालन नहीं किया गया है। (+ मानक पत्राचार के नमूने इसी अध्याय में दिए गए हैं।)

2. 'महाशय' संबोधन का प्रयोग असंगत है, वास्तव में 'महोदय' संबोधन का प्रयोग होना चाहिए।

3. हिंदी पत्र में पता अंग्रेज़ी (रोमन लिपि) में लिखा गया है ! साथ ही DRDE देवनागरी में लिखा जा सकता था :

4. अंक हिंदी में दिए गए हैं, जो राजभाषा नीति के विरुद्ध हैं।

5. पत्र लिखनेवाली लेखिका हैं यहाँ 'भवदीया' न लिखकर 'भवदीय' (स्वनिर्देश) का प्रयोग हुआ है जो चल जाता है।

6. सरकारी पत्रों में नाम के नीचे पदनाम लिखना आवश्यक है, इस पत्र में केवल नाम दिया गया है।

7. विषय हिंदी में लिखा जा सकता था, यथाः 'गोंद परिष्करण परियोजना बाबत जानकारी'

उपरोक्त टिप्पणियों तथा नमूनों को देखने के पश्चात् यह तथ्य उभरकर सामने आता है कि राजभाषा का प्रचलित रूप (अनुवाद को छोड़कर) बोलचाल की भाषा पर आधारित है। इसके साथ ही राजभाषा हिंदी के मानक रूप को जानने की गंभीरता के भाव का भी अभाव है।

ऊपर दर्शाए गए नमूनों के अलावा, अगर प्रचलित राजभाषा हिंदी के अनुवाद रूप पर दृष्टिपात किया जाए तो अनुवादित राजभाषा का प्रचलित तथ्यपरक रूप सामने आ जाएगा।

नमूना :

केंद्रीय तार घर, पुणे ने अंग्रेज़ी में लिखी सार्वजनिक सूचनाओं का हिंदी अनुवाद इस प्रकार लगा रखा है : (15.4.81)

1. "Take care of your valuable belongings" "आपके अधिमूल्य की निगाह रखिए।"

यह अनुवाद हर दृष्टि से त्रुटिपूर्ण है।

इसके स्थान पर इस तरह का अनुवाद रहता तो ज़्यादा ठीक था :

"अपने बहुमूल्य (कीमती) (सामान) (चीजों) का स्वयं (खुद) ध्यान रखिए।"

कोष्ठक में दिए गए शब्द भी रखे जा सकते हैं।

2. Check your receipts and balance before Leaving the counter.

"काउंटर से विदा होने से पहले शेष तथा रसीद जाँच कीजिए"

उपरोक्त अंग्रेज़ी अनुदेश वास्तव में सुझावात्मक हैं परंतु हिंदी अनुवाद आदेशात्मक हुआ है। यथा : 'जाँच कीजिए' (आदेश + आदर)

साथ ही 'विदा' शब्द हिंदी में बिछुड़ने या विवाह के बाद लड़की की विदाई को लेकर एक सामाजिक/सांस्कृतिक रस्म के अर्थों में आता है।

अतः इसका अनुवाद इस प्रकार होना चाहिए था।

"काउंटर छोड़ने से पहले बाक़ी (शेष) पैसों और रसीद की जाँच कर लीजिए"

"कर लीजिए" में सुझाव + आदर + निवेदन है।

## 4. पारिभाषिक शब्दों के प्रयोग में एकरूपता का अभाव

भाषा के स्तर पर बात करने के उपरांत इस तथ्य पर भी ध्यान देना आवश्यक है कि राजभाषा में प्रयुक्त पारिभाषिक शब्दों के प्रयोग में काफी असमानताएँ व्याप्त हैं जिनसे पारिभाषिक शब्दों में एकरूपता के अनिवार्य गुण को आघात पहुँचता है।

इसी अध्याय में इस मुद्दे से पूर्व पत्राचारों के प्रकारों में निविदा के नमूने में 'मध्य रेलवे' की निविदा है। इस निविदा में 'अधिशासी अभियंता' शब्द आया है। वास्तव में 'अधिशासी' शब्द हिंदी में नहीं है। 'अधिशासी' शब्द का ज़िक्र भारत सरकार के किसी भी पारिभाषिक शब्दकोश में, तथा अन्य मानक कोशों में नहीं है।

इस निविदा में 'अधिशासी' शब्द अंग्रेज़ी के Executive के अर्थ में लिया है जो ग़लत है। Executive के लिए 'कार्यपालक' या 'प्रबंधक' शब्द भारत सरकार के पारिभाषिक कोशों में है। यहाँ 'प्रबंधक' से भी 'कार्यपालक' ही सही है क्योंकि प्रबंधक Manager के लिए भी आता है।

ठीक इसी प्रकार पुणे में प्रभात रोड स्थित आयकर कार्यालय का नाम 'प्राप्तिकर सदन' कार्यालय रखा गया है जो बिल्कुल असंगत है। मराठी भाषा में भी income के लिए आय तथा Tax के लिए कर है। प्रशासन वाक्य प्रयोग महाराष्ट्र शासन (1964) (पृ. 75) मजेदार बात यह है कि पुणे में ही आयकर के प्रधान कार्यालय का नाम 'आयुक्त आयकर कार्यालय' ही है।

ठीक इसी प्रकार मराठीभाषी कर्मचारी जब हिंदी में पत्रादि लिखते हैं तो कई शब्दों के मराठी रूप हिंदी में लिख देते हैं।

जैसे–Yours faithfully, yours Sincerely को क्रमशः आपका भवदीय/विश्वासपात्र तथा आपका विश्वासपात्र/स्नेहांकित शब्द लिखते हैं जिन पर स्पष्ट रूप से मराठी भाषा का प्रभाव है। क्योंकि मराठी में इन दोनों का अनुवाद क्रमशः ''आपला विश्वासू'' तथा ''आपला स्नेहांकित' है (राजभाषा परिचय महाराष्ट्र शासन, 1968, पृ. 400) जबकि हिंदी में क्रमशः 'भवदीय' तथा 'आपका' है।

राजभाषा हिंदी में पारिभाषिक शब्दावली के प्रयोग को लेकर सरकारी साहित्य में जो अनियमितताएँ हैं उनका उल्लेख तो अगले अध्याय में किया जाएगा, परंतु यहाँ इतना जान लेना आवश्यक है कि इन विरूपताओं का प्रयोग सरकारी पत्रिकाओं तथा समाचारपत्रों में भी देखने को मिलता है।

यथा अंग्रेज़ी के Implementation के लिए हिंदी कोशों में मानक शब्द 'कार्यान्वयन' है परंतु भारत सरकार की राजभाषा भारती जैसी पत्रिका में भी 'कार्यान्वयन' की जगह क्रियान्वयन है (राजभाषा भारती, अंक 10, जुलाई-सितंबर 1980 पृष्ठ--10-11)

साथ ही नवभारत टाइम्स में अंग्रेज़ी तथा हिंदी पारिभाषिक शब्दों के लिए निम्नलिखित पारिभाषिक शब्द देखे गए जो ग़लत हैं।

1. Meteorological office के लिए हिंदी मानक शब्द 'मौसम कार्यालय' है

परंतु 'मौसम कार्यालय' के स्थान पर 'ऋतु कार्यालय' वाक्यांश का ग़लत प्रयोग किया गया है। (नवभारत टाइम्स, दि. 29.11.79 शीर्षक 'उत्तर प्रदेश में व्यापक वर्षा' पृष्ठ–1)

2. Implementation के लिए 'कार्यान्वयन' तथा 'क्रियान्वयन' तथा लोक लेखा समिति के लिए 'लोक लेखा जोखा समिति' या सार्वजनिक लेखा समिति। (नवभारत टाइम्स, दि. 17.4.81–पृ. 1 शीर्षक : जन जाति कल्याण योजनाओं का कार्यान्वयन नवभारत टाइम्स, दि. 31.8.81 संपादकीय–पृष्ठ–4 (शीर्षक : ग़लत बजट पद्धति)

3. Black money के लिए हिंदी में 'कालाधन' प्रचलित शब्द है परंतु 'बेहिसाबी धन' दिया गया है। (नवभारत टाइम्स, दि. 1.6.82 शीर्षकः 'व्यापार क्षेत्र में नयी प्रवृत्ति')

4. सूचना और प्रसारण मंत्री के स्थान पर 'नभोवाणी मंत्री' (त्रुटिपूर्ण) का प्रयोग है। (नवभारत टाइम्स, दि. 6.2.81 शीर्षक : 'न्यायालय और मंत्रालय में अंग्रेज़ी की गुलामी पृष्ठ–6)

5. No objection certificate के लिए हिंदी में मानक शब्द 'अनापत्ति प्रमाणपत्र' है परंतु इसके स्थान पर 'ना हरकत प्रमाणपत्र' वाक्यांश का प्रयोग हुआ है। ('दिनमान' 23-29 अगस्त, 81, शीर्षक : 'प्रदूषण–तेजी की तेज विनाशलीला'–लेखक विकास कुलकर्णी–पृष्ठ–7)

6. Air hostess के लिए हिंदी में भारत सरकार के पारिभाषिक कोशों में विमान परिचारिका (सत्कारिणी) शब्द है परंतु प्रचलन में 'विमान परिचारिका' है।

भारत सरकार के गृह मंत्रालय की वार्षिक मूल्यांकन रिपोर्ट (1976-77 पृष्ठ–52) में विमान परिचारिका की जगह 'व्योमबाला' शब्द दिया गया है।

7. Ministry of Railway (Railway ministry) के लिए कभी तो 'रेलवे मंत्रालय' तो कभी 'रेल मंत्रालय' का प्रयोग होता रहता है। जबकि 'रेल मंत्रालय' मानक शब्द है। (राजभाषा-भारती–अंक 8 जनवरी-मार्च, 1980 पृष्ठ–7)

## 5. राजभाषा प्रयुक्ति के लक्षण

उपरोक्त विवरण के आधार पर राजभाषा प्रयुक्ति के जो लक्षण उभरकर आए हैं वे इस प्रकार हैं–

1. राजभाषा हिंदी का स्वरूप तीन आधारों पर टिका हुआ है। 1. अंग्रेज़ी से अनुवादित राजभाषा साहित्य 2. अंग्रेज़ी के वाक्य विन्यासों/शब्दों पर आधारित मूल (नव रचित) राजभाषा साहित्य 3. स्वतंत्र रूप से रचित मौलिक राजभाषा साहित्य।

उपरोक्त प्रकारों में भाषा की कृत्रिमता तथा दुरुहता क्रमशः कम होती चली जाती है।

2. राजभाषा प्रयुक्ति में आदेशात्मक, सूचनात्मक, सुझावात्मक, वैधानिक, कथनात्मक, वाक्यों का प्राधान्य रहता है।

3. अधिकतर संयुक्त क्रियाओं का प्रयोग किया जाता है ताकि आदेशात्मक, सूचनात्मक

तथा सुझावात्मक भाव आएँ।

4. कर्मवाच्य वाक्यों की प्रधानता रहती है। सरकारी काम में व्यक्तिविशेष महत्त्वपूर्ण नहीं होता एक पूरी व्यवस्था महत्त्वपूर्ण रहती है व्यक्ति केवल माध्यम भर रहता है। सब कार्य सरकार के लिए करता है। सरकार की सामूहिकता के आगे व्यक्ति नगण्य रहता है अतः कर्तृवाच्य वाक्यों का अभाव रहता है।

5. चूँकि व्यक्ति अपने हित के लिए अपना निजी काम नहीं करता, अतः सरकारी कामों में औपचारिक भाषा का प्राधान्य रहता है।

6. अर्द्ध सरकारी पत्रों में भाषा अनौपचारिक हो जाती है। तथा कर्तृवाच्य वाक्यों का भी प्रयोग रहता है । मनोवैज्ञानिकता का आधार लेकर कर्मचारी की अस्मिता को सचेत रखने वाले 'व्यक्ति' को प्रेरित करके काम करवाने की भावना के पीछे भाषा अनौपचारिक हो जाती है।

7. राजभाषा रूखी होती है तथा भावार्थ की अभिधा शक्ति पर टिकी रहती है। आलंकारिकता से दूर रहती है। इसमें औपचारिक शिष्टता रहती है।

8. बोल-चाल की राजभाषा का स्वरूप अशिष्ट, आलंकारिक, अमानक हो सकता है।

9. राजभाषा शब्दों के लिंग विधान को गंभीरतापूर्वक नहीं लेती यथा महोदय (पु.) महोदया (स्त्री) भवदीय (पु.) भवदीया (स्त्री) है परंतु ज़्यादातर पुल्लिंगी शब्दों का ही प्रयोग किया जाता है—स्त्री अधिकारी भी भवदीय ही लिखते हुए पाई जाती हैं।

पदनाम पुल्लिंग ही हैं अधिकारी, मंत्री, प्रबंधक, निरीक्षक, पर्यविक्षक, परीक्षक, राष्ट्रपति, प्रधानमंत्री, फोरमैन आदि।

यहाँ ध्यान देने योग्य बात यह है कि राष्ट्रपति तथा फोरमैन के पद पर कोई महिला भी आ जाएँ तो उनके लिए भी यही पदनाम रहेगा, जबकि इन दोनों पदनामों में 'पति' तथा 'मैन' पुरुषवाचक शब्द जुड़े हुए हैं। साथ ही 'आपका' शब्द का भारतीय समाज के संदर्भों में एक खास अर्थ है। अतः देखा गया है कि अर्द्ध सरकारी पत्र लिखने वाली कुछ महिलाएँ अधिकारी हैं पत्र के अंत में 'आपकी' न लिखकर, 'भवदीया' लिख देती हैं।

चूँकि पदनाम संज्ञाएँ होते हुए भी विशेषण के भाव को रखती हैं। इसलिए उनका लिंग नहीं होता—

'राजस्त्वंद राजकीयं कथितं भेदयलिंगकम्' कोणकल्पतरो—लेखक—विश्वनाथ संपादित : मधुकर मंगेल पटकर तथा के. वी. कृष्णमूर्ति शर्मा—पुणे (1952) पृष्ठ—245 भाग 1 (5801)

10. राजभाषा हिंदी में पारिभाषिक अंग्रेज़ी शब्दों तथा अन्य संज्ञाओं की भरमार है अतः इनके लिंग निर्धारण में विसंगतियाँ आ जाती हैं। जैसे 'एक्शन लिया जाए', 'कार्रवाई की जाए', 'फ़ाइल रखी जाए', 'रेल' **आती-है**, 'इंजन' **आता है**, 'ट्रक' **चलता है**, 'मोटर/बस' **चलती है** 'स्कूटर' **दौड़ता है**, 'मोपेड' **दौड़ती है**, 'मशीन' **अच्छी है**, 'कम्प्यूटर'

**अच्छा है** अप्लीकेशन दी, आवेदन पत्र दिया यहाँ सभी 'अ' स्वरांत संज्ञाएँ हैं परंतु कोई स्त्रीलिंग है तो कोई पुल्लिंग।

11. कुछ पारिभाषिक शब्द हमेशा बहुवचन में चलते हैं जबकि उनके समानार्थी एकवचन में हैं।

यथा—

| | |
|---|---|
| हस्ताक्षर | (हमेशा बहुवचन) |
| सही | (एकवचन) |
| दस्तख़त | (हमेशा बहुवचन) |
| आद्यक्षर | (हमेशा बहुवचन) |
| छोटी सही | (एकवचन) |

'हस्ताक्षर' **किए,** 'सही' **की,** 'दस्तख़त' **किए,** 'आद्यक्षर' **किए,** 'छोटी सही' **की।**

12. जनता से प्राप्त पत्रों में राजभाषा कार्यविधि का पालन नहीं होता है तथा भाषा भी निवेदनात्मक तथा अर्द्धअनौपचारिक रहती है, तथा कानूनी पुट कम रहता है। वाक्य कर्तृवाच्य में रहते हैं।

13. कर्मचारियों द्वारा सरकार को लिखे गए पत्रों में भी निवेदनात्मक भाषा रहती है। इनमें कुछ न कुछ कानूनी पुट रहता है। वाक्य कर्तृवाच्य में रहते हैं तथा भाषा अधिकतर औपचारिकतापूर्ण रहती है, परंतु अनौपचारिकता का भी पुट रहता है।

14. टिप्पणी तथा मसौदा बनाते समय कर्मचारी की अपनी मातृभाषा का प्रयोग भी हो जाता है।

15. राजभाषा में जहाँ तक हो सके सरल, मिश्र, संयुक्त, विस्तारपरक, विधानार्थक, आज्ञार्थक वाक्यों का प्रयोग होता है।

निषेधात्मक वाक्यों का प्रयोग भी प्रसंगानुसार होता है।

जहाँ तक हो सके, इच्छाबोधक, प्रश्नवाचक, विस्मयादिबोधक, संदेहार्थक, तथा संकेतार्थक, वाक्यों का प्रयोग नहीं होता।

16. टिप्पणीपरक वाक्यों में वाक्य के विधेय भाग का प्रयोग अधिकतम होता है। 'देख लिया', 'बात कर जाइए', 'फ़ाइल कर दिया', 'मंजूरी दी जाए' आदि।

17. राजभाषा हिंदी चूँकि संक्रमणकाल से गुजर रही है, साथ ही सरकार की नीति भी काफ़ी उदार है अतः मौलिक राजभाषा हिंदी का रूप 'खिचड़ी' के रूप में उभर रहा है।

18. खिचड़ी भाषा के अलावा हिंदी पत्राचारों के नमूने को भी गंभीरतापूर्वक नहीं लिया जाता, जैसे सरकारी पत्रों में आजकल 'सेवा में' के पश्चात् अल्पविराम का प्रयोग नहीं होता परंतु इसी अध्याय में उदाहरणस्वरूप दिए गए सरकारी पत्रों में (मूल पत्रों में) 'सेवा में' के साथ ही अल्पविराम का प्रयोग किया गया है।

उपरोक्त निष्कर्षों को देखते हुए यह कहा जा सकता है कि राजभाषा हिंदी के अध्ययन, अध्यापन तथा शोध कार्य को बहुत ही गंभीरतापूर्वक लेना चाहिए।

## हिंदी एकक के कार्य तथा उसका स्वरूप

**हिंदी अधिकारी**

- अनुवादक
  - वरिष्ठ
  - कनिष्ठ
- आशुलिपिक
- हिंदी टंकक/लिपिक

---

- पत्र व्यवहार
  - आंतरिक
  - बाह्य
- अनुवाद कार्य
  - क. प्रपत्र
  - ख. मानक मसौदे
  - ग. विज्ञापन/विभाजन (सूचना)
  - —आदि
- कार्यान्वयन
- प्रशिक्षण (पृ. अगले पर)
- सरकारी संस्थाओं तथा राजभाषा के कार्य से संबंधित परिषद् आदि से संपर्क बनाए रखना
- प्रशासन कार्य
  - कं. विभाग विशेष की कार्य प्रकृति के अनुसार राजभाषा साहित्य छपवाना
  - ख. पत्रिका आदि छपवाना
- अन्य बातें (अगले पृष्ठ पर)

---

- हिंदी संस्थाओं द्वारा उत्तीर्ण होने वाले प्रशि. को प्रोत्साहन देना
- भारत सरकार के प्रोत्साहन से अतिरिक्त विभाग से प्रोत्साहन/पुरस्कार आदि दिलवाना
- कार्यान्वयन समितियों का गठन एवं राजभाषा अधिनियम के अनुसार कार्यान्वयन करवाना
- केंद्र तथा विभाग विशेष के बीच संपर्क अधिकारी का काम करना
- हिंदी रपट के आधार पर हिंदी का प्रगामी प्रयोग
- क. केंद्रीय हिंदी निदेशालय
  ख. केंद्रीय हिंदी संस्थान
  ग. राजभाषा विभाग हि.शि.मो. आदि)
  घ. लाल बहादुर शास्त्री प्रशासन अकादमी, मसूरी
  ङ. केंद्रीय सचिवालय, हिंदी परिषद्
  च. राजभाषा समितियाँ/संस्थाएँ

### हिंदी एकक के कार्य तथा स्वरूप

| प्रशिक्षण | अन्य कार्य (बातें) |
|---|---|
| क. प्रशासन-ज्ञान | क. वाचनालय-व्यवस्था करवाना |
| ख. हिंदी भाषा-ज्ञान | ख. पुस्तकालय (हिंदी) व्यवस्था करवाना |
| ग. राजभाषा-ज्ञान (कार्यशालाएँ) | ग. हिंदी दिवस/पुरस्कार वितरण समारोह का आयोजन |
| घ. कार्यालय विशेष के कार्य की प्रकृति | घ. प्रतियोगिताओं का आयोजन (हिंदी-निबंध, वाक्, कविता) |
| के अनुसार भाषा (प्रयुक्ति) का प्रशिक्षण देना पारिभाषिक/तकनीकी शब्दावली का ज्ञान करवाना। | ङ. सांस्कृतिक कार्यक्रम (हिंदी) |
| | च. हिंदी विद्वानों/लेखकों से संपर्क बनाए रखना। |
| | छ. कार्यशालाओं का गठन/संचालन |
| | ज. हिंदी परीक्षाओं/प्रतियोगिताओं की तैयारी करवाना। |
| | झ. राजभाषा से संबंधित आधुनिक सामग्री उपलब्ध करवाना/व्याख्यान आयोजित करवाना। |

# सन्दर्भ

1. "गृह मंत्रालय के कामकाज में हिंदी के प्रयोग के बारे में उन्होंने कहा कि इस मंत्रालय का आकार बहुत बड़ा है, इसकी खतायिताबत अन्य मंत्रालयों के मुकाबले, राज्य सरकारों और जनता के साथ बहुत अधिक होती है। मंत्रालय का पत्र-व्यवहार हिंदी में काफी होता है परंतु फाइलों पर नोटिंग हिंदी में कम होती है।"

– श्री ज्ञानी जैलसिंह–10–जुलाई 1981, गृह मंत्रालय की हिंदी सलाहकार समिति की बैठक, राजभाषा भारती–अंक 14, जुलाई-सितंबर, 1981, पृष्ठ–37.

2. पत्र-सूचना कार्यालय में हिंदी की दुर्दशा देखकर किसी भी राष्ट्रवादी को रोना आएगा। झूठी रिपोर्ट तैयार करके यह दिखाने का यत्न किया जाता रहा कि यह कार्यालय हिंदी में मूल विज्ञप्तियाँ तैयार करता है। तथ्य यह है कि इस कार्यालय में छोटा-सा अनुभाग, विभाग है, जिसे हिंदी विभाग कहा जाता है। प्रायः सभी विज्ञप्तियाँ अंग्रेज़ी में तैयार होती हैं और हिंदी विभाग में उनका अनुवाद होता है।

– 1. नवभारत टाइम्स, (बंबई) दिनांक 1.12.78 पृष्ठ–4
(सूचना मंत्रालय का पुनर्गठन जरूरी–लेखक आनंद जैन)
2. नवभारत टाइम्स, (बंबई) दिनांक 13.11.80 पृष्ठ–4
'सूचना मंत्रालय का पुनर्गठन जरूरी'–लेखक आनंद जैन–(इस लेख में भी उपरोक्त आशय की बात कही गई है।)

चतुर्थ अध्याय

# राजभाषा हिंदी को सार्वभौम एवं सक्षम बनाने की दिशाएँ

पिछले अध्यायों में यह तथ्य उभर कर आया है कि भारत के संविधान में हिंदी को केवल 'राजभाषा' शीर्षक दिया गया है। साथ ही हिंदी की सवैधानिक स्थिति इतनी लचीली तथा उदार है कि आज तक न तो हिंदी पूर्ण रूप से राजभाषा के पद पर आसीन हो पाई, और न ही उसका स्वाभाविक मानक रूप बन पाया।

सरकार की, राजभाषा हिंदी को कार्यान्वित करने की नीति के अलावा, ऐसे राजनीतिक, सामाजिक, आर्थिक, धार्मिक एवं भाषायी तत्त्व भी हैं, जो हिंदी को राजभाषा के रूप में स्थापित करने में बाधक बने हुए हैं। इस पर भी व्यापक रूप से विचार किया गया है।

उपरोक्त स्थिति के बावजूद भी इस तथ्य को रेखांकित किया गया है कि हिंदी राजभाषा के रूप में किसी न किसी तरह पनप चुकी है, तथा राजभाषा हिंदी राजभाषा-प्रयुक्ति के रूप में ज़न्म ले चुकी है। राजभाषा प्रयुक्ति के रूप में राजभाषा हिंदी को लेकर विचार-विमर्श भी आरंभ हो चुका है।

## 1. राजभाषा हिन्दी को सार्वभौम बनाने के आधार बिंदु

### 1.1 सामान्य बिंदु

हिंदी को राजभाषा के रूप में स्थापित करने की संवैधानिक भूमिका के बाद सरकारी तथा ग़ैर सरकारी स्तर पर राजभाषा हिंदी को लेक़र विचार-विमर्श हुआ, तथा इस दिशा में कुछ कार्य हुए। इन्हीं क्रियाकलापों ने राजभाषा हिंदी को सार्वभौम बनाने की दिशा में मार्ग प्रशस्त किया।

*1.1.1 भारत के संविधान में परिभाषित हिंदी रूपों की व्यापक चर्चा द्वितीय अध्यायों में की गई है। राजभाषा के रूप में हिंदी को स्थापित करने का ऐतिहासिक आधार भी*

*स्पष्ट किया गया है। अतः राजभाषा हिंदी को सार्वभौम बनाने का प्रथम आधार बिंदु संवैधानिक है।*

*1.1.2 संवैधानिक आधार के अलावा भारत में हिंदी के व्यवहार क्षेत्र का अन्य भारतीय भाषाओं के व्यवहार क्षेत्र की अपेक्षा अधिक व्यापक होना है।*

हिंदी जनसंपर्क का व्यापक माध्यम तो है ही, भारत के अट्ठाईस राज्यों में से दस राज्यों में (जिनमें तीन बड़े राज्य–उत्तर प्रदेश, मध्यप्रदेश तथा राजस्थान भी शामिल हैं) यह राजभाषा के रूप में आसीन है।

*1.1.3 राजभाषा के रूप में हिंदी का साहित्य पनप चुका है तथा राजभाषा साहित्य निर्माण की दिशा में व्यापक प्रयास हो रहे हैं।*

*1.1.4 देश की संपर्क भाषा तथा राजभाषा अप्रत्यक्ष रूप से एक दूसरे से जुड़ी रहती है अतः संपर्क भाषा को लेकर किए गए समस्त कार्य अप्रत्यक्ष रूप से राजभाषा के ही पक्ष में जाते हैं इस आधार पर हिंदी को लेकर अब तक जो विश्व हिंदी सम्मेलन (नागपुर–1975, दिल्ली–1983, मॉरिशस–1976, 1993, त्रिनिदाद–1996 एवं लदन–1999 एवं पारामारीबो–2003) हुए हैं उन्होंने राजभाषा हिंदी की सार्वभौमिकता को रेखांकित किया है। प्रथम एवं द्वितीय विश्वहिंदी सम्मेलनों के बाद हिंदी को विश्व भाषा बनने के लिए सक्षम माना जाने लगा।*

*1.1.5 इन सम्मेलनों के अलावा वर्धा में विश्व हिंदी विद्यापीठ की स्थापना की जा रही है। इस विद्यापीठ का कार्य विदेशों में हिंदी को लोकप्रिय बनाना तथा हिंदी शोध कार्यों तथा प्रकाशनों को बढ़ावा देना है। उसके साथ ही हिंदी राष्ट्रीय अकादमी की स्थापना भी शीघ्र की जा रही है।*

(नवभारत टाइम्स, दिनांक 3.4.82, पृष्ठ–5)

*1.1.6 हिंदी को राष्ट्रसंघ की भाषा बनाने के ज़ोरदार प्रयास किए जा रहे हैं। 4.10.1977 को तत्कालीन विदेश मंत्री ने राष्ट्रसंघ में हिंदी में भाषण देकर इस दिशा में मार्ग प्रशस्त किया।*

*1.1.7 राजभाषा हिंदी की सार्वभौमिकता को निजी संस्थाएँ भी स्वीकार करती हैं तथा राजभाषा हिंदी की शक्ति बढ़ाने के प्रयास करती हैं।*

क. इस दिशा में अंग्रेज़ी हटाओ सम्मेलन ने अंग्रेज़ी का विरोध करके अप्रत्यक्ष रूप से राजभाषा हिंदी को बलशाली बनाया है। इस सम्मेलन के 1982 तक आठ सम्मेलन हो चुके थे। प्रथम सम्मेलन का आरंभ 1959 में नासिक में हुआ तथा आठवाँ सम्मेलन इटारसी, 1982 में हुआ था।

ख. 'अंग्रेज़ी हटाओ' सम्मेलन के साथ-साथ ही अखिल भारतीय भाषा सम्मेलन भी काम करता है। इस सम्मेलन का प्रथम अधिवेशन मार्च, 1979, नागपुर में हुआ तथा तीसरा सम्मेलन जुलाई 1982 को इटारसी में हुआ।

इस सम्मेलन ने राजभाषा के कार्यान्वयन को जानने की दिशा में 24 प्रश्नों की

एक प्रश्नावली तैयार की गई थी। इस प्रश्नावली के द्वारा वास्तविक सर्वेक्षण कार्य पूरा नहीं हो पाया परंतु जितना हुआ उससे राजभाषाओं के कार्यान्वयन की दयनीय स्थिति उभरकर सामने आती है।

इस प्रश्नावली के माध्यम से भारत की सभी राजभाषाओं के कार्यान्वयन की स्थिति जानने के उपाय थे।

इस प्रश्नावली में मुख्यतः राजभाषा संबंधी कानून के पारित होने का अर्थ, राजभाषा को लागू करने की समय सीमा, इस समय सीमा के बाद लागू होने वाले कार्यक्रम की ठोस आधारशिला, विभागों में राजभाषा के कार्यान्वयन की स्थिति, विभागों में अंग्रेज़ी की स्थिति, न्यायालयों में राजभाषा की स्थिति, विधान-मंडलों के कार्यों में राजभाषा का प्रयोग, केंद्र तथा राज्य के बीच राजभाषा में चलने वाले पत्राचार की जानकारी, शिक्षा माध्यम (विशेषकर तकनीकी) में राजभाषा के प्रयोग की मात्रा, राजभाषा को प्रोत्साहन देने के लिए सरकार के उपायों की जानकारी, लोक सेवाओं की परीक्षाओं में राजभाषा की स्थिति, दफ़्तरों में राजभाषा के कार्यान्वयन की वास्तविक स्थिति की जाँच की व्यवस्था के बारे में प्रश्न थे।

*1.1.8 भारत सरकार ने गृह मंत्रालय के अधीन 1975 (जून) में प्रथम राजभाषा विभाग खोलकर राजभाषा हिंदी की सार्वभौमिकता को महत्त्व दिया। इस विभाग के कार्यों का वर्णन पिछले अध्यायों में किया गया है।*

*1.1.9 क. राजभाषा हिंदी को लेकर प्रथम बार 1, 2 और 3 मार्च, 1978 को राज्य तथा केंद्र सरकारों के स्तर पर अखिल भारतीय राजभाषा सम्मेलन का आयोजन किया गया, जिसका उद्घाटन तथा अध्यक्षता गृहमंत्री ने की। इस सम्मेलन में लगभग 200 वरिष्ठ-अधिकारियों ने भाग लिया। इस अवसर पर एक स्मारिका का प्रकाशन भी किया गया, जिसमें राजभाषाओं संबंधी तथ्यपरक तथा विवेचनात्मक जानकारी दी गई है।*

इस सम्मेलन में कुल मिलाकर 45 सिफ़ारिशें की गईं। जिनमें 'क', 'ख' तथा 'ग' क्षेत्रों में केंद्र सरकार तथा राज्य सरकारों द्वारा राजभाषा हिंदी तथा राज्यों की राजभाषाओं के कार्यान्वयन तथा अंग्रेज़ी को हटाने बाबत विचार-विमर्श किया गया इन सिफ़ारिशों में प्रधानतः राजभाषा के पद से सह-राजभाषा अंग्रेज़ी को हटाने के लिए अधिनियम बनाने, मंत्रालयों में अपनी राजभाषाओं के कार्यान्वयन के लिए सशक्त मशीनरी की स्थापना, राजभाषाओं के कार्यान्वयन में समय सीमा का निर्धारण, कार्यान्वयन समितियों का गठन तथा उनके द्वारा जाँच कार्यों, तिमाही प्रगति रिपोर्टों, अनुवाद से बचने, राजभाषा के प्रशिक्षण, राजभाषा के टाइपराइटरों तथा अन्य यांत्रिक सुविधाओं को जुटाने, लोक-सेवाओं में राजभाषा के प्रयोग, राजभाषा के प्रयोग पर नकद तथा अन्य प्रोत्साहन पुरस्कार देने, वार्षिक राजभाषा कार्यक्रम बनाने, राजभाषा के सरलीकरण पर ध्यान देने, राजभाषा अधिनियमों को प्रकाशित एवं प्रसारित करने, मसौदों आदि के मानक रूप तैयार करने, न्यायालयों में राजभाषाओं को कार्यान्वित करने, विश्व-विद्यालयों में राज्यों की राजभाषाओं को शिक्षा के माध्यम

के रूप में अपनाने के बारे में सिफारिशें की गईं।

(आधार : राजभाषा भारती, अप्रैल, 1978 प्रवेशांक, राजभाषा विभाग, गृह मंत्रालय भारत सरकार, पृष्ठ 24-26)

ख. केंद्र तथा राज्य सरकारों द्वारा राजभाषा सम्मेलन के आयोजन के अलावा केंद्रीय सरकार के स्वामित्व तथा नियंत्रणाधीन नियमों और कंपनियों द्वारा भी हिंदी राजभाषा सम्मेलनों का आयोजन किया गया है।

प्रथम राजभाषा सम्मेलन 3 मई, 1976 को तथा द्वितीय राजभाषा सम्मेलन 5 अगस्त, 1978 को आयोजित किया गया। द्वितीय सम्मेलन भारत सरकार के हिंदी सलाहकार तथा सचिव, राजभाषा विभाग, गृह मंत्रालय, भारत सरकार, की अध्यक्षता में संपन्न हुआ जिसमें लगभग 350 प्रतिनिधियों तथा 101 वरिष्ठ अधिकारियों/कर्मचारियों ने भाग लिया।

इन सम्मेलनों से प्राप्त जानकारी के आधार पर ज्ञात हुआ कि 83 उद्यमों में राजभाषा कार्यान्वयन समितियों का गठन हो चुका है।

इन सम्मेलनों में की गई सिफ़ारिशों का अवलोकन करने से ज्ञात होता है कि कई उद्यमों को सरकार द्वारा तथा अपने प्रधान कार्यालयों को जारी किए गए राजभाषा आदेशों की प्रतियाँ विलंब से मिलती हैं अतः इन उद्यमों को इन आदेशों की अग्रिम प्रति भेजने की सिफ़ारिश की गई।

जिन उद्यमों में अब तक राजभाषा कार्यान्वयन समिति गठित नहीं हुई है, वहाँ यह समिति गठित करने, समिति की बैठकों के कार्यवृत्त राजभाषा विभाग को भेजने, आंतरिक कार्यों में हिंदी के उत्तरोत्तर प्रयोग के लिए समयबद्ध कार्यक्रम बनाने, राजभाषा के कार्यान्वयन की समीक्षा करने के लिए समय-समय पर राजभाषा सम्मेलनों का आयोजन करने, हिंदी में किए गए पत्राचार की समीक्षा करने, मूल रूप से हिंदी में पत्राचार करने, हिंदी एकक की व्यवस्था करने, राजभाषा हिंदी तथा हिंदी टाइपिंग/आशुलेखन आदि की व्यवस्था करने, फार्म आदि द्विभाषिक रूप में रखने, राजभाषा हिंदी में पत्र-पत्रिकाओं के प्रकाशन, रिपोर्टों आदि को हिंदी में जारी करने, सांविधिक प्रलेखों के हिंदी अनुवाद की व्यवस्था करने, राजभाषा प्रयोगार्थ सहायक सामग्री उपलब्ध करवाने, चेक प्वाइंट बनाकर कार्य करने, राजभाषा शील्ड प्रदान करने, केंद्रीय सरकार के कार्यालयों में केवल हिंदी या अंग्रेज़ी में कार्य करने के बारे में सिफ़ारिशें की गईं।

*1.1.10 जिस प्रकार राजभाषा हिंदी के कार्यान्वयन को लेकर निजी तौर पर कुछ संस्थाएँ कार्य कर रही हैं ठीक उसी प्रकार राजभाषा हिंदी के कार्यान्वयन को लेकर कुछ निजी प्रयासों द्वारा राजभाषा सम्मेलन आयोजित किए गए हैं।*

अखिल भारतीय हिंदी संस्था संघ नई दिल्ली 110002 जिसके अंतर्गत 17 हिंदी संस्थाएँ हैं, इनमें असम राष्ट्रभाषा प्रचार समिति, गुवाहटी, केरल हिंदी प्रचार सभा, त्रिवेंद्रम, गुजरात विद्यापीठ, अहमदाबाद, दक्षिण भारत हिंदी प्रचार सभा, मद्रास, बंबई हिंदी विद्यापीठ, मुंबई, महाराष्ट्र राष्ट्रभाषा सभा, पूना, मणिपुर हिंदी परिषद, इम्फाल, मैसूर हिंदी प्रचार

परिषद्, बंगलूर, राष्ट्रभाषा प्रचार समिति, वर्धा, हिंदुस्तानी प्रचार सभा, मुंबई, हिंदी प्रचार सभा, हैदराबाद, हिंदी विद्यापीठ, देवघर, हिंदी साहित्य सम्मेलन प्रयाग, संस्थाओं द्वारा आयोजित कुछ परीक्षाओं को उत्तीर्ण करने पर सरकारी कर्मचारियों को भारत सरकार, गृह मंत्रालय, राजभाषा विभाग की परीक्षाओं से छूट मिल जाती है। इस प्रकार अप्रत्यक्ष रूप से इन संस्थाओं की कुछ परीक्षाएँ राजभाषा विभाग की परीक्षाओं के समकक्ष हैं, प्रत्यक्ष रूप से इन संस्थाओं की परीक्षाएँ अपने स्तरानुसार एस.एस.सी, इंटर तथा बी. ए. की हिंदी विषय की परीक्षा के बराबर है।

चूँकि इन संस्थाओं की कुछ परीक्षाओं को उत्तीर्ण करने पर राजभाषा की परीक्षाओं (कार्यालयीन हिंदी पर आधारित परीक्षाएँ) से छूट मिल जाती है, इसलिए यह माना जाना चाहिए कि इन संस्थाओं की परीक्षाओं में छोटे-मोटे रूप में राजभाषा हिंदी का प्रशिक्षण दिया जाता है। उदाहरणस्वरूप महाराष्ट्र भाषा सभा, पुणे की प्रवीण परीक्षा में एक प्रश्नपत्र कार्यालयों के पत्राचार से संबंधित रहता है।

परंतु यह संघ स्वयं मानता है कि ये संस्थाएँ हिंदी के साहित्यिक रूप पर अधिकतर बात करती हैं जबकि राजभाषा के रूप पर नगण्य कार्य हो रहा है।

(आधार : अखिल भारतीय हिंदी संस्था संघ, परिचय पत्रिका, 1971–पृष्ठ–17)

इस संघ की स्थाना 4.8.1964 को हुई, जिसे भारत सरकार की मान्यता मिली हुई है। इस संघ ने 1972 में प्रथम राजभाषा सम्मेलन का आयोजन किया जिसका उद्‌घाटन तत्कालीन उपराष्ट्रपति महोदय माननीय श्री बी.डी. जत्ती ने किया था। द्वितीय राजभाषा सम्मेलन 14, 15 तथा 16 मई, 1976 को दिल्ली में हुआ जिसमें 110 प्रतिनिधियों नें भाग लिया। ठीक इसी प्रकार हिंदी की प्रगति के लिए संस्था द्वारा एक सम्मेलन सितंबर, 82 में भी आयोजित किया गया।

द्वितीय राजभाषा सम्मेलन के अवसर पर राजभाषा हिंदी : प्रगति के बढ़ते चरण (संपादक, श्री क्षेमचंद्र 'सुमन') स्मारिका का प्रकाशन किया गया जिसमें राजभाषा विषयक संबंधी लेखादि हैं।

1.1.11 राजभाषा हिंदी से संबंधित सम्मेलनों को आयोजित करने के साथ-साथ भारत सरकार ने राजभाषा आयोग (1955) संसदीय राजभाषा समिति (1957 तथा 1976) तथा उसकी 3 संसदीय राजभाषा उपसमितियों, राजभाषा विधायी आयोग (8 जून, 1961), केंद्रीय हिंदी समिति, (1967 में गठित, 1972 (पहला पुनर्गठन) 1976 में दूसरा पुनर्गठन), केंद्रयी राजभाषा कार्यान्वयन समिति, राजभाषा हिंदी सलाहकार समितियों, कार्यालय स्तर पर राजभाषा कार्यान्वयन समितियों तथा नगर राजभाषा कार्यान्वयन समितियों का गठन कर राजभाषा हिंदी के महत्त्व तथा उसके कार्यान्वयन की दिशा को रेखांकित किया है।

1.1.12 आयोगों तथा समितियों के गठन के साथ-साथ केंद्र सरकार ने राजभाषा हिंदी के उत्तरोत्तर प्रयोग के संबंध में राजभाषा कार्यक्रमों को भी लाभ पहुँचाया है। ये

कार्यक्रम 1978 से 1982 तक चला। राजभाषा के प्रयोग के आधार पर किए गए 'क', 'ख' तथा 'ग' क्षेत्रों के लिए अलग-अलग कार्यक्रम निर्धारित किए गए हैं। इन कार्यक्रमों को तृतीय अध्याय में दिया गया है।

### 1.2 सर्वेक्षण बिंदु

राजभाषा से कर्मचारियों का वास्ता पड़ता है। केंद्र सरकार के दफ़्तर वास्तव में लघु भारत का ही प्रतिबिंब होते हैं। विभिन्न मातृभाषी कर्मचारी वहाँ मिल जाते हैं। इनसे विचार-विमर्श करने के पश्चात् राजभाषा हिंदी की सही तस्वीर उभरकर सामने आ सकती है।

वैसे तो यह सर्वेक्षण अपने आप में कई शोध आयामों को उद्घाटित करने का बिंदु है। अतः विषय की सीमा को ध्यान में रखते हुए केवल वस्तुस्थिति का सही अंदाज लगाने की ख़ातिर यह सर्वेक्षण किया गया है।

केंद्र सरकार के तीन दफ़्तरों को आधार बनाया गया है। 1. महालेखाकार कार्यालय, ग्वालियर 2. भारतीय खाद्य निगम (स्वायत्त संस्था, केंद्र सरकाराधीन), ग्वालियर 3. राष्ट्रीय रासायनिक प्रयोगशाला (स्वायत्त संस्था, भारत सरकार का उपक्रम) पुणे।

उपरोक्त तीन दफ़्तरों की कार्यप्रकृति भिन्न-भिन्न है। 1. लेखों से संबंधित 2. खाद्य, भंडार आदि से संबंधित 3. विज्ञान से संबंधित।

साथ ही इनके प्रदेश भी अलग-अलग हैं 1. हिंदी भाषी 2. हिंदीतर भाषी।

इस सर्वेक्षण में 35 कर्मचारियों से लिखित तथा लगभग 50 कर्मचारियों के साथ मौखिक रूप से बात की गई।

लिखित सर्वेक्षण में सिंधी, पंजाबी, मराठी, बंगाली, गढ़वाली तथा हिंदी भाषियों ने भाग लिया, जबकि मौखिक रूप में दक्षिण भारतीयों से बातचीत हुई, दक्षिण भारतीयों में 99% कर्मचारियों का एक ही स्वर था कि अगर उनसे पूछा जाए कि वे हिंदी/अंग्रेज़ी अथवा अपनी मातृभाषा में से किस भाषा में सरकारी कार्य करना चाहेंगे ? तो उनमें से अधिकांश का उत्तर था अंग्रेज़ी में तथा द्वितीय स्थान पर अपनी मातृभाषा में। अंग्रेज़ी में काम करने के उत्तर के पार्श्व में सबसे बड़ा कारण था बने बनाए मसौदों का सरलता से मिल जाना तथा तकनीकी शब्दों की स्पष्टता का होना।

इस प्रकार हिंदी की बात जाने भी दी जाए तो अपनी मातृभाषा में भी काम न करने का सबसे बड़ा कारण है नई भाषा में मसौदे बनाने की मेहनत से बचना अथवा अपनी मातृभाषा में राजभाषा प्रयुक्ति से अनभिज्ञ होना।

लिखित रूप से एकत्रित तथ्यों का आधार निम्नलिखित प्रश्न थे।

1. आपको हिंदी/अंग्रेज़ी या अपनी मातृभाषा में काम करने की छूट दी जाए तो आप किस भाषा में काम करना पसंद करेंगे ?

2. उपरोक्त भाषा में (पसंद वाली भाषा) आप काम करना क्यों पसंद करेंगे।

3. अगर प्रथम प्रश्न का उत्तर अंग्रेज़ी में काम करना है तो उसके कारण ?

4. हिंदी या अपनी मातृभाषा में काम न करने के कारण।

5. अंग्रेज़ी में काम न करने के कारण उत्तर देने वाले का नाम, कार्यालय का नाम, शहर, सेवावधि, मातृभाषा, शैक्षणिक योग्यता की जानकारी भी ली गई।

इस सर्वेक्षण में भाग लेने वाले कर्मचारियों की औसत सेवावधि 13 वर्ष की है। साथ ही इनमें 30 मध्यप्रदेश तथा 6 महाराष्ट्र के थे।

मध्यप्रदेश चूँकि हिंदी भाषी प्रदेश है अतः वहीं के कर्मचारी अधिकतम लिए गए ताकि पता चले कि 'घर में ही' राजभाषा हिंदी की स्थिति कैसी है ?

साथ ही इन 35 कर्मचारियों में 23 कर्मचारियों की मातृभाषा हिंदी ही थी तथा 7 मराठी भाषी, 1 बंगला भाषी, 1 सिंधी, 1 गढ़वाली तथा 2 पंजाबी थे। यहाँ भी हिंदी मातृभाषियों को अधिकतम मात्रा में लेने का यही कारण था कि हिंदी मातृभाषी हिंदी को किस मात्रा में अपना रहे हैं ? और क्यों अपना रहे हैं ? ताकि हिंदीतर भाषियों को वस्तुस्थिति की जानकारी हो।

इस सर्वेक्षण से जो परिणाम सामने आए वे इस प्रकार हैं :–

क. 23 हिंदी मातृभाषी कर्मचारियों में से 21 कर्मचारियों ने अपनी राय दी कि वे हिंदी में काम करना चाहेंगे (जबकि इनमें से 2-3 को छोड़कर सभी अपना काम अंग्रेज़ी में ही करते हैं वैसे तो इसके कारण अध्याय 4 में विस्तार से दिए गए हैं परंतु यहाँ अंग्रेज़ी में काम करने का प्रधान कारण यह बताया गया कि वरिष्ठ अधिकारी अंग्रेज़ी चाहते हैं, हिंदी में काम करने वालों को हीन भावना से देखा जाता है। तथा उनमें अंग्रेज़ी में काम करने की आदत पड़ना भी एक कारण है।)

हिंदी में काम करने के पीछे इन्होंने जो कारण दिए उनमें हिंदी भाषा की सरलता, तथा हिंदी में सशक्त अभिव्यक्ति करने की क्षमता तथा कहीं-कहीं काम में गति लाने के लिए हिंदी में काम करना अधिक अच्छा है।

ख. 2 हिंदी मातृभाषियों ने अंग्रेज़ी में ही काम करने के विचार ज़ाहिर किए हैं। ये दोनों कर्मचारी मध्यप्रदेश के हैं। अंग्रेज़ी में काम करने की राय के पीछे जो कारण हैं वे इस प्रकार हैं : राजभाषा के रूप में अंग्रेज़ी सरलतर भाषा, अंग्रेज़ी में बना-बनाया राजभाषा साहित्य, अंग्रेज़ी के पारिभाषिक शब्दों का अभ्यास तथा अंग्रेज़ी में काम करने से काम में गति आती है।

ग. पंजाबी 2. गढ़वाली 1. बंगाली 1. तथा मराठी 1. मातृभाषियों (मध्यप्रदेश+महाराष्ट्र) ने अंग्रेज़ी में काम करने का मत दिया है।

अंग्रेज़ी में काम करने के कारण वही बताए गए हैं जो ऊपर, मुद्दे 'ख' में बताए गए हैं।

हिंदी में सरकारी काम न करने के कारणों के पीछे सबसे बड़ा कारण है, पारिभाषिक शब्दों की जानकारी न होना तथा राजभाषा हिंदी को कृत्रिम तथा दुरूह रूप में समझना।

घ. हिंदीतर मातृभाषियों में से 1 सिंधी तथा 5 मराठी भाषियों ने मातृभाषा की अपेक्षा हिंदी में सरकारी काम करने का मत दिया है। वे सभी कर्मचारी मध्यप्रदेश के हैं।

हिंदी में सरकारी काम करने के लिए इन कर्मचारियों ने वही कारण गिनवाए हैं जो मुद्दे 'क' में दिए गए हैं। इन कारणों के अलावा कुछ कर्मचारियों ने 'राष्ट्रभाषा' के प्रति प्रेम तथा कर्तव्य भावना के कारणों को भी प्रकट किया है।

ङ. हिंदीतर मातृभाषा-भाषियों ने एक मराठी भाषी (मध्यप्रदेश) कर्मचारी ने अपनी मातृभाषा में काम करने का मत प्रकट किया।

अपनी मातृभाषा में सरकारी कामकाज करने के पीछे इस कर्मचारी ने सहज अभिव्यक्ति एवं मातृभाषा से प्रेम, के कारण दिए हैं।

महालेखाकार कार्यालय, (ग्वालियर) के इस कर्मचारी के बारे में यह उल्लेखनीय है कि इनका नाम—काशीनाथ जोशी है, लेखा परीक्षक के पद पर काम करते हैं तथा मध्यप्रदेश के कार्यालयों में हिंदी सेवी तथा केंद्रीय सचिवालय हिंदी परिषद के सक्रिय सदस्य के रूप में जाने जाते हैं।

श्री जोशी ने 'प्रशासनिक हिंदी' (वेणु प्रकाशन, ग्वालियर 1—1974) नामक पुस्तक लिखी है तथा स्वयं भी काफी राजकार्य हिंदी में ही करते हैं।

### *1.2.1 उपरोक्त विवरण से जो मुद्दे उभरकर आते हैं वे इस प्रकार हैं :–*

क. अपनी मातृभाषा में राजभाषा की सशक्त अभिव्यक्ति सरलता से की जा सकती है।

ख. अपनी मातृभाषा में राजभाषा साहित्य अनुपलब्ध होने के कारण विवश होकर अंग्रेज़ी की ओर मुड़ना पड़ता है।

ग. अन्य राजभाषा में राजभाषा की साहित्य की उपलब्धता तथा अर्थ, राजभाषा के पारिभाषिक शब्दों में काम करने की आदत व्यक्ति को दूसरी भाषा पर आश्रित कर देती है। तथा व्यक्ति अपनी भाषा (मातृभाषा या भाषा[1] से दूर हो जाता है तथा एक स्तर पर उसमें (भाषा[1]) काम करने पर उसे कठिनाई होती है।

घ. हिंदीतर भाषी कर्मचारी अंग्रेज़ी में ही काम करना पंसद करते हैं।

ङ. प्रादेशिक प्रभाव के कारण प्रदेश की भाषा अपनी मातृभाषा से भी ऊँचा स्थान पा लेती है। यही कारण है कि सिंधी भाषी अपनी मातृभाषा के स्थान पर प्रदेश की भाषा को ज़्यादा महत्त्व देते हैं।

च. अपनी मातृभाषा का प्रेम कभी-कभी प्रादेशिक भाषा या राष्ट्र की प्रधान भाषा के महत्त्व को भी नकार देता है।

छ. राजभाषा हिंदी में काम क्यों नहीं हो रहा है और अंग्रेज़ी में काम क्यों हो रहा है ? इसका व्यापक विवेचन अध्याय 3/4 में किया गया है। यहाँ स्थूल रूप से दो

तथ्य उभरकर सामने आए हैं। 1. राजभाषा के रूप में हिंदी की अशक्तता, पारिभाषिक शब्दों की कृत्रिमता, हिंदी में राजभाषा साहित्य का अभाव, अर्थात् राजभाषा प्रयुक्ति के रूप में हिंदी का अविकसित होना, इसके विपरीत अंग्रेज़ी में राजभाषा साहित्य का उपलब्ध होना तथा अंग्रेज़ी पारिभाषिक शब्दों का आदत में आ जाना।

## 2. राजभाषा हिंदी को सार्वभौम बनाने के लिए किए गए उपाय

कार्यालयीन भाषा अपने आप में भाषा की एक प्रयुक्ति है, इस पर विचार-विमर्श हो चुका है, साथ ही हिंदी राजभाषा की प्रयुक्ति के रूप में उभर चुकी है। ऐसी स्थिति में राजभाषा की प्रयुक्ति के रूप में राजभाषा हिंदी को स्थापित करने के उपायों का विवेचन करना अत्यावश्यक होगा।

### 2.1 शासकीय उपाय

***2.1.1 अनूदित राजभाषा साहित्य के रूप में संविधान लागू होने के पश्चात् ही भारत सरकार इस प्रयास में लग गई कि यथाशीघ्र हिंदी को राजभाषा के रूप में स्थापित कर दे। इसी के परिणामस्वरूप 1952 से ही राष्ट्रपति द्वारा राजकीय प्रयोजनों के लिए हिंदी भाषा के प्रयोग को लेकर अधिसूचनाएँ जारी होने लगीं। इन अधिसूचनाओं का वर्णन तृतीय अध्याय में विस्तार से किया गया है।***

इन अधिसूचनाओं के अलावा सैकड़ों की संख्या में कार्यालय ज्ञापन जारी किए गए। इन कार्यालय ज्ञापनों में संकल्प, अधिसूचनाएँ, प्रेस विज्ञप्तियों, रिलीजें, विज्ञापन, प्रशासनिक तथा अन्य रिपोर्टें, सामान्य आदेश, हिंदी जानने वालों को मूलपत्र हिंदी में भेजने, हिंदी को राजभाषा के रूप में अपनाने वाले राज्यों के साथ मूलपत्र-व्यवहार हिंदी में करने, लिफ़ाफ़ों पर पते हिंदी में लिखने, सेवा पंजियों में प्रविष्टियाँ हिंदी में भरने, हिंदी आवतियों की डायरी करने, हिंदी में टिप्पणी आलेखन लिखने, हिंदीतर भाषी क्षेत्रों में स्थित केंद्र सरकार के कार्यालयों के साथ हिंदी में पत्र-व्यवहार करने, पत्र शीर्ष, मुद्राएँ, और रबड़ की मोहरें बनवाने, नाम पट्टों, स्टाफकारों की प्लेटों, सूचना पट्टों—निमंत्रण पत्रों आदि में द्विभाषिक रूप अपनाने, विज्ञापनों तथा फार्मों को द्विभाषिक रूप में प्रकाशित तथा छपवाने, हिंदी पत्रिकाओं के प्रकाशनों जेबी पुस्तिका के रूप में सांख्यिकीय पुस्तकों को द्विभाषिक रूप में छपवाने, फ़ाइल कवरों को द्विभाषिक रूप में छपवाने, राजभाषा के प्रशिक्षण, राजभाषा अधिकारियों, अनुवादकों आदि की व्यवस्था/नियुक्तियाँ करने, हिंदी टाइपराइटरों के स्थान पर कम्प्यूटरों की खरीद की व्यवस्था करने, पुस्तकालयों में हिंदी पुस्तकें खरीदने, विधि संबंधी दस्तावेजों का हिंदी अनुवाद करने, पारिभाषिक शब्दावली का प्रकाशन/प्रसारण करने, अंकों के अंतर्राष्ट्रीय रूप का प्रचार/प्रसार करने, तार, आदि

हिंदी में देने के विषयों पर निर्देश दिए गए।

संविधान लागू होने के पश्चात् एकदम राजभाषा हिंदी के प्रयोग को प्रारंभ करने के पीछे सरकार के हाथ में अनुवाद का आधार था। यही कारण है कि उपरोक्त पत्राचारों में हिंदी कृत्रिम, दुरूह तथा बोझिल लगने लगी।

अंग्रेज़ी के अनुवाद पर टिकी राजभाषा हिंदी का कृत्रिम राजभाषायी प्रयुक्ति रूप संविधान के हिंदी संस्करण में ही देखा जा सकता है (इसी शोध प्रबंध के तृतीय अध्याय में इसे उसी शब्दावली में ज्यों का त्यों दिया गया है।)

अंग्रेज़ी की शब्दावली तथा वाक्य विन्यास हमारे पास विषयों के अनुसार उपलब्ध था अतः उसी अंग्रेज़ी रजिस्टर को हमने हिंदी का जामा पहना दिया। अतः सरकारी अधिनियमों/अधिसूचनाओं/संकल्पों/कार्यालय ज्ञापनों आदि में यह अनुवादित कार्यालयीन हिंदी का रूप इतना सशक्त रहा कि आज तक वह ज्यों का त्यों चला आ रहा है।

यथा : अंग्रेज़ी के वाक्यांश "I am directed to" का अनुवाद 'मुझे निदेश हुआ है' (समेकित प्रशासन शब्दावली भारत सरकार, 1974, पृष्ठ—242) अथवा "Here by" का अनुवाद 'एतद् द्वारा' (विधि शब्दावली भारत सरकार, 1979)—आज तक उसी रूप में चल रहा है। (अध्याय 3 में, दिए गए 'आदेश' के नमूने में 'एतद् द्वारा' का प्रयोग देखा जा सकता है।)

मज़ेदार बात यह है कि प्रशासन से संबंधित अंग्रेज़ी प्रयुक्ति वाक्यांशों का भाव रूप न केवल हिंदी में वरन् अन्य भारतीय भाषाओं में भी 100% देखा जा सकता है।

जैसे—मराठी में भी अंग्रेज़ी प्रयुक्ति वाक्यांश 'I am directed to state-that' मराठी अनुवाद "आपणाल जले कब्वव्याचा मला आदेश आहे की" है (प्रशासन वाक्य प्रयोग—महाराष्ट्र शासन, 15.10.1964, पृष्ठ—72)

मराठी वाक्य में 'मला आदेश आहे की' हिंदी में 'मुझे निदेश हुआ है कि' अंग्रेज़ी के 'I am directed to' के अंतर्गत निहित कानूनी भावार्थ, (अधीनस्थ अधिकारी द्वारा ऊपर से दिए गए निदेश/आदेश को केवल अग्रेषित करने, स्वयं के एक (लाचार) नौकर भर होने तथा अपनी मनमानी से कार्य न करने के भावार्थ) स्पष्ट हैं।

चूँकि देश की संपूर्ण शासन व्यवस्था (केंद्र + राज्य + स्थानीय) अंग्रेज़ी शासन व्यवस्था तथा उसी की भाषा के माध्यम से चल रही है। इसलिए इस प्रकार का साम्य पनप चुका है। अतः अप्रत्यक्ष रूप से हमारे देश की भाषाओं में पनपी राजभाषा की प्रयुक्ति का असली आधार अंग्रेज़ी राजभाषा की प्रयुक्ति है।

### *2.1.2 शैक्षणिक उपाय*

केंद्र सरकार ने एक ओर जहाँ हिंदी में सरकारी पत्राचार को आंरभ कर हिंदी में अंग्रेज़ी से अनूदित राजभाषा की साहित्य निर्मित किया वहीं केंद्र सरकार ने संविधान में (343)

(1) की गई व्यवस्था के अंतर्गत अपने कर्मचारियों को हिंदी प्रशिक्षण देना प्रारंभ कर दिया।

1950 के आसपास न तो भारतीय भाषावैज्ञानिकों में और न ही सरकार के हिंदी सलाहकारों में भाषा की प्रयोजनमूलकता को लेकर कोई स्पष्ट विचार पनपा था अतः यही कारण था कि जब जुलाई 1952 में, केंद्र सरकार ने अपने कर्मचारियों को, हिंदी का ज्ञान कराने के लिए हिंदी प्रशिक्षण देना प्रारंभ किया तब इस प्रशिक्षण के लिए जो पाठ्यक्रम बनाया गया वह किसी भी प्रकार से प्रयोजनमूलक नहीं था।

यह बात अपने आप में स्पष्ट है कि केंद्र सरकार अपने कर्मचारियों को हिंदी का ज्ञान केवल इसलिए करवा रही थी कि उसके कर्मचारी सरकारी कामकाज हिंदी में कर सकें। परंतु सरकार का यह उद्देश्य आज तक पूरा नहीं हो पाया है।

इस असफलता का सबसे बड़ा कारण यही रहा है कि सरकार न केवल राजभाषा की वरन् सामान्य भाषा की भी शिक्षा, प्रयोजनमूलकता को ध्यान में रखकर नहीं दे पाई है।

उपरोक्त स्थिति को समझने के लिए राजभाषा हिंदी के लिए दिए जाने वाले सरकारी प्रशिक्षण के पाठ्यक्रम को देखना आवश्यक होगा।

क. राजभाषा हिंदी के संबंध में भारत के संविधान में दिए गए अनुच्छेद 343 (1) के अनुसार भारत सरकार ने जुलाई, 1952 में शिक्षा मंत्रालय के अंतर्गत अपने कर्मचारियों को हिंदी (राजभाषा हिंदी) का प्रशिक्षण देना प्रारंभ कर दिया।

प्रशिक्षण प्रबोध, प्रवीण और प्राज्ञ, तीन स्तरों पर, देना आरंभ कर दिया गया। इन प्रशिक्षणों के लिए जो पाठ्य-पुस्तकें रखी गईं उनमें गद्य सौरभ (भाग 1, 2, 3 निबंधादि) कविताओं के संकलन (मुद्रित) एकांकी, प्रेमचंद की कहानियाँ, भारत की कहानी निबंध, दक्षिण भारत का सरल हिंदी व्याकरण भाग 1-2 तथा हिंदी व्याकरण, पुस्तकें थीं।

स्पष्ट है इनमें राजभाषा हिंदी के ज्ञान को पूरा करने के प्रयोजन की एक भी पुस्तक नहीं थी। इसे बाद में भारत सरकार की पुनरीक्षण समिति के सदस्यों ने भी स्वीकार करते हुए माना कि ये पुस्तकें स्कूल के बच्चों की पाठ्य-पुस्तकें थीं (आधार : हिंदी शिक्षण योजना की पुनरीक्षण समिति द्वारा प्रस्तुत रिपोर्ट, भारत सरकार, गृह मंत्रालय—22 जून, 1974 पृष्ठ, 15 तथा 33)

बच्चों की पाठ्य-पुस्तकों वाला यह पाठ्यक्रम केंद्रीय सरकार के कर्मचारियों को राजभाषा हिंदी का प्रशिक्षण देने के लिए जुलाई, 52 से 1959 तक चलाया गया।

इस बीच अक्तूबर 1955 से, केंद्रीय सरकार के कर्मचारियों को राजभाषा हिंदी का प्रशिक्षण देने का कार्य शिक्षा मंत्रालय से निकलकर गृह मंत्रालय के हाथ में आ गया।

ख. जब भारत सरकार के सामने यह तथ्य स्पष्ट होने लगा कि सरकारी कर्मचारियों को राजभाषा का प्रशिक्षण देने में उपर्युक्त ('क' मुद्दे में बताया गया) पाठ्यक्रम निरर्थक

है, तब उसे बदलने के प्रयास किए जाने लगे।

परिणामस्वरूप, कर्मचारियों को राजभाषा हिंदी का ज्ञान कराने के लिए सन् 1960 में नया पाठ्यक्रम, नई पुस्तकें, (डॉ. जगदीशचंद्र जैन द्वारा लिखित) निर्धारित की गई।

तीन पाठ्यक्रमों के लिए निर्धारित इस पाठ्यक्रम में सरल हिंदी पाठमाला (प्रवेशिका) सरल हिंदी पाठमाला भाग 1 और 2, सरल हिंदी व्याकरण, सरल हिंदी पाठमाला भाग 3—सप्त सरोज। प्रेमचंद की सात कहानियाँ, सरल हिंदी व्याकरण भाग 2, प्रशासन शब्दावली, सरल हिंदी पाठमाला, भाग 4-5, भारत आज और कल, श्री जवाहरलाल नेहरू के भाषणों का संग्रह, हिंदी व्याकरण, प्रशासन शब्दावली, कार्यालय पद्धति—द्विभाषित संस्करण।

उपरोक्त पाठ्यक्रम में भी साहित्यिक पक्ष (निबंध, कहानियाँ आदि) तथा 'डायरेक्ट ग्रामर' प्रणाली पर आधारित व्याकरण था। हाँ, राजभाषा प्रयुक्ति के ज्ञान के लिए 'प्रशासन शब्दावलियाँ' तथा 'कार्यालय पद्धति' (पुस्तकों) को रखा गया, जो वास्तव में राजभाषा प्रयुक्ति का प्रशिक्षण देने की दिशा में 'ऊँट के मुँह में जीरा' वाली कहावत को चरितार्थ कर गई।

स्पष्ट है, इस बार भी राजभाषा-प्रयुक्ति को ध्यान में नहीं रखा गया फलस्वरूप यह पाठ्यक्रम भी प्रयोजनमूलकता से भटक गया।

1960 से यह पाठ्यक्रम प्रारंभ हुआ था। 1965-66 में आकर सरकार को लगा कि यह पाठ्यक्रम 'राजभाषा हिंदी' का प्रशिक्षण नहीं दे पा रहा है। नवंबर 1965 में तत्कालीन हिंदी सलाहकार रामधारी सिंह दिनकर के मार्गदर्शन में एक पाठ्यचर्चा समिति नियुक्त की गई, बाद में पूरा पाठ्यक्रम ही नया बनाया गया तथा नई पाठ्य पुस्तकें निर्मित की गईं।

नई पुस्तकें 1967 तक तैयार हुईं, इन्हें 1968 से लागू किया गया। इस प्रकार पुनः सरकार के कर्मचारी 1960 से 1967 तक राजभाषा का निष्प्रयोजन प्रशिक्षण लेते रहे।

ग. 1960 में निर्धारित की गई पुस्तकें असंतोषजनक थीं इसे स्वयं हिंदी शिक्षण योजना की पुनरीक्षण समिति ने भी माना। साथ ही इस प्रकार की पाठ्यपुस्तकें तैयार की जाने लगीं जो 'वयस्कों' के अनुरूप हैं, 'कार्यालयीन भाषा' की व्यापक 'पृष्ठभूमि लिए हो' जिनमें व्याकरण ज्ञान, प्रायोगिक व्याकरण प्रणाली पर आधारित हो, तथा सार्वदेशिकता एक साहित्य का रूप लिए हुए हो। (आधार : हिंदी शिक्षण योजना की पुनरीक्षण समिति द्वारा प्रस्तुत रिपोर्ट, नई दिल्ली, दिनांक 22.6.1974 पृष्ठ—34)

उपरोक्त नए पाठ्यक्रम के उद्देश्यों को ध्यान से देखा जाए तो पता लगता है कि इनमें 'हिंदी की राजभाषा की प्रयुक्ति' को समग्र रूप में पढ़ाने की कोई व्यवस्था नहीं रखी गई थी।

प्रबोध, प्रवीण एवं प्राज्ञ पाठ्यक्रमों के लिए पुनः नई पुस्तकें प्रबोध प्राइमर, प्रबोध

हिंदी रीडर, सरल हिंदी व्याकरण भाग 1, प्रवीण पाठमाला, प्रवीण कहानी संग्रह, प्रवीण पारिभाषिक शब्दावली, सरल हिंदी व्याकरण भाग 2, प्राज्ञ पाठमाला, प्राज्ञ कहानी संग्रह, प्राज्ञ पारिभाषिक शब्द संकलन, कार्यालय पद्धति (द्विभाषिक संस्करण) तथा हिंदी व्याकरण (पूर्वोक्त ही) बनाई गईं।

इन पुस्तकों में भी हिंदी भाषा के साहित्य पक्ष पर ज़ोर दिया गया, इन पुस्तकों में, कहानियों, निबंधों, कविताओं की रचनाएँ आदि अधिकतम मात्रा में थीं।

राजभाषा के ज्ञान के लिए मात्र, पारिभाषिक शब्दावलियाँ तथा कार्यपद्धति की पुस्तिका थी। अतः यह पाठ्यक्रम भी सरकारी कर्मचारियों को राजभाषा हिंदी का ज्ञान कराने तथा उसमें स्वयं निर्भर रहकर कार्यालयीन साहित्य लिखने की दिशा में प्रशिक्षित नहीं कर पाया।

इस पाठ्यक्रम में केवल सार्वदेशिक साहित्य का प्रतिनिधित्व हो सके इसका काफ़ी ध्यान रखा गया। इन पुस्तकों (पाठमालाओं, कहानी संग्रहों तथा प्रबोध रीडर) की प्रस्तावनाओं में रामधारीसिंह दिनकर (भारत सरकार के हिंदी सलाहकार) ने स्वयं इस तथ्य को स्वीकार किया है।

उपरोक्त पाठ्यक्रम (1968) किस प्रकार से 'राजभाषा हिंदी' के प्रशिक्षण की प्रयोजनमूलकता के अनुकूल नहीं बैठता, इसका सही अंदाज हिंदी शिक्षण योजना की पुनरीक्षण समिति द्वारा प्रस्तुत रिपोर्ट (22 जून, 1974—पृष्ठ 35 में देखा जा सकता है। जो इस प्रकार है—

1. इन पुस्तकों में अनेक अच्छाइयाँ हैं, किंतु वे अधिकतर साहित्यपरक हैं।
2. इनमें चुने हुए अधिकांश पाठ सरकारी कामकाज से संबंध नहीं रखते।
3. कई पाठ बहुत लंबे हैं और कहीं-कहीं भाषा बड़ी दुरूह एवं बोझिल हैं।
4. उनमें प्रौढ़ों की विशिष्ट आवश्यकताओं का पूरा ध्यान नहीं रखा गया।
5. 'प्रबोध' और 'प्रवीण' की पाठ्य-पुस्तकों के स्तर में बहुत बड़ी खाई है।
6. पाठों की संख्या बहुत है।
7. व्याकरण की पुस्तकों में भी सुधार की गुंजाइश।
8. कहानी संग्रह निश्चय ही मनोरंजक हैं। उनमें भारत की विभिन्न क्षेत्रीय भाषाओं की कहानियों के अनुवादों को स्थान दिया गया है। इनमें राष्ट्रीय एकीकरण के लक्ष्य की आंशिक पूर्ति तो संभव है, लेकिन उनकी सहायता से हिंदी न जानने वालों को, सरकारी कामकाज के लिए हिंदी सिखाने के उद्देश्य की पूर्ति की आशा करना व्यर्थ है।

उपरोक्त विवेचन यह सिद्ध करता है कि 1966 का पाठ्यक्रम भी अनुपयोगी सिद्ध हुआ। इस प्रकार यह तीसरा अवसर था जब पाठ्यक्रम निष्प्रयोजनमूलक रहा।

यह पाठ्यक्रम 1981 के मध्य तक चला। तथा 1981 जून से पुनः नए पाठ्यक्रम लागू किए गए।

उपरोक्त विवरण से यह निष्कर्ष निकला कि भाषा प्रयुक्ति की ओर विशेष ध्यान

न देकर तथा भाषा की प्रयोजनमूलकता को नज़रअंदाज़ करके जो पाठ्यक्रम बनाए गए उन्होंने 'राजभाषा हिंदी के प्रयोजनमूलक प्रशिक्षण' को 29 वर्षों तक भटकाए रखा।

घ. ऊपर उल्लिखित पुनरीक्षण समिति ने अपनी रिपोर्ट (1974) में राजभाषा हिंदी की प्रयोजनमूलकता को ध्यान में रखकर एक नवीन पाठ्यक्रम सुझाया। इस समिति में, समाज भाषा विज्ञान, भाषा प्रयुक्तियों तथा भाषा की प्रयोजनमूलकता को विशेष संदर्भों में गंभीरतापूर्वक समझने वाले सदस्यगण थे अतः नए पाठ्यक्रम का प्रस्तावित ढाँचा राजभाषा-प्रयुक्ति के प्रयोजनमूलक प्रशिक्षण की राह खोल गया।

इसी के आधार पर भारत सरकार ने अपने कर्मचारियों को राजभाषा हिंदी का प्रशिक्षण देने के लिए जून 1981 से नए पाठ्यक्रम लागू किए।

नए पाठ्य-पुस्तकों की प्रस्तावना में इस बात को रेखांकित किया गया है कि 'राजभाषा' का प्रशिक्षण देने की दिशा में हिंदी शिक्षण योजना प्रयोजनमूलक है तथा नया पाठ्यक्रम इस प्रयोजनमूलकता के अनुरूप ठहरेगा।[2]

नए पाठ्यक्रम के अंतर्गत भी तीन पाठ्यक्रम, प्रबोध, प्रवीण तथा प्राज्ञ हैं इनमें क्रमशः 4, 4, एवं 1, पाठ्य-पुस्तकें हैं। इन पाठ्य-पुस्तकों में 70% पाठ शुद्ध रूप से राजभाषा-प्रयुक्ति पर आधारित हैं तथा शेष पाठों में भी राजभाषा हिंदी की प्रयुक्ति को ध्यान में रखकर पाठ रचना की गई है।

लेखन बोधन पुस्तिकाओं में भी राजभाषा संबंधी वाक्यांश हैं यथा :

1. "रिक्त पदों पर अब नियुक्तियाँ की जा रही हैं।"

2. "संयुक्त सचिव के द्वारा संशोधित बजट मिल गया।"

3. "आकस्मिक छुट्टी में डयूटी भत्ता नहीं मिलता।"

4. "संयुक्त सचिव के दफ़्तर के रिक्त पद पर अस्थाई रूप से नव नियुक्ति दफ़्तरी श्री सुब्बा रेड्डी आज भी डयूटी पर नहीं आए। आज अपराह्न तक उनकी छुट्टी का आवेदन आने की संभावना से इंकार नहीं किया जा सका।"

(प्रबोध लेखन बोधन पुस्तिका राजभाषा विभाग, गृह मंत्रालय भारत सरकार, नई दिल्ली, जून, 1981, पृष्ठ—58-59)

1. ऊपर चार्ट में किसकी यात्रा का विवरण दिया गया है ?

2. इस चार्ट में कब से कब तक़ का यात्रा विवरण दिया गया है ?

3. निदेशक महोदय गुवाहटी में कितने घंटे रुके थे ?

4. वे मुख्यालय कब और कैसे लौटे थे ?

(प्रवीण लेखन बोधन पुस्तिका राजभाषा विभाग, गृह मंत्रालय भारत सरकार, नई दिल्ली, जून, 1981, पृष्ठ—87)

2.1.3 वैसे तो राजभाषा के अध्यापन कार्य का सीधा संबंध भारत सरकार, गृह मंत्रालय, राजभाषा विभाग की हिंदी शिक्षण योजना से है, परंतु राजभाषा के अध्यापन में केंद्रीय हिंदी संस्थान, आगरा तथा लालबहादुर शास्त्री राष्ट्रीय प्रशासन अकादमी मसूरी

(राष्ट्रीय प्रशासन अकादमी) का भी स्थान है। 1961 में शिक्षा मंत्रालय, भारत सरकार द्वारा स्थापित केंद्रीय हिंदी संस्थान, आगरा राजभाषा हिंदी का अध्यापन समग्र एवं विस्तृत पाठ्यक्रम को लेकर नहीं कराता केवल प्रयुक्ति के रूप में राजभाषा हिंदी का परिचयात्मक रूप ही प्रस्तुत करता है। संस्थान कर्मचारियों को राजभाषा हिंदी का प्रशिक्षण उस हद तक देता है जिससे वे अपना कार्य चला सकें।

संस्थान लगभग 15 पाठ्यक्रम चलाता है उनमें अधिकतर पाठ्यक्रम शोध, भाषाविज्ञान तथा हिंदी भाषा से संबंधित हैं।

लालबहादुर शास्त्री राष्ट्रीय प्रशासन अकादमी, भारतीय प्रशासनिक सेवाओं के अधिकारियों (प्रथम श्रेणी) को हिंदी का तथा 12 अन्य प्रादेशिक भाषाओं (संविधान की आठवीं अनुसूची में अनुसूचित सिंधी तथा संस्कृत को छोड़कर) का प्रशिक्षण देता है। गहराई से देखा जाए तो यह प्रशिक्षण स्थूल रूप से दो आयामों में दिया जा रहा है। 1. भाषा का प्रशिक्षण 2. राजभाषा प्रयुक्ति के रूप में भाषा विशेष का प्रशिक्षण।

हिंदी का प्रशिक्षण भी इन्हीं आयामों में चलता है। उपरोक्त आयामों में प्रशासनिक शब्दावली, प्रशासनिक पत्राचार आवेदन/वहीं लिखना, टिप्पणी लेखन तथा प्रारूप, सार लेखन, रिपोर्टिंग आदि से संबंधित राजभाषा प्रयुक्ति का प्रशिक्षण मिल जाता है। इस आधार पर अकादमी एक अखिल भारतीय प्रशासनिक भाषा का रूप उभारने का प्रयास कर रही है। (आधार : "भारतीय प्रशासन सेवा के अधिकारियों का हिंदी प्रशिक्षण"—लेखक डॉ. कैलाशचंद्र भाटिया, प्रोफेसर, हिंदी तथा प्रादेशिक भाषाएँ, लालबहादुर शास्त्री प्रशासन अकादमी मसूरी, राजभाषा भारती, अंक 3, अक्टूबर, 1978 पृष्ठ—27 तथा 'प्रशासन में भारतीय भाषाएँ' लेखक डॉ. कैलाशचंद्र भाटिया, राजभाषा हिंदी : प्रगति के बढ़ते चरण सं. क्षेमचंद्र सुमन, 1976 पृष्ठ—72)

अकादमी द्वारा उपरोक्त कार्यों को करने के बावजूद भी यह कहा जा रहा है कि अकादमी में अखिल भारतीय सेवाओं के प्रोफेसरों को राजभाषाओं का प्रशिक्षण देने की पर्याप्त सुविधाएँ नहीं हैं उनमें और भी सुधार की आवश्यकता है। (आधार : अखिल भारतीय राजभाषा सम्मेलन, विवरण और सिफ़ारिशें, राजभाषा भारती—प्रवेशांक, अप्रैल 1978 पैरा—24, पृष्ठ—25)

केंद्रीय हिंदी निदेशालय, दिल्ली भी पत्राचार पाठ्यक्रम द्वारा हिंदी के पाठ्यक्रम चलाता है। उनकी रूपरेखा तथा हिंदी शिक्षण योजना के पाठ्यक्रम की रूपरेखा एक ही है। इसके अलावा कुछ विश्वविद्यालय, कॉलेज आंशिक तथा परिचयात्मक रूप में भाषा को राजभाषायी प्रयुक्ति के रूप में पढ़ाते हैं।

2.1.4 ऊपर बताई गई संस्थाओं के अलावा केंद्रीय सचिवालय हिंदी परिषद् नई दिल्ली—110023 भी राजभाषा हिंदी के क्षेत्र में कार्य कर रही है।

परिषद् का गठन 3.5.1960 को दिल्ली में किया गया। केंद्रीय सरकार के कर्मचारी इसके सदस्य हो सकते हैं। गृह मंत्रालय ने अपने कार्यालय ज्ञापन 12/18/62 ओ.

एल., दिनांक 28.4.1962 तथा 25/54/64–सिंघ में (ए) दि. 10.3.1965 द्वारा सभी मंत्रालयों को परिषद् के कार्यों/सुझावों पर ध्यान देने तथा अपने कर्मचारियों को इसकी सदस्यता लेने की छूट देने के अनुदेश दिए।

परिणामस्वरूप केंद्र सरकार के आई.सी.एस./सभी तरह के प्रथम श्रेणी के अधिकारियों से लेकर चतुर्थ श्रेणी के कर्मचारियों द्वारा इस परिषद् को सहयोग मिलता रहा। केंद्र सरकार के कार्यालयों में परिषद् की लगभग 400 शाखाएँ काम कर रही हैं।

राजभाषा हिंदी के रूप को उभारने में परिषद् ने निम्नलिखित कार्य किए हैं।

क. परिषद् अपने सदस्यों के लिए द्विभाषिक पत्रिका 'हिंदी परिचय' का प्रकाशन करती है। इस पत्रिका में विभिन्न विषयों पर राजभाषा हिंदी का अनुवादित रूप देखा जा सकता है। पत्रिका में, अंग्रेज़ी के पारिभाषिक शब्दों/टिप्पणियों/मसौदों के हिंदी रूपांतरण तथा राजभाषा संबंधी सरकारी कार्यालय ज्ञापनों/आदेशों/अनुदेशों आदि को उद्धृत किया जाता है।

ख. कभी-कभी पत्रिका के विशेष संस्करण निकाले जाते हैं–जो 'राजभाषा हिंदी' के बारे में महत्त्वपूर्ण जानकारी देते हैं, जैसे 'संघ की राजभाषा', 'हिंदी कार्यशालाएँ', 'राजभाषा रजत जयंती विशेषांक', 'राजभाषा नियम विशेषांक' आदि महत्त्वपूर्ण विशेषांक हैं।

ग. इसके अलावा परिषद् ने विभिन्न मंत्रालयों में प्रयुक्त होने वाले पारिभाषिक शब्दों के चार्ट (अंग्रेज़ी-हिंदी) प्रकाशित किए हैं।

घ. परिषद् का महत्त्वपूर्ण प्रकाशन 'कार्यालय सहायिका' नामक पुस्तक है। (संपादक : हरिबाबू कंसल, राजरूप राय, सूर्यनारायण सक्सेना) इस पुस्तक में प्रशासनिक शब्द और वाक्यांश (अंग्रेज़ी से हिंदी), नेमी टिप्पणियाँ (अंग्रेज़ी से हिंदी में पत्र-व्यवहार सरकारी कार्यालयों के नाम, तथा पदनाम (अंग्रेज़ी से हिंदी) तथा हिंदी कार्यशालाओं (हिंदी में) का समावेश है।

ङ. इस पुस्तक के अलावा परिषद् ने पुस्तिकाकार रूप में विभिन्न मंत्रालयों/विभागों की कार्यप्रणाली/प्रकृति से संबंधित टिप्पणियों/प्रारूपों/पारिभाषिक शब्दावलियों (अंग्रेज़ी से हिंदी) में प्रकाशित करवाए हैं। साथ ही हिंदी से अंग्रेज़ी में भी प्रशासनिक शब्दावली का भी प्रकाशन करवाया गया है।

च. पुस्तक/पुस्तिकाओं/चार्टों के अलावा राजभाषा हिंदी के प्रयोग को प्रेरित करने के लिए परिषद पोस्टर्स/विज्ञापन/अपील आदि प्रकाशित/प्रचारित करवाती है।

छ. प्रकाशनों के अलावा परिषद् हिंदी में टिप्पण और प्रारूप लेखन प्रतियोगिता/हिंदी व्यवहार प्रतियोगिता/हिंदी टंकण/आशुलेखन आदि प्रतियोगिताएँ आयोजित करवाती है।

2.1.5 सरकार की कुछ और संस्थाएँ जैसे भारतीय भाषा संस्थान, मानस गंगोत्री मैसूर भी 'राजभाषा' की प्रयुक्ति को उभारने के लिए महत्त्वपूर्ण कार्य करता है। इस संदर्भ में संस्थान द्वारा पश्चिम विभागीय भाषा केंद्र–पुणे के तत्त्वावधान में 'व्यावहारिक

भाषा' विषय पर आयोजित विचार गोष्ठी (फरवरी, 1981 में) काफी महत्त्वपूर्ण थी।

2.1.6 राजभाषा हिंदी को सार्वभौम बनाने के लिए भारत सरकार राज्य सरकारों तथा कुछ सरकारी संस्थाओं (जैसे बैंक) ने कई पारिभाषिक शब्दावली संग्रह प्रकाशित करवाए हैं।

इन संग्रहों को ध्यान से देखने पर पता चलता है कि इनमें अंग्रेज़ी के एक शब्द के अर्थ को लेकर अर्थ विभिन्नताएँ हैं। इस कारण पारिभाषिक शब्दावली की परिभाषा को ही ठेस पहुँचती है। पारिभाषिक शब्दों के अर्थों में विभिन्नता नहीं होनी चाहिए, विशेषकर उन संग्रहों में तो बिल्कुल नहीं जो एक ही सरकार तथा एक ही मंत्रालय द्वारा बनाए गए हैं।

कुछ उदाहरण इस अध्याय के अंत में दिए गए चार्ट में देखे जा सकते हैं।

## 3. राजभाषा हिंदी को सार्वभौम बनाने की दिशाएँ

उपरोक्त विवरण से यह सिद्ध होता है कि राजभाषा हिंदी को सार्वभौम बनाने के लिए कुछ ठोस आधार बिंदु रहे हैं। इन्हीं आधार बिंदुओं के आधार पर राजभाषा हिंदी को सार्वभौम बनाने के लिए उपाय भी किए गए हैं, तथा किए जा रहे हैं।

इतना सब होने के बावजूद भी अपने ही देश में राजभाषा हिंदी का भविष्य धूमिल दिखाई देता है। यही कारण है कि कई बार, राजभाषा हिंदी को सार्वभौम बनाने के लिए किए जा रहे उपायों पर हँसी आती है।

विश्व हिंदी सम्मेलनों या हिंदी दिवसों (14 सितंबर,) के अवसर पर हिंदी को लेकर बनाए गए व्यंग्य चित्रों को देखने पर हिंदी की अपने ही घर में दयनीय स्थिति देखकर, तथा हिंदी की सार्वभौमिकता की बहस को लेकर ठेस पहुँचाने वाली हँसी फूट पड़ती है। (प्रथम विश्व हिंदी सम्मेलन के अवसर पर नवभारत टाइम्स, बंबई, 13 जनवरी, 1975, श्री कदम द्वारा निर्मित व्यंग्य चित्र शीर्षक 'खुश खबर', पृष्ठ 5, तथा नवभारत टाइम्स 17.7.1982—श्री कदम द्वारा निर्मित व्यंग्य चित्र, शीर्षक 'हिंदी दिवस'—पृ. 5)

हिंदी को राजभाषा बने 32 वर्ष हो चुके हैं। अब तक राजभाषा हिंदी की स्थिति दयनीय बनी हुई है। ऐसी स्थिति में राजभाषा हिंदी को अपने घर में स्थापित करने के साथ-साथ उसे सार्वभौमिक बनाने की दिशाओं के बारे में गंभीरतापूर्वक विचार करके ऐसी ठोस तथा व्यावहारिक दिशाएँ खोजनी चाहिएँ जो, राजभाषा हिंदी को अपने ही घर में ससम्मान स्थापित करने के साथ-साथ उसे सार्वभौमिक बनाने के स्वप्न को साकार कर सकें।

इस शोध प्रबंध में राजभाषा हिंदी पर किए गए समग्र शोध तथ्यों को देखने के उपरांत, राजभाषा हिंदी को न केवल राष्ट्रीय स्तर पर स्थापित करने वरन् उसे सार्वभौमिकता दिलवाने में, निम्नलिखित दिशाएँ सहायक, ठोस एवं व्यावहारिक हो सकती हैं।

## 3.1 राजभाषा हिंदी की सहज प्रकृति को उभारना

सबसे पहली दिशा है राजभाषा के रूप में हिंदी की सहज प्रकृति को जन्म देना।

चूँकि राजभाषा हिंदी का कुछ न कुछ साहित्य जन्म ले चुका है तथा कुछ सरकारी कर्मचारी इसमें काम भी कर रहे हैं, ऐसी स्थिति में जो कुछ हमारे पास उपलब्ध है उसे अंग्रेज़ी राजभाषा के अनुवाद के शिकंजे से निकालकर मुक्त तथा सहज बनाया जाए।

खेद का विषय यह है कि न केवल राजभाषा हिंदी वरन् अन्य भारतीय राजभाषाएँ भी राजभाषा अंग्रेज़ी के अनुवाद पर ही टिकी हुई हैं।

यथा :

---

1. अंग्रेज़ी वाक्य : Admission with permission + पुस्तक का नाम
   1 2 3 तथा पृ. संख्या
   मराठी वाक्य : परवानगीने प्रवेश 'क' (6)
   3 2 1
2. Attention is invited to
   1 2 3 4
   मराठी : कड़े लक्ष वेष्पयात येत आहे 'क' (18)
   4 1 3 2
   हिंदी : की ओर ध्यान आकर्षित किया जाता है 'ख' (239)
   4 1 3 2
   वाक्य विन्यास क्रम साम्य :
   मराठी : 4 1 3 2
   हिंदी : 4 1 3 2
3. For information
   1 2
   मराठी : माहिती साठी 'क' (62)
   2 1
   हिंदी : सूचनार्थ/ सूचना के लिए 'ख' (241)
   2 1 2 1
   वाक्यांश संरचना साम्य :
   मराठी : 2 1
   हिंदी : 2 1
4. I fully agree with the office Note
   1 2 3 4 5 6

मराठी : कार्यालयीन टिप्पणीशी मी पूर्ण सहमत आहे 'क' (72)

5 6 4 1 2 3

हिंदी : कार्यालय की टिप्पणी से मैं पूर्णतया सहमत हूँ 'ख' (242)

5 6 4 1 2 3

वाक्य विन्यास क्रम साम्य–

मराठी : 5 6 4 1 2 3

हिंदी : 5 6 4 1 2 3

5. It will be construed

1 2 3

मराठी : त्याचा असा अर्थ सावला/धरला वाईल 'क' (85)

1 2 3 3+

हिंदी : इसका यह अर्थ समझा जाएगा 'ख' (245)

1 2 3+

वाक्य संरचना एवं काल साम्य :

मराठी : 1 2 3

हिंदी : 1 2 3

(टिप्पणी : शब्दावलियों के नाम : 'क'=प्रशासन वाक् प्रयोग, महाराष्ट्र शासन (1964) 'ख'= समेकित प्रशासन शब्दावली, (अंग्रेज़ी-हिंदी) भारत सरकार (1974), नई दिल्ली)

उपरोक्त वाक्यों को गणित के आधार पर भी परखा जाए तो अंग्रेज़ी से अनूदित मराठी तथा हिंदी वाक्यों की अपनी राजभाषा की प्रयुक्ति को निर्मित करने की उपलब्धि लगभग शून्य ही है।

| यथा : | | | | | उपलब्धि |
|---|---|---|---|---|---|
| उदाहरण : वाक्य | 1. | अंग्रेज़ी | : | 1 2 3 | = 0 |
| वाक्य | | मराठी | : | 3 2 1 | |
| वाक्य | 2. | अंग्रेज़ी | : | 1 2 3 4 | = 0 |
| | | मराठी एवं हिंदी | : | 1 2 3 4 | |
| वाक्य | 3. | अंग्रेज़ी | : | 1 2 | = 0 |
| | | मराठी एवं हिंदी | : | 2 1 | |
| वाक्य | 4. | अंग्रेज़ी | : | 1 2 3 4 5 6 | = 0 |
| | | मराठी एवं हिंदी | : | 5 6 4 1 2 3 | |
| वाक्य | 5. | अंग्रेज़ी | : | 1 2 3 | = 0 |
| | | मराठी एवं हिंदी | : | 1 2 3 | |

यहाँ स्पष्ट है कि अंग्रेज़ी वाक्य रचना कर्ता-क्रिया-कर्म के क्रम पर आधारित है, जबकि हिंदी या मराठी वाक्य रचना कर्ता-कर्म-क्रिया के क्रम पर आधारित है। अतः अंकों के क्रम में असमानता होने पर भी उनमें कुल समानता है। इस प्रकार भाव साम्य बना हुआ है। विशेषकर (दो) भारतीय भाषाओं में पदक्रम शैली का भी साम्य है।

उपरोक्त विवरण को दर्शाने की पार्श्वभूमि में यही भाव है कि राजभाषा प्रयुक्ति को अपनी भाव तथा भाषिक भूमि पर स्थापित करना है।

उदाहरणस्वरूप कार्यालय के कार्य करते समय जो भी काम करना हो उस पर अपनी ही भाषा में विचार किया जाए तथा अंग्रेज़ी में उसके लिए क्या है, उसकी हवा तक भी न लगने दी जाए। तब जो भाषा जन्म लेगी वही वास्तव में हमारी अपनी राजभाषा की प्रयुक्ति को जन्म देगी।

प्रारंभ में यह प्रयुक्ति रूप अमानक हो सकता है। परंतु बाद में खुद-ब-खुद मानक होता जाएगा। देशी विचारों तथा भाषाओं पर पनपी राजभाषा प्रयुक्ति सहज, सरल, आदेशात्मक होने के बाद भी सरल तथा सामासिक होगी। अंग्रेज़ों ने अपनी राजभाषा को (जो हम पर थोपी गई थी) शासन करने के उद्देश्य से कड़क तथा रूखी बना दिया था। राजभाषा हिंदी में इन भावों को तोड़ना होगा।

### 3.2 राजभाषा (हिंदी) प्रयुक्ति का स्वतंत्र अध्यापन

यहाँ नीचे दिए जा रहे कारणों को ध्यान में रखते हुए, राजभाषा हिंदी की प्रवृत्ति को ठोस एवं व्यावहारिक रूप में उभारकर उसको कार्य रूप में परिणत करने के लिए, राजभाषा हिंदी का एक प्रयुक्ति के रूप में स्वतंत्र अध्यापन कार्य अत्यावश्यक है।

(1) इस तथ्य पर, इस पुस्तक में पहले भी कहा गया है कि आज हिंदी भाषा साहित्यिक रूप में पढ़ाई जाती है, उसे रोज़ी-रोटी के प्रकार्यों के साथ जोड़कर या किसी ख़ास प्रयोजन के लिए नहीं पढ़ाया जाता। यही कारण है कि न तो राजभाषा हिंदी का स्वाभाविक रूप पनप पाया है और न ही आज विद्यार्थी हिंदी विषय की ओर इतने आकर्षित हो रहे हैं जितने अन्य विषयों की ओर। यह बात अलग है कि अब अख़बारों में हिंदी अधिकारियों के विज्ञापनों की भरमार देखकर विद्यार्थी एम. ए. हिंदी में कर लेने के लिए, बेरोज़गारी की मजबूरी से लालच वश लालायित हो रहे हैं।

'दिनमान' अंक 10.16, मई, 1981 में 'विश्वविद्यालय और हमारी हिंदी' नामक विषय पर परिचर्चा आयोजित की गई थी। इस परिचर्चा में ऊपर उठाए गए प्रश्न के अलावा हिंदी को व्यावहारिक भाषा से जोड़ने तथा उसका पाठ्यक्रम व्यावहारिकता के आधार पर बनाने के प्रश्न थे।

इस परिचर्चा में डॉ. नामवर सिंह तथा डॉ. विजयेंद्र स्नातक जैसे विद्वानों के मत थे। व्यावहारिक हिंदी की पढ़ाई को स्थापित करने के निश्चय को लेकर डॉ. विजयेंद्र स्नातक के विचार प्रामाणिक हैं।[3]

आज का युग प्रत्येक क्षेत्र में विशेष योग्यता पाने का युग है, जैसे चिकित्सा के क्षेत्र में आज, नाक, कान, आँख तथा बच्चों के विशेषज्ञ चिकित्सक मिल जाते हैं, ठीक उसी प्रकार भाषा के प्रत्येक प्रयोजन में प्रवीणता पाने के लिए उनकी प्रयुक्तियों के अलग-अलग अध्ययन का आरंभ पश्चिम में सन् 1950 के आसपास ही हो गया था। (रीड, टी.वी. डब्ल्यू, 1956)

पेरू में वहाँ की भाषा 'क्यूएचुआ' तथा वहाँ की प्रचलित राजभाषा स्पेनिश के पारिभाषिक शब्दों को, वहाँ के विश्वविद्यालयों के पाठ्यक्रम में पढ़ाया जाता है।

प्रयोजनमूलकता के आधार पर स्थूल रूप से हिंदी के प्रयोजन रूपों को सात प्रकारों में विभक्त किया गया है।

1. बोलचाल की हिंदी 2 व्यापारी हिंदी (इसके भी कई उपरूप हो सकते हैं) 3. कार्यालयी हिंदी (कार्यालय भी कई प्रकार के हो सकते हैं अतः उसके भी कई उपरूप होंगे) 4. शास्त्रीय हिंदी (विविध शास्त्र, विविध भाषा प्रयुक्तियाँ) 5. तकनीकी हिंदी (इंजीनियरी, प्रेस आदि) 6. समाजी हिंदी 7. साहित्यिक हिंदी

(आधार : निबंध : 'प्रयोजनमूलक हिंदी'—डॉ. भोलानाथ तिवारी, प्रयोजनमूलक हिंदी (केंद्रीय हिंदी संस्थान आगरा—1975) पृष्ठ—98

इनमें कार्यालयी हिंदी ही राजभाषा हिंदी है। डॉ. कृ. ग. दिवाकर ने सन् 1964 में ही इसके अध्यापन की अप्रत्यक्ष रूप से सिफ़ारिश की थी।[4]

प्रत्यक्ष और स्पष्ट रूप से हिंदी प्रयुक्तियों के अध्यापन को लेकर 1974 के आसपास गहन बहस शुरू हुई। इस संदर्भ में केंद्रीय हिंदी संस्थान, दिल्ली द्वारा आयोजित 'प्रयोजनमूलक हिंदी' पर संगोष्ठी इस दिशा में मील का पत्थर, सिद्ध हुई। संगोष्ठी में आए विद्वानों ने स्वीकार किया कि प्रयोजनमूलक हिंदी की बहस विशुद्ध साहित्यिक हिंदी शिक्षण को एक नया मोड़ दे सकती है।[5]

इसी दौरान 'भाषा' त्रैमासिक पत्रिका के विश्व हिंदी सम्मेलन अंक ने व्यावहारिक हिंदी तथा हिंदी के सामाजिक संदर्भों पर प्रामाणिक सामग्री देकर इस दिशा में उल्लेखनीय कार्य किया। हिंदी की प्रयोजनमूलकता को लेकर 1977 में, आंध्र विश्वविद्यालय, वाल्टेयर में अनुदान आयोग की सहायता से 'प्रयोजन मूलक हिंदी' विषय पर गोष्ठी का आयोजन किया गया। इस गोष्ठी में खुलकर यह बात कही गई कि केंद्रीय सरकार की सेवा में जाने के लिए राजभाषा प्रयुक्ति के लिए एक स्वतंत्र-डिप्लोमा पाठ्यक्रम का अध्यापन अत्यावश्यक है।[6]

3.3 अब तक यह सिद्ध हो चुका है कि राजभाषा हिंदी के लिए साहित्यिक हिंदी से अलग हटकर पाठ्यक्रम होना चाहिए।

उपरोक्त तथ्यों के आधार पर ही यह तथ्य भी खुलकर समाने आया है कि आजकल केंद्र सरकार अथवा राज्य सरकारों के कार्यालयों के हिंदी एककों में नियुक्ति पाने वाले हिंदी अधिकारी, हिंदी अनुवादक, (वरिष्ठ तथा कनिष्ठ) हिंदी लिपिक, हिंदी टंकक या

आशुलेखक, जो पीएच.डी., एम.ए., बी.ए., हिंदी साहित्य विषय को लेकर आते हैं, वे राजभाषा हिंदी का कार्य करने के लिए उपयोगी नहीं रहते। उनके द्वारा लिखित सरकारी पत्राचारों की भाषा या तो साहित्यिक होती है या तो फिर बोझिल साहित्यिक शब्दों का समूह मात्र रहती है। उदाहरणार्थ, हिंदी साहित्य विषय लेकर केंद्र सरकार की नौकरियों में आए अनुवादकों/हिंदी अधिकारियों द्वारा लिखे गए निम्नलिखित सरकारी पत्रों में आए शब्द देखे जा सकते हैं—

| क्र. | पत्र संख्या/दि. | कार्यालय का नाम | पत्राचार में प्रयुक्त शब्द | सरकार की राजभाषा नीति के अनुसार प्रयुक्त किए जा सकने वाले शब्द। |
|---|---|---|---|---|
| 1. | 24/2/मु. का/रा.भा. | अति विस्फोटक | स्थल | स्थान |
| | दि. 5.8.82 | कारख़ाना, पुणे | सहयोग | मदद |
| | | | आवश्यक | ज़रूरी |
| | | | कार्य | काम |
| | | | अनुग्रहीत करें | कृपा करें |
| 2. | 24-3/मु. का/रा.भा. | | सर्वोत्तम | सबसे अधिक/ |
| | दि. 6.7.82 | यथोपरि | प्रदान | देना |
| | | | ताकि | जिससे कि |
| | | | संबंध में | बारे में |
| | | | त्वरित | शीघ्र |
| 3. | ARDE /12/1/58/ | अनुसंधान तथा | पत्र | खत/चिट्ठी |
| | जनरल, दि. 25/8/82 | विकास संगठन, | हेतु | के लिए |
| | | आयुध अनुसंधान | ताकि | जिससे कि |
| | | एवं विकास | शेष | बाकी |
| | | संस्थान, पुणे | अवगत कराएँ | सूचित करें |
| 4. | महाराष्ट्र बैंक, पुणे | (पृष्ठ संख्या) | | |
| | (प्रधान कार्यालय) | 2. | अंतरित | स्थानांतरित |

| | | | | |
|---|---|---|---|---|
| | द्वारा तैयार की गई | 3. | तत्पर | तैयार |
| | चक्रमुद्रित सामग्री। | 5. | असुविधा | कष्ट/परेशानी |
| | | 7 | विचारार्थ | विचार के लिए |
| | | 7 | कार्यान्वित | लागू |
| | | 7 | असमर्थ | लाचार/ मजबूर |
| | | 11 | अद्‌यतन | आज तक |
| | | 13 | पूर्णतः | पूरी तरह से |
| | | 13 | उक्त | ऊपर |
| 5. | स. पु. स्था/हिंदी/ | आयकर आयुक्त | प्राप्त | मिला |
| | 1/81-82 | कार्यालय, पुणे | अंतिम | आख़िरी |
| | दि. 9/12/81 | | संलग्न | लगा हुआ |
| | | | अवगत | मालूम/ जानकारी |

ऊपर दिए गए विवरण से यह तथ्य उभरकर आता है कि हिंदी राजभाषा के विभागादि में लगे कर्मचारी पर साहित्य हावी रहता है। यह अपने आप में स्वाभाविक भी है क्योंकि साहित्य के विद्यार्थी को जो भाषा पढ़नी पड़ती है उसका राजभाषा से कोई लेना-देना नहीं है।

राजभाषा के अनेक नमूने पंचम अध्याय में दिए गए हैं। चूँकि सरकारी भाषा में गद्य रूप ही चलता है अतः साहित्यिक भाषा में चलने वाला गद्य रूप देखा जाए तो पता चल जाएगा कि साहित्यिक भाषा एवं राजभाषा के बीच शब्दों एवं वाक्य संरचना को लेकर कितनी बड़ी खाई है। यहाँ साहित्य की भाषा के एक दो नमूने दिए जा रहे हैं, जिन्हें देखने पर बात स्पष्ट हो जाएगी।

1. "बुढ़िया सकपका गयी और थोड़ी देर विमूढ़-सी मेरी ओर देखती रही। फिर एकाएक खिलखिलाकर हँस पड़ी—एक अद्‌भुत, अप्रत्याशित, अकल्पनीय खिलखिलाहट—और बोली—मैं माफी चाहती हूँ योके।"

—अपने अपने अजनबी—अज्ञेय (1966) पृष्ठ—48-49

2. "होना और न होना—होने का दर्द, न होने का भ्रम। भ्रम नहीं, न होना ही सच्चा ज्ञान है।" —यथोपरि—पृष्ठ—55

3. माँ—वह उठ बैठी, माँ माँ, बिस्तर से गिर चली वह। जब से लिया बुआ ने गोद में। पता नहीं था उसको कि माँ ने आधी रात के समय उसी के लिए बाँहें बढ़ा

दी थीं, उसी का नाम लेना था, उसी को चूमना चाहा था, जब कंठ और कान दोनों ने साथ न दिया—माँ उनसे अलग हो गई। माँ उससे भी अलग हो गई, अपनी नन्हीं से।

—नन्हीं—(कहानी) लेखक मोहन राकेश, सारिका, मार्च, 1973 पृष्ठ—62

4. "चमारों का कुनबा था और सारे गाँव में बदनाम। घीसू एक दिन काम करता तो तीन दिन आराम। माधव इतना कामचोर था कि आध घंटे काम करता तो घंटे-भर चिलम पीता। इसलिए उन्हें कहीं मजदूरी नहीं मिलती थी। घर में मुट्ठी भर अनाज भी मौजूद हो, तो उनके लिए काम करने की कसम थी। जब दो-चार फाकें हो जाते, तो घीसू पेड़ पर चढ़कर लकड़ियाँ तोड़ लाता और माधव बाज़ार में बेच आता और जब तक वे पैसे रहते, दोनों इधर-उधर मारे-मारे फिरते।"

कफ़न—(कहानी) प्रेमचंद, सारिका, 16 जुलाई, 1980, पृष्ठ—24

5. सामान्यजन मामूली आदमी या आम आदमी क्या है, यह कतई उलझी हुई पहेली नहीं है—उनके लिए जो इतिहास की समझ रखते हैं। जिनके पास सांस्कृतिक और आर्थिक इतिहास की समझ नहीं है, वे हमेशा बौड़मों की तरह यह सवाल पूछते रहेंगे।

—सारिका, 1974 (कमलेश्वर—मेरा पन्ना, सवाल सामान्य-जन का) पृष्ठ—9

ऊपर दिए गए उदाहरणों में पहले तथा दूसरे उदाहरण में भाषा में नाटकीयता तथा विशेष गूढ़ भाव की स्थिति देखी जा सकती है जो राजभाषा में असंभव है।

तीसरे उदाहरण में दी गई वाक्य संरचनाएँ तथा शब्दावली राजभाषा में नहीं चलती राजभाषा के वाक्य—'कर्ता-कर्म-क्रिया' के क्रम से ही चलते हैं।

चौथे उदाहरण में प्रेमचंद की भाषा है, जो अपनी सरलता के कारण विख्यात है। इस भाषा से सरलता का गुण तो राजभाषा के लिए सीखा जा सकता है परंतु वाक्यों के साथ-साथ, अमूर्त रूप में, एक लय समानान्तर रूप से चलती रहती है, वह राजभाषा में अपेक्षित नहीं है—यथा :

| | | | | |
|---|---|---|---|---|
| बदनाम | करता | थी | जाते, | दो चार |
| आराम, | करता | थी, (तोड़) | लाता | चढ़कर |
| | पीता, | (बेच) | आता | बाजार |
| | | | रहते | इधर-उधर |
| | | | फिरते | |

उपन्यास, कहानियों की भाषा के अलावा साहित्यिक पत्रिकाओं साहित्यिक निबंधादि की भाषा भी अनुपयोगी रहती है। पाँचवें उदाहरण में तल्ख़ी तथा चुभन लिए हुए वाक्य हैं 'बौड़म' जैसे शब्द हैं—जो राजभाषा (पंचम अध्याय में बताई गई है) की प्रकृति के सर्वथा प्रतिकूल है।

ऊपर दी गई भाषा को पढ़कर आया हुआ साहित्य का विद्यार्थी जब राजभाषा

हिंदी से संबंधित सरकारी सेवा कार्य में कर्मचारी बनकर आता है तब एक नौसिखिए की तरह उसे पारिभाषिक शब्दों तथा सरकारी पत्राचार की भाषा को याद करना होता है।

उपरोक्त स्थिति से चार तरह की हानियाँ होती हैं। 1. राजभाषा में साहित्यिक भाषा निर्मित हो जाती है 2. पारिभाषिक शब्द ज्ञान प्राप्त करने में नया कर्मचारी सरकारी समय नष्ट करता है 3. साहित्य के विद्यार्थी में पनपी साहित्यिक अभिरुचि नष्ट हो जाती है तथा सांस्कृतिक रूप से समाज की बहुत बड़ी हानि होती है साथ ही सरकार द्वारा उपलब्ध करवाई गई शिक्षा का दुरुपयोग होता है। 4. साहित्य का विद्यार्थी सरस एवं भावुक होता है सरकारी ढाँचे की चतुराई तथा राजभाषा की आदेशात्मक, औपचारिकतापूर्ण साँचों में ढली भाषा तथा उसके रूखेपन से बेचैन-सा हो जाता है।

इसी प्रकार जब एक व्यक्ति जो जीवनपर्यंत सरकारी नौकरी में जुड़ा हुआ रहता हो और फिर साहित्य सेवा भी आरंभ करता हो, ऐसी स्थिति में राजभाषा का प्रभाव उसकी साहित्यिक रचना में भी दिखाई देता है।

जैसे, श्री बिशन टंडन, जो सरकारी सेवा में रहे, की रचना 'जनता का धनुष' (कहानी) की शब्दावली तथा भाषा देखी जाए तो उपरोक्त तथ्य उभरकर सामने आ जाता है।

यथा : इस कहानी में, कार्यान्वित, आयोग, निरीक्षण, उपशिक्षा निदेशक, कार्यवाही, सचिवालय लोक प्रशासन विभाग, प्रशिक्षण संस्थान, प्रावधान, टीप, वित्त विभाग, अनु-सचिव, उप-सचिव, संयुक्त-सचिव, आदेश प्रसारित करना, कार्य वृत्तांत, गुप्तचर विभाग, स्पष्टीकरण, रिपोर्ट आदि पारिभाषिक शब्दों की भरमार है तथा भाषा आलंकारिक न होकर राजभाषा की तरह सपाट तथा कर्मवाच्य वाक्यों का पुट लिए हुए है।

(सारिका, 1 दिसंबर, 1981, पृष्ठ—57 से 61)

उपरोक्त विश्लेषण से पता चलता है कि राजभाषा तथा साहित्यिक भाषा क्षेत्र अलग-अलग अस्मिताएँ रखते हैं। यहाँ यह तथ्य भी ध्यान में लाना अतिआवश्यक है कि मातृभाषा तथा मातृभाषा में साहित्यिक ज्ञान रखने के बावजूद भी उस भाषा की किसी ख़ास प्रयुक्ति को (विशेषकर विधि मान्य राजभाषा प्रयुक्ति को ) अलग से सीखना आवश्यक रहता है।[7]

## 4. राजभाषा हिंदी (डिप्लोमा) पाठ्यक्रम की संकल्पनात्मक रूपरेखा

अब तक के विवेचन से यह तथ्य खुलकर स्पष्ट हो चुका है कि राजभाषा हिंदी अपने आप में एक प्रयुक्ति है तथा इसकी कई उप-प्रयुक्तियाँ हैं, साथ ही प्रयुक्ति या किसी खास प्रयोजन के लिए भाषा की प्रयोजनमूलकता के आधार पर उसका अलग से अध्ययन करना और बाक़ायदा प्रशिक्षण लेना आवश्यक होता है। इसके साथ ही यह भी सिद्ध हो चुका है कि किसी भाषा के मातृभाषियों तथा उस भाषा में साहित्यिक अध्ययन

कर चुके विद्यार्थियों को भी उसकी किसी प्रयुक्ति में काम करने के लिए उन्हें अलग से उसका प्रशिक्षण लेना ज़रूरी हो जाता है।

उपरोक्त निष्कर्ष पर पहुँचने के पश्चात् सरकारी कामकाज करने के लिए राजभाषा हिंदी का उसी प्रयोजन के लिए राजभाषा की प्रयुक्ति के रूप में समग्र एवं गहन अध्ययन, प्रशिक्षण एवं शोध कार्य अतिआवश्यक है।

जैसा कि इसी अध्याय के पैरा 2.1.2 तथा 2.1.3, में बताया गया है कि राजभाषा हिंदी को राजभाषा की प्रयुक्ति के रूप में पढ़ाया जाता है। परंतु यह प्रशिक्षण आंशिक तथा परिचयात्मक रूप में ही है। साथ ही इस प्रशिक्षण का अधिकतम संबंध सरकारी कर्मचारियों के लिए ही है।

उपरोक्त परिस्थितियों में राजभाषा हिंदी के लिए अलग से पाठ्यक्रम आरंभ करने की आवश्यकता को रेखांकित करते हुए यहाँ, रूपरेखा के रूप में उसके पाठ्यक्रम की ठोस संकल्पना रखी जा रही है।

### 4.1 राजभाषा हिंदी प्रयुक्ति का पाठ्यक्रम

4.1.1 राजभाषा का सीधा संबंध कार्यालय से है। कार्यालय, मंत्रालय तथा विभागों से जुड़े रहते हैं। इन कार्यालयों की संख्या हज़ारों में रहती है। अलग-अलग मंत्रालयों/विभागों की कार्य प्रकृति अलग-अलग रहती है।

अतः राजभाषा हिंदी के समग्र रूप का अध्यापन करवाने के लिए इन मंत्रालयों/विभागों की कार्य प्रकृति के आधार पर राजभाषा प्रयुक्ति का अध्यापन करवाना होगा।

अब तक भारत सरकार के 1050 कार्यालय हिंदी में कार्य करने के लिए अभिसूचित किए गए हैं। अर्थात् इन कार्यालयों के 80% कर्मचारी हिंदी का कार्यसाधक ज्ञान रखते हैं।

ये कार्यालय लगभग 50 विभागों से संबंधित हैं। अतः कम से कम 50 विभागों की कार्यप्रकृति के आधार पर राजभाषा हिंदी की प्रयुक्ति को समझना होगा।

#### *4.1.2 किसी भी बड़े कार्यालय में कम से कम 3 बड़े अनुभाग रहते हैं*

1. प्रशासन अनुभाग तथा सिब्बंदी 2. लेखा तथा रोकड़ 3. भंडार (क्रय + विक्रय अनुभाग)

अकेले प्रशासन तथा सिब्बंदी अनुभाग 50-60 विषय-स्थितियों को लेकर कार्य करते हैं। ठीक इसी प्रकार लेखा तथा भंडार आदि में भी 20-30 के आसपास विषय रहते हैं। इस प्रकार कुल 100 विषय भी लिए जाएँ तो 50 विभागों के कम से कम 5000 विषय स्थितियाँ होती हैं।

इस प्रकार राजभाषा हिंदी का अध्ययन इन विषय-स्थितियों पर करना आवश्यक होगा।

4.1.3 अब कार्यालय में होने वाले लेखन कार्य को देखा जाए तो ज्ञात होगा कि कार्यालय/विभागादि का लेखन कार्य तीन स्तरों पर चलता है। 1. टिप्पणी लेखन 2. पत्राचार लेखन तथा 3. पंजियों में इंदराज लेखन। पंचम अध्याय में इसे विस्तार से बताया गया है।

टिप्पणी, प्रारूप तथा/इंदराज लेखन के अलावा पारिभाषिक शब्दावलियों का ज्ञान भी अतिआवश्यक है।

## 4.2 राजभाषा हिंदी प्रयुक्ति पाठ्यक्रम विभाग के अनुभाग/तथा पाठ्यक्रम का समय

उपरोक्त विवरण के आधार पर कहा जा सकता है कि राजभाषा प्रयुक्ति विभाग का अध्यापन कार्य इस प्रकार होना चाहिए। यद्यपि कुछ विश्वविद्यालयों ने इस दिशा में कार्य आरंभ कर दिया है फिर भी इस दिशा में और भी गंभीरतापूर्वक सोचना होगा। भूमंडलीकरण और राजभाषा हिंदी के संबंधों पर भी विचार करना होगा।

राजभाषा हिंदी प्रयुक्ति विभाग

↓

अनुभाग

↓

| 1. | 2. | 3. |
|---|---|---|
| टिप्पणी लेखन<br>इंदराज लेखन | पत्राचार लेखन | पारिभाषिक<br>शब्दावली |

सभी मंत्रालयों/विभागों को लेकर विषय-स्थितियों पर अनुभाग एक तथा दो के अंतर्गत लेखन कार्य करवाने के लिए कम से कम 2 वर्ष का 1800 घंटो तथा 1600 घंटों का पाठ्यक्रम होना चाहिए।

घंटों का बँटवारा इस प्रकार होगा–

'अ' हिंदीतर भाषियों के लिए 200 घंटे : भाषा ज्ञान (सामान्य)
दक्षिण भाषियों के लिए भाषा ज्ञान + 200 घंटे (आवश्यकतानुसार)
1600 घंटे : राजभाषा स्वरूप,
# स्वरूप तथा लेखन तथा पारिभाषिक
शब्दावली विवेचना एवं प्रयोग।
भूमंडलीकरण के संदर्भों में भी।

| | |
|---|---|
| 'ब' हिंदी भाषियों तथा हिंदी में विशेष योग्यता रखने वालों के लिए | 1600 घंटे : राजभाषा स्वरूप, # स्वरूप तथा लेखन तथा पारिभाषिक शब्दावली विवेचना एवं प्रयोग भूमंडलीकरण के संदर्भों में भी। |

# स्वरूप तथा लेखन से तात्पर्य यहाँ राजभाषा प्रयुक्ति से है।

इन पाठ्यक्रमों में कम्प्यूटर एवं राजभाषा जैसे विषयों को भी जोड़ना होगा। कई सॉफ्टवेअर आ चुके हैं मसलन लीला लीप (आफिस) आदि।

## 4.3 राजभाषा हिंदी के शिक्षण के लिए सामग्री

प्रयोजनमूलकता को देखकर पाठ्यक्रम की सामग्री बनाना आवश्यक है।

राजभाषा प्रयुक्ति के लक्षणों में यह बात स्पष्ट रूप से बता दी गई है कि इसमें कर्मवाच्यों का ही अधिक प्रयोग रहता है। वाक्य-आज्ञार्थक तथा निश्चयार्थक हों। साथ ही तीनों कालों में वर्तमान काल का अधिक प्रयोग रखा जाए, उसमें भी सामान्यकाल के वाक्यों की बहुलता रखी जाए।

राजभाषा प्रयुक्ति में, जाना, करना, भेजना, सकना, आना, देखना, रोकना, क्रियाओं का प्रयोग अधिक सिखाया जाना चाहिए साथ ही चलना, बढ़ना, पड़ना, उठना जैसी क्रियाओं का कम प्रचलन रहता है। जाना, भेजना, करना (किया जाए, भेजा जाए) क्रियाओं का अधिकतम प्रयोग सिखाया जाए।

प्रारंभिक स्तर पर राजकार्य में प्रयुक्त होने वाली पारिभाषिक संज्ञाओं की संख्या 775 के आसपास है। 100 पारिभाषिक वाक्यांशों के साथ-साथ करीब 50 विभागों और 23 मंत्रालयों के नाम भी हैं। अतः इन रूखे पारिभाषिक शब्दों का अध्यापन बहुत ही रोचक ढंग तथा व्याख्यात्मक रीति से होना चाहिए।

जैसे–

| | | |
|---|---|---|
| 1. | Enclosure | अनुलग्नक |
| 2. | Selection | प्रवरण |
| 3. | Circular | परिपत्र |
| 4. | Application | आवेदन |
| 5. | Representation | अभ्यावेदन |
| 6. | Report | प्रतिवेदन |
| 7. | Request | निवेदन |

उप्यते उपरोक्त पारिभाषिक शब्द व्याख्यात्मक तरीके से पढ़वाकर याद करवाए जा सकते हैं। यथा : 1. लग्न =विवाह (बंधन सूत्र)=गाँठ बाँधना, लगाना (विवाह का संदर्भ) अनु = पीछे/ पीछे जाना (विवाह का संदर्भ) 2. वर = चुनना (स्वयंवर =स्वयं/वर का संदर्भ देकर समझाना) 'वर' से 'वरण' तथा 'वरण' से 'प्रवरण' शब्द का संकेत देना, साथ ही प्रवरण से 'प्रवरण समिति' = Selection Committee 3. परि + पत्र, व्याख्या=परि =चक्कर लगाना, संदर्भ : परिक्रमा, परिभ्रमण। अर्थात् वह पत्र जो घूम फिर कर, चक्कर लगाकर वापस उसी बिंदु पर आ जाए जहाँ से वह निकला था। ठीक इसी प्रकार अंग्रेज़ी में भी यही अर्थ है, यथा : Circular शब्द भी अंग्रेज़ी के Circle से संदर्भित होकर आया, जिसका अर्थ भी उस प्रकार के पत्र से है जो घूम फिर कर उसी जगह पर वापस आ जाता है जहाँ से वह जारी हुआ था। 4 + 5 + 6 + 7 में स्वयं की तक़लीफ, पीड़ा, परेशानी अथवा वेदना की सूचना देने का भाव रहता है। अतः इन पत्राचारों में 'वेदन' शब्द जुड़ा हुआ है।

ठीक इसी प्रकार पारिभाषिक शब्दों में प्रयुक्त होने वाले उपसर्गों को भी अंग्रेजी भाषा के विभिन्न विशेषणों/उपसर्गों के संदर्भ में समझाकर एक उपसर्ग की अनेक अर्थछटाएँ बताई जा सकती हैं जैसे–

– अवर
- Under
- Lower

उप
- Vice
- Deputy
- Sub
- By/Bye
- Lieutenant

General
- महा (पद के लिए)
- जनरल (सेना में)
- सामान्य के अर्थ में
- आम के अर्थ में

राजभाषा हिंदी के गहन अध्ययन के लिए आगे चलकर क़रीब 7500 पारिभाषिक शब्दों तथा 450 पारिभाषिक वाक्यांशों का अध्ययन करवाना आवश्यक होगा। साथ ही इस बात को ध्यान में रखना आवश्यक होगा कि सरकारी कार्य संबंधी नए-नए विषय

लेकर उन पर अनुवाद से दूर रह कर, सीधे राजभाषा हिंदी की प्रयुक्ति में सोचकर लेखन कार्य करवाया जाना चाहिए। साथ ही नए पारिभाषिक शब्दों की रचना संस्कृत, हिंदी, अंग्रेज़ी तथा अन्य बोली भाषाओं (क्षेत्रीय) के आधार पर करनी चाहिए। यहाँ यह तथ्य भी उभर कर आता है कि राजभाषा प्रयुक्ति का अध्यापन करवाने वाले (अध्यापक) को कार्यालय पद्धति का ज्ञान होना अतिआवश्यक है।

राजभाषा हिंदी के अपने मुहावरे भी जन्म ले चुके हैं। अतः राजभाषा के अध्ययन में इनका ज्ञान करवाना भी आवश्यक है, जैसे, 'लाल फीताशाही' (किसी सरकारी कार्य में विलंब लगने के अर्थ में), 'चमचागिरी' (किसी अफ़सर की चापलूसी/खुशामद करने के अर्थ में) अथवा 'फाइलेरिया' (फ़ाइल खिसकाउ पद्धति) फाइलेरिया मुहावरे का प्रयोग मंत्रीगण तक करते हैं। नवभारत टाईम्स, 'ताकि सनद रहे' स्तंभ, दि. 29.8.81, पृ. 4 पर बसंत साठे, सूचना और प्रसारण मंत्री की टिप्पणी—''प्रशासन की बीमारी के तीन कारण हैं **फाइलेरिया** (फाइल खिसकाउ पद्धति) प्रेस तथा सरकार।''

उपरोक्त विवेचन के आधार पर यह तो कहा ही जा सकता है कि....राजभाषा प्रयुक्ति के रूप में हिंदी का अलग से तकनीकी अध्ययन होना चाहिए। परंतु यहाँ इस बात को भी ध्यान में रखा जा सकता है कि हमारा देश गरीब है और इस समय हिंदी विषय का अध्यापन बहु उद्देश्यों से जुड़ा हुआ है। अतः यहाँ प्रस्तुत किए गए पाठ्यक्रम में कुछ ऐसी सामग्री रखी जा सकती है जो सामान्यतः हिंदी पत्रकारिता तथा परिचयात्मक हिंदी साहित्य का भी ज्ञान करा सके। स्पष्ट है यह सामग्री केवल गद्य रूप में होगी। इस प्रकार की सामग्री इस रूप में निर्मित की जाए अथवा रखी जाए जिससे राजभाषा के स्वरूप में प्रौढ़ता, सरसता तथा निखार आए।

### 4.4 राजभाषा हिंदी का विश्वस्वरूप

विश्व में हिंदी करीब 100 विश्वविद्यालयों में पढ़ाई जा रही है। इन देशों के विभिन्न प्रकार्यों (सरकारी प्रकार्य) से संबंधित पारिभाषिक/तकनीकी शब्दावलियों का अध्ययन करवाकर तथा इन प्रकार्यों पर राजभाषा हिंदी में लेखन कार्य करवाया जाए तो राजभाषा हिंदी का विश्व स्वरूप उभर सकता है।

### 4.5 राजभाषा हिंदी में शोधकार्य

शोधकार्य एक निरंतर चलनेवाली प्रक्रिया है। राजभाषा हिंदी का प्रचलन किसी न किसी रूप में आगे बढ़ता चला जाएगा। अतः इस दिशा में शोधकार्यों की संभावनाएँ बराबर बनी रहेंगी। इस तथ्य को ध्यान में रखते हुए 'राजभाषा हिंदी डिप्लोमा पाठ्यक्रम' पूरा करने वाले विद्यार्थियों को राजभाषा हिंदी की दिशा में पनपने वाले नए-नए आयामों के क्षेत्रों में शोधकार्य करने के लिए बाक़ायदा प्रेरित करना होगा तथा उन्हें पूरी-पूरी सुविधाएँ प्रदान करनी होंगी।

पारिभाषिक शब्दावली के रूप पर भी विचार करना अतिआवश्यक है—यथा :

### पारिभाषिक शब्दावलियों की सूची तथा उनके लिए निर्धारित क्रम संख्या

| शब्दावली संकलन/का नाम | प्रकाशक | निर्धारित क्रम संख्या |
|---|---|---|
| वृहत पारिभाषिक शब्द संग्रह, मानविकी खंड 1 तथा II (अंग्रेज़ी-हिंदी) | वैज्ञानिक तथा तकनीकी शब्दावली आयोग, केंद्रीय हिंदी निदेशालय, शिक्षा मंत्रालय, भारत सरकार (1973) नई दिल्ली | 1. |
| समेकित प्रशासन शब्दावली (अंग्रेज़ी-हिंदी) | —यथोपरि—(1974) | 2. |
| प्राज्ञ पाठमाला (कार्यालयीन हिंदी) | राजभाषा विभाग, गृह मंत्रालय, भारत सरकार नई दिल्ली (1981, जून) | 3. |
| विधि शब्दावली (अंग्रेज़ी-हिंदी) | विधि न्याय और कंपनी कार्य मंत्रालय, विधायी आयोग विभाग, नई दिल्ली (1978) | 4. |
| बैंकिंग शब्दावली (अंग्रेज़ी-हिंदी) | भारतीय रिज़र्व बैंक बंबई (1980) | 5. |
| बैंक ऑफ महाराष्ट्र (अंग्रेज़ी-ड़िंदी), पुणे | श्री एम. एम. जगताप, प्रभारी अधिकारी हिंदी कक्ष, महाबैंक प्रशिक्षण—महाविद्यालय, प्रभात मार्ग, पुणे, (1978) | 6. |
| बीमा शब्दावली (अंग्रेज़ी-हिंदी) | भारतीय जीवन बीमा निगम बंबई 21. (1977) | 7. |
| प्रशासन शब्द कोश (अंग्रेज़ी-हिंदी) | भाषा विभाग, मध्यप्रदेश शासन भोपाल (1964) | 8. |

| अंग्रेज़ी शब्द | हिंदी अर्थ तथा पृष्ठ संख्या/ | | | पारिभाषिक शब्द संग्रहों के लिए निर्धारित संकेत संख्या | | | | |
|---|---|---|---|---|---|---|---|---|
| | 1 | 2 | 3 | 4 | 5 | 6 | 7 | 8 |
| Absorb | अंतर्लयन<br>आत्मसातकरण<br>अवशोषण<br>(6) | अवशोषण<br>समाहृत<br>(1) | * | आमेलित<br>आमेलन<br>(2) | अंतर्लयन<br>संविलयन<br>(1) | * | * | संविलीन<br>अंतर्लीन<br>खपाना<br>समाना<br>समाविष्ट<br>(4) |
| Administrative<br>-approval | प्रशासनिक<br>अनुमोदन<br>(26) | प्रशासकीय<br>अनुमोदन<br>(5) | * | * | * | * | * | * |
| Administrative<br>-Ministry | प्रशासनिक<br>मंत्रालय<br>(27) | प्रशासी<br>मंत्रालय<br>(5) | * | * | * | * | * | * |
| Administrative<br>-Officer<br>अधिकारी | प्रशासनिक<br>अधिकारी<br>(27) | प्रशासन<br>अधिकारी<br>(5) | * | प्रशासन<br>अधिकारी<br>(9) | प्रशासनिक<br>अधिकारी<br>(7) | * | * | प्रशासनिक<br>अधिकारी<br>(15) |
| Allowance | भत्ता/छूट<br>(49) | भत्ता<br>(10) | भत्ता<br>(53) | भत्ता/मोक<br>(15) | भत्ता/छूट<br>(12) | भत्ता<br>(10) | भत्ता<br>(4) | भत्ता/अधिदेय<br>अनुज्ञा, अनुमति<br>छूट, रियायत (21) |

| अंग्रेज़ी शब्द | 1 | 2 | 3 | 4 | 5 | 6 | 7 | 8 |
|---|---|---|---|---|---|---|---|---|
| Alternative | विकल्प<br>वैकल्पिक<br>एवजी<br>(52) | विकल्प<br>वैकल्पिक<br>(11) | * | अनुकल्प<br>अनुकल्पी<br>आनुकल्पिक<br>(15) | * | * | विकल्प<br>(5) | विकल्प<br>पर्याय +<br>वैकल्पिक<br>(22) |
| Levy | उदग्रहण<br>उगाही<br>(739)<br>भाग–2 | उदग्रहण<br>महसूस<br>उगाही<br>(137) | * | उदग्रहण<br>(142) | उदग्रहण<br>उगाही<br>वसूली<br>(111) | * | * | उगाही<br>आरोपण<br>उद्ग्रहण<br>(209) |
| Provision | शर्त, उपबंध<br>व्यवस्था<br>सूद, सामान<br>(1039) | उपबंध, शर्त<br>व्यवस्था<br>रसद<br>(133) | (पृ. 8)<br>प्रावधान | उपबंध<br>रसद<br>(201) | उपबंध<br>व्यवस्था<br>प्रावधान<br>शर्त, सामग्री<br>(162) | प्रावधान<br>उपबंध<br>(कानून)<br>(33) | संभार | उपबंध<br>प्रबंध<br>व्यवस्था<br>रसद<br>खाद्य सामग्री<br>(277) |
| Upper Division Clerk | उच्च श्रेणी<br>–लिपिक<br>(1369) | उच्च श्रेणी<br>–लिपिक<br>(229) | प्रवर/उच्च श्रेणी<br>लिपिक<br>(9) | उच्च श्रेणी<br>लिपिक<br>(269) | * | * | * | उच्च श्रेणी<br>लिपिक/<br>क्लर्क<br>(359) |

नोट–कोष्ठकों में पृष्ठ संख्या दी गई है।

**+ टिप्पणी**–मराठी में इस शब्द का अर्थ 'पर्यायी' है (प्रशासन वाक् प्रयोग, महाराष्ट्र शासन, 1964) अतः हिंदी में भी (पर्याय) लिया जाए तो सामासिक राजभाषा हिंदी का रूप पनप सकता है। ठीक इसी प्रकार "Guide" शब्द के लिए उपरोक्त पारिभाषिक शब्दावलियों (भारत सरकार की) में परिदर्शक, मार्गदर्शक शब्द दिए गए हैं, जब कि मराठी में "Guidance" के लिए 'मार्गदर्शन' शब्द है (राजभाषा परिचय, महाराष्ट्र शासन, पृ. 397), परंतु मराठी भाषी "Guide" के लिए 'निर्देशक' शब्द का भी प्रयोग करते हैं। इसी प्रकार मध्यप्रदेश प्रशासन शब्द कोश में (पृ. 162) "Guide" के लिए 'निर्देशक' भी है।

='प्रवर' शब्द "Upper" के लिए उचित नहीं है। अंग्रेज़ी में "Selection" शब्द के लिए हिंदी में पारिभाषिक शब्द प्रवरण लिया गया है। जो उचित भी है क्योंकि हिंदी में भी 'वर' शब्द चुनने तथा श्रेष्ठता के भाव को अभिव्यक्त करता है। जैसे 'स्वयंवर' अथवा 'प्रियवर'। अतः अंग्रेज़ी के "Upper" शब्द के लिए 'उच्च' पर्याय ही ठीक है।

पारिभाषिक शब्दों में ये विरूपताएँ दूर होनी चाहिए अतः सरकारों को चाहिए कि वे एक अखिल भारतीय पारिभाषिक समिति के मार्गदर्शन में अखिल भारतीय पारिभाषिक कोश (वाक्यों में प्रयोग सहित) की रचना करें। साथ ही केवल उन्हीं मानक शब्दों का प्रशासन कार्यों में प्रयोग किया जाए।

# सन्दर्भ

1. पटना, 8 अक्तूबर (भारती) श्री जयप्रकाश नारायण ने आज यहाँ हिंदी को 'विश्वभाषा' बनाने का आह्वान किया।

   –(नवभारत टाइम्स, दिनाँक 10.10.78), पृष्ठ–3

2. प्रयाग/केंद्रीय हिंदी निदेशालय के अध्यक्ष डॉ. हरवंशलाल शर्मा तथा विदेश मंत्रालय के विशेषाधिकारी (हिंदी ) श्री शम्भूप्रसाद सिंह ने यह स्पष्ट मत व्यक्त किया कि हिंदी विश्व भाषा बनने में पूर्णतः सक्षम है।

   –राष्ट्रभाष संदेश, हिंदी साहित्य सम्मेलन, प्रयाग, भाग 14, अंक–16 दिनांक 15, फरवरी, 1979–पृष्ठ–1 (शीर्षक 'विश्व भाषा बनने में हिंदी सक्षम')

   सरकारी कामकाज में राजभाषा के रूप में हिंदी के प्रयोग को बढ़ाने के लिए अहिंदी भाषी केंद्रीय कर्मचारियों के लिए हिंदी का प्रशिक्षण एक आवश्यक प्रारंभिक कदम है। इसलिए राजभाषा विभाग की हिंदी शिक्षण योजना के अंतर्गत प्रबोध, प्रवीण और प्राज्ञ 3 पाठ्यक्रम विभिन्न स्तर के प्रशिक्षणों के लिए चल रहे हैं। इन पाठ्यक्रमों का मुख्य उद्देश्य केंद्रीय सरकारी कर्मचारियों को हिंदी में प्रशिक्षित करने के अतिरिक्त यह भी है कि उन्हें अपने सरकारी कामकाज में हिंदी के प्रयोग के लिए आवश्यक योग्यता तथा प्रोत्साहन मिल सके।

2. इस समय जो पाठ्य-पुस्तकें चल रही हैं, वे मुख्यतया साहित्य-परक हैं। आवश्यक था कि इस पाठ्यक्रम को ऐसा व्यावहारिक रूप देना चाहिए कि कोई भी सरकारी कर्मचारी इसमें अपना प्रशिक्षण पूरा करने पर आगे सरकारी कामकाज में हिंदी का प्रयोग सरलता से कर सके। हिंदी शिक्षण योजना के पुनरीक्षण के लिए सन् 1973 में तत्कालीन हिंदी सलाहकार की अध्यक्षता में एक समिति का गठन किया गया था। समिति ने भी पुराने पाठ्यक्रमों के स्थान पर संशोधित पाठ्यक्रमों को लागू करने की सिफ़ारिश की।

2.1. हिंदी शिक्षण योजना प्रयोजनमूलक हैं और नई पाठ्य-पुस्तकों को बनाते समय इस बात का विशेष ध्यान रखा गया है कि पठन-सामग्री सरकारी कार्यालय के दैनिक कामकाज से सीधी संबंधित हो, भाषा सरल, स्वाभाविक तथा सहज हो, और विषय-वस्तु जीवन के विभिन्न पहलुओं को उजागर करे; आशा है कि ये पाठ्य-पुस्तकें इन उद्देश्यों की पूर्ति करेंगी।

जय नारायण तिवारी
सचिव

–प्राज्ञ पाठमाला (कार्यालयीन हिंदी), गृह मंत्रालय, राजभाषा विभाग, नई दिल्ली 1 जून, 1981 –प्रस्तावना–पृष्ठ–3-4

3. "हिंदी की व्यावहारिक शिक्षा देने का प्रश्न तीन चार वर्ष से उठ रहा है। विश्वविद्यालय अनुदान आयोग के तत्त्वावधान में इस संबंध में एक त्रिदिवसीय संगोष्ठी का दिल्ली में आयोजन हो चुका है। व्यावहारिक शिक्षा केवल भाषा ज्ञान पर निर्भर नहीं करती। व्यवहार का जगत व्यापक है। वाणिज़्य, व्यवसाय, उद्योग धंधे, प्रशासनिक सेवाएँ, पत्रकारिता, बैंकिंग आदि में हिंदी का प्रयोग और हिंदी कक्षाओं में इनका ज्ञान यदि कराया जाए तो हिंदी पढ़ने वाले छात्रों के लिए जीविका के नए क्षितिज खुलेंगे और उन्हें भाषा और साहित्य के साथ व्यावहारिक योग्यता प्राप्त होगी। इसमें संदेह नहीं कि अभी तक हमारे विश्वविद्यालयों के हिंदी विभागों का ध्यान इस ओर नहीं

गया है। इसके लिए हिंदी विभागों को अपने पाठ्यक्रमों में आवश्यक परिवर्तन करने होंगे। व्यावहारिक ज्ञान को मैं आवश्यक मानता हूँ।''

''विश्वविद्यालय और हमारी हिंदी''

''हिंदी का भविष्य आधुनिकीकरण से नहीं जुड़ा है।''

—डॉ. विजयेंद्र स्नातक दिनमान—31, मई-6, जून 61 पृष्ठ—36

4. ''राजभाषा का संबंध शिक्षित जनता से अधिक है। अतः भारत के शिक्षित लोगों को हिंदी जानना आवश्यक होगा। आज लगभग सभी प्रांतों में शालांत परीक्षा तक अनेक अनिवार्य विषयों में से हिंदी भी एक है। शिक्षित लोगों में अधिकांश शालांत (Matric) परीक्षा उत्तीर्ण कर जीवन क्षेत्र में प्रवेश करते हैं। कालेजों तथा विश्वविद्यालयों में उपाधि के लिए पढ़ाई करने वालों की संख्या सुशिक्षितों की तुलना में बहुत कम होती है। यह सत्य है कि किन्हीं उपाधि धारियों में से देश के नेता तथा विभिन्न क्षेत्रों के अधिकारी निर्माण होते हैं। इसलिए यदि मैट्रिक के बाद उपाधि परीक्षाओं में अंग्रेज़ी के समान एक अनिवार्य हिंदी का प्रश्नपत्र रखा जाए तो देश के सुशिक्षितों के लिए हिंदी ज्ञान की समस्या सुलझ सकती है।''

—राष्ट्रभाषा विचार संग्रह, संप. डॉ. न. वि. जोगलेकर, डॉ. भगवानदास तिवारी तथा श्री शांतिभाई जोबनपुत्रा पंचम अध्याय, शीर्षक : हिंदी का भावी रूप, निबंध : ''भारतीय राजभाषा : समस्या और समाधान'' प्रा. कृष्णाजी गंगाधर दिवाकर पृष्ठ—210 (1964)

5. ''प्रयोजनमूलक हिंदी की कोई भी व्याख्या क्यों न की जाए, उनके अनुसार यह हमारी आवश्यकता से उत्पन्न एक शैक्षिक संकल्पना है जो इस समय देश में चल रहे विशुद्ध साहित्यिक हिंदी शिक्षण को एक नया मोड़ दे सकती है।''

—प्रयोजनमूलक हिंदी (चर्चा-परिचर्चा रपट पुस्तिका) केंद्रीय हिंदी संस्थान--आगरा (1974)—पृष्ठ—18 (डॉ. चौधरी हेमकांत मिश्र और डॉ. माणिकलाल चतुर्वेदी के लेख (सम्मिलित रूप से लिखित) प्रयोजनमूलक हिंदी का शैक्षिक संदर्भ से निकला निष्कर्ष)

6. आजकल हिंदी के ज्ञान के बिना कोई भी केंद्रीय सरकार की सेवा में नहीं जा सकता। इसलिए नौकरियों तथा अन्यान्य कार्यों को दृष्टि में रखकर प्रयोजनमूलक या कार्योपयोगी हिंदी सिखाना अत्यंत आवश्यक है। इसके लिए विभिन्न स्तरों में उपयुक्त पाठ्यक्रम तैयार करना और डाक, रेल, बैंक, सेना आदि शाखाओं में काम करने वालों के लिए तत्सम्बन्धी पारिभाषिक शब्दावली से युक्त डिप्लोमा पाठ्यक्रम चलाना आदि आवश्यक है।

—प्रयोजनमूलक हिंदी के विविध आयाम—गोष्ठी—प्रो. राजेशवरेद्या के विचार—'दिनमान' 10-16 अप्रैल, 1977 अंक पृष्ठ—41.

7. ''ज्यांही मातृभाषा मराटी आहे स्यानाची मराठील कायदेंविषयक संवाद सिंवा पत्रव्यवहार करता बेईलय असे नाही। त्याकरता त्याला विशेष प्रशिक्षण देणे निश्चितव हिलावे होईल।''

—कायदा आणि मराठी—लेखक सत्यरंजन साठे—

(पश्चिम विभागीय भाषा केंद्र, भारतीय भाषा संस्थान, मैसूर, पुणे शाखा—शैक्षणिक परिचर्चा—''व्यावहारिक मराठी : गरज, मागणी, पूर्ती'') चर्चा सत्र—4 का पत्र, पृष्ठ—2, फरवरी 1981.

# उपसंहार

भारत की संविधान सभा द्वारा भारत के संविधान के रचना-काल में राजभाषा और राष्ट्रभाषा के गहन विचार-विमर्श के पश्चात् 14 सितंबर, 1949 को, हिंदी को संघ की राजभाषा बनाने के जो अनुदेश भारत के संविधान के भाग 17 के अनुच्छेदों में दिए गए, उन्होंने पुनः एक विवाद को जन्म दिया।

इसी विवादास्पद चर्चा के परिणामस्वरूप राजभाषा हिंदी के जन्म के 50 वर्षों के उपरांत, अधिनियम और नियम बन जाने के बाद भी न तो हिंदी भाषा में उसकी कोई स्पष्ट परिभाषा बन पाई और न ही सरकारी स्तर पर उसका कार्यान्वयन हो पाया।

पहली बार इस पुस्तक में 'राजभाषा' की संपूर्ण अस्मिता को आत्मसात् करते हुए उसे पूरी सटीकता के साथ परिभाषित करने का विनम्र प्रयास किया गया है।

भारत के संविधान में अंग्रेज़ी सह-राजभाषा के रूप में ही आई है, परंतु वस्तुतः आज भी वह राजभाषा के पद पर आसीन है। स्वतंत्र देश की अपनी भाषा पर शासितों की भाषा को इस क़दर हावी होते देख बौखलाहटपूर्ण वक्तव्य सुनने को मिलते हैं।

अगर विश्व के देशों, विशेषकर दक्षिण अमेरिका तथा अफ़्रीका के विकासशील तथा अविकसित देशों, की राजभाषा की स्थिति को विश्लेषित किया जाए तो पता चलेगा कि शासकों की भाषा हमेशा किसी न किसी रूप में शासितों की भाषाओं पर हावी रही है साथ ही उसके इस आच्छादन को साफ करके उसके स्थान पर अपनी भाषा को स्थापित करने के प्रयास जारी रहे हैं। परंतु यह एक लंबी प्रक्रिया है अतः इस संक्रमणकाल में धैर्य से काम लेना आवश्यक हो जाता है।

इस हिसाब से राजभाषा हिंदी के कार्यान्वयन को धैर्य से ही लिया जाना चाहिए साथ ही शासकों की राजभाषा के शक्तिपुंज को पहचान कर अपनी राजभाषा में भी उसे पैदा करना चाहिए।

जनतांत्रिक शासन व्यवस्थाओं में बहुराजभाषा की स्थिति को टाला नहीं जा सकता। अतः कई बार कई भाषाएँ राजभाषा के रूप में काम करने लगती हैं। जैसे रूस में 16

भाषाएँ राजभाषा तथा स्विट्जरलैंड में तीन प्रमुख भाषाएँ राजभाषा के रूप में कार्य कर रही हैं, अतः भारत में भी संघीय स्तर पर, संविधान की आठवीं अनुसूची में दी गई भाषाओं को राजभाषा के रूप में विकसित करने की मानसिकता तैयार करनी चाहिए।

राजभाषा हिंदी की संवैधानिक स्थिति को ठीक तरह से समझा नहीं गया है। वास्तव में भारत के संविधान में हिंदी के किन-किन रूपों के बारे में बात की गई है। इसे स्पष्टतः रेखांकित नहीं किया गया था। प्रस्तुत ग्रंथ में इस प्रकार का रेखांकन किया गया है। साथ ही राजभाषा हिंदी से संबंधित अधिनियमों/नियमों आदि का विवेचन कर राजभाषा हिंदी के प्रयोग के बारे में निर्मित प्रावधानों को उजागर किया गया है।

राजभाषा हिंदी के कार्यान्वयन को संवैधानिक आधार प्राप्त है। बावजूद इस आधार के, सरकारी कार्यालयों में अपेक्षित अवस्था में हिंदी का प्रयोग नहीं हो पा रहा है। इस विडम्बनापूर्ण स्थिति के लिए हमारी राजनीतिक, सामाजिक, आर्थिक, धार्मिक, भाषिक एवं प्रशासनिक व्यवस्था उत्तरदायी है। जब तक इन सभी स्तरों पर आमूलचूल परिवर्तन नहीं आता तब तक संवैधानिक आधार मिलने के उपरांत भी राजभाषा हिंदी को उचित स्थान दिलवाने में बाधाएँ आती रहेंगी। इन व्यवस्थाओं में व्याप्त बाधक तत्वों को दूर करना अतिआवश्यक है। इस संदर्भ में यह भी जरूरी है कि सरकार की नीति तथा भूमिका ठोस तथा स्पष्ट होनी चाहिए।

रोज़ी-रोटी के प्रयोजन के साथ जुड़ी भाषा का विकास होना स्वाभाविक है और फिर राजभाषा तो प्रत्यक्ष रूप से रोज़ी-रोटी से जुड़ी रहती है।

राजभाषा हिंदी का प्रयोग किसी न किसी रूप में मंत्रालयों/विभागों में हो रहा है। इस प्रकार एक ओर जहाँ वह रोजी रोटी से जुड़ चुकी है वहीं दूसरी ओर उसका राजभाषा की रूप एक विशेष प्रयुक्ति के रूप में भी उभरकर सामने आया है।

विडंबना इस बात की है कि रोज़ी-रोटी से जुड़ी राजभाषा हिंदी के उन तत्वों को गहनतापूर्वक उभारकर सामने नहीं लाया गया है जिनका अध्ययन करने के उपरांत राजभाषा हिंदी के स्वरूप को समझा जाए तथा उसे पूरी ईमानदारी के साथ रोज़ी-रोटी पाने के प्रयोजन के साथ जोड़कर पढ़ाया जाए।

राजभाषा के इन भाषिक तत्वों को व्यापक रूप में समझना तथा उनका बाक़ायदा प्रशिक्षण आदि प्राप्त करना अत्यावश्यक है। रोज़ी-रोटी से जुड़ी राजभाषा हिंदी का अध्यापन/प्रशिक्षण योजनाबद्ध पद्धति से होना चाहिए। इस पाठ्यक्रम की संकल्पना इस पुस्तक में स्पष्ट की गई है।

इसके अलावा राजभाषा हिंदी तथा पारिभाषिक शब्दों के अर्थों में व्याप्त अनेक-रूपताओं पर भी विचार किया गया है। साथ ही इस बात पर ज़ोर दिया गया है कि राजभाषा जैसी वैधानिक भाषा में भाषिक अराजकता नहीं चल सकती। अतः इस भाषा का अपना एक विधि मान्य मानक स्वरूप होना चाहिए। यह मानक स्वरूप सही प्रशिक्षण तथा प्रयोग से ही आ सकता है।

संक्षेप में, राजभाषा हिंदी अब सरकार के योजनागत विषयों में आ गई है। इस समय, देश के लिए यह एक अहम् मुद्दा है। अतः इसका व्यापक विवेचन तथा व्यावहारिक रूप से इसका मूल्यांकन आज के समय की अहम् आवश्यकता है इस आधार पर भारतीय राजभाषा हिंदी के विवेचनात्मक अध्ययन को किसी भी स्थिति में नज़रअंदाज़ नहीं किया जा सकता।

# सहायक/संदर्भ ग्रंथ (संस्कृत + हिन्दी) तथा पत्र/पत्रिकाओं की सूची


1. अंग्रेज़ी हटाओ : क्यों और कैसे, ले. डॉ. वेप्रताप वैदिक (अखिल भारतीय अंग्रेज़ी हटाओ सम्मेलने, नई दिल्ली, पत्रिका) 1973
2. अच्छी हिंदी, ले. रामचंद्र वर्मा, लोक भारती प्रकाशन इलाहाबाद, 15.8.1964
3. अपने अपने अजनबी, ले. 'अज्ञेय', 1960
4. काव्यमाला (93) पांडवचरितम महाकाव्य, ले. श्रीमलधारिदेवप्रभसूरिविरचितं, संपादक : पं. केदारनाथेन एवं वासुदेव लक्ष्मण शास्त्री पणणीकर, प्रकाशन : तुकाराम जानजी, बंबई संवत् 1911 (संस्कृत)
5. कार्यालय सहायिका, संपादक : हरिबाबू कंसल, राजरूप राय, सूर्यनारायण सक्सेना, प्रकाशक : केंद्रीय सचिवालय हिंदी परिषद्, नई दिल्ली 1976
6. केंद्रीय सचिवालय—कार्यालय पद्धति, प्रकाशक : (जारी) गृह मंत्रालय (हिंदी अनुभाग) भारत सरकार पृ. 1965
7. कोणकल्पतरो, ले. विश्वनाथ, संपादक : मधुकर मंगेश पटकर तथा के. वी. कृष्णमूर्ति शर्मा, पुणे, 1952
8. गहन हिंदी शिक्षण, संयोजक : वी. रा. जगन्नाथ, सामग्रीः ठाकुरदास, प्रकाशक (जारी) केंद्रीय हिंदी संस्थान, आगरा, 1976
9. तंत्रवार्तिकम्, ले. महामहोपाध्याय गंगाधर शास्त्री, संवत्, 1960 (संस्कृत)
10. श्री परमेश्वरसंहिता, संपादक : श्री गोविंदाचार्य, 1953 (संस्कृत)
11. प्रबोध लेखन बोधन पुस्तिका, राजभाषा विभाग, गृह मंत्रालय, भारत सरकार, 1981, जून
12. प्रयोजनमूलक हिंदी, संपादक : डॉ. रवींद्र श्रीवास्तव, केंद्रीय हिंदी संस्थान, आगरा द्वारा जारी, 1975

13. प्रवीण लेखन बोधन पुस्तिका, राजभाषा विभाग, गृ. म., भारत सरकार, 1981, जून
14. प्रामाणिक हिंदी कोश, ले. रामचंद्र वर्मा, दूसरा संस्करण संवत् 2008
15. प्राज्ञ पाठमाला (कार्यालयीन हिंदी), राजभाषा विभाग, गृ. म. भारत सरकार, 1981
16. फोर्टविलियम कॉलेज, ले. लक्ष्मीसागर वार्ष्णेय (इलाहाबाद यूनिवर्सिटी प्रकाशन) संवत् 2004
17. भारत का संविधान, 1950
18. भाषा और समाज, ले. डॉ. रामविलास शर्मा, पहला संस्करण, अगस्त, 1961
19. भाषा विज्ञान कोश, ले. डॉ. भोलानाथ तिवारी, प्रथम संस्करण, 2020
20. भाषा, डॉ. राममनोहर लोहिया, संस्करण 1965
21. मानसोल्लास, ले. बी. भट्टाचार्य, संपादक : गजानन के. श्रीगोंवकर 1925 (संस्कृत)
22. मुद्राराक्षस, ले. विशाखदत्त, संपादक : त्रिबंक तेलुगू, संस्करण 1884 (संस्कृत)
23. मेरी जेल डायरी, ले. चंद्रशेखर, 1977
24. राष्ट्रभाषा आंदोलन, ले. गो. प. नेने, प्रकाशक : महाराष्ट्रभाषा सभा पुणे, 1963
25. राष्ट्रभाषा विचार संग्रह, संपादक : मंडल डॉ. न. चि. जोग़लेकर, डॉ. भगवानदास तिवारी तथा शांतिबाई जोबनपुत्रा, प्रकाशक, दि. दा. गोंगल सदाशिव पेठ, पुणे, 15.8.1964
26. राजभाषा हिंदी, ले. सेठ गोविंददास, प्रकाशक : हिंदी साहित्य सम्मेलन, प्रयाग, 1965
27. राष्ट्रभाषा हिंदी समस्याएँ और समाधान, ले. देवेंद्रनाथ शर्मा, 1965
28. राष्ट्रभाषा की समस्याएँ, डॉ. रामविलास शर्मा, 1965
29. राष्ट्रभाषा विषयक आदेशों का सार, (भारतीय रेल) रेल मंत्रालय, 15.7.1976
30. राजभाषा के संदर्भ में हिंदी आंदोलन का इतिहास, ले. उदयनारायण दुबे, प्रथम संस्करण 1979
31. रिपोर्ट : भारत सरकार, गृह मंत्रालय, राजभाषा विभाग, नई दिल्ली, 1978-79
32. रिपोर्ट : भारत सरकार, गृह मंत्रालय, राजभाषा विभाग, नई दिल्ली, 1981-82
33. रिपोर्ट : विदेश मंत्रालय, 1979-80
34. विधि शब्दावली, विधि न्याय और कंपनी कार्य मंत्रालय, भारत सरकार, (1979)
35. विश्वलोचनकोश, ले. श्रीधरसेनाचार्यविरचित, जून, 1912
36. शासन में नागरी, ले. चंद्रवली पांडेय, संवत् 2005
37. संघ की राजभाषा हिंदी, विशेषांक, केंद्रीय सचिवालय हिंदी परिषद, नई दिल्ली, पहला संस्करण
38. सिंधी कवियों की हिंदी साधना, ले. डॉ. दयाल आशा, अप्रैल, 1977

39. स्कंदपुराण, कामेंट्री ऑफ रामानंद, 1910
40. हमारी क्रांति में साहित्य और कला का स्था, किम इल सुंग—1975
41. हिंदी भाषा आंदोलन, ले. लक्ष्मीचंद, प्रथम संस्करण, 1964
42. हिंदी आंदोलन, ले. लक्ष्मीकांत वर्मा, प्रथम संस्करण, 1964
43. हिंदी विधि शब्दावली, ले. डॉ. मोर्ती बाबू (हिंदी साहित्य सम्मेलन प्रकाशन (प्रयाग) शक, 1891
44. हिंदी उद्भव विकास और रूप, डॉ. हरदेव बाहरी, किताब महल, इलाहाबाद (1972)
45. हिंदी भाषा का राजकाज में प्रयोग, ले. डॉ. रामबाबू शर्मा, 1974 (शोध प्रबंध, आगरा विश्वविद्यालय, आगरा)
46. हिंदी शिक्षण योजना की पुनरीक्षण समिति की रिपोर्ट, गृह मंत्रालय भारत सरकार, 22 जून, 1974
47. हिंदी शब्द सागर, संपादक : श्यामसुंदर दास, सन् 1971—संवत् 2028.
48. त्रिषष्टिशवाकोपुरुणचरित महाकाव्य : ले. हेमचंद्राचार्य, संपादक, मुनिचरण विजय, 1160-75

(पारिभाषिक शब्दावलियों की सूची) :—

49. वृहत् पारिभाषिक शब्द संग्रह, मानविकी, खंड I तथा II (अंग्रेज़ी-हिंदी), शिक्षा मंत्रालय, भारत सरकार नई दिल्ली, 1973
50. समेकित प्रशासन शब्दावली, —यथोपरि—1974
51. प्रशासन शब्द-कोश भाषा विभाग, मध्यप्रदेश शासन, भोपाल, 1964
52. बैंक ऑफ महाराष्ट्र, पुणे, श्री एम. एम. जगताप, 1978
53. बैंकिंग शब्दावली, भारतीय रिज़र्व बैंक बंबई, 1980
54. बीमा शब्दावली, भारतीय जीवन बीमा निगम बंबई, 1977

## पत्र/पत्रिकाएँ

1. अंग्रेज़ी हटाओ विरोधी कृति समिति, नागपुर द्वारा प्रकाशित पर्चा, प्रकाशक : विनायक जामगडे, दि. 25/26/27.3.1979
2. अखिल भारतीय हिंदी संस्था संघ (परिचय पत्रिका) नई दिल्ली, मार्च, 1977
3. अखिल भारतीय राजभाषा सम्मेलन स्मारिका, गृह मंत्रालय, भारत सरकार, 1978
4. कल्पना, अप्रैल, 1970, अंक 4
5. दिनमान, अंक—9.7.72, 21.4.74, 26.5.74, 9-15 मई, 76, 20-26/11/77, 4-10/6/78, 13-19/8/78, 10-16/9/78, 8/12/78, 10-16/6/79 26-10/1-11/80, 4-10/1/8, 26-4/2/5/81 10-16/5/81, 31/5/81, 14-20/6/81

6. द्वितीय राजभाषा सम्मेलन पत्रिका, 'राजभाषा हिंदी : प्रगति के बढ़ते चरण' संपादक : क्षेमचंद्र 'सुमन', 1976
7. धर्मयुग, अंक, 10.8.1980, 7.9.80
8. नवनीत, दीपावली विशेषांक, 1978
9. नवभारत टाइम्स (दैनिक समाचार पत्र) अंक दिनांक–

| | | | | |
|---|---|---|---|---|
| 13.1.75, | 2.11.75, | 3.3.76, | 31.5.76, | 10.8.76, |
| 26.3.77, | 26.7.77, | 1.8.77, | 11.9.77, | 27.1.77, |
| 31.1.78, | 2.4.78, | 8.4.78, | 29.4.78, | 20.5.78, 22.5.78 |
| 31.5.78, | 17.6.78, | 3.7.78 | 20.7.78, 27.7.78, | 28.8.78, |
| 11.9.79, | 12.9.78, | 21.9.78, | 26.9.78, | 5.10.78, |
| 10.10.78, | 11.10.78, | 24.10.78, | 1.12.78, | 25.12.78, |
| 5.2.79, | 10.4.79, | 22.5.79, | 11.1.79, | 14.5.80, |
| 18.9.80, | 13.11.80, | 17.11.80, | 22.11.80, | 25.11.80, |
| 28.11.80, 17.2.81, | 16.12.80, | 31.12.80, | 10.1.81, | 30.1.81, |
| 22.2.81, | 28.2.81, | 9.3.81, | 12.3.81, | 21.3.81, |
| 27.3.81, | 4.5.81, | 6.5.81, | 22.5.81, | 8.7.81, |
| 22.7.81, | 29.8.81, | 20.10.81, | 7.1.81, | 14.11.81, |
| 22.1.81, | 11.2.82, | 23.3.82, | 5.5.82, | 24.5.82, |
| 5.8.82, | 2.9.82, | तथा | 17.9.82 | |

10. भाषा, त्रैमासिक (विश्व हिंदी सम्मेलन अंक), केंद्रीय हिंदी निदेशालय, शिक्षा तथा समाज कल्याण मंत्रालय, भारत सरकार, नई दिल्ली, 1973.
11. महाराष्ट्र बैंक/प्रधान कार्यालय, पुणे की चक्रमुद्रित सामग्री (हिंदी प्रशिक्षणार्थ तैयार की गई सामग्री)
12. मिसिलें (भारतीय खाद्य निगम, ग्वालियर, इ–10 (4) जोरा/74-75, आयकर आयुक्त कार्यालय, पुणे तथा पत्र, जिनके क्र. संख्या आदि शोध प्रबंध में दिए गए हैं)
13. राजभाषा भारती (त्रैमासिक) राजभाषा विभाग, गृह मंत्रालय, भारत सरकार, नई दिल्ली, अंक 1 से 14 तक।
14. राजभाषा सम्मेलन भाषण पत्रिका, 15.5.1976, 16.5.76
15. राष्ट्रभाषा संदेश, अंक, दि. 16.7.72, 1.12.72, 15.2.79, 30.4.79,

30.11.79,15.1.81
16. विश्व हिंदी (सम्मेलन) दर्शन, विश्व हिंदी सम्मेलन, नागपुर स्मारिका, 10.1.1975
17. विधि साहित्य समाचार, अंक, 9 (विधि मंत्रालय)
18. सारिका (पाक्षिक) मार्च, 1973, मार्च, 1974, 16 जुलाई 1980, 1.12.81
19. हिंदी एकता की कड़ी, सूचना और प्रसारण मंत्रालय, विज्ञापन और दृश्य प्रचार निदेशालय, दि. 1974, (संख्या : 2/52/74 म. प्र.)
20. हिंदी लेखक सम्मेलन, पुणे, महासचिव का प्रतिवेदन, दि. 7/8/9 अक्तूबर 1976.
21. हिंदी परिचय, द्वि मासिक पत्रिका, केंद्रीय सचिवालय हिंदी परिषद्, नई दिल्ली, अंक 5, 6 (वर्ष 15) तथा अंक 1 (वर्ष 9)
22. "हिंदी साम्राज्यवाद और राष्ट्रभाषा का सवाल", लघु पत्रिका, (पर्चे के रूप में) प्रकाशित द्वारा : प्रा. म. सिंह रावत, सेंट जेवियर कॉलेज। (बम्बई)
23. 'जनता' साप्ताहिक पोर्टलुई, मॉरिशस 1.8.75

## मराठी ग्रंथ सूची/समाचार पत्र सूची

1. पश्चिम विभागीय भाषा केंद्र, पुणे, चर्चा सत्र 4 का पत्र कायदा आणि मराठी, ले. सत्यरंजन साठे, फरवरी 1981
2. प्रशासन वागप्रयोग, महाराष्ट्र शासन, 1964
3. भारतची भाषा समस्या, ले. महामहोपाध्याय दत्तोवामन पोतदार, 14.9.1962
4. राजभाषा परिचय, भाषा संचालनालय, महाराष्ट्र शासन, 1964
5. सकाक, पुणे, दैनिक, दि. 19.3.73 (रविवार)

## अंग्रेजी ग्रंथ/पत्र/पत्रिकाएँ

1. A Dictionary of English Indian Terms of Administration By : Dr. Raghuvir, Published By : Shri Lokesh Chandra Nagpur. (Oct' 1949)
2. An Etymological Dictionary of English Language. Edited By : Rev. W-atter. W. Skeat. (1884) 2nd, Ed.
3. An out line History of the English Language. By : Frederick. T. Wood, Second Edition (1969) Publisher, Macmillan, London.
4. The Constitution of India. (Nov' 1949)
5. The Constitutional Terms. By: G.S. Gupta, Nagpur, (7, Oct' 1948)
6. The Constitution of India How it has been Framed. By : Pratap Kumar Ghosh. (1966)
7. Census of India. Govt. of India (14.7.1972)
8. Dictionary English & Sanskrit. By : Monier Williams M.A. Published under the patronage of the Honourable East India Co. London. (1851)
9. Distribution of Languages in India, in States And Union Territories. Ist, Edition, Central Institute of Indian Languages. (Nov. 1973)
10. Encyclopaedia Britanica. 14th, Edition.
11. Hindi Now or Never. By : D.R. Chawla, (New Era Publications, 6, Bloak House, Cart Road Simla—1) (1963)
12. The Indian Constitution : Cornerstone of a Nation. By : Granville Austan (Oxford) (1966)
13. Indo-Aryan & Hindi. By : Suniti Kumar Chatterji, Published By Firma. K. L. Mukhopadyay, Calcutta—12. (1969)
14. Linguistic Affairs of India. By: Ramgopal (1966)
15. Languages Problems of Developing Nations. Editors Joshua. A. Fishman, Charles. A. Ferguson, Jayotirindra Das Gupta. (printed in U.S.A.) (1968)
16. Language Surveys in Developing Nations. Edited By : Sirarpt

Ohannessian, Charles A. Ferguson, Edgar C. Polome. (printed in U.S.A.) (1975)

17. Language Movement in India. Editor: E. Annamalai, Central Institute Of India Languages, Manasgangotri, Mysore. (1979)
18. The Most Dangerous Decades. By : Selig S. Harrison, (Research Center Columbia University. (1975)
19. A New English Dictionary on Historical Principles—Vol. VII, Edited By : James A.H. Murry (1905)
20. National Languages in the USSR: Problems and Solutions, Ist. Printing. (1977)
21. The Practical Sanskrit English Dictionary. By : V.S. Apte (1965)
22. Report of the Official Language Commission. Govt of India. (1956)
23. Report of the Committee of Parliament on Official Language: Govt. of India. (1958)
24. Sanskrit English Dictionary. By : Sir. M.M. Williams. (1899)
25. Twentith Century Africa, Edited By : P.J.M. Mcewan (1968) (Nairobi)
26. The Universal Dictionary of the English Language. Edited By : Henry Cecil. W. Yld.
27. The Unity of India. Jawaharlal Nehru; (Printed in London) (1948)
28. Webster's Third New International Dictionary of English Language. —Unabridges—a Merriam Webster. Editor-in-Chief, Philip Babcock Gore & The MerriamWebster., (Printed in U.S.A.) (1966)

## Souvenir & News papers

1. Souvenir. Linguistic Society of India Golden Jubilee.—1928-1978. (Deccan College, Pune)
2. Indian Linguistics. (Deccan College, Pune) (Sept '1979)
3. Indian Express. (Bombay) dt. 15-9-80, 23.9.81, 6.10.80
4. Poona Herald. dt. 13.9.80
5. Times of India. dt. 9.2.81, 10.7.81, 11.7.81

## +Encyclopaedia

1. Collins Concise Encyclopaedia, General Editor: James Mallory, Oxford & IBH Publishing Co. (India) Indian Edition, 1979.

**टिप्पणी**–1988 में भारत के संविधान का प्राधिकृत पाठ प्रकाशित हुआ है। इस प्राधिकृत पाठ में से राजभाषा से संबंधित 17वें अध्याय में आए 343 से 351 अनुच्छेदों की विषय सामग्री आवश्यक संदर्भों हेतु अवलोकनार्थ दी जा रही है।

# राजभाषा

## अध्याय 1–संघ की भाषा

**343. संघ की राजभाषा**–(1) संघ की राजभाषा हिंदी और लिपि देवनागरी होगी।

संघ के शासकीय प्रयोजनों के लिए प्रयोग होने वाले अंकों का रूप भारतीय अंकों का अंतरराष्ट्रीय रूप होगा।

(2) खंड (1) में किसी बात के होते हुए भी, इस संविधान के प्रारंभ से पंद्रह वर्ष की अवधि तक संघ के उन सभी शासकीय प्रयोजनों के लिए अंग्रेज़ी भाषा का प्रयोग किया जाता रहेगा जिनके लिए उसका ऐसे प्रारंभ से ठीक पहले प्रयोग किया जा रहा था :

परंतु राष्ट्रपति उक्त अवधि के दौरान द्वारा[1], संघ के शासकीय प्रयोजनों में से किसी के लिए अंग्रेजी भाषा के अतिरिक्त हिंदी भाषा का और भारतीय अंकों के अंतरराष्ट्रीय रूप के अतिरिक्त देवनागरी रूप का प्रयोग प्राधिकृत कर सकेगा।

(3) इस अनुच्छेद में किसी बात के होते हुए भी, संसद् उक्त पंद्रह वर्ष की अवधि के पश्चात्, विधि द्वारा–

(क) अंग्रेजी भाषा का, या

(ख) अंकों के देवनागरी रूप का,

ऐसे प्रयोजनों के लिए प्रयोग उपबंधित कर सकेगी जो ऐसी विधि में विनिर्दिष्ट किए जाएं।

**344. राजभाषा के संबंध में आयोग और संसद् की समिति**–(1) राष्ट्रपति, इस संविधान के प्रारंभ से पांच वर्ष की समाप्ति पर और तत्पश्चात् ऐसे प्रारंभ से दस वर्ष

---

1. सं. आ. 41 देखिए

की समाप्ति पर, आदेश द्वारा एक आयोग गठित करेगा जो एक अध्यक्ष और आठवीं अनुसूची में विनिर्दिष्ट विभिन्न भाषाओं का प्रतिनिधित्व करने वाले ऐसे अन्य सदस्यों से मिलकर बनेगा जिनको राष्ट्रपति नियुक्त करे और आदेश में आयोग द्वारा अनुसरण की जाने वाली प्रक्रिया परिनिश्चित की जाएगी।

(2) आयोग का यह कर्तव्य होगा कि वह राष्ट्रपति को–

(क) संघ के शासकीय प्रयोजनों के लिए हिंदी भाषा के अधिकाधिक प्रयोग,

(ख) संघ के सभी या किन्हीं शासकीय प्रयोजनों के लिए अंग्रेजी भाषा के प्रयोग पर निर्बंधनों,

(ग) अनुच्छेद 348 में उल्लिखित सभी या किन्हीं प्रयोजनों के लिए प्रयोग की जाने वाली भाषा,

(घ) संघ के किसी एक या अधिक विनिर्दिष्ट प्रयोजनों के लिए प्रयोग किए जाने वाले अंकों के रूप,

(ङ) संघ की राजभाषा तथा संघ और किसी राज्य के बीच या एक राज्य और दूसरे राज्य के बीच पत्रादि की भाषा और उनके प्रयोग के संबंध में राष्ट्रपति द्वारा आयोग को निर्देशित किए गए किसी अन्य विषय,

के बारे में सिफ़ारिश करे।

(3) खंड (2) के अधीन अपनी सिफ़ारिशें करने में, आयोग भारत की औद्योगिक, सांस्कृतिक और वैज्ञानिक उन्नति का और लोग सेवाओं के संबंध में अहिंदी भाषी क्षेत्रों के व्यक्तियों के न्यायसंगत दावों और हितों का सम्यक् ध्यान रखेगा।

(4) एक समिति गठित की जाएगी जो तीस सदस्यों से मिलकर बनेगी जिनमें से बीस लोक सभा के सदस्य होंगे और दस राज्य सभा के सदस्य होंगे जो क्रमशः लोक सभा के सदस्यों और राज्य सभा के सदस्यों द्वारा आनुपातिक प्रतिनिधित्व पद्धति के अनुसार एकल संक्रमणीय मत द्वारा निवार्चित होंगे।

(5) समिति का यह कर्तव्य होगा कि वह खंड (1) के अधीन गठित आयोग की सिफ़ारिशों की परीक्षा करे और राष्ट्रपति को उन पर अपनी राय के बारे में प्रतिवेदन दे।

(6) अनुच्छेद 343 में किसी बात के होते हुए भी, राष्ट्रपति खंड (5) में निर्दिष्ट प्रतिवेदन पर विचार करने के पश्चात् उस संपूर्ण प्रतिवेदन के या उसके किसी भाग के अनुसार निदेश दे सकेगा।

## अध्याय 2–प्रादेशिक भाषाएं

**345. राज्य की राजभाषा या राजभाषाएं**–अनुच्छेद 346 और अनुच्छेद 347 के उपबंधों के अधीन रहते हुए, किसी राज्य का विधान-मंडल, विधि द्वारा, उस राज्य में प्रयोग होने वाली भाषाओं में से किसी एक या अधिक भाषाओं को या हिंदी को उस राज्य के सभी या किन्हीं शासकीय प्रयोजनों के लिए प्रयोग की जाने वाली भाषा या भाषाओं के रूप में अंगीकार कर सकेगा :

परंतु अब तक राज्य का विधान-मंडल, विधि द्वारा, अन्यथा उपबंध न करे तब तक राज्य के भीतर उन शासकीय प्रयोजनों के लिए अंग्रेजी भाषा का प्रयोग किया जाता रहेगा जिनके लिए उसका इस संविधान के प्रारंभ से ठीक पहले प्रयोग किया जा रहा था।

**346. एक राज्य और दूसरे राज्य के बीच या किसी राज्य और संघ के बीच पत्रादि की राजभाषा**–संघ में शासकीय प्रयोजनों के लिए प्रयोग किए जाने के लिए तत्समय प्राधिकृत भाषा, एक राज्य और दूसरे राज्य के बीच तथा किसी राज्य और संघ के बीच पत्रादि की राजभाषा होगी :

परंतु यदि दो या अधिक राज्य यह रार करते हैं कि उन राज्यों के बीच पत्रादि की राजभाषा हिंदी भाषा होगी तो ऐसे पत्रादि के लिए उस भाषा का प्रयोग किया जा सकेगा।

**347. किसी राज्य की जनसंख्या के किसी अनुभाग द्वारा बोली जाने वाली भाषा के संबंध में विशेष उपबंध**–यदि इस निमित्त मांग किए जाने पर राष्ट्रपति का यह समाधान हो जाता है कि किसी राज्य की जनसंख्या का पर्याप्त भाग यह चाहता है कि उसके द्वारा बोली जाने वाली भाषा को राज्य द्वारा मान्यता दी जाए तो वह निदेश दे सकेगा कि ऐसी भाषा को भी उस राज्य में सर्वत्र या उसके किसी भाग में ऐसे प्रयोजन के लिए, जो वह विनिर्दिष्ट करे, शासकीय मान्यता दी जाए।

## अध्याय 3–उच्चतम न्यायालय, उच्च न्यायालयों आदि की भाषा

**348. उच्चतम न्यायालय और उच्च न्यायालयों में और अधिनियमों, विधेयकों आदि के लिए प्रयोग की जाने वाली भाषा**–(1) इस भाग के पूर्वगामी उपबंधों में सिकी बात के होते हुए भी, जब तक संसद् विधि द्वारा अन्यथा उपबंध न करे तब तक–

(क) उच्चतम न्यायालय और प्रत्येक उच्च न्यायालय में सभी कार्यवाहियां अंग्रेजी भाषा में होंगी,

(ख) (i) संसद् के प्रत्येक सदन या किसी राज्य के विधान-मंडल के सदन या प्रत्येक सदन में पुरःस्थापित किए जाने वाले सभी विधेयकों या प्रस्तावित किए जाने वाले उनके संशोधनों के,

(ii) संसद् या किसी राज्य के विधान-मंडल द्वारा पारित सभी अधिनियमों के और राष्ट्रपति या किसी राज्य के राज्यपाल[1]*** द्वारा प्रख्यापित सभी अध्यादेशों के, और

(iii) इस संविधान के अधीन अथवा संसद् या किसी राज्य के विधान-मंडल द्वारा बनाई गई किसी विधि के अधीन निकाले गए या बनाए गए सभी आदेशों, नियमों, विनियमों और उपविधियों के,

प्राधिकृत पाठ अंग्रेजी भाषा में होंगे।

(2) खंड (1) के उपखंड (क) में किसी बात के होते हुए भी, किसी राज्य का राज्यपाल[1]*** राष्ट्रपति की पूर्व सहमति से उस उच्च न्यायालय की कार्यवाहियों में, जिसका मुख्य स्थान उस राज्य में है, हिंदी भाषा का या उस राज्य के शासकीय प्रयोजनों के लिए प्रयोग होने वाली किसी अन्य भाषा का प्रयोग प्राधिकृत कर सकेगा :

(3) खंड (1) के उपखंड (ख) में किसी बात के होते हुए भी, जहां किसी राज्य के विधान-मंडल ने, उस विधान-मंडल में पुरःस्थापित विधेयकों या उसके द्वारा पारित अधिनियमों में अथवा उस राज्य के राज्यपाल[1]*** द्वारा प्रख्यापित अध्यादेशों में अथवा इस उपखंड के पैरा (iii) में निर्दिष्ट किसी आदेश, नियम, विनियम या उपविधि में प्रयोग के लिए अंग्रेजी भाषा से भिन्न कोई भाषा विहित की है वहां उस राज्य के राजपत्र में उस राज्य के राज्यपाल[1]*** के प्राधिकार से प्रकाशित अंग्रेजी भाषा में उसका अनुवाद इस अनुच्छेद के अधीन उसका अंग्रेजी भाषा में प्राधिकृत पाठ समझा जाएगा।

**349. भाषा से संबंधित कुछ विधियां अधिनियमित करने के लिए विशेष प्रक्रिया**–इस संविधान के प्रारंभ से पंद्रह वर्ष की अवधि के दौरान, अनुच्छेद 348 के खंड (1) में उल्लिखित किसी प्रयोजन के लिए प्रयोग की जाने वाली भाषा के लिए उपबंध करने वाला कोई विधेयक या संशोधन संसद् के किसी सदन में राष्ट्रपति की पूर्व मंजूरी के बिना पुरःस्थापित या प्रस्तावित नहीं किया जाएगा और राष्ट्रपति किसी ऐसे विधेयक को पुरःस्थापित या किसी ऐसे संशोधन को प्रस्तावित किए जाने की मंजूरी अनुच्छेद 344 के खंड (1) के अधीन गठित आयोग की सिफ़ारिशों पर और उस अनुच्छेद के खंड (4) के अधीन गठित समिति के प्रतिवेदन पर विचार करने के पश्चात् ही देगा, अन्यथा नहीं।

---

1. संविधान (सातवां संशोधन) अधिनियम, 1956 की धारा 29 और अनुसूची द्वारा "या राजप्रमुख" शब्दों का लोप किया गया।

## अध्याय 4–विशेष निर्देश

**350. व्यथा के निवारण के लिए अभ्यावेदन में प्रयोग की जाने वाली भाषा**–प्रत्येक व्यक्ति किसी व्यथा के निवारण के लिए संघ या राज्य के किसी अधिकारी या प्राधिकारी को, यथास्थिति, संघ में या राज्य में प्रयोग होने वाली किसी भाषा के अभ्यावेदन देने का हकदार होगा।

[1][**350क. प्राथमिक स्तर पर मातृभाषा में शिक्षा की सुविधाएं**–प्रत्येक राज्य और राज्य के भीतर प्रत्येक स्थानीय प्राधिकारी भाषाई अल्पसंख्यक-वर्गों के बालकों को शिखा के प्राथमिक स्तर पर मातृभाषा में शिक्षा की पर्याप्त सुविधाओं की व्यवस्था करने का प्रयास करेगा और राष्ट्रपति किसी राज्य को ऐसे निदेश दे सकेगा जो वह ऐसी सुविधाओं का उपबंध सुनिश्चित कराने के लिए आवश्यक या उचित समझता है।

**350ख. भाषाई अल्पसंख्यक-वर्गों के लिए विशेष अधिकारी**–(1) भाषाई अल्पसंख्यक-वर्गों के लिए एक विशेष अधिकारी होगा जिसे राष्ट्रपति नियुक्त करेगा।

(2) विशेष अधिकारी का यह कर्तव्य होगा कि वह इस संविधान के अधीन भाषाई अल्पसंख्यक-वर्गों के लिए उपबंधित रक्षोपायों से संबधित सभी विषयों का अन्वेषण करे और उन विषयों के संबंध में ऐसे अंतरालों पर जो राष्ट्रपति निदिष्ट करे, राष्ट्रपति को प्रतिवेदन दे और राष्ट्रपति ऐसे सभी प्रतिवेदनों को संसद् के प्रत्येक सदन के समक्ष रखवाएगा और संबंधित राज्यों की सरकारों को भिजवाएगा।]

**350. हिंदी भाषा के विकास के लिए निदेश**–संघ का यह कर्तव्य होगा कि वह हिंदी भाषा का प्रसार बढ़ाए, उसका विकास करे जिससे वह भारत की सामासिक संस्कृति के सभी तत्वों की अभिव्यक्ति का माध्यम बन सके और उसकी प्रकृति में हस्तक्षेप किए बिना हिंदुस्थानी में और आठवीं अनुसूची में विनिर्दिष्ट भारत की अन्य भाषाओं में प्रयुक्त रूप, शैली और पदों को आत्मसात करते हुए और जहां आवश्यक या वांछनय हो वहां उसके शब्द-भंडार के लिए मुख्यतः संस्कृत से और गौणतः अन्य भाषाओं से शब्द ग्रहण करते हुए उसकी समृद्धि सुनिश्चित करे।

---

1. संविधान (सातवां संशोधन) अधिनियम, 1956 की धारा 21 द्वारा अंतःस्थापित।